本书系国家社科基金一般项目"东周赵国考古学文化研究"（编号：15BKG014）结项成果

晋文化分流的北系

东周赵国考古学文化

张渭莲 段宏振 著

The Northern Branch of Jin Culture

Archaeological Culture of the Zhao State
of the Eastern Zhou Dynasty

中国社会科学出版社

图书在版编目（CIP）数据

晋文化分流的北系：东周赵国考古学文化／张渭莲，段宏振著．—北京：中国社会科学出版社，2024.6
ISBN 978-7-5227-3637-2

Ⅰ.①晋… Ⅱ.①张…②段… Ⅲ.①考古学文化—文化研究—赵国（？-前222） Ⅳ.①K871.414

中国国家版本馆 CIP 数据核字（2024）第 110704 号

出 版 人	赵剑英
选题策划	宋燕鹏
责任编辑	金 燕
责任校对	李 硕
责任印制	李寡寡

出　　版	中国社会科学出版社
社　　址	北京鼓楼西大街甲 158 号
邮　　编	100720
网　　址	http://www.csspw.cn
发 行 部	010-84083685
门 市 部	010-84029450
经　　销	新华书店及其他书店
印　　刷	北京明恒达印务有限公司
装　　订	廊坊市广阳区广增装订厂
版　　次	2024 年 6 月第 1 版
印　　次	2024 年 6 月第 1 次印刷
开　　本	710×1000　1/16
印　　张	21.25
字　　数	296 千字
定　　价	119.00 元

凡购买中国社会科学出版社图书，如有质量问题请与本社营销中心联系调换
电话：010-84083683
版权所有　侵权必究

前　言

本书写作的缘起，来自于所承担的国家社会科学基金项目"东周赵国考古学文化研究"，可以说是这一课题研究成果的补充修订本。

赵国考古学文化研究，首先属于考古学意义上的一种地域文化研究，需要考古学理论及途径的一切元素。但赵国考古学文化同时又是一种具备丰富文献史料背景的历史文化，历史学理论及途径的一些元素，同样也适用于赵国考古学文化研究。因此，赵国考古学文化研究，既是严格意义的考古学文化探索，又是赵国历史探索的重要途径和有机部分，由此构成赵国历史文化的专门研究。另外，赵国历史是春秋晋国历史的有机延续和裂殖更新，赵国考古学文化则是晋国考古学文化的分流与分野，因此赵国考古学文化的观察和探索，必须置于晋国及三晋历史进程和文化体系之中。这是本书写作思想的基本定位与思考。

赵国历史的最早典籍应即《战国策》中的《赵策》，但若论系统详尽当属《史记·赵世家》。《赵世家》构建了赵国历史的基本框架，是赵国历史研究的首部专门作品。另在《史记》的其他世家及列传系列中，也涉及诸多赵国的人物和事件。《史记》之前的许多史籍或多或少含有赵国的史实，在《赵策》之外，《春秋》《左传》《国语》等记述了赵氏宗族在晋国的情况，《纪年》《世本》及先秦诸子之书，记述了赵国的部分史实。历代学者考战国史多有成就，宋代吕祖谦《大事记》之后，清代的如：林春溥《战国纪年》、黄式三《周季编略》、程恩泽《国策地名考》等，近代以来的如：钱穆《先秦诸子系年》、杨宽《战国史料编年辑证》等，这些著述所涉赵国史的内容颇有卓见。另外，还有一些专门论及赵国史的文章，如：1903年梁启超的《黄帝以后的第一人——赵武灵王传》，1915年王国维的《胡服考》等。这些研究大多集中于赵国的重要人物及政治事件，基本属于赵国文化的主干框架，而系统全面的赵国文化探索尚需考古学的充分介入。

与赵国相关考古学文化遗存的发现与考证，最早可追溯至20世纪20年代山西晋阳城的调查和浑源出土的随葬铜器。1923年浑源李峪出土一批墓葬铜器，1935年高去寻推定这批铜器的主人应是身居代地的赵国贵族。赵国考古遗迹的实地考察可举1936年张维华在写作《赵长城考》期间，亲赴河套的五原、临河等地考察赵北长城。1937年唐兰考证出土于辉县的赵孟庎壶，认为赵孟即赵鞅。与赵国相关的正式考古学研究始于1940年邯郸赵王城的发掘，1954年出版了《邯郸：战国时代赵都城址的发掘》。20世纪50年代以来，晋阳、邯郸、邢台等地屡有赵国考古学文化遗存发现，侯马还发现了与赵氏宗族相关的盟誓遗迹。众多考古发现探索与赵国历史进程得到了相互印证，因此极大地促进了赵国历史的综合研究，主要成果如：1979年侯仁之《邯郸城址的演变和城市兴衰的地理背景》，1984年李学勤《东周与秦代文明》，2000年沈长云《赵国史稿》，2002年张辛《中原地区东周时期陶器墓葬研究》，2007年刘绪《晋文化》，2009年段宏振《赵都邯郸城与赵文化》等等。考古学与历史学的综合探索，极大地改变了对赵国文化认识的纵横幅度。

赵国考古学文化探索是本书的主体研究内容。赵国考古学发现的主要内容是长城、城邑遗址与墓葬，长城是赵国拓疆辟土的标志遗迹，城址是赵国物质文化的集中体现，墓葬葬制及随葬器物是赵国物质与精神文化的综合体。赵国考古学文化研究将在探索这些考古元素内涵及结构的基础上，复原与探明赵国文化的演进轨迹及历史位置，尤其要将其置入赵国历史进程之中进行观察与比较考证。

春秋晋国及战国三晋历史进程，直接影响着赵国考古学文化的形成与发展。赵国及赵国考古学文化均孕育发生于晋国母体之内，赵国文化亦属于晋国文化的延续与更新。三家分晋开启了战国时代，晋国的国土与居民分化为赵韩魏三晋，但晋国文化既没有随即亦作三份分解，也没有长期延续保持其统一性而成为一支较整合的三晋文化。从晋国考古学文化到三晋考古学文化的传承轨迹，属于一种一分为二的形态——晋国文化分流为南北二系：北系赵国文化，南系韩魏文化。简而言之，晋版图裂分为三，而晋文化却南北二分。

晋文化的南北分野经历了一个复杂的过程。晋国为拱卫周王室的姬姓大国，西周与春秋二代，晋文化既是中原文化的重要核心，同时又是北方文化的代表，与南方楚文化遥相呼应。春秋晋国的主要功业有南败荆楚、北攘戎狄及经略东方，童书业说晋楚是一部春秋史的中坚（《春秋史》）。战国时代，晋文化虽南北分流，但传承延续并未中断，而是经历了更新与发展。战国早期，三晋涵盖于后续晋国文化的整合表层之下。战国中期，后晋国文化南北分流的轮廓逐渐清晰，北系赵国文化传承并延续了晋国文化的若干主要基因，南系韩魏文化由晋国文化传统逐渐转为中原核心文化的代表。晋文化南北二分野的形成是地域环境、文化传承等多种因素合力的结果，赵国继承了原晋国半壁江山及基本要素，并面向辽阔的北方，而韩魏政治核心南下入驻并局限于中原腹地，正如傅斯年所说"韩魏地当中国，无土可启，无富可开"（《战国子家叙论》）。赵韩魏三家的政治及文化格局走向，直接影响到战国总势的进程。因此，三家分晋的本质影响与意义是晋文化的南北分野。

从晋分三家到晋文化南北二分，考古学文化演进轨迹与三晋历史进程均印证了这一历史转变过程。这是晋国及三晋考古学文化演进的独特特征，由此奠定了东周文化中原体系的基本格局，其中赵国文化的形成即其重要结果之一。同时，这也是三晋历史发展中的一个重要特征，对战国时期的列国政治格局和发展态势产生了重大影响。基于此，赵国考古学文化研究应属于三晋历史进程研究中的一个环节，赵国考古学文化的本质则属于晋国文化分流的北系。这既是对赵国考古学文化的历史定位，也是周代晋文化演进历程的一个重要特征，同时也是本书主题的由来。

作　者

2022年10月

目　录

第一章　绪论 ……………………………………………………（1）
　　第一节　晋国与晋文化 …………………………………………（2）
　　第二节　三家分晋与晋文化的南北二分 ………………………（8）
　　第三节　赵国与赵文化 …………………………………………（13）
　　第四节　赵国考古学文化研究 …………………………………（23）

第二章　赵国历史发展进程与疆域变迁 ………………………（29）
　　第一节　赵族的源起与晋赵时期的发展 ………………………（29）
　　第二节　赵国建立之后的发展 …………………………………（33）
　　第三节　赵国疆域之变迁 ………………………………………（37）

第三章　东周赵国考古学研究史 ………………………………（43）
　　第一节　1949年以前 ……………………………………………（43）
　　第二节　晋中及晋东南地区 ……………………………………（45）
　　第三节　冀中南地区 ……………………………………………（52）
　　第四节　晋北及阴山南麓地区 …………………………………（62）
　　第五节　综合研究 ………………………………………………（71）

第四章　赵国考古学文化编年 …………………………………（80）
　　第一节　陶器编年 ………………………………………………（81）
　　第二节　铜器编年 ………………………………………………（90）

第三节　赵国考古学文化年表 …………………………………（96）
　　第四节　赵国历史文化综合年表 …………………………………（97）

第五章　赵国考古学文化的内涵结构与渊源 …………………（103）
　　第一节　内涵与结构 ………………………………………………（103）
　　第二节　文化来源 …………………………………………………（105）
　　第三节　形成途径 …………………………………………………（116）

第六章　赵国考古学文化的演进历程 …………………………（120）
　　第一节　时间区间与空间范围 ……………………………………（120）
　　第二节　春秋晚期：赵文化的孕育 ………………………………（129）
　　第三节　战国早期：赵文化的萌芽与初生 ………………………（134）
　　第四节　战国中期：赵文化的正式形成 …………………………（139）
　　第五节　战国晚期早段：赵文化的繁荣 …………………………（143）
　　第六节　战国晚期晚段：赵文化的衰落 …………………………（147）
　　第七节　赵国考古学文化演进与赵国疆域变迁 …………………（151）

第七章　赵国的城邑 ………………………………………………（154）
　　第一节　封邑与都邑 ………………………………………………（154）
　　第二节　一般城邑 …………………………………………………（164）
　　第三节　赵国城邑的特点 …………………………………………（182）

第八章　赵国的墓葬 ………………………………………………（185）
　　第一节　发现与分布 ………………………………………………（185）
　　第二节　位置与布局 ………………………………………………（193）
　　第三节　等级与形制 ………………………………………………（198）
　　第四节　随葬器物 …………………………………………………（207）
　　第五节　赵王陵园 …………………………………………………（211）
　　第六节　赵国墓葬文化 ……………………………………………（213）

第九章 赵国的长城 ……………………………………… (222)
第一节 赵肃侯时期的长城 ……………………………… (222)
第二节 赵武灵王时期的长城 …………………………… (225)
第三节 赵长城的建筑结构 ……………………………… (227)

第十章 三晋历史进程中的赵国考古学文化 …………… (232)
第一节 三家分晋与晋文化的南北分野 ………………… (232)
第二节 战国早期：从晋文化到后晋文化的晋魏文化 …… (235)
第三节 战国中期：后晋国文化的南北二系分流 ………… (251)
第四节 战国晚期：作为晋文化分流主脉的北系赵文化 ………………………………………………… (273)

结　语 …………………………………………………… (291)

参考文献 ………………………………………………… (312)

后　记 …………………………………………………… (327)

第 一 章

绪　　论

作为战国时期万乘七国之一的赵国①，鼎盛时期疆域辽阔，地跨中原与北方，上承西周以来的晋国文化传统，继而创新出独特面貌的赵国文化。单从严格的理论上讲，赵国文化是赵国存在时期疆域内全部文化元素的总和，而赵国考古学文化则是赵国存在时期疆域内全部物质类文化遗存的总和。两个概念虽非对等与重合，但赵国考古学文化无疑是赵国文化的主要体现，基本上可视为赵国文化的典型代表。赵国文化和赵国考古学文化有时均简称为赵文化，但其使用具有特定的语境，赵文化的严格意义即赵国文化。

赵国文化在东周文化格局中占据着特殊的重要位置。从纵向演进轨迹上看，赵国文化是春秋晋国文化的发展与更新，属于三家分晋导致晋文化南北分野之后的北系文化。从横向地域观察，赵国文化兼容并蓄，既是东周中原文化系统的重要组成部分，同时又是战国北方文化范畴内的一个鲜明类型。

赵国文化研究需要历史学与考古学的综合性探索。赵国考古学文化不仅是赵国文化的主体构成，同时也是一种历史地域文化研究的重要途径。充分借助考古学文化元素来探索某一特定时空范围的整合文化，几乎已成为先秦历史研究必不可少的手段。赵国

---

① 《战国策》及《史记》中均言及"战国七"，刘向《战国策书录》云："万乘之国七，千乘之国五，敌侔争权，盖为战国。"

文化的综合探索，不仅是东周列国文化研究的重要内容，同时也为探明秦代一统文化的整合之路，提供了一个节点型和地域性的重要个案。

第一节　晋国与晋文化

赵国脱胎于晋国，赵国文化渊源孕育于晋国文化。晋国是晋国文化的载体，晋文化的严格意义即晋国文化。

一　西周至春秋的晋国

据《史记·晋世家》，周成王封其弟叔虞于河、汾之东的唐，叔虞子燮时，所居近晋水，因改曰晋。西周之晋的历史缺乏记载，但天马—曲村遗址的考古发掘发现了一批珍贵的资料，发掘者推定该遗址即晋迁都新田以前的故绛，亦即唐叔虞的始封之地[①]。西周晋国的疆域较小，主要在河东的汾河下游地区。春秋时期，晋国的版图不断得以增扩。春秋早期，向北拓展至晋阳以南地区。春秋中期版图剧增，北至晋阳以北，东及东南占据东阳和南阳地区[②]，南与西南均跨越河水。《史记·晋世家》："（晋献公二十五年，前652），当此时，晋强，西有河西，与秦接境，北边翟，东至河内。"春秋晚期，在巩固前期领域的基础上，向四方又有不同程度的的增扩。至春秋末期，晋国的版图东、西及南面均临河水，其中西南部略跨河，疆域大致限于三方河水之间。因此，春秋晋国北邻诸狄及诸戎，南

---

① 北京大学考古系商周组、山西省考古研究所：《天马—曲村》（1980—1989），科学出版社2000年版，第1133—1134页；邹衡：《论早期晋都》，《文物》1994年第1期；北京大学考古文博院、山西省考古研究所：《天马—曲村遗址北赵晋侯墓地第六次发掘》，《文物》2001年第8期。

② 《左传》僖公二十五年（前635）："晋于是始起南阳。"《左传》襄公二十三年（前550）："赵胜帅东阳之师以追之。"杜注："在晋山南河北，故曰南阳。"《水经》清水注引马融曰："晋地自朝歌以北至中山为东阳，朝歌以南至轵为南阳。"以今地理观之，大致滹沱河至淇河间为东阳，沁河下游的太行山南麓地带为南阳。

拱卫成周及郑卫，总体上可称之为北方大国，但其南境地近中原腹心，因而又是中原腹地列国的重要成员。春秋晋国疆域是承载晋国文化的地理基础，也是春秋晚期赵国文化孕育的载体，并直接影响着赵国文化形成之后的特征及面貌。

春秋之晋不仅疆域广阔，而且南卫王室、北拒戎狄，属于这一时期的强国之一。纵观春秋晋国历史，直接影响到晋文化内涵及结构的因素，主要涉及三项内容：晋楚争霸、内部争乱、击戎逐狄。

其一，晋楚争霸促进了中原腹地及周边华夏核心文化的大幅度整合。

童书业说，晋、楚两国的历史是一部《春秋》的中坚①。自春秋中期始，晋、楚频繁交战逐鹿中原，主要争夺对象是郑。"晋楚两国争霸历年最为长久，郑国夹处于晋楚之间，成为两国相互争夺的对象，行成于楚则晋怒，行成于晋则楚怒，真可谓动辄得咎。"② 因此，郑国的存在成为南北之间的一个中介和缓冲地带，不仅为晋楚争霸提供了一个舞台，同时更是中原核心文化依存的一个平台，南北方文化的精髓在此汇聚，经过一系列碰撞、交流与融合的过程，中原核心文化于此得到充分沉淀并进而重组③。

晋与郑同为姬姓封国，然由于晋自处偏北的戎狄间而远于王室，且又屡屡与戎狄通婚，因此在文化内涵构成等因素方面，晋文化的中原基因浓度较郑国要低一些。尤自春秋以来，晋文化愈来愈浓厚的地域特色，与洛邑一带的区别渐趋明显。由于晋国与中原往来交通有些不便，虽然在文化上保持了周文化的传统，但因北方戎狄文化因素的潜入，使得晋文化在一定程度上有杂化的趋势，与周、郑、宋等中原腹心地带的中原文化有了一定的差距，晋文化或可称之为含有北方化因素的中原文化。在这种情况下，晋楚争霸为晋国文化

---

① 童书业：《春秋史》，山东大学出版社1987年版，第181页。
② 史念海：《郑韩故城溯源》，《燕京学报》第7期，北京大学出版社1999年版。
③ 张渭莲、段宏振：《春秋时期中原核心文化区的重构与郑国的兴衰》，《中原文化研究》2014年第2期。

的发展提供了机遇和平台。晋文化一方面南下向中原腹地施以影响，同时又借机大量吸取了郑卫等典型中原文化的因素，因而较大程度保持着与中原核心文化的紧密联系，并且与郑卫等文化的趋同性因素愈来愈多。

其二，晋国公室内乱为三家分晋埋下了伏笔，直接影响到晋文化的内涵结构，并最终导致了晋文化的南北分野，同时奠定了赵文化的孕育基础。

春秋初期，晋国发生了曲沃（晋之小宗）与翼（晋之大宗）两个政治集团之间长达几十年的争斗，最后以曲沃代翼、小宗取代大宗而终。公元前679年，周王命曲沃武公为晋武公，曲沃庶系成为正式的诸侯，即曲沃并晋。公元前669年，晋献公平乱，尽杀群公子，晋从此无公族。前661年，据《史记·晋世家》：（晋献公）十六年，赐赵夙耿（河津），赐毕万魏（芮城），以为大夫，由此埋下了三晋的种子。春秋早期晚段晋公室内乱，实质上是宗法制度的破坏，其直接结果是导致晋国卿族的崛起与强盛，为以后的六卿专权、三家分晋局面的出现做好了基础准备。至春秋晚期，晋国政权被六家卿大夫把持，亦即六卿或六晋。《史记·晋世家》："昭公六年卒（前526）。六卿强，公室卑。"六晋之中，知氏最强，其次乃赵韩魏三家。《韩非子》难三："夫六晋之时，知氏最强。"《史记·韩世家》："晋平公十四年（前544），晋国之政卒归于韩魏赵矣。"

六晋之间存在着激烈的争夺与兼并，最终结局为晋归三家，赵氏集团在这一进程中起着重要的作用。前497年，赵氏集团为控制邯郸而与中行氏、范氏争战。《春秋经》定公十三年（前497）："晋赵鞅入于晋阳以叛。"《史记·赵世家》："晋定公二十一年（前491），简子拔邯郸。……赵竟有邯郸、柏人。……赵名晋卿，实专晋权，奉邑侔于诸侯。"前458年，知伯与赵、韩、魏共分范、中行地以为邑。前455年，知伯与韩魏攻赵晋阳，围城近三年。前453年，赵与韩魏合谋，三家反灭知氏而共分其地。《史记·赵世家》说：赵北有代，南并知氏，强于韩魏。至战国早期时，《史记·晋世家》:"幽公之时(前433—416),晋畏,反朝韩赵魏之君。独有绛、曲沃,余皆入三晋。"六晋归三与三家分晋,实为一件事的正反两面,对晋文化的发展与分化产生了重大影响。晋国内乱及分裂虽导致晋公室政权瓦解,但晋国分三实则是一种裂变与更新,而在文化意义上更是一种重组和新建,晋国文化在这一过程中转型分流为南北两支文化:北系赵文化与南系韩魏文化。这实际上是晋文化的一种膨胀和扩张,这一点在赵文化的形成发展历程中尤为凸显。

其三,晋国击戎逐狄,扩大并加强了中原文化与北方文化的融合程度,并由此开启了赵国拓展北疆的序幕。

晋与戎狄杂居,而戎狄胡种类杂多,实难细分,文献时称之为诸胡、百戎。《左传》昭公十五年说,"晋居深山,戎狄之与邻"、"王灵不及,拜戎不暇"。因此,晋采取"启以夏政,疆以戎索"的策略(《左传》定公四年)。春秋晋国为北击戎狄的"攘夷"模范,分抗击与融和两种措施。童书业说,春秋时"攘夷"之功要推晋国为最大①。《史记·匈奴列传》总结说:"晋文公攘戎翟。……晋北有林胡、楼烦之戎,燕北有东胡、山戎,各分散居溪谷,自有君长,往往而聚者百有余戎,然莫能相一。……自是之后百有余年(实不足百年),晋悼公使魏绛和戎翟,戎翟朝晋。后百有余年,赵襄子踰句注,而破并代以临胡貉。其后既与韩魏共灭智伯,分晋地而有之,则赵有代、句注之北,魏有河西、上郡,以与戎界边。"晋国与戎狄间的争战与约和,极大地促进了晋国文化与戎狄文化之间的交流与融合,晋国文化因此包含有较多的北方戎狄文化因素,这一特点主要被以后代之的赵国文化所延承。

二 关于晋文化的概念

晋文化及晋国文化的概念需要严密和科学的界定,主要涉及纵向区间、横向范围及本质属性等方面。学界有时对晋文化概念的使

---

① 童书业:《春秋史》,第219页。

用比较宽泛，尤其存在着纵向趋长、横向趋广的情形①。晋文化的宽泛概念，可用于一种宏观或广泛意义语境下的泛晋文化议论，但不适于严格科学意义上的历史地域文化探索，更不适于区域考古学文化研究。总的来看，1993年刘绪在考古学意义上对晋文化的表述则较客观：晋文化是文献中晋国的考古学文化，晋文化的年代就是晋国存在的年代，其上下限应以叔虞被封和桓公被废为标志。叔虞以前为唐或其他某种文化，桓公以后则分属韩赵魏三文化，统称三晋文化。广义地说，三晋文化也属于晋文化，因此晋文化的下限断在三晋最后一家被亡之年即前225年②。

关于晋文化概念的这一表述，将晋文化与晋国的存在紧密相连，从而避免了晋文化内涵及外延的扩大和宽泛，因而比较客观。但是，关于晋国概念的严格界限及存在区间、晋国与三晋的准确关系，以及在此基础之上对晋文化概念的科学定位等问题，尚需进一步地严密界定与规范。

首先，关于晋国纵向上的严格定义，应专指西周春秋之晋国，不宜涵盖此后的赵韩魏三晋。战国三晋虽脱胎于晋，但已是三个分立的诸侯国，各自开疆拓土、独立发展，无论是各自的疆域及国民，还是社会与文化等诸多方面，均较晋国有了阶段性的发展和创新。因此，西周春秋之晋国与三晋纵向分界比较明确，晋国的主干历史与本体文化应止于三家分晋之时。

其次，晋国的存在区间不宜延迟至桓公被废之时，而应截止于三家分晋之际，或最晚至三家被正式列为诸侯之时。前453年，三家分晋即标志着晋国政权之终结。前403年，周威烈王命三晋为诸侯。此后晋君尽管又苟延残喘了相当长时间，但以晋君尚存作为晋国仍旧延续似有不妥。《史记·晋世家》："幽公之时（前433—

---

① 王克林：《晋文化研究》，《文物季刊》1989年第1期；杨富斗：《关于四十年晋文化考古研究》，《学术论丛》1995年第1期。

② 刘绪：《晋与晋文化的年代问题》，《文物季刊》1993年第4期；刘绪：《晋文化》，文物出版社2007年版，第2页。

416），晋畏，反朝韩赵魏之君。独有绛、曲沃，余皆入三晋。"前376年，三家灭晋后而三分其地，静公迁为家人，晋绝不祀。前369年，韩赵将晋桓公迁于屯留（今屯留）。前359年，韩赵迁晋君于端氏（沁水东北）。前349年，赵夺晋君端氏，徙处屯留。总之，晋国实际存在的下限，当以政权的终结及国土的分裂为标志，即应以前453年为宜。三家分晋之后，晋君先是名存实亡，继而则名地皆不存矣。

其三，晋国历史的纵横限定亦是晋文化的框架限定，晋文化与三晋文化应区别开来。严格说来，晋文化即晋国文化，乃是晋国存在时期疆域内全部文化元素的总和。因此，晋文化应专指西周到春秋的晋国文化，并不包括其后所谓的"三晋文化"。而"三晋文化"只是赵韩魏三家文化的笼统泛称，究其本质应属于"三晋联合文化"，可以在某种宽泛语境下有限使用，但不宜于专门研究战国时期地域文化之用。战国早期的"三晋文化"虽较为整合，但并非三家各占三分之一的混合体，而是以原晋国文化惯性延续为主体的后晋国文化，且以魏国文化为代表。战国中期以后，"三晋文化"分野为南北两个体系：南系韩魏二国联合文化与北系赵国文化。因此，所谓"三晋文化"很难归属为一个严密整合的概念，因为它并未与三家分晋相伴紧随而生，原晋国文化在三晋早期又延续过渡了一段时期，在这一过渡之后的原晋国文化分流为南北二系，而非与三晋相应的三系。因此，所谓"三晋文化"一般只用于对赵韩魏三家文化的一种泛称，并不是一个严密的概念。

其四，无论从文化的内涵及结构剖析，还是从探索途径的角度观察，晋文化的概念同时兼具历史学和考古学的双重意义。严格说来，晋国文化是晋国存在时期疆域内全部文化元素的总和，晋国考古学文化则是晋国存在时期疆域内全部考古学文化遗存（物质类文化遗存）的总和。很明显，晋国文化的外延要大于晋国考古学文化，但后者却是可具象见证、可实际操作，并可用于探索前者的重要依据和主要途径，并且后者探索的总目标就是无限接近于前者。因此，尽管两者并非完全对等与重合，但在某些语境之下，两者的概念把握及使用可以合二为一，即：晋国考古学文化基本上可视作晋国文化的集中典型代表。

其五，先秦时代尤其是史前时期，一个特定地域文化的形成与发展并无固定和严格的边界，东周时期诸侯列国的疆域也远没有后代那么严格，占地控制多以城邑及周边为核心。理论研究及考古实据均表明，晋文化的分布范围与晋国疆域并不完全重合，两者的动态演变也没有步调一致，但其间的差异并未达到以至于影响对晋文化把握的程度。因此，除非针对某一特定时间和地域的文化探索，在一般情况下这一误差将基本忽略。

综上，可以为晋文化概念作一限定：晋文化的严格意义即晋国文化，是晋国存在时期疆域内全部文化元素的总和，其保存至今的全部物质类文化遗存的总和就是晋国考古学文化，亦即考古学意义上的晋国文化。

第二节　三家分晋与晋文化的南北二分

赵韩魏三家分晋既是春秋时代的结束，又是战国时代的起始[①]。三家分晋虽然终结了晋国的政权体系，但晋国文化并未因此戛然即止，而是惯性延续了一段时间之后才逐渐分化。三家分晋与晋国文化的延续和分化，是赵国文化从孕育到萌芽初生的背景基础。

一　三家分晋

三家分晋源自春秋晋国的公室内乱与卿大夫专政。前679年，晋公室庶系的曲沃武公并晋，成为正式的晋侯。前669年，晋献公平乱，尽杀群公子，晋国从此无公族，异姓卿大夫逐渐把持政权，

[①] 本书采取三家分晋之年即前453年，作为战国时代的起始之年。全书所言的战国早中晚三期之分，亦以此为准。

而开卿族专权之始的即赵氏——正卿赵盾。前607年，赵穿杀晋灵公，《左传》宣公二年曰："赵盾弑其君。"至春秋晚期，晋国政权集中于六家卿大夫，亦即六卿或六晋。六卿强，公室卑。六晋之中，知氏最强，其次乃赵韩魏三家。

春秋末期，六晋之间展开了激烈的争夺与兼并。前497年—前491年，赵鞅为了控制邯郸，与范氏、中行氏之间进行了数年争战，最终以赵鞅取胜。前458年，知伯联合三晋灭范氏与中行氏，六晋由此归为四晋。《史记·晋世家》："出公十七年（前458），知伯与赵、韩、魏共分范、中行地以为邑。……当是时，晋国政皆决知伯。"前455年，知伯与韩魏围攻赵之晋阳。围城至次年即前454年时，据《史记·赵世家》言："（知伯与韩魏）引汾水灌其城，城不浸者三版。城中悬釜而炊，易子而食。"危急时刻，赵私与韩魏合谋，联合反攻知氏。前453年，赵韩魏共杀知伯，尽并其地，四晋终结为三晋。

三家分晋的性质，表面上看似乎是曲沃代翼、支庶替换正嫡的翻版，由六晋归三晋又像是一种兼并与重组，但其本质则是晋国内部新生力量冲破旧桎梏的膨胀与革命。三晋与原晋国母体之间的政治关系，并没有像父子承继，或主干与分支一般，而是发生了逆转。至战国早期时，晋君反朝三晋。三晋虽脱胎于晋国，但三家却又像是转世新生。因此从某种意义上讲，三家分晋并非一分为三的分解，而是一增为三的裂变，此后三晋各自增扩并积极向中原拓展的史实即最好的证明。童书业曾总结说，晋国内部的分崩是春秋时代的结束，实由于向外发展的过渡①。三晋及各自文化的形成，即缘于这种由内向外发展的动因和张力。

二 晋文化的南北二系分野

晋国的国土与居民分化为赵韩魏三晋，但晋国文化既没有随即

---

① 童书业：《春秋史》，第181页。

亦作三等分瓦解，也没有长期延续保持其统一性而成为一支有机整合的"三晋文化"。在经历了战国早期表层一致性的延续过渡之后，大致自战国中期开始，原晋国文化南北分流的轮廓逐渐清晰：北系以赵国文化为载体，传承并延续了晋文化传统的若干主要基因；南系以韩魏二国联合文化为代表（简称韩魏文化），由晋文化传统逐渐转为中原核心文化的代表。从晋分三家到晋文化分野为南北二系，对战国时期的政治格局和文化变迁产生了重大影响，赵国文化的形成即是其中的一个重要结果。晋文化南北分野的演进轨迹及历史背景大致经历以下三个阶段。

（一）战国早期，晋国文化的后续型——后晋国文化时期，亦是原晋国文化南北分野的孕育准备时期，其中以魏国文化为代表，故又可称之为晋魏文化

这一阶段，传统晋国文化得以大体延续，保持着某种程度的表面整合性，但在表层之下文化的分化与重构正在逐步进行，约在本期晚段时开始趋向明显的南北分野，赵国文化与韩魏文化开始萌芽初生。这一结果产生的历史背景是，三家初分阶段各自尚待巩固地盘及存蓄势力，扩张格局尚未大规模形成，三家都邑晋阳、平阳、安邑南北一线，均位于晋国故地核心的河东一带，三晋版图并未大幅度超出原晋国疆域，且三家领土互有交错相间。三晋之间联系比较密切而大体融洽，而以魏国实力最强，魏君常自称为"晋"，实据盟主之位。魏国扩张范围最大，西跨河占据河西之地，东越太行山占据中山故地和河内之地。钱穆说，魏在战国初年为东方霸主，握中国枢纽①。在此背景下，三晋文化大致整合为一，晋文化传承至少得以表层延续，但内部正孕育着分流的雏形。因此，这一时期所延续的原晋国文化，既非原本意义的晋国文化，也不宜直接称之为"三晋文化"。上文已述，它只是一种特殊阶段的过渡性文化，属于晋国文化的后续型，或者说是一种后晋国文化，如若必要命名之，

---

① 钱穆：《先秦诸子系年》自序，中华书局1985年版，第4页。

可以此时三晋的代表魏国冠名,称之为晋魏文化。在晋魏文化的表层覆盖之下,韩魏文化、赵国文化已逐渐基本成型并开始萌发。从这一意义上讲,所谓的晋魏文化,只不过是原晋国文化分流前的酝酿准备阶段。

(二)战国中期,后晋国文化——晋魏文化的南北二分阶段

这一时期,后晋国文化分野为南北二系,文化分流以三家迁都中原腹地为标志:赵迁邯郸,韩迁郑,魏迁大梁。三家自此开始大规模向外扩张,各自拓疆辟土,总体格局上赵居北,韩魏居南。后晋国文化之所以分流为南北二系,缘于以下三点因素:其一,政治联盟上的二分阵营。赵魏二家因争夺河内之地发生交恶,但韩魏二家总体平和且联系密切。其二,地理疆域方面的南北分野。韩魏二家聚拢于伊洛河济地带,积极经略中原腹地,而赵因魏之抵挡,南下受阻于漳河地带,转而面向广阔的北方,尤其是进入戎狄地带。赵国占据原晋国的北半部并向北有所拓展,韩魏共同领有原晋国的南半部并南下入驻中原腹心,三晋在版图疆域上大致分化为南北两大地域。其三,文化总貌上的二分体系。赵韩魏三支文化在细部各具特色,但若从总体上观察,韩魏二支文化之间的差异,远小于二者共同与赵文化之间的区别。因此,在同一层面上,韩魏文化与赵文化分属两个体系。在此背景下,上一阶段的晋魏文化开始南北分野为二系:北流赵国文化,主要承沿晋国文化传统,并吸取一些北方胡地文化因素,因而成为兼具中原与北方复杂文化元素的特色文化;南流韩魏文化,在承沿晋国文化传统的基础上,逐渐大量接受郑卫宋等中原腹地的文化因素,自此与晋文化传统渐行渐远,与前一阶段的晋魏文化形成明显的纵向落差。至此,晋国的后续文化即晋魏文化便宣告终结,晋文化的南北二分最终完成了文化意义上的三家分晋。

(三)战国晚期,又分为前后两段:前段,北系赵文化的兴盛和南系韩魏文化的渐衰阶段;后段,南北二系文化全面衰落阶段

前段时期,赵国通过胡服骑射变革,北拓辟地千里至阴山下。

《史记·张释之冯唐列传》言当时之赵国："西抑强秦，南支韩魏。当是之时，赵几霸。"而此时的韩魏因秦国的蚕食，版图大幅缩减，魏国失去河东大部，韩失去上党及南阳部分地区，韩魏朝秦为东藩。这种背景下，南系韩魏文化因国土大面积损失而渐趋衰弱，但赵国正处于疆域辽阔的鼎盛之时，北系赵国文化也因此发展至顶峰时期。

后段时期以长平之战为节点，秦国大举东进，三晋自此开始全面崩塌式衰落。但赵国尚保持着一定的实力，晋阳失守后，赵国退守太行山以东，并在与燕争夺易水一带的战争中取胜。总的来看，这一时期的南系韩魏文化因余留空间狭小，日渐失去活力接近消亡；北系赵文化因尚存一定的空间，故而保持着最后一段的光芒。

后晋文化南北分野所经历的三个阶段，反映了晋国文化在晋国政权终止后的演进历程。第一阶段为原晋国文化南北分野的酝酿过渡时期，晋国文化并未因三家分晋随即分解，其本质属性和整合性至少在表层继续保持，但表层之下的赵国文化和韩魏文化已经开始萌芽初生。第二和第三阶段是原晋国文化南北分野的凸显时期，但并非因三晋而三分，而是南北分流的二分。晋文化的发展与分流之路，既是晋国政治演化的产物，也是三晋独立发展的结果，因而是东周文化体系中一个鲜明而特殊的类型。

三　三晋联合文化的历史位置

如果单从晋国及三晋的层面细致观察，三晋时期原晋国文化南北分野，并未有机整合为一，因此所谓的"三晋文化"便不具备严密的意义，但可以在某种语境下有限使用，可笼统泛指战国时期的赵韩魏三家文化，本质上即"三晋联合文化"。与此相关，晋文化、晋国文化、三晋文化、韩魏文化、赵文化等等，在某些语境下也可以统称为广义上的"晋系文化"，联结维系它们的共性之处就是具有相同的文化渊源，但同源并不意味着后代文化必为同种，融合新源而发展变异亦是文化演进中的常见状态。因此，以上晋系文化诸概念在使用中应以严格定义的概念为基础，并注意特定的语境和泛称。

如果从东周列国的整体层面观察，三晋联合文化虽然不及晋文化的凝聚与整合，但仍具有不可或缺的特殊历史位置。三晋文化的特殊性主要有四：

其一，在战国七国文化的总体格局框架中，三晋文化同源又具有表层的整合一致性，基本可视作一体文化，因此与秦、燕、齐、楚文化大致属于同一层面。这是一种宏观上的观察与把握。

其二，三晋文化内涵及结构上属于一种联合文化，与其他四国文化存在着本质的差异。三晋文化的有机整合性逊色四国文化，内部又存在着南北分野二系，因此三晋文化与四国文化严格相比则属于次一级体系。这是一种微观上的观察与把握。

其三，韩魏文化与赵国文化之间的差异，要小于各自与列国文化之间的区别。这一点正是三晋联合文化存在的基础。

其四，韩魏文化与赵国文化自战国中期始才基本成型，与其他四国文化相比，不仅存在时间短，且还具有晋文化的共同渊源，因此不宜与四国文化并列而单自成为一支相当的独立文化。

综上，三晋文化既不具备春秋晋文化一般的整合意义，也没有像其他战国列国文化那样具有凸显的凝聚及稳固性，三晋文化与列国文化严格相比则处于一种尴尬地位。因此，三晋文化在战国总体文化格局中属于一个特殊的文化地域类型，若注重其内部裂变与增殖的活力，则可称其为文化"高地"，倘若侧重其整合及稳定性差，亦可称之为文化"洼地"。三晋文化的这种特殊历史位置，既反映了晋国及三晋历史的复杂历史背景，又是韩魏文化与赵国文化的一个突出特征。

第三节 赵国与赵文化

赵国立国起始于三家分晋，在此之前的赵氏宗族在晋国母体内已积蓄了相当长的时间，立国之后的历史发展具有鲜明的自身特色，同时又是三晋历史进程的一个组成部分。赵国文化孕育于春秋晚期的晋国文化，萌芽初生于战国早期，正式形成于迁都邯郸以后。赵国是赵国文化的载体，赵国考古学文化是赵国文化的主体构成。赵国文化和赵国考古学文化有时均简称为赵文化，但两者的严格意义存在着区别。

一 三晋历史进程中的赵国

三晋脱胎于晋国母体，三晋历史具有一个共同点：它们在立国之前的前身均属于晋国历史的一个有机组成部分。因此，三晋的历史进程均可上溯至春秋时期，其主要阶段当在春秋晚期。

（一）春秋晚期

赵氏宗族历史久远，但其正式进入晋国的政治舞台当在春秋中期。前661年，晋献公灭耿、霍、魏等三国，将耿地赐予赵夙。自此，赵氏开始在晋国立家。此后，历经赵衰辅助晋文公、赵盾"弑君"事件等，至春秋晚期时，晋国政权集中于六卿。六卿之中，知氏虽强，但三晋尤为突出。春秋晚期至三家分晋，晋国治下的赵氏集团主要完成了以下四件大事。

其一，东进占据东阳地区。公元前497年至前491年，赵简子通过连年争战占据邯郸。《史记·赵世家》说："赵竟有邯郸、柏人，赵名晋卿，实专晋权，奉邑侔于诸侯。"

其二，北进占据代地。前475年，赵简子卒，赵襄子立，即北上灭掉代戎。

其三，参与兼并另外二卿的争战。前458年，知伯联合三晋灭范氏与中行氏，六晋由此归为四晋。

其四，化解晋阳围城之难，由此晋归为三。前455年开始，知伯与韩魏围攻赵之晋阳长近三年，最终赵与韩魏合谋，三家联合于前453年反灭知氏。

春秋晚期，赵氏集团以晋阳为基地，东进北拓，开辟了广阔的新疆域。三晋之间的关系较为密切，尤其是韩魏之间更为紧密。正是在此基础上，赵韩魏三晋共杀知伯，尽并其地，四晋终结为三晋。

《史记·赵世家》说:"于是赵北有代,南并知氏,强于韩魏。"至此,晋国政权终结,三家分晋而代晋,由此进入战国时代。

(二)战国早期

战国早期三晋之中,以赵国所占地域最广,但偏居原晋国北半部,主要是代地、晋中及晋北大部、冀南之东阳、中牟及上党东部一带。前423年,赵献侯治中牟。前411年,赵献侯城平邑(今南乐)。春秋晚期时晋国即十分重视中牟,《韩非子·外储说左下》:"中牟无令,晋平公(前557—532年在位)问赵武曰:中牟,吾国之股肱,邯郸之肩髀。"赵徙都中牟,建城平邑,开始与魏国争夺河内及东岸的河东之地。公元前403年,周王正式册命赵韩魏三家为诸侯,赵之建国得到合法承认。

(三)战国中期

前386年,赵由中牟迁邯郸。前382—381年,赵魏交恶,在河内及河东岸发生冲突,祸及旧都中牟。前361年,魏徙都大梁的同时,魏将飞地榆次、阳邑予赵,赵将中牟予魏。赵因之巩固晋阳,魏因此几近完全得到河内之地,所获应大于赵所得。前353—351年,赵魏交战,魏围邯郸长达三年。前333年,赵与魏争夺黄(内黄)失败后,筑南长城退居漳河以北,赵魏之争暂告一段。自此赵开始掉头转向北方拓展,逐渐背离中原腹心。

《战国策·秦策一》言赵国:"杂民之所居也,其民轻而难用,号令不治,赏罚不信,地形不便。"《战国策·赵策二》记述赵武灵王说:"东有燕、东胡之境,西有楼烦、秦韩之边。……且昔者简主不塞晋阳及上党,而襄主兼戎取代,以攘诸胡。"兼戎攘胡缘于赵国所处的地域环境,故一直成为赵国国政的重要大事,春秋时"攘夷"之功要推晋国为最大,战国时则应以赵国为首。这是晋魏文化南北分野,以及北系赵文化形成的文化背景基础之一。

(四)战国晚期

战国晚期早段,赵国北向辟地千里,北疆得以大幅度拓展。前306年,赵国西略胡地,至榆中(榆林北,河西),与此同时屡屡攻击中山。前300年，攘地北至燕代，西至云中（呼市西南、托克托东北）、九原（包头西）。前296年，灭中山，北地方从，代道大通。《史记·匈奴列传》说："……赵武灵王，北破林胡、楼烦。筑长城，自代并阴山下，至高阙为塞。"赵北拓胡地的标志性结果即修建赵北长城。

战国晚期晚段始自长平之战，自此赵国逐步走向崩溃。前260年，秦破赵于长平，四十余万赵卒尽杀之。前246年，秦拔晋阳。前228年，秦拔邯郸，赵实亡。

二 关于赵文化的概念

如同晋文化一样，赵文化的概念也存在着趋长与趋宽的情况。赵文化的宽泛定义，可用于一种宏观或广泛意义语境下的泛赵文化议论，但不适于严格科学意义上的历史地域文化探索，更不适于区域考古学文化研究。学界所常用的赵文化相关概念，诸如：赵文化、赵国文化与赵国考古学文化等，歧义甚多而疏于严密，因此需要作一理论上的澄清和限定。

赵文化相关概念理论层面的限定与澄清，是探索赵文化相关问题的一个必要基础。如果单从理论上的定义限制，赵国文化与赵国考古学文化，均以战国时期赵国的存在为载体。赵国文化是赵国存在时期疆域内全部文化元素的总和，而赵国考古学文化则是赵国存在时期疆域内全部物质类文化遗存的总和。很明显，赵国文化的外延要大于赵国考古学文化，属于一级大概念，而赵国考古学文化则是其中的重要构成部分，两个概念并非对等与重合。

探索赵国考古学文化的主要目标就是全面复原赵国文化，但这仅是一种理论上的建构，赵国考古学文化不可能与原本的赵国文化全面重合，甚至达到二分之一亦是相当困难。但在当下复原探索历史地域文化的研究中，主要通过考古学手段，再辅助于文献考证，基本上属于一种必需而常用的途径，而且通过这一综合途径所复原建构的赵国考古学文化，已不再是单纯考古学意义的考古学文化，而是考古学与历史学的融合结果。基于此，赵国考古学文化就是赵国文化主体的典型代表，在某些语境下两个概念可合二为一互相通用，但各自尚存着在严格意义的界限。另外，在某些特定的语言场景中，赵国文化和赵国考古学文化有时均简称为赵文化。但其使用具有特定的语义限制与边界，在许多偏重于历史学研究视角的情景中，赵文化的含义即严格意义的赵国文化；而在那些侧重于考古学研究视野的语言体系中，赵文化多指向于赵国考古学文化。

理论上严格意义的赵国考古学文化，是以战国时期赵国的存在为基础载体，赵国存在的时空区间为这一严格概念的外延边界。但事实上，若从考古学文化的内涵构成和全面演进轨迹分析，赵国考古学文化的纵横延伸均溢出赵国的时空区间：其渊源与孕育可追溯至春秋晚期的晋国时期，其辐射或流布所致的局部亦超出赵国疆域，其与韩魏文化之间还存在着复杂的纠缠关系，尤其是战国早期的赵韩魏三家文化曾大致属于一体。因此，赵国考古学文化概念的严格限定属于一种必要的理论建构，而具体的考古学文化探索则是在这一建构的基础上，厘清与辨明其复杂的内涵及外延结构，并进一步探明其复杂的演进历程。

三 赵国历史进程中的赵国考古学文化演进

赵国历史进程直接影响着赵国考古学文化的发生形成及内涵结构，而赵国考古学文化的纵向轨迹演进与平面格局变迁，则是赵国历史进程在考古学上的物质遗留及具象反映。

由于赵国脱胎于晋国、赵国文化渊源于晋国文化的特殊历史背景，致使赵国考古学文化也因之具有复杂的发展历程，其演进轨迹不仅体现在考古学诸多元素层面，同时也反映在赵国历史进程的脉络中。其中对考古学文化影响最为显著的历史因素是：重大历史事件、疆域变迁及居民构成等等。重大历史事件主要是政治和军事，不仅是历史的节点，也往往是考古学文化演进的转折点。疆域版图变迁将直接导致考古学文化空间格局的变化，而居民构成变化则直接影响到文化的面貌。

(一) 赵国立国年代与赵国文化的起始时间

赵国立国属于重大政治事件，赵国文化的形成与赵之立国紧密相关，但两者并不能简单地合二为一，政权建立与文化进程并未完全同步，另外赵国文化的孕育年代也超出赵国年代的范围。赵国历史进程的起始时间，及与赵文化发展历程的对应是个复杂的问题。

关于赵国立国的具体年代，学界还存在着不同的看法，此直接影响到对赵国文化起始时间的确定。归纳起来主要有3种观点：其一，以公元前490年前后赵简子攻下邯郸为赵立国之始[①]；其二，公元前475年赵襄子继位，宣告着赵国已经正式建立[②]；其三，公元前453年韩赵魏三家分晋，标志着赵氏已经成为实际的诸侯。事实上，上述3种观点之间并无根本性的矛盾，在前后近40年的时间里，赵氏集团逐渐成长壮大并独立成一国。但三家独立为国是以分晋为起点的，因此分晋才应算是立国的初始[③]。

因晋国及三晋历史的复杂性，赵国立国的年代与赵国文化的起始时间并不完全对应。赵国立国之前，赵氏集团已在晋国母体内存在了很长时间，赵国文化也相应在孕育之中，三家分晋之时赵文化并未立刻诞生并成形。如果以公元前453年三家分晋作为赵国正式立国的开端，以公元前661年晋献公赐赵夙耿地视作赵氏在晋国立家之始兴的话，从耿地立家到分晋立国，赵氏集团在晋国母体内积累长达200余年的时间。这200多年的春秋中晚期阶段，既是晋文化的繁荣时期，在某种意义上也可视作是赵文化在晋文化母体内的长期备孕及孕育期。赵文化孕育起始的契机是赵氏集团在晋国的政治崛起，赵文化孕育膨大的基础和具体表现，则是赵氏集团对晋阳

---

① 孙继民：《赵都晋阳杂考》，《先秦两汉赵文化研究》，方志出版社2003年版，第112—127页；董林亭、孙瑛：《关于赵文化概念的理论思考》，《赵文化论丛》，河北人民出版社2006年版，第16—22页。
② 沈长云、魏建震等：《赵国史稿》，中华书局2000年版，第110页。
③ 段宏振：《赵都邯郸城与赵文化》，科学出版社2009年版，第6页。

以及东阳地区的积极经营。单从赵氏集团宗邑的所在位置来看，无论是赵夙的耿（河津）、赵衰的原（济源）、赵武的温（温县），还是赵简子的晋阳，均位于太行山以西黄土高原腹地的汾河或沁河流域，环绕在距晋都不远的地区。此正是赵氏集团与赵文化，在晋国与晋文化母体之内孕育发展的物化写照。而赵简子积极向更远的太行山以东的东阳地区发展，并最终占据邯郸和柏人等重镇，则实质上是赵氏集团为摆脱晋国母体而求新生的一种反映，赵简子占据邯郸标志着赵文化的孕育已经基本成熟。至三家分晋，赵国完成了从晋国母体的裂变新生，赵文化的萌芽开始逐渐出露，此后至战国早期之末，赵文化则完全摆脱了晋文化的传统窠臼。至迁都邯郸，赵国文化正式形成。

赵国裂殖于晋国母体之中，赵国文化则渊源于晋文化。如同赵氏集团在晋国从发展壮大到正式立国，经历了一个相当长的时间一样，赵国文化孕育与形成的历程也经历了相当长的时段，大致包括：孕育、萌芽初生、正式形成的成熟期等阶段。从这一角度观察，赵国文化的起始时间应包括三个层面的含义：孕育于春秋晚期，萌芽初生于战国早期，正式形成于战国中期之初。关于赵国文化起始时间的这一复杂定义，是以赵国存在期的赵国文化，这一严格概念为基础而得出的结论，其间并无根本性矛盾，正反映了赵国文化的特殊性。

（二）赵国历史进程与赵国考古学文化的演进轨迹

赵国历史进程大致经历了四大阶段：春秋晚期的孕育起步阶段，战国早期的初步发展阶段，战国中期的稳定发展阶段，战国晚期的由鼎盛至衰微阶段。与赵国历史进程的阶段性大体一致，赵国考古学文化的发生发展也经历了相应的四个阶段。

第一阶段，春秋晚期的晋国时期，赵国考古学文化的孕育阶段。

这一阶段即赵氏集团在晋国母体之中的积蓄时期，虽然赵氏宗族很早即已在晋国经营，但其自身文化特色显现始于何时还是个复杂的问题。按照考古学文化发生发展的一般理论，一个较为固定的地域是文化积累发生的重要条件。因此，晋阳和邯郸两座大型城邑可视作赵氏集团稳定经略一定地域的标志，而偏北的代地则存在着较浓厚的北方地域文化色彩，晋阳和邯郸所代表的文化无疑是赵国考古学文化孕育阶段的代表。晋阳与邯郸首见于《春秋》经或《左传》，均在定公十三年（前497）①，赵氏占据邯郸的年代为前491年，占据晋阳的确切年代不详，但应不晚于前497年。因此可以认为，至前491年时赵氏已据有晋阳和邯郸两处重要城邑。此年至前453年三家分晋，这一时期为春秋晚期晚段，赵简子带领赵氏集团建宗邑于晋阳，另兼及经营北方，同时又积极向太行山以东的东阳地区发展，经过前497—前491年长达六年的战争，打败赵午集团占据了邯郸至柏人（今隆尧）之间的地域。赵简子积极向太行山以东地区的发展，实质上就是赵氏集团为摆脱晋国母体而求新生的一种反映，赵简子占据邯郸标志着赵文化的孕育已经基本成熟，赵国考古学文化从晋文化母体中的裂变萌发已经指日可待了。

三家分晋之前赵国文化在晋国文化母体内孕育，实际上是晋国文化涵盖下的先赵国文化，或称春秋末期晋赵文化，主要分布地域在晋阳和邯郸周围。从本质上说，这一时期的赵氏集团领地属于晋国疆域之内的割据或半割据地区，而晋赵文化包裹在晋国文化之内，只是晋国文化范畴内的一个地域或分支类型。若依文化人群性质，晋赵文化可称之为赵氏宗族文化。孕育晋赵文化的人群即晋国母体内的赵氏集团，其中以赵氏宗族为主体，并包括封邑的居民——他们既是赵氏集团居民，同时又是晋国居民。这一阶段的赵国考古学文化，本质属于赵氏宗族的本源文化，与赵立国之后的赵国全体国民文化存在一定的区别。

第二阶段，战国早期的三晋初分时期，赵国考古学文化萌芽初

---

① 《春秋经》定公十三年："晋赵鞅入于晋阳以叛。"《左传》定公十三年："晋赵鞅谓邯郸午曰……"但《谷梁传》中"邯郸"则始见于襄公二十七年（前546年）："卫侯之弟专出奔晋，……故出奔晋，织绚邯郸，终身不言卫。"较《左传》略早。

生阶段。

这一阶段赵国从晋国母体中裂变新生，赵国文化处于萌芽初生时期。时间在前453年三家分晋之后，至前386年迁都邯郸之前，历襄子、献侯和烈侯，总计经历了长达60余年的时间。三家分晋之际，晋国文化并未立刻消亡，三晋各自文化亦非顿时完全形成。三晋文化各自在晋文化的延续和传承过程中，逐渐形成了自己的独有文化。战国早期新生的赵国继承了赵简子积极经营东阳地区的策略，在太行山东麓南部一带兴邯郸、治中牟，不仅反映了赵氏集团的政治中心由黄土高原腹地向中原地区的转移，同时也是新生赵文化的一个标志。这一时期的赵国考古学文化，尚处于萌芽阶段，刚刚与母体晋文化分离，带有浓厚的晋文化色彩，但同时已经具有若干自身的独有特色，开始逐渐彰显出与晋文化有别的一些独特个性，但从总体上看仍属于晋国文化的延续范畴，亦即后晋国文化，一直到迁都邯郸前夕时才摆脱了原晋国文化的窠臼。

与第一阶段相比，此时赵国拥有了独立的疆域和基本固定的国民，因此赵国考古学文化具有了稳定的载体基础。赵所占地域偏居原晋国的北半部而稍远中原核心，版图主要包括：代地、晋阳周围地区、东阳一带的邯郸及中牟等。赵国国民成分除了赵氏宗族外，还有广大的普通民众，包括立国地域固有的原居民、拓展兼并地区的新地居民，另外还有因三晋版图交错多变而裹挟而来的少量韩魏居民等。总之，上一阶段以赵氏集团为主体的文化，此时转为以赵国国民为主体的文化。这也是赵国考古学文化萌芽初生的一个重要标志，即由部族文化转为国家文化。

第三阶段，战国中期，以迁都邯郸为起始和标志，赵国考古学文化的正式形成阶段。

前386年赵敬侯迁都邯郸，标志着赵国最终完成了政治核心的稳定东移，自此由黄土高原腹地之国开始积极逐鹿中原，因此也意味着赵国文化进入正式形成的成熟阶段，邯郸即成为赵国和赵国文化的新起点。从定都邯郸到魏围邯郸的三十余年间，赵魏屡战争夺河内之地，最终赵国失去中牟而退居漳河之北，由此开始转向北方拓展。

赵国考古学文化以邯郸城附近的考古学文化最具典型性，战国中期以后的文化面貌开始具有自己的特色，即赵国文化的独特性开始彰显。迁都邯郸将赵国文化的核心地带定位于太行山东麓的山前地区，与传承的晋文化传统日益渐行渐远。以邯郸地域为核心的赵国考古学文化，不仅植根吸取了晋文化及本地的传统文化基因，而且还广泛采纳了周边特别是中原及北方文化的各种因素，所有这些文化因素被邯郸城合成为一种新的文化——成熟的赵国考古学文化。这个赵国文化既区别于春秋时期的晋国文化，也不完全等同于战国早期萌芽阶段的赵国文化，而是一种完全的新型文化。如果说战国早期的赵国考古学文化，还或多或少具有一些晋文化的延续因素，但以迁都邯郸为起点，赵国考古学文化开始具有独特的风貌，即由此进入正式形成阶段。

第四阶段，战国晚期，赵国考古学文化的鼎盛及转衰阶段。

自前307年至前261年长平之战前夕，武灵王与惠文王在位期间，为战国晚期前段赵国发展的顶峰时期。武灵王后期，破林胡、楼烦，灭中山，拓展北疆，辟地千里，筑长城阴山下，置云中、雁门、代三郡，完全占据阴山南麓，三晋之中以赵的疆域面积最大。长平战后赵国开始衰落，逐渐被秦蚕食直至亡国。

赵国广阔北疆的开辟，极大地拓展了赵国考古学文化的空间与内涵。赵国考古学文化的分布，随赵国版图的扩展而不断北拓，以邯郸、晋阳为依托向北直至阴山脚下的北地。疆域拓展使得国土居民的成分愈加复杂化，《战国策·秦策一》言赵国："杂民之所居也"，这些杂民中主要包括原中山国居民、阴山北疆的胡地居民等，另外还有某些边疆邻国地区的边民。新辟疆域及新居民纳入了许多新文化元素，中山文化及诸胡文化等因此而汇入赵国文化之中，丰富了赵国考古学文化的内涵及面貌。因此，李学勤曾评论说，赵文化是华夏文化与戎狄文化相结合的结果①。

综上，从赵国历史进程的纵向观察，赵国历史的发展脉络与赵国考古学文化的演进轨迹息息相关。赵国考古学文化的主体构成是战国时期赵国疆域内的文化遗存，赵立国之前在晋国母体文化之中滋生的赵氏集团文化，是为赵国考古学文化的孕育阶段；立国之后到迁都邯郸前夕，为赵国考古学文化的萌芽初生阶段；迁都邯郸城标志着赵国考古学文化的正式形成。从横向方面观察，赵国考古学文化集中繁衍分布于赵国疆域内，但其核心地域和四至范围存在不断变化。晋阳、邯郸二城的附近地区，相继成为赵文化分布的核心地域。而中山故地、晋北及阴山南麓的北地，属于赵文化鼎盛时大幅北拓的新地。至于上党、河内等地，则是与韩魏文化相继交替占据的地区。赵国考古学文化复杂的时空结构变化，所涉及居民的复杂成分构成，以及局部有时超出赵国疆域范畴等等，正是赵国文化本身一个重要的文化特色。

第四节　赵国考古学文化研究

赵国考古学文化研究的总目标是全面复原和探明赵国文化，为此需要考古学与历史学的紧密结合，在赵国历史进程的视野下探明赵国考古学文化的演进轨迹，在赵国考古学文化探索的基础上考证赵国历史的发展脉络。

一　赵国考古学文化研究的对象

赵国考古学文化是东周考古学文化体系的重要组成部分，又是中原和晋系考古学文化范畴的主体文化，在先秦文化总格局中占据着重要位置。从纵向演进轨迹上看，赵国文化是春秋晋国文化的发展与更新，属于三家分晋导致晋文化南北分野之后的北系文化。从

---

① 李学勤：《赵文化论丛》序，第1页。

横向地域观察，赵国文化兼容并蓄，既是东周中原文化系统的重要组成部分，同时又是战国北方文化范畴内的一个鲜明类型。因此从宏观角度看，赵国考古学文化研究的对象不应只局限于赵国范畴，不仅要以东周晋国及三晋之中的韩魏为主体辅助，同时还要兼及周边列国如中山、齐、秦和楚等，以及北方诸胡等部族的相关文化遗存。

赵国考古学文化研究的主体对象，当然是赵国疆域内的考古学文化遗存，包括各类物质性的遗迹和遗物，诸如：聚落遗址、墓葬、长城以及青铜器、陶器、玉石器等等。这些考古学文化元素，以及每种元素的内涵结构、演进轨迹及历史背景等等，是赵国考古学文化研究的具体细节内容。

赵国考古学文化遗存与赵国历史进程紧密相连，与赵国历史相关的传世文献梳理，与赵国考古学文化相关的历史背景考证，同属于赵国考古学文化研究的重要内容。

二　赵国考古学文化研究的时空框架

赵国考古学文化研究的时空框架，其主体区间无疑是赵国存在的时期及疆域，这一时空范围随着赵国历史进程而相应发生变化，另外还存在着一定的衍生区域。这种复杂的时空框架，反映了赵国考古学文化形成与发展的丰富历史背景，也是考古学文化演进轨迹探索的结果。

春秋末期，赵国考古学文化的主要分布地域在晋阳、邯郸周围，以及北方的代地。

战国早期，赵国考古学文化的主要分布地域是原晋国的北半部，包括晋阳以北至代地，东阳地区的邯郸、中牟等地，以及上党东部一带。这一时期的赵国刚刚脱离晋国母体，三晋之间的疆域互有交错。

战国中期，赵国的南疆退居漳河以北，疆域内趋向整合为一，南与韩魏交界多顺畅而较少有交错。这一阶段赵国考古学文化的分布区域，主要延续上一时期的范围，但在疆域略有拓展或略有收缩的区域，则属于赵国考古学文化的衍生区域，或暂时保持延续原有的文化体系，或较迅速地转变为新的体系。

战国晚期早段，赵国向北辟地千里至阴山下，疆域拓展达到顶峰，三晋之中以赵之疆域面积最大。这一阶段赵国考古学文化的分布也相应至鼎盛时期，大致范围为：阴山以南，西邻大河，东跨太行，南接河东及上党地区，基本涵盖黄土高原东北部，以及太行山以东滹沱河至漳河之间的平原。战国晚期晚段，赵国因长平之战失败而走向衰落，版图逐渐被秦蚕食，赵国考古学文化的分布区域亦随之缩小。

赵国考古学文化的时空框架，因三晋之间的错综关系而复杂多变。三晋疆域存在着交错相间的接壤地带，三者在某些地域交替辖控，还有赵北拓并中山、破林胡与楼烦等，这些交错或新拓地域的文化内涵，既保持有传统特色又兼收新因素而相互渗透融合，其文化面貌或因被纳入赵国疆域而很快同化，或者继续保持固有之传统文化主体而变化缓慢或甚微，诸如此类等等情况可能因时因地而呈现出不同的形态。此正反映了赵国考古学文化的复杂性和特殊性。

三 赵国考古学文化研究的目标与途径

全面和系统地复原与探明赵国考古学文化的演进历程及其历史位置，是赵国考古学文化研究的总目标。这一总目标的完成需要若干重点目标及细节内容的支撑，诸如：赵国考古学文化的综合年表、内涵与结构、纵向演进轨迹与平面格局变迁、诸多考古学元素的形成及流布影响等等。在此基础上，还需进一步厘清与辨明赵国文化与晋国文化、韩魏文化、北方文化的复杂关系，以及在东周列国文化中的历史位置等，另外还有这些结果与相关文献记载的对应问题等等。

赵国考古学文化不仅是赵国文化的主体构成，其本身也是一种文化研究的重要途径。充分借助考古学文化元素来探索某一特定时空范围的整合文化，几乎已成为先秦历史研究中必不可少的手段。赵国考古学文化属于有文字记载的历史时期文化，具有复杂的文献历史背景。因此，探索赵国考古学文化的途径，不仅要以考古学的物质资料为基础，同时还要考证梳理相关历史文献资料，研究途径需要考古学和历史学的深入整合。赵国考古学文化探索的所有结论，有必要与相关的文献记载对应研究。反过来，与考古探索相关的文献记载内容，也需要考古学实证资料的补充和纠正。考古学领域的细化研究和文献方面的细密考证互相结合，将是赵国考古学文化研究过程中的必要手段。基于此，赵国考古学文化研究的途径大致可分为三大步骤：

第一，在考古学文化分期基础上，建立赵国考古学文化的时空编年体系，并与赵国历史进程紧密结合与对应，最终建构赵国历史进程与考古学文化演进整合年表。这一年表可分为四个时期：

第一期，春秋晚期晚段，约前497—前454年，赵简子后段、赵襄子前段，地域以晋阳、邯郸为核心，赵国考古学文化的孕育时期。

第二期，战国早期，前453—前387年，赵襄子后段、献侯、烈侯时期，地域以晋阳、邯郸、中牟为核心，赵国考古学文化的萌芽初生时期。

第三期，战国中期，前386—前308年，赵敬侯、成侯、肃侯和赵武灵王前段时期，地域以邯郸、晋阳为核心，赵国考古学文化的正式形成时期。

第四期早段，战国晚期早段，前307—前266年，赵武灵王后段、惠文王时期，地域以邯郸、晋阳为核心，向北拓至阴山南麓，赵国考古学文化的鼎盛时期。

第四期晚段，战国晚期晚段，前265—前222年，赵孝成王、悼襄王、迁、代王嘉时期，地域以邯郸为核心，赵国考古学文化的渐趋衰落时期。

综合年表是以考古学文化分期为基本框架，并与文献考证的历史年表有机整合的结果。考古编年体系的建立是进一步综合研究的基础，这一研究过程既要注重考古学分期探索的框架，又要注意对应赵国的具体历史进程。依此年表的考古学文化基本特征阐释，不仅详细地勾勒出赵国考古学文化的纵向演进轨迹，而且具象地反映出其平面格局方面的时段变迁，更重要的是这种纵横变化与赵国的历史背景基本相对应。

第二，在历史与考古综合年表框架内，复原赵国考古学文化的时空演进轨迹，剖析探明其内涵与结构，进而归纳概括出考古学文化诸元素及总体的综合特征。

对考古发现的遗迹与遗物进行系统分析，以求深入探讨赵国考古学文化内涵的结构与独有特征。赵国考古学文化发现的考古遗迹包括三大类：长城、聚落遗址和墓葬，而繁杂的考古遗物则主要涵盖于遗址与墓葬之中，因此城邑和墓地是最重要的两项考古学内容。

综合考古与文献资料，进行赵国城址及大型聚落遗址群的全面观察，不仅能基本廓清不同时期赵国疆域的四至，更主要的是可以创建赵国城邑的发展历史。赵国的城邑数量庞大，在诸多城邑遗址中，晋阳和邯郸两座都邑城址最为重要，尤其是邯郸城的城邑文化不仅是赵国城市建设文化的典型，同时更是赵国考古学文化诸多方面的集中代表。墓葬形制及随葬大量铜陶礼器所反映的葬俗，是探索赵国考古学文化本质特征的最重要实证资料，因而也是辨别赵国文化与其他晋系文化的重要参照。截至目前的考古发现统计，赵国考古学文化约占三分之二的内容是墓葬，包括集中的大片墓地和零散分布的少量墓葬。大多数的大型墓地一般位于城邑遗址的附近，属于城址的有机组成部分，其中晋阳城郊金胜村墓地、邯郸城郊的百家村墓地、榆次城附近的猫儿岭墓地、邢城附近的东董村墓地等，是彰显赵国考古学文化考古内涵的最集中所在。大型墓的头向主要朝东，中小型墓的头向则以朝北为主。出土遗物研究的核心内容是青铜器和陶器，而铜礼器和陶礼器则是赵国考古学文化分期编年体系建构的首要标准器，其中有些个性鲜明的器物，如鸟柱盘、鸭形尊等属于赵国考古学文化独特属性的考古标志器。这些出土遗迹和遗物所体现出来的综合文化特征，基本代表着赵国文化的主要特性。

第三，在三晋历史进程的总体框架下，在赵国历史进程的具体框架内，考察赵国考古学文化的演进轨迹。综合考古学探索与文献考证的两方面结果，在赵国考古学文化发生发展历程及格局变迁的探索进程中，进一步捋清赵国文化与晋国文化、韩魏文化的关系，进而探索东周时期中原文化体系发展中的分解与重构过程。

赵国考古学文化的演进轨迹，不仅集中体现在考古学诸多元素层面，同时也反映在赵国历史进程的脉络中。三家分晋的意义主要是政治界标，在此之前赵韩魏三家文化已在晋文化母体中悄悄孕育，在此之后晋国文化也并非立刻消亡。同源的赵韩魏三家文化均含有晋国文化的传承基因，但由于此后的发展地域及所在地文化传统的差别等因素，三家文化最终分野为南北二系：北系赵国文化、南系韩魏文化。

赵国考古学文化研究的一个重要方向，就是通过探索考古遗存的演进轨迹，而后能够从考古学文化角度观察到上述文化分流变迁的过程，特别是在三晋交错的复杂区域准确清晰地将赵国文化辨识和确认出来，并进一步探讨东周中原文化体系的结构变化。三家分晋并不意味着晋文化被三等划分，由于赵国特殊的地理及历史位置，战国中期以后赵文化所继承晋文化的比重稍高于魏韩二文化。南北二系文化正式形成之后，魏韩文化入主中原东西分列，共同占据了中原核心文化的位置；而赵国地跨中原北缘与北方，不仅原地继承了晋文化的主脉，还大量吸取了北方文化的因素，创造了一种新兴的中原北系文化。赵国文化的这种特质，使其在战国列国文化系列中具有显著的自身色彩。这一特点也成为东周中原核心文化重构进程中一个重要的标志性事件。

第 二 章

赵国历史发展进程与疆域变迁

赵国考古学文化的综合研究，必须在构建赵国历史的基本框架基础上才能得以进行，因此本章主要基于现有传世文献和出土文献，对赵国历史发展的进程做一概括性地梳理。由于本书研究的目的设定为东周时期的赵国考古学文化，故而对于赵国历史的梳理便以赵氏一族的兴衰、赵国都邑与疆域的变迁以及赵国与周边诸国的关系作为重点。

第一节　赵族的源起与晋赵时期的发展

赵氏一族有着较为悠久的历史，其始祖可追溯至夏代之前的尧舜禹时期。其后经数代发展，辗转迁移入晋，势力渐次壮大，成为晋国历史上位高权重的异姓卿族。

一　赵氏的源起与初期发展

关于赵氏一族的起源，《史记·赵世家》开篇即说："赵氏之先，与秦共祖"，《史记·秦本纪》对于赵秦同源的细节叙述更详。赵秦所共之祖名作蜚廉，在商末时服事纣王，生有二子，由此分为赵秦两支：一子曰季胜，此为赵之先；另一子曰恶来，此即秦之先。由蜚廉上溯世系，最初的始祖大业是帝颛顼裔女吞玄鸟卵所生，大业生伯翳，帝舜赐之为嬴姓，伯翳即嬴姓秦赵之始祖。若追溯渊源，因颛顼、玄鸟、嬴姓、伯翳，《正义》又言大业即皋陶，《索隐》则说伯翳即伯益，此一系列大致皆为东方部族的名号或传说，因此秦赵远祖及嬴姓之源又与东方夷族联系起来。

周人灭商后，赵氏先祖"造父幸于周缪王"，因辅佐穆王西行巡狩、平叛徐夷而被周穆王赐以赵城，赵氏由此得名。《正义》云："晋州赵城县即造父邑也"①，依此说赵城的地望可能在今山西洪洞一带。自造父之后历经六世传至奄父，被周宣王任为御者，在千亩之战中立有奇功，为周宣王所倚重。然而到奄父之子叔带之时，因周幽王昏庸无道，叔带率领赵人"去周如晋，事晋文侯"②。赵氏自此入仕晋国，开始了在晋国的发展历程。

二 入晋之后的晋卿赵氏

赵氏入晋之时，晋国内部大宗与小宗之间为争夺政权而发生了剧烈的争执。僻居曲沃的小宗桓叔公然挑战晋国公室，在弑杀晋侯缗后，取而代之成为晋君。为防止公室作乱，以小宗身份入主晋室的数代晋君"诅无畜群公子，自是晋无公族"③，这一举措直接导致了晋国内部异姓卿族势力的突起。赵氏正是诸多异姓卿族中势力较强的一支。

赵夙为赵氏入晋之后在晋国奠定赵氏基业的重要人物。史载赵夙曾率军伐灭耿、霍、魏，被晋献公封为大夫，并赐以耿地。

赵夙之弟赵衰在骊姬之乱后，跟从晋公子重耳流亡至狄。《左传》僖公二十三年（前637）载："狄人伐廧咎如，获其二女……以叔隗妻赵衰，生盾。"《史记·赵世家》的记述与此类似："翟伐廧咎如，得二女，翟以其少女妻重耳，长女妻赵衰而生盾。"及至重耳返回晋国，赵衰因辅佐有功被封为原大夫，居于原地。

---

① 《史记·赵世家》，中华书局1959年版，第1779—1780页。
② 《史记·赵世家》，第1780页。
③ 《左传》宣公二年，阮元校刻《十三经注疏》，中华书局1980年版，第1867页。

赵氏一族的发展至赵衰之子赵盾之时达到巅峰。赵盾历襄公、灵公、成公三代晋君，自襄公时期便作为晋国正卿，在平定五大夫之乱后独掌晋政，不仅代晋侯主持诸侯国的盟会，干预周王室政务，还擅自拥立幼君，总理国政，甚至纵容其侧室赵穿弑杀灵公。赵氏家族势力的膨胀，引发了晋国公室和其他异姓贵族的不满，终于在晋景公三年导致了"下宫之难"的爆发。"贾不请而擅与诸将攻赵氏于下宫，杀赵朔、赵同、赵括、赵婴齐，皆灭其族。"① 所幸赵朔之子赵武得以幸免于难，被景公重新立为赵氏嫡嗣。赵武因其贤能屡被擢用，于晋平公十年被立为正卿，赵氏家族因此得以复兴，而此时"晋国之政卒归于赵武子、韩宣子、魏献子之后矣"②，显然晋君已被架空，异姓大夫已然把持了朝政。《左传》昭公元年（前541）载："赵孟适南阳，将会孟子余。甲辰朔，烝于温。"可见，赵武复立之后，其宗邑在南阳温县（今河南温县西南）。

赵简子赵鞅为赵武之孙，曾任晋国执政超过二十年，其间除积极参与诸侯会盟外，为了赵氏宗族的利益，与赵氏支系邯郸氏以及同为六卿的范氏和中行氏发生了激烈的冲突，历经八年之久，最终打败范氏和中行氏。此次战争的结果是"赵竟有邯郸、柏人"③。邯郸、柏人等地处太行山东麓地区的城邑相继归入赵氏领地，为赵国其后向东南的发展奠定了良好的基础。早在此次战争之前，赵简子不仅已经占有晋中盆地北端的晋阳，而且派遣董安于在此修筑了"高至丈余"的城池，因此赵简子为躲避敌人的追杀才奔保晋阳。其后，赵简子又任命尹铎继续加固城防。由于董安于和尹铎的悉心建设，才使得晋阳成为赵氏宗族的重要根据地。

赵简子去世后，由太子毋恤继位，史称赵襄子。此时晋侯愈发衰弱，而四卿的势力愈发强盛，先是"知伯与赵、韩、魏共分范、

---

① 《史记·赵世家》，第1783页。
② 《史记·赵世家》，第1786页。
③ 《史记·赵世家》，第1792页。

中行地以为邑"①，旋即知伯又聚集韩、魏共同攻赵。赵襄子退保晋阳后，与韩康子、魏桓子联合"共杀知伯，尽并其地"②。经过这两次大的战争，赵襄子率领赵氏宗族获得了大量的土地。其实，赵襄子对于赵氏领土的扩张，自即位之初便已开始谋划实施。依《史记·赵世家》记载："襄子姊前为代王夫人。"赵简子甫一去世，赵襄子便设计谋击杀代王，兴兵伐代，将代地纳入赵氏疆域之内。与此同时，赵襄子还收复中牟，使赵氏获得向中原发展的前沿阵地。

正因赵简子和赵襄子于赵氏一族发展壮大过程中取得了重要功绩，赵武灵王在欲行胡服骑射改革之前，追述先祖事迹时反复加以称颂，并发誓将承继简襄之迹，以"序往古之勋"③，诚如《赵国史稿》所言："在创立赵氏基业并最终建立赵国的历史进程中，赵简子、赵襄子两代的业绩是最突出的，后人合称之为'简襄之迹'或'简襄功烈'。"④

纵览整个春秋时期，赵氏一族始终活跃在晋国的政治舞台之上。据《赵国史稿》统计，从晋文公三年始作中军开始，至晋出公元年的160年间，担任中军元帅者共计19人，而其中累计由赵氏（赵盾、赵武、赵鞅）担任中军元帅的时间最长，达50年之久。而其间任为晋卿者，也是赵氏人数最多（赵衰、赵盾、赵朔、赵同、赵括、赵旃、赵武、赵成、赵鞅、赵毋恤），赵氏一门就其权势来说，在晋国可谓首屈一指⑤。与此相应，赵氏的领地亦不断扩大，由最初的临近晋国核心地域的耿、原、温，渐次拓展到太原盆地的晋阳和吕梁山以西的楼、蔺，后来更是东出太行山占领"东阳"地区，拥有了邯郸、柏人、中牟等城邑，又北进代地，使赵氏所辖领土向北伸入常山以北地区，为赵国立国后的进一步发展奠定了坚实的基础。

---

① 《史记·晋世家》，第1685页。
② 《史记·晋世家》，第1686页。
③ 《史记·赵世家》，第1806页。
④ 沈长云、魏建震等：《赵国史稿》，第84—85页。
⑤ 沈长云、魏建震等：《赵国史稿》，第104页。

第二节 赵国建立之后的发展

三家分晋之后,赵国正式宣告建立。此后的赵国历史可以赵武灵王为界,分为早、晚两个阶段。

一 献侯至肃侯时期:东土的经营与扩张

赵献侯即位以后,把赵国的都城由晋阳迁至中牟。将政治中心由太原盆地迁至太行山东麓地区,实为赵国发展史上的一大巨变。迁都之后,首先是便于管理从范氏、中行氏以及知氏手中略取的分布于太行山东麓地区的土地,同时也便于与中原、东方和南方地区的诸强国争夺土地与人口。此外,献侯还致力于巩固赵国已有的疆域。《水经·沁水注》引《竹书纪年》载:"赵献子城泫氏",泫氏在今山西高平,地处上党地区,与韩、魏接壤。《水经·河水注》引《竹书纪年》又曰:"赵城平邑",平邑在今河南南乐东北,此地与齐交界。在泫氏和平邑筑城,可以有效地防止韩、魏和齐等国军队的骚扰。

然而中山的兴起亦当赵献侯在位之时。《史记·赵世家》载:献侯"十年,中山武公初立"。作为北方民族之一的鲜虞建立的中山国,正处于太行山东麓中部的滹沱河沿岸,与赵国东部的广大领土相接壤。其后中山被魏伐灭。据《战国策·赵策一》,魏征中山之时曾借道于赵,献侯听从谋臣"魏拔中山,必不能越赵而有中山矣,是用兵者魏也,而得地者赵也"的建议,同意借道于魏,孰料魏灭中山后,竟于此统治达二十余年,以致后来中山进一步发展壮大,成为赵的心腹大患,因此只能说此事为失败之举。

烈侯为献侯之子,于公元前 408 年即位。五年之后即公元前 403 年、周威烈王二十三年,"三晋命邑为诸侯"[①],至此赵韩魏三家作

---

① 《史记·燕世家》索隐引《纪年》,第 1554 页。

为诸侯得到了周王室的承认。赵烈侯在位时期，魏文侯派乐羊进攻中山，获胜后"使太子击守之"。① 于赵而言，虽然中山被魏国消灭，但中山原有领土为魏国占据，对于赵国的发展仍然不利。

公元前386年，赵敬侯即位，"赵始都邯郸"②。邯郸位于太行山东麓地区，西依太行，东临古黄河，"北通燕、涿，南有郑、卫"③，土地肥沃，交通便利。自公元前615年起，赵氏便开始经营邯郸。到公元前500年时，邯郸已发展为具有相当规模的大城市，曾一次性地接纳安置"卫贡五百家"④。赵敬侯时期的赵国，已然成为东方大国。如《战国策·秦策四》所云："举左案齐，举右案魏，厌案万乘之国二，由千乘之宋也。"将赵国的政治中心和经济中心迁至邯郸，显示出敬侯意欲逐鹿中原、争霸天下的野心。然而赵国向中原地区的扩张，触及了齐、魏、卫等国的利益，因此引发了赵与周边国家之间的战争。几乎与此同时，地处赵国腹心的中山乘机复国，随着其势力的发展，将赵国的领土分隔成南北几乎不相连接的两个部分。

赵成侯在位时期，赵国与齐、魏等国的冲突不但没有缓和，反而更趋激烈。尤其与魏的战争持续多年，以至于在成侯二十二年（前353）都城邯郸被魏国攻陷。虽然后来赵、魏握手言和，结束了这场战争，但是赵国向中原的拓展遇到了重大的挫折。及至肃侯时期，赵国与中原各国间依然战事不断，但都没有取得大的成功，随着赵境南长城的修筑，赵国对南部边疆的战略转为防守，开始将发展的视野转移到广大的北方地区。

二 赵武灵王至代王嘉时期：灭中山与北疆的拓展

赵武灵王为赵国历史上最有作为的君主，在位时期自公元前325

---

① 《史记·赵世家》，第1797页。
② 《史记·赵世家》，第1798页。
③ 《史记·货殖列传》，第3264页。
④ 《左传》定公十三年，《十三经注疏》，第2150页。

年至前 299 年,共 27 年。公元前 323 年,赵与魏、韩、燕、中山之君相互尊称为王,史称"五国相王"。但此时的赵国仍处于强邻包围之中。"自常山以至代、上党,东有燕、东胡之境,而西有楼烦、秦、韩之边。"① 先有燕军包围东北境的浊鹿,后有秦国不断蚕食西境的中都、西阳和蔺,同时中山又屡次勾结齐国侵夺赵地,此时的赵国处境极为艰难,因此赵武灵王下决心进行胡服骑射改革,以实现"胡地中山,吾必有之"②的宏愿。其后,赵国依靠新建立的骑兵,不仅在对中山的战争中渐次取得上风,取得了一系列决定性的胜利,为消灭中山奠定了坚实的基础,而且派兵北上数次"西略胡地"③,"出于遗遗之门,逾九限之固,绝五陉之险,至榆中,辟地千里"④。赵武灵王不仅运筹帷幄,还曾亲自身着胡服率军北略胡地,甚至变易服饰,"诈自为使者入秦","自略地形"⑤,为西伐秦国做准备。经过一系列的战争,赵武灵王将河套地区的云中、九原纳入赵国领土,使得赵国的疆域向北方大为拓展,同时随着对中山的战争取得胜利,中山腹地的一大批重要城邑并入赵地,至惠文王三年(前 296)终于灭掉中山。

公元前 299 年,赵武灵王的幼子赵何即位,即惠文王。在位之初,因惠文王年幼,李兑独揽朝政。惠文王亲政后,赵与燕、秦等五国联合破齐,齐被消弱之后,赵国成为山东诸侯中实力最为强盛的国家。

孝成王之后,赵国开始衰落。孝成王四年(前 262),韩上党郡守冯亭率上党十七城降赵,由此引发了秦赵之间的著名战争——长平之战。战争以赵军失败、四十万赵军被坑杀而告终。其后不久,秦将王陵又率军东进包围邯郸,邯郸军民拼死抵抗,后得楚春申君

---

① 《史记·赵世家》,第 1809 页。
② 《史记·赵世家》,第 1807 页。
③ 《史记·赵世家》,第 1811 页。
④ 缪文远:《战国策新校注》,巴蜀书社 1987 年版,第 675 页。
⑤ 《史记·赵世家》,第 1812—1813 页。

和魏公子无忌相救，才得以击退秦军。虽然邯郸保卫战取得了成功，但其后秦、燕、齐、魏等争相鲸吞赵土。至孝成王二十年（前246），晋阳被秦攻陷，太行山以西的门户被打开，赵国岌岌可危。

孝成王二十一年（前245）悼襄王即位后，赵国攻燕、击齐、抗秦，对外战事不断，然而赵国领土继续被蚕食。悼襄王去世后，秦军连续出兵攻赵，赵军节节败退。幽缪王七年（前229），秦军兵分三路大举进攻，赵王迁投降。次年，秦军攻下邯郸，赵国旧族及大夫匆忙逃亡至代，拥立原太子嘉为代王。公元前222年，"秦进兵破嘉，遂灭赵以为郡"①。

自公元前453年三家分晋至前222年代王嘉被掳，赵国在战国时期存在了232年。初入战国之时，赵国刚刚建立，国力尚弱，但赵襄子、赵献侯、赵敬侯等数代赵王努力经营，至赵武灵王时积极进行军事改革，西略胡地，辟地千里，将阴山以南的广大地区纳入赵国领土，同时多次用兵中山，基本铲除中山这一心腹之患，使赵国跻身东方强国之列。诚如《战国策·赵策三》所言：（赵）"尝抑强齐四十余年，而秦不能得所欲"。可惜长平之战使赵国遭受重创，其后再也未能恢复元气，终于战国末年为秦国所吞并。

终战国一世，赵国的发展是以太行山东麓地区作为依托的，献侯迁居中牟、敬侯移都邯郸，使得赵国的政治和经济中心由黄土高原东移至广大的平原地区，尤其是迁都邯郸之后，依托太行山东麓地区肥沃的土地和重要的地理位置，赵国得以成功逐鹿中原，尤其是赵武灵王改革之后，赵国北略胡地，南吞中山，西面强秦，东击强齐，成为山东诸侯中唯一有实力与秦抗衡的大国，赵国疆域之广阔也达到了历史顶点。

---

① 《史记·赵世家》，第1833页。

第三节　赵国疆域之变迁

赵国疆域的变化与赵国国力的兴衰息息相关。作为东周时期周边邻国最多的国家，赵国的疆域变迁极为频繁。但受现有资料的制约，难以获知确切的赵国疆域四至，所以此部分的探讨只能是依据赵国边境属邑的变化，来推测不同时期赵国的边界所在。下面便以资料相对丰富的赵襄子、赵肃侯和赵武灵王等三个时期为例，对赵国疆域变迁的轨迹进行粗线条地勾勒。

一　赵襄子时期（前475—前425）

三家分晋之前，赵氏仅为晋国的异姓卿族之一，但由于此时晋室已极为羸弱，因而赵与知、韩、魏四卿得以把持朝政。公元前458年，赵氏与知、韩、魏共同瓜分了范氏和中行氏的土地。公元前453年，赵襄子又"与韩魏共灭智伯，分晋地而有之"①。此时晋君的领地除绛和曲沃二邑之外，均被韩、赵、魏三家瓜分完毕。在此过程中，赵氏宗族得到了大片的领土，赵国疆域也因此基本底定。

代地长期以来为代狄所居，赵襄子刚一即位，便"令宰人各以枓击杀代王及从官，遂兴兵平代地"②。关于代地的范围，《战国策·赵策二》曰："昔者先君襄主与代交地，城境封之，名曰无穷之门……"无穷之门在今河北张北县南，应为赵襄子时赵之北界。《史记·赵世家》又载赵襄子云"从常山上临代，代可取也"，常山指恒山，应为代地的南界。

皋狼、蔺、离石等邑位于流经晋陕黄土高原地区的黄河东岸。《战国策·赵策一》载：知伯"使人之赵，请蔡（蔺）、皋狼之地，赵襄子弗予"。这几处应为地处赵西境的城邑。早在韩、赵、魏共灭

---

① 《史记·匈奴列传》，第2885页。
② 《史记·赵世家》，第1793页。

知氏之前，赵氏已占有这些地区。

赵的南境比较复杂。韩、赵、魏三家分晋之时，上党地区亦被三家瓜分。但囿于资料限制，赵的上党领有哪些城邑，尚不得而知。《国语·晋语九》载智氏向赵襄子索地无果，率韩、魏之兵以攻赵氏，襄子的随从以"长子近且城厚完"为由，建议他赴长子以避智氏，可见此时长子属赵。越过太行山向东，邯郸本为赵凤庶孙赵穿的领地，晋定公二十一年（前491）赵简子在击败赵穿后裔赵午之后占领邯郸。赵襄子时邯郸仍为赵的领地。而距邯郸不远的中牟本为赵邑，后叛赵而归卫，赵襄子率军围攻，中牟请降。所以邯郸、中牟等属于赵的南境的城邑。

这一时期赵的东境与燕、齐相接，但因缺乏资料无法做出详尽地考释。

总体看来，赵襄子时期赵的疆域较之前有较大扩展，因此《史记·赵世家》云"赵北有代，南并知氏，强于韩魏"，此言大致不谬。

二 赵肃侯时期（前349—前326）

苏秦自燕国游说赵肃侯时，曾对当时赵的疆域有过如下描述："当今之时，山东之建国莫如赵强。赵地方二千里，带甲数十万，车千乘，骑万匹，粟支十年。西有常山，南有河、漳，东有清河，北有燕国。"① 其中的"常山"，即山西北部的恒山。"河"水即古黄河，当时的黄河由宿胥口向北流走，经过华北平原之后由天津入海。"漳"即漳水。"清河"指的是古黄河与洹水汇合之后，自内黄折向东北流走的一条河流。河水经过大名、馆陶，至东光以下纳入《汉志》河进而入海②。但苏秦所指只是一个大致的轮廓，并不十分精确。如他称赵"西有常山"，但"以赵之地形论，恒山在赵之中部，

---

① 缪文远：《战国策新校注》，第639页。
② 谭其骧：《西汉以前的黄河下游河道》，《历史地理》创刊号，1981年。

非在西也"①。因此常山并未在赵的西境。

代地自赵襄子时已并入赵的疆土,其后无大的变化,所以肃侯在位之时赵的北疆领有代地。此外,还有文献记载赵肃侯在北边修筑了长城。这段长城大致东起今河北省蔚县的飞狐口,西行经过山西灵丘、繁峙、代县、雁门、宁武,其后抵达黄河②。虽然这段长城是否存在尚不得而知,但这一线为赵的北界应无大的疑问。

赵国疆域的西界较之前有较大变动。早在赵成侯时,魏、秦就不断进攻赵西部的城邑蔺。公元前340年,秦取得魏的河西之地之后,更是频繁东进,加速吞食赵国西部的领土。至肃侯二十二年(前328),蔺和离石为秦略取,因此赵的西界向东退缩。

齐的西境与赵相接。肃侯六年(前344),赵国派兵攻齐,获取高唐(今山东高唐东北)。肃侯十八年,齐、魏伐联合攻伐赵国,赵军决开河水灌之,敌兵退去③。因此肃侯时期赵与齐的分界大致在古黄河一线。

中山亦处于赵的东土。赵烈侯时魏拔中山,至敬侯时中山复国。由于中山位处赵之腹心,所以长期以来赵与中山之间战事不断。

赵的东北与燕接壤,但由于缺乏相关记载,二国的边境不得而知。

赵的南界与魏相邻。肃侯七年(前343),赵进攻魏的首垣(今河南长垣东北),首垣在濮水南岸。肃侯十七年,赵出兵围攻魏国黄邑(今河南内黄西北),但未能成功,之后在漳水北岸筑起长城。此段长城西起武安故城南,沿漳河向东南延伸至今河北磁县南,转而折向东北,到达今河北省肥乡县西南止④。这段长城大约即是赵的南界。此外,赵之南境的重要城市中牟,曾于成侯十一年时通过易地的方式划归魏国,但肃侯十年时赵与齐联合伐魏,又夺回中牟。中

---

① 童书业著,童教英整理:《童书业历史地理论集》,中华书局2004年版,第26页。
② 张维华:《中国长城建置考》,中华书局1979年版,第101—102页。
③ 《史记·赵世家》,第1802—1803页。
④ 张维华:《中国长城建置考》,第90—102页。

牟属赵的时间至少持续到肃侯十八年，这一年齐军征伐赵的东鄙，曾包围中牟。但赵南长城的位置远在中牟之北，因此至迟到赵南长城修筑之时，中牟已不再为赵所领有。在太行山以西的上党地区，肃侯元年（前349），赵夺晋君端氏（今山西沁水东），徙之屯留，可见赵曾领有屯留（今山西屯留南）。

因此，肃侯时赵国北部的边界早已越过恒山。赵的西境，不仅包括太原盆地的晋阳，还包括黄河东岸的蔺、离石、皋狼等地。当然，肃侯在位晚期，秦国攻占了蔺和离石，赵的西部边界向东有所收缩。至于赵的东境，当以河水为界与齐相接，其南界应大致在赵南长城附近摆动。

三 赵武灵王时期（前325—前299）

赵武灵王在位之时为赵国历史上发展最盛、疆域最为辽阔的时期。关于这一时期的疆域，《汉书·地理志》有明确记载："赵分晋，得赵国。北有信都、真定、常山、中山，又得涿郡之高阳、鄚、州乡；东有广平、巨鹿、清河、河间，又得渤海郡之东平舒、中邑、文安、束州、成平、章武，河以北也；南至浮水、繁阳、内黄、斥丘；西有太原、定襄、云中、五原、上党。"

在与赵国接壤的诸多国家之中，中山所处的位置是最特殊的。中山国力最盛之时，占据着北至恒山、南抵房子和鄗邑、西依太行、东达扶柳的广大地区。这一区域正好处于太行山东麓的平原地带，将赵的领土分隔成了南北不相连的两个部分，故而长期以来赵与中山之间战事不断。然而在与中山冲突对峙的过程中，赵屡屡处于劣势。因此赵武灵王发奋改革，其后赵在与中山的战争中反败为胜。自武灵王十九年（前307）起，不断派兵进攻中山，攻城略地，吞食中山的领土。经过多次战争，终于秦昭襄王八年（前299）"赵破中山，其君亡，竟死齐"[①]，中山国君出逃，死于齐国，至此中山国

[①] 《史记·秦本纪》，第210页。

仅保有灵寿周边极小范围的土地，名存实亡。

赵的东北边境与燕相邻。武灵王十二年（前314）齐军大破燕国后，赵国曾以河东之高唐，换取燕之武阳（今河北易县东南）、鄚（今河北雄县南）、易（今雄县西北）等地①。二国的边界大致以易水为界。

赵东境与齐北境大约以河水为界。杨宽据上海博物馆藏六年安平守剑，提出赵武灵王六年（前320）赵置安平郡，在今河北安平县一带②。武灵王九年，齐败赵于观泽（今河北武邑东南），可见此时齐的西北边境向西拓展，越过了河水。

肃侯时赵西境的边邑蔺和离石为秦所夺取，其后此二地归赵。但武灵王十二年时秦军再次侵占蔺。武灵王十三年秦军还夺取了赵的中都（今山西平遥西南）、西阳（今山西中阳）③，赵的西境向内收缩。

关于赵的南境资料不多。《战国策·赵策一》载："齐王欲求救宜阳，必效县狐氏。韩欲有宜阳，必以路、涉、端氏赂赵。"此事发生于赵武灵王十八年（前308）。显然此时涉（今河北涉县）、路（今山西潞城东北）和端氏（今山西沁水东）已归韩国所有，赵已失去对端氏的控制，赵的南界向北收缩。

赵自襄子开始在北境一直领有代地，多年来未曾有大的变化。赵武灵王胡服骑射改革之后，赵军以此为基点，不断向北方和西北开疆拓土。在对北方的林胡、楼烦等部族的战争取得重大胜利之后，赵武灵王在赵的北疆筑起长城，以拱卫领土的安全。这段长城起自代之北境，沿大青山逶迤西行，至乌拉山西部的高阙为止④。

由班固的记载结合现今的考古资料，可以大致划出分赵国最盛

---

① 《史记·赵世家》，第1816页。
② 杨宽：《战国史》附录一，上海人民出版社2003年版，第678页。
③ 《史记·赵世家》，第1804页。
④ 张维华：《赵长城考》，《禹贡半月刊》第7卷8、9合期；严宾：《高阙考辨》，《历史地理》第2辑，1982年。

时期的疆域：北部占有原林胡、楼烦旧地和代地，置云中、雁门、代三郡，除占有河套大部分地区以外，向北直抵阴山和大青山南麓。西境包括晋阳以西的离石（今山西离石）、皋狼（今山西离石西北）、蔺（今山西离石西）等地，甚至一度跨过黄河，据有陕北黄土高原上的挺关（今陕西榆林西北）及其周边地区。东部以河水为界与齐相接，个别时段甚至越过运河。南部的太行山以东地区大致以漳水为界与魏相邻，个别区域向南略有延伸，太行山以西地区西段以土军（今山西石楼）、兹氏（今山西孝义北）、阳邑（今山西太谷东）一线与魏为界，东段的上党地区则主要拥有该地区北部，即涅（今山西武乡西北）、僚阳（今山西左权）、阏与（今山西和顺）一线以北的区域。谭其骧先生的《中国历史地图集》所绘区域可做参考[①]。

[①] 谭其骧：《中国历史地图集》第1册，中国地图出版社1982年版，第37—38页。

第 三 章

东周赵国考古学研究史

　　赵国考古学研究史主要包括考古学发现和探索，以及相关的综合性研究等主要内容，大致可分为三个集中区域和四个阶段。三个集中区域为：一是以晋阳城为核心的晋中地区，此乃赵国的发祥地，另还包括晋东南一些地区；二是以邯郸城为核心的冀中南地区，这是赵国立国后向中原发展的中心地区，也是赵国文化的正式形成地域；三是晋北和阴山南麓地区，是赵国强盛时期北拓千里的新地。四个阶段为：第一阶段，1949 年以前，邯郸故城遗址的发掘是为赵国考古学的开端；第二阶段，1950—1976 年，邯郸、邢台等地的战国遗存集中发现，奠定了赵国考古学探索的基础；第三阶段，1977—1999 年，晋中、冀南各地的赵国考古遗存大量发现，综合研究也得到长足而广泛的发展，考古学意义上的赵文化逐渐清晰可辨；第四阶段，2000—2021 年，邯郸故城遗址、阴山南麓诸多墓地的考古新发现，促使赵国考古学研究进入一个新阶段。

第一节　1949 年以前

　　以科学发掘为基础的赵国田野考古学研究，起步于 1940 年邯郸故城遗址的发掘。但此前已有学者对与赵国相关的出土文物进行考证，还有人实地踏查了赵国的城址和长城遗迹。20 世纪 20 年代，日本人水野清一等即调查了晋阳城遗址①。1923 年，山西浑源李峪村村民发现一批铜器，其中多数被法国商人购走后流散于各国博物馆或收藏家手中②。关于这批铜器的性质一直存在争议。1935 年，高去寻撰文推定这批青铜器出自于墓葬，其墓主应是身居代地之赵国贵族③。1984 年，李学勤重申了乃赵国墓葬所出铜器的说法④。若果如此，李峪村可称得上是赵国铜器发现的最早地点，对于该铜器群的考证也可算得上是较早的赵国考古研究。1936 年，张维华在写作《赵长城考》期间，曾亲赴河套的五原、临河，实地考察赵长城终点附近，以求探寻高阙的地望，随后对赵肃侯和赵武灵王时期的赵国长城做了详尽的考述⑤。另外，传说 20 世纪 20 年代出土于辉县的赵孟庎壶，1937 年唐兰考证认为赵孟即赵鞅⑥。这也可视作与赵国先祖存在联系的考古探索。

与赵国相关的正式考古学工作始于邯郸赵王城的发掘。1940 年，日本的原田淑人、驹井和爱对赵王城遗址进行了测绘，并对赵王城内龙台北侧的夯土建筑基址和城外的插箭岭、梳妆楼等建筑基址进行了发掘，发掘者认为赵王城即战国赵都邯郸城。这次考察和发掘的成果于 1954 年以《邯郸：战国时代赵都城址的发掘》为题正式出版⑦。此次发掘工作虽然略显粗糙，但仍可视作赵国考古学研究的起步，而且其最重要的意义就是从考古学上确认了赵都邯郸城址的所在地，为以后的考古探索奠定了基础。

---

① ［日］水野清一等：《山西古迹志》（汉译本），山西古籍出版社 1993 年版。
② 商承祚：《浑源彝器图》，金陵大学中国文化研究所，1936 年。
③ 高去寻遗著：《李峪出土铜器及其相关之问题》，《史语所集刊》第 70 本第 4 分，1999 年。
④ 李学勤：《东周与秦代文明》，文物出版社 1984 年版，第 59—60 页。
⑤ 张维华：《赵长城考》，《禹贡半月刊》第 7 卷第 8—9 合期，1937 年；《张维华自传》，北京图书馆《文献》丛刊编辑部等编《中国当代社会科学家》（5），书目文献出版社 1983 年版，第 201—212 页。
⑥ 唐兰：《赵孟庎壶跋》，《考古社刊》第 6 期，1937 年。
⑦ ［日］驹井和爱、关野雄：《邯鄲——戰國時代趙都城址の發掘》，东亚考古学会，1954 年。

第二节 晋中及晋东南地区

晋中地区是赵国早期文化的核心区域。晋东南长治地区在战国时期为上党郡，是三晋交错接壤地带，其中以韩国文化遗存为主，是辨识和确认赵国文化的重要参照，因此亦可归入赵国考古学研究的范畴。

一 1950—1976 年

晋阳为赵氏宗族的封邑，大约始建于春秋晚期，战国中晚期的晋阳虽已不是政治中心，但因其重要的地理位置和历史渊源，仍是赵国较为重要的中心城市。早在 20 世纪 20 年代，日本人水野清一等即调查了晋阳城遗址①。60 年代，宿白也做过调查，但主要针对的是唐代遗存②。1961 年，晋阳城址调查发现了东周古城遗址的线索，南墙残长约 626、宽 30 米。西墙总长约 2700 米，其中一段约 900 米长高出地面约 7 米③。

晋南以侯马晋都新田遗址为中心的地区，是春秋晋国的核心地域，其中有些考古遗存与晋国赵卿集团有关，亦可延伸纳入赵国考古学研究的范畴之内。新田城包括平望、呈王等一组七座城堡遗址，其中呈王古城东南约 2.5 千米处的浍河北岸发现的盟誓遗址，可能属于呈王城堡的附属遗迹。1965—1966 年盟誓遗址发现盟誓竖坑 400 余座，发掘 326 座，其中存有盟书者 31 座，一般为朱书于石圭或玉圭上，据盟文中有"邯郸董政"，而董政或为赵氏侧室邯郸赵穿之裔等推断，盟誓坑的年代或在晋定公以后④。关于侯马盟书主盟人

---

① ［日］水野清一等：《山西古迹志》（汉译本），山西古籍出版社 1993 年版。
② 宿白：《隋唐城址类型初探》，《纪念北京大学考古专业三十周年论文集》，文物出版社 1990 年版。
③ 谢元璐等：《晋阳古城勘察记》，《文物》1962 年第 4、5 期。
④ 陶正刚、王克林：《侯马东周盟誓遗址》，《文物》1972 年第 4 期。

的身份，主要存在两种观点：一是认为"子赵孟"即盟主，赵孟即赵鞅，盟书反映的历史背景主要是赵鞅与范氏、中行氏之间的斗争①，并进一步考证赵尼即赵午之子赵稷②。另一种意见认为主盟人是嘉，嘉即赵桓子，赵尼即赵献子，盟书的背景是赵桓子逐赵献子而自立时的盟誓遗物③。也有人认为侯马盟书的主盟人可能不止一人，或为赵孟、或为嘉，或者另有他人④。另外，还有人对盟书的相关问题作了考辨，并指出关于主盟人"嘉"的问题依旧存疑⑤。无论如何，盟誓遗址是一处与晋国赵氏宗族有着密切关系的重要遗迹。

晋东南的长治地区战国时期为上党郡，是赵韩魏三晋交错接壤地带。长治分水岭东周墓地是三晋墓葬考古的重要发现，墓地位于长治市北城墙外侧的台地上，墓葬的年代涵盖整个战国时期，其国别性质主要属于韩国，但随葬品包含着浓厚的赵文化因素，尤其是偏早期和偏晚期的某些墓葬可能属于赵国。因此，分水岭墓地的重要意义不仅在于韩国文化，而且还是辨识和确认赵国文化的一个重要参照佐证。

分水岭墓地自1954—1972年历经多次发掘，发现的东周墓葬既有规模较大并随葬有多件青铜礼器的大墓，也有仅出土陶器的小型墓葬。其中的大型墓椁室外积石积炭，有的还带有一条南墓道⑥。分水岭墓地随葬器物中的铜兽形盉、陶鸭形尊、鸟柱盘等，应属于赵文化特色器物。

---

① 山西省文物工作委员会：《侯马盟书》，文物出版社1976年版；长甘：《侯马盟书丛考》，《文物》1975年第5期。
② 张颔：《侯马盟书丛考续》，《古文字研究》第1辑，中华书局1979年版。
③ 唐兰：《侯马出土晋国赵嘉之盟载书新释》，《文物》1972年第8期；冯时：《侯马盟书与温县盟书》，《考古与文物》1987年第2期。
④ 谢尧亭：《侯马盟书试析》，《山西省考古学会论文集》（二），山西人民出版社1994年版。
⑤ 黄盛璋：《关于侯马盟书的主要问题》，《中原文物》1981年第2期。
⑥ 山西省文物管理委员会：《山西长治市分水岭古墓的清理》，《考古学报》1957年第1期；山西省文物管理委员会等：《山西长治市分水岭战国墓第二次发掘》，《考古》1964年第3期；边成修：《山西长治分水岭126号墓发掘简报》，《文物》1972年第4期。

二 1977—1999 年

晋中一带以晋阳为核心的附近地区，发现大量赵国墓葬，其中春秋晚期到战国早期的墓葬是研究赵国早期文化的重要实证，而战国中晚期墓葬则反映了赵国政治中心东迁之后本地文化的变化。

榆次猫儿岭墓地是一处重要的战国中晚期赵国墓地，多年连续发现墓葬，是推定晋中地区赵墓的典型标尺，随葬器物除晋系文化流行的鼎豆壶盘匜等陶礼器之外，还另有一套具有赵文化特色的器物，即鸟柱盘、鸭形尊等。1984 年发掘中小型战国墓 153 座，均为长方形竖穴土坑墓，多为一棺一椁，葬式以仰身直肢为多。随葬器物组合为鬲豆壶、鼎豆壶盘匜等，特色陶器有鸟柱盘、小壶、鉴、鸭形盉、石圭等①。1995 年又清理战国晚期墓葬 10 座，随葬铜器有鼎、镜、印章，还有陶器、铁器和货币等②。1998 年清理的 18 座战国晚期小型墓，多为单棺，随葬陶器有鼎豆壶盘匜，另有鸟状钮器盖、罐灶、甑和纺轮等特色器。铜器无容器，有剑、镜、印、带钩、璜、布币等。值得注意的是 M140 在陶鼎豆壶盘匜之外，另有陶灶甑盆等③。晚期墓葬中的传统陶礼器衰落，生活杂器大量涌入，铜印、镜、货币和陶灶、纺轮等生活用器别具特色。

1988 年，太原南郊金胜村附近发掘的东周大墓 M251，发掘者认为是晋卿赵氏墓。该墓位于赵氏封邑晋阳古城的西北郊，应属赵氏宗族的公墓地。墓葬为长方形竖穴土坑墓，椁室外积石积炭，主棺周围有陪葬棺葬殉人 4 个，随葬青铜器礼器、乐器、兵器、车马器、工具等，玉器、金器等。附葬车马坑葬马 44 匹，葬车 16 辆。出土器物属于典型的晋文化系统，但其中的可拆装组合的铜灶、铜

---

① 猫儿岭考古队：《1984 年榆次猫儿岭战国墓葬发掘简报》，《三晋考古》（一），山西人民出版社 1994 年版，第 266—287 页。
② 榆次市文管所：《榆次市锦纶厂战国墓清理简报》，《文物季刊》1997 年第 3 期。
③ 榆次市文物管理所：《榆次市东外环战国墓发掘简报》，《山西省考古学会论文集》（三），山西古籍出版社 2000 年版，第 51—60 页。

釜、铜毡帐顶穿绳构件等，可能属于行军野营的装备，还有铜瓠壶、铜鍑等，具有浓厚的北方青铜文化色彩。而铜鸟形尊，应是天马曲村西周晋侯墓地 M114 出土铜鸟尊的继承者，属于晋文化传统延续①。这种传统一直传承到赵国大型墓葬中常见的陶鸭尊，并且还可能影响到鸟柱盘的出现。发掘者推论墓主为晋卿赵氏，或根据铜戈铭文"赵明之御戈"等因素，进一步推定赵明即赵孟，亦即赵鞅②。

1993 年，临县三交发掘 14 座战国墓，随葬陶器主要是鼎豆壶盘匜，但 M19 中另有鸟柱盘、灶和陶鸟等器物，年代为战国早中期③。

柳林杨家坪战国墓地是一处典型的赵文化墓地。春秋末期到战国中期的随葬陶器演进轨迹清晰，从鬲罐到鬲鼎豆壶盘，再到鼎豆壶盘匜，代表着春秋末期的晋赵文化到战国早中期的赵文化。1995 年和 1997 年，杨家坪共发掘中小型战国墓 20 座，随葬鬲鼎豆壶盘匜等陶器和铜带钩、石圭等，时代为战国早期到中期④。1998 年，在此又发现百余座战国早中期的墓葬，随葬器物中陶器以鼎豆壶盘匜为主，铜器有剑、环首刀、镞和带钩等以及石圭等，其中 M16 另有陶鸟及卵，比较特殊⑤。杨家坪墓地与猫儿岭相比，以比较单纯的传统因素为主，尚未出现鸟柱盘等赵文化特色的典型器物，可能因为时代较早，传统晋文化仍延续为主流。从杨家坪到猫儿岭，年代

---

① 北京大学考古文博院、山西省考古研究所：《天马—曲村遗址北赵晋侯墓地第六次发掘》，《文物》2001 年第 8 期。

② 山西省考古研究所等：《太原金胜村 251 号春秋大墓及车马坑发掘简报》，《文物》1989 年第 9 期；渠川福：《太原金胜村大墓年代的推定》，《文物》1989 年第 9 期；侯毅：《试论太原金胜村 251 号墓墓主身份》，《文物》1989 年第 9 期；陶正刚：《赵氏戈铭考释》，《文物》1995 年第 2 期；山西省考古研究所等：《太原晋国赵卿墓》，文物出版社 1996 年版，第 244 页。

③ 山西省考古研究所：《临县三交战国墓发掘简报》，《三晋考古》（一），第 304—302 页。

④ 山西省考古研究所等：《柳林杨家坪华晋焦煤公司宿舍区墓葬发掘报告》，《三晋考古》（三），山西人民出版社 2006 年版，第 297—312 页；吕梁地区文物局等：《1997 年柳林县杨家坪战国墓葬清理简报》，《山西省考古学会论文集》（三），第 42—50 页。

⑤ 山西省考古研究所等：《柳林县看守所墓葬发掘报告》，《三晋考古》（三），第 313—327 页。

自春秋晚期到战国晚期，可以清晰地看到晋中地区赵文化的形成与发展脉络。

晋都新田遗址集中体现了晋国晚期文化，其中含有赵氏集团的因素。1994年，有人推定呈王古城的性质应是赵氏之宫①。

晋东南长治地区继续有不少墓葬发现，性质大多属于韩墓，但因春秋晚期晋赵氏集团曾一度控制这一地域，因此这一阶段的墓葬有可能与赵氏有关。

1973年、1977年和1979年，长子县发掘8座大中型东周墓，墓地位于东周长子古城西墙外。规模最大的是7号墓，椁室内有三具殉葬人棺，随葬鼎豆壶盘匜鉴甗等铜器礼器以及车马器、兵器、杂器等。年代为春秋晚期，性质可能属于晋国赵氏集团。另外几座随葬陶礼器的墓葬，应为战国中晚期的韩墓②。

1991年，沁水县河西村发现一座东周墓，出土铜鼎和豆4件，为春秋晚期到战国早期。另在1984年，沁水县城东关一带即发现战国墓，出土有北方文化特色的铜鍑等③。

著名的长平之战是赵国走向衰落的起点，此次战争的遗址应是赵文化中的特殊遗迹。1995年，高平市永录村长平之战遗址调查发掘，发现18个尸骨坑，其中1号尸骨坑长9.4、残宽1.3—2.7米，约葬有130多个个体，皆青壮年男性，很多尸骨上存有箭痕和刀痕④。

三 2000—2021年

晋阳城的始建年代延续存在讨论。由于长期以来缺乏考古资料

---

① 田建文：《新田模式——侯马晋国都城遗址研究》，《山西省考古学会论文集》（二），第303—312页。
② 山西省考古研究所：《山西长子县东周墓》，《考古学报》1984年第4期。
③ 李继红：《沁水县出土的春秋战国铜器》，《山西省考古学会论文集》（三），第288—294页。
④ 山西省考古研究所等：《长平之战遗址永录1号尸骨坑发掘简报》，《文物》1996年第6期。

的确切证据,只能根据相关文献推定。如有人推测晋阳城建于赵鞅执政后至董安于去世前,即前517至前496年之间①。但也有人推定晋阳城的创建年代即前497年,是一座一下子建起来的城邑②。2002—2010年,晋阳古城遗址进行了多年的考古勘察和试掘工作,对现存于地面的西城垣的解剖发掘表明,现存城垣的主体为北朝时期,其外侧即西侧历经唐和五代增补,而其内侧即东侧基础部分叠压着东周时期的夯土墙基,夯土内含有东周陶片豆和鬲等③。2014年,发掘者常一民对东周晋阳城的建制问题进行了分析,认为东周晋阳城包括宫城和郭城内外两重结构④。另有许多学者对晋阳古城的建筑年代、使用时间以及选址特征等问题进行了分析⑤。

晋阳城外金胜村大墓的年代及墓主身份也存在着争议。尽管多数人主张墓主为赵简子,但也还存在不同的意见,有些学者推测墓主为赵襄子⑥,并将该墓的年代推定为公元前433年左右的战国早期⑦。2012年,李建生披露了金胜村1994年发掘的6座墓葬的一些信息,认为这批墓葬可能是赵卿属臣中的姬姓吴国贵族,赵卿墓的墓主为赵简子⑧。

与赵氏集团关系密切的侯马盟誓遗址附近又有新的发现。2000

---

① 杨光亮:《论晋阳城的创建与毁灭》,《晋阳古都研究》,山西古籍出版社2002年版。
② 王继祖:《晋阳古城创建确切年代蠡测》,《太原文史资料》第28辑,2003年。
③ 太原市文物考古研究所:《晋阳古城遗址2002—2010年考古工作简报》,《文物世界》2014年第5期。
④ 常一民:《东周晋阳城建制蠡测》,《文物世界》2014年第5期。
⑤ 刘绪:《晋文化》,第59—65页;王子今:《公元前3世纪至公元前2世纪晋阳城市史料考议》,《晋阳学刊》2010年第1期;康玉庆、靳生禾:《试论古都晋阳的战略地位》,《中国古都研究》第12辑,山西人民出版社1998年版;张德一、陈涛:《晋阳古城的创建时间与城垣探讨》,《中国古都研究》第20辑,山西人民出版社2005年版。
⑥ 陈秉新:《读金文札记二则》,《东南文化》2000年第5期;张崇宁:《太原金胜村251号墓主探讨》,《中国历史文物》2005年第1期。
⑦ 路国权:《论太原金胜村1988M251铜器群的年代及相关问题》,《考古与文物》2016年第1期。
⑧ 李建生:《辉县琉璃阁与太原赵卿墓相关问题》,《中国国家博物馆馆刊》2012年第2期。

年，盟誓遗址东侧约800米发现祭祀遗址，东北距秦村排葬坑墓地约百余米，属于呈王古城东南郊的祭祀遗址群。本年度清理祭祀坑116座，加上1987年曾发掘的128座，共计244座。祭祀坑呈南北向、东西成排分布，常见两两成组。土坑竖穴，长方形或椭圆形，坑壁规整，葬牲牛或羊，及玉器或玉片。时代为侯马晋国遗址晚期，即春秋晚期到战国早期。侯马祭祀地点已发现11处，以呈王路庙寝遗址为中心而东、南、西分布[①]。另外，2006年，《侯马盟书》增订本出版[②]。侯马盟书主盟人的问题，依旧持续争论[③]。

2010年，左权石匣村清漳河西源的台地上发掘15座东周小型墓葬，均为竖穴土坑墓，墓向多为北向，葬式均为仰身直肢，其中一座墓发现有1套31件的玉覆面，铜器有带钩和环首刀，石器有石圭。随葬陶器除鼎豆壶盘匜组合外，还有鬲罐盆等，鬲的形制与晋式鬲略有区别，属于仿晋式鬲。器表花纹分红黄彩绘和暗纹两种形式，时代为春秋到战国早期[④]。春秋时期的墓葬具有晋文化与当地因素融合的风格，战国早期墓葬可能与赵文化有关。

2011年，离石阳石村发掘9座小型战国墓，随葬陶器组合为鬲豆、豆罐、鼎豆壶、鼎豆罐、鼎豆壶匜等，未见石圭，具有较多的本地文化色彩，年代为春秋晚期到战国中期，可能与赵国文化有关[⑤]。

2009年在岚县梁家庄清理东周时期的竖穴土坑墓40座，葬式主要为仰身直肢。随葬品以陶器为主，铜器以带钩和兵器为主。属于春秋晚期的墓葬，陶器组合主要为鬲盆豆罐或鬲鼎豆罐，而战国早

---

① 山西省考古研究所侯马工作站：《2000年侯马省建一公司机运站祭祀遗址发掘报告》，《三晋考古》（三），第128—155页。
② 张颔等：《侯马盟书》，山西古籍出版社2006年版。
③ 张道升：《侯马盟书研究综述》，《社会科学论坛》2010年第7期。
④ 山西省考古研究所等：《左权石匣墓地发掘报告》，《三晋考古》（四），上海古籍出版社2012年版，第327—403页。
⑤ 山西省考古研究所等：《吕梁环城高速离石区阳石村墓地与车家湾墓地发掘简报》，《三晋考古》（四），第404—429页。

期的墓葬则以鼎豆壶盘匜最为多见①。这些墓葬从文化面貌观察与晋文化存在较多相似之处，但其中年代较晚者可能属于赵墓。

长治地区的墓葬性质持续争议讨论。2001年，长治分水岭墓地区域新发现一座战国墓葬，棺椁之间随葬两组陶礼器，有鼎豆壶匜以及鸟柱盘、鉴等，年代为战国晚期②。其中的鸟柱盘应属赵国风尚。2010年，《长治分水岭东周墓地》出版③，资料的正式公布使得分水岭墓地继续得到学界的密切关注。李夏廷等对报告的结论提出了商榷，认为分水岭墓地始于春秋中期晚段，终于战国中晚期之际，前后沿用200余年没有间断，其中的大墓可能属于同一家族，根据墓向比例判断应属于韩国墓葬④。不少人持有与此相似的观点。2011年，王江将分水岭墓地分为五期，时间从春秋晚期到战国晚期，认为这一地区在战国时期先后为赵、魏、韩、赵相继占据，其中韩国控制的时间最长，但本地族群一直稳固地保留延续着晋文化的丧葬传统⑤。

第三节　冀中南地区

一　1950—1976年

与赵文化相关的考古工作主要集中在邢台和邯郸附近。

1955年，石家庄市庄战国遗址发掘，发现有陶制井圈砌筑的水井，出土数量较多的绳纹板瓦、筒瓦和铁制的镢、削等，另还发现布币、家畜遗骨和炭化的高粱⑥。该遗址晚期应属于赵国遗存。1956

---

① 山西省考古研究所等：《岚县梁家庄东周墓》，《中国国家博物馆馆刊》2012年第9期。
② 崔利民等：《长治广电局战国墓》，《文物世界》2006年第5期。
③ 山西省考古研究所等：《长治分水岭东周墓地》，文物出版社2010年版。
④ 李夏廷等：《也谈长治分水岭东周墓地》，《中国国家博物馆馆刊》2012年第3期。
⑤ 王江：《长治分水岭东周墓地的初步研究》，硕士学位论文，山西大学，2013年。
⑥ 河北省文物管理委员会：《河北石家庄市市庄村战国遗址的发掘》，《考古学报》1957年第1期。

年，武安午汲城址发掘，发现东周时期的陶窑群和小型墓葬25座，其中春秋晚期墓的随葬陶器有鬲盆罐和石圭等，具有典型的晋墓风格，而战国早期墓的随葬陶器则为鼎豆壶盘匜等，属于赵国文化系统①。这批墓葬可以反映晋赵文化的发展及变化轨迹。另外，1957年磁县讲武城遗址调查，发现有夯土城垣，属于一座战国时期的城址②。

邢台是仅次于邯郸的赵文化遗存的集中发现地，在西部郊区一带分布着大量的战国墓葬，反映着战国时期的邢台应是一座重要的城邑。

1956—1957年，邢台曹演庄遗址发掘，发现战国时期的灰坑和水井等遗迹，出土遗物有铜制及铁制的工具、石器和陶器等③。

1957年，尹郭村发掘小型战国中期墓2座，出土陶器为制式组合鼎豆壶盘匜，以及鸟柱盘和铜带钩等，陶器泥质灰陶，火候低，多饰有卷云曲线三角带状等暗纹④。

邢台南大汪村西南一带在1956年即发现东周墓葬，出土有铜礼器和陶器等。1958年，在此发掘东周墓葬7座，M1随葬铜礼器鼎豆壶甑和兵器、车马器等，其余各墓主要随葬陶器，组合有鬲罐壶、或鼎豆壶等，有一墓出土有类似石圭的陶圭，应是受晋墓流行石圭的影响，墓地的年代约在春秋晚期⑤。

午汲与南大汪两处墓地的春秋晚期墓，广义上应属于晋国墓葬，但考虑到自春秋晚期以来赵氏集团加强对东阳地区的控制，因此不

---

① 孟浩等：《河北武安午汲古城发掘记》，《考古通讯》1957年第4期；河北省文物管理委员会：《河北武安县午汲古城中的窑址》，《考古》1959年第7期；河北省文物管理委员会：《河北武安县午汲古城的周汉墓葬发掘简报》，《考古》1959年第7期。
② 河北省文物管理委员会：《河北磁县讲武城调查简报》，《考古》1959年第7期。
③ 河北省文物管理委员会：《邢台曹演庄遗址发掘报告》，《考古学报》1958年第4期。
④ 河北省文化局文物工作队：《邢台尹郭村商代遗址及战国墓葬试掘简报》，《文物》1960年第4期。
⑤ 河北省文化局文物工作队：《河北邢台南大汪村战国墓简报》，《考古》1959年第7期。

排除这些墓葬与晋赵氏集团有某种联系，它们的性质或属于晋赵文化。

1958年，在邢台东董村东发现一处大型战国墓地，墓葬分布稠密，在3.5万平方米的范围内发掘中小型墓131座①。墓葬规模皆属中小型长方形竖穴土坑墓，有少量的墓设有头龛、脚龛或侧龛放置随葬品。墓主头向多朝北，葬式以仰身或侧身屈肢葬为主。随葬品以陶器为主，制式组合为鼎豆壶盘匜，另有造型精美的彩绘鸭尊、兽形盉、鸟柱盘等赵文化典型器，但石圭发现很少，只有两座墓随葬有石圭。年代为战国早期到晚期。

邯郸故城遗址西郊也分布着稠密的战国墓葬，性质应属于赵都贵族墓地。

1957年，北京大学与河北省文化局联合组成的邯郸考古队，在邯郸西郊的齐村和百家村一带发掘了32座赵国墓葬，年代可分为三期，大型墓随葬铜兵器、车马器及玉器，陶器组合为鼎豆壶盘匜碗，其次有鸟柱盘、鸭形尊，另有石圭②。鸟柱盘、鸭形尊等，是赵墓的典型特点。

1959年，邯郸百家村墓地再次发掘41座赵国墓葬，另有6座车马坑，墓葬依形制分为大中小三型，均为长方形竖穴土坑墓。其中大型墓M25尚存夯筑封土，墓内椁室外积填卵石厚20厘米。有三座墓的侧壁发现壁龛，放置随葬品。大墓随葬铜礼器并有殉人，并以东向为主，但中小型墓以北向为主。6座车马坑平面有长方形、曲尺形和凸字形，其中2座为单纯葬马坑。随葬铜器的制式组合为鼎豆壶盘匜，另有鉴甗敦舟及兵器、车马器、带钩等。陶器的制式组合亦为鼎豆壶盘匜，少数墓内出土有赵国特色器：如鸟柱盘、鸭形

---

① 河北省文化局文物工作队：《1958年邢台地区古遗址古墓葬的发现与清理》，《文物》1959年第9期；河北省文化局文物工作队：《邢台战国墓发掘报告》，1959年编印，第1—17页。

② 北京大学、河北省文化局邯郸考古发掘队：《1957年邯郸发掘简报》，《考古》1959年第10期。

尊、鸭形盉、兽头盆等。玉器有璧环璜等。出土石圭240件，每墓少者2件、多者20件左右。各种几何形的石饰片410件①。鸟柱盘、鸭形尊、鸭形盉、鸭头盆等均为赵墓特色器，而石圭、石片饰等属于晋文化传统的延续。例如，侯马上马墓地的春秋墓随葬大量石圭和石片饰，数量仅次于陶鬲。百家村墓地的年代为春秋晚期到战国晚期，继承了上马墓地的石圭和石片饰等春秋晋文化的传统。

东董村和百家村两处墓地，年代涵盖整个战国时期，是赵国墓葬考古的首次大规模集中发现，这批墓葬资料使人们直观系统地观察到赵文化的物质面貌。战国早期墓葬具有浓厚的晋文化传统，发现大量石圭和石片饰。战国中晚期墓葬则流行鸟柱盘、鸭尊、兽形盉等赵文化特色器。

二 1977—1999年

这一时期考古工作的重心依旧在邯郸和邢台附近地区。

赵都邯郸故城遗址及周边地区考古，是这一地区赵文化研究的核心。邯郸城包括旧城和新城两个城区，新城即赵王城，旧城即王城外侧东北方向的大北城。自1957年以来的一系列田野考古工作，基本搞清了邯郸故城遗址的范围及平面布局，赵王城主要为王室宫殿区域，大北城是贵族及平民居住区以及手工业作坊区②。赵王城的布局和朝向一般认为是坐北朝南，但也有人认为是坐西向东，与赵王陵的方向一致③。

1970年代开始的调查勘探，基本搞清了邯郸故城旧城区即大北城的情况。1972—1973年，对今邯郸市区地下埋藏的战国文化遗存进行了调查和局部试掘，基本探明了大北城的城墙遗迹，并对王郎城一带的西城墙地面保存地段进行了试掘，同时对大北城范围内进

---

① 河北省文化局文物工作队：《河北邯郸百家村战国墓》，《考古》1962年第12期。
② 河北省文物管理处、邯郸市文物保管所：《赵都邯郸故城调查报告》，《考古学集刊》4，中国社会科学出版社1984年版。
③ 罗平：《对赵王城内外建筑布局的探讨》，《文物春秋》1996年第2期。

行了十字形调查勘探。城内核心地带的地层堆积表明，战国至汉代的文化层埋藏在现今地表6—10米以下，最厚处可达2米。发现手工作坊遗址有冶铁、制陶、制骨、制石，包含文化遗物主要是陶片，器类以建筑用陶的板瓦筒瓦为主，生活用陶有豆、罐、盆、釜、瓮、碗等①。多年来，大北城内经确切发掘的几个重要地点有东庄、邯郸宾馆、东门里、裴庄、王郎村等，出土战国晚期邯郸旧城区物质生活的实证资料。

1983—1997年，大北城西北部王郎村、中东部东门里和东庄、中部的邯郸宾馆和裴庄等地发掘。除王郎村一带地势较高，地表0.7—1米以下即见战国文化层之外，其余地点的战国文化层埋藏在地表6—8米以下，发现遗迹有水井、灰坑和陶窑，出土陶器有碗釜豆罐等②。

大北城外西部一带属于赵都墓葬区，亦即1959年发掘的百家村墓群，但自1980年代以来的大规模建设，这一区域已经全部为现代建筑所覆盖。1989年，彭家寨附近建筑工地施工发现数座东周墓，其中有一座春秋晚期墓内残存有铜礼器鼎甗盘匜等，反映了这一带墓葬的规格③。建设大街附近经常发现战国墓葬。1989年，建筑施工发现的一座墓内出土铜镜、铜印和错金银铜带钩④。1998—1999年，发掘战国中晚期小型墓4座，其中HSM5侧壁设有壁龛放置随葬品，随葬陶器为制式组合鼎豆壶盘匜，另有铜兵器、带钩等⑤。2002年，又清理一座战国小型墓，随葬品仅一件陶罐，应属于贫民

---

① 邯郸市文物保管所：《河北邯郸市区古遗址调查简报》，《考古》1980年第2期。
② 邯郸市文物管理处：《王郎村古遗址试掘简报》，《文物春秋》1992年第1期；邯郸市文物管理处：《邯郸市东门里遗址试掘简报》，《文物春秋》1996年第2期；邯郸市文物管理处：《邯郸市宾馆地下古遗址的调查》，《文物春秋》1990年第4期；邯郸市文物管理处：《裴庄遗址清理报告》，《文物春秋》1996年第4期；邯郸市文物保护研究所：《邯郸市东庄遗址试掘简报》，《文物春秋》2006年第6期。
③ 郝良真等：《邯钢出土青铜器及赵国贵族墓葬区域》，《文物春秋》2003年第4期。
④ 李海祥：《邯郸市西郊发现一座战国墓》，《文物春秋》1995年第3期。
⑤ 邯郸市文物保护研究所：《邯郸市建设大街战汉墓葬发掘报告》，《文物春秋》2004年第6期。

小墓①。

邯郸故城遗址西北约 10—15 千米处的丘陵地带，分布着 5 座赵王陵园。1978 年，发掘了 3 号陵园的陪葬墓——周窑 1 号墓，该墓为带东西墓道的中字形大墓，墓道葬有殉人和车马，椁室外墓壁用片石垒砌，墓内随葬器物盗掘几乎一空②。

邯郸周边以及邢台地区的战国时期遗存，属于赵都邯郸城的远郊外围城邑集群，大致北起泜河南到漳河之间。

1959 年发掘 1975 年公布资料的下潘汪遗址，出土有战国时期的铁范③。

1978 年，武安固镇城址内发现两座战国墓，出土青铜器玉石器等 150 余件④。1981 年，涉县北关村附近的凤凰台发现一座战国早期墓葬，编号为凤凰台 1 号墓，1982 年，邯郸文物部门对该墓进行清理，先后出土随葬器物 100 余件，包括鼎豆壶鉴匜甗等青铜容器和成套编钟、编磬以及车马器⑤。该墓的规格较高，随葬大量铜鼎以及编钟与编磬等，显示着墓主身份的显要，或属于赵国高级贵族。1988 年，凤凰台清理一座被盗残墓，为长方形竖穴土坑墓，椁室外积石积炭，出土有铜容器及车马器、金箔片、石编磬等随葬器物 70 余件⑥。2009—2013 年，凤凰台一带又发掘多座战国墓葬，另有车坑和马坑各一座，其中的中型墓积石积炭，出土铜器有鼎豆壶盘剑带钩以及陶礼器等。联系到附近李家巷以及武安固镇、念头等地的战国早期铜器墓，大致反映了赵迁都邯郸之前在太行山腹地河谷的

---

① 邯郸市文物保护研究所：《邯郸市龙城小区墓葬发掘简报》，《文物春秋》2004 年第 6 期。
② 河北省文管处等：《河北邯郸赵王陵》，《考古》1982 年第 6 期。
③ 河北省文管处：《磁县下潘汪遗址发掘报告》，《考古学报》1975 年第 1 期。
④ 邯郸市文物研究所：《邯郸文物精华》，文物出版社 2005 年版，第 4 页。
⑤ 史安昌：《城北关凤凰台古墓群发掘简记》，《涉县文史资料》第 2 辑，1992 年，第 298—302 页；邯郸市文物研究所：《邯郸文物精华》，第 4—5 页。
⑥ 孙德海：《涉县凤凰台东周墓》，《中国考古学年鉴 1989》，文物出版社 1990 年版，第 118—119 页。

发展情况。

1986年，柏乡县鄗城遗址东侧的东小京村发现一座战国墓，出土铜器有璜、镜、铃、带钩、印章、布币等，陶器仅见高领罐，最有特色的是象牙干支筹、象牙矩形饰、象牙管饰等。属战国中晚期赵国墓葬①。

临城柏畅城址是战国时期的重要城邑，城址平面长方形，南北长约600、东西宽约420米，城垣夯筑。1984年，柏畅城址东北隅发现铜兵器窖藏，发现铜戈4、矛14、柲镦32件。其中戈上有刻铭"二年邢令"、矛上有刻铭"鄏王喜"，同时戈上后期又加刻细而浅的"柏人"字样，李学勤推定其为秦军占据柏人之后所刻。1985年，该窖藏地点南部又发现铸造作坊遗址，出土铜权、铜镦等②。1987年，临城县中羊泉发现150余座战国墓，墓地西南距柏畅和临邑两座城址约12公里。墓葬形制均为小型的长方形竖穴土坑墓，个别墓使用白膏泥，墓向多为南北向，随葬陶器为制式组合鼎豆壶盘匜，另有鸟柱盘、罐、碗等。随葬铜器有剑、铃、带钩、环首刀、璜等。发掘者推定性质应属赵墓③。

1988年，永年何庄发掘8座小型战国墓，随葬陶器为制式组合鼎豆壶盘匜及铜带钩等，年代为战国中晚期④。

1991年，邢台南小汪遗址发掘，发现了连续发展的周代文化遗存，其中东周遗存涵盖了春秋和战国⑤。1993—1997年，邢台葛家庄周代墓地进行了连续多年的发掘，其中春秋墓15座、战国墓2

---

① 柏乡县文物保管所：《河北柏乡县东小京战国墓》，《文物》1990年第6期。
② 刘龙启等：《河北临城柏畅城发现战国兵器》，《文物》1988年第3期。
③ 临城县文化局：《河北临城县中羊泉东周墓》，《考古》1990年第8期。
④ 邯郸地区文物保管所：《河北省永年县何庄遗址发掘报告》，《华夏考古》1992年第4期。
⑤ 河北省文物研究所：《邢台南小汪周代遗址西周遗存的发掘》，《文物春秋》1992年增刊。

座①。其中 10 号墓为春秋晚期带一条墓道的甲字形大墓，椁室外积石，被盗严重，残存遗物有铜礼器、乐器、兵器、车马器等②。李学勤考证了该墓出土的玄镠戈，认为属于春秋末期吴国之器，该墓性质属于晋墓③。从南小汪到葛家庄，今邢台市区西半部地下埋藏着丰富的东周文化遗存，总面积约达 20 平方千米，其中不乏高等级大墓，显示着东周邢台遗址的重要性，应属于城邑类大型聚落遗址④。

1994 年，内邱小驿头发掘东周小型墓 18 座，年代包括春秋中晚期到战国晚期。春秋墓随葬陶器豆盆及蚌圭、或鬲豆罐，战国墓随葬鼎豆壶盘匜等⑤。随葬蚌圭与侯马曲村的西周墓葬葬俗相似，反映了晋文化传统的延续，其历史背景应与春秋晚期晋国赵氏集团对东阳地区的控制有关。

1997 年，涉县李家巷发掘 9 座小型东周墓，随葬陶器为鬲罐豆或鼎豆石圭，或铜鼎豆舟等，时代为春秋晚期到战国早期⑥。

1998 年，平山黄泥村发掘两座战国晚期小型墓，均长方形竖穴土坑墓，墓向南北而东西并列，墓主头向北，随葬有鼎豆壶匜碗等陶器和铜带钩⑦。应属于中山覆亡之后的赵国墓葬。

战国早期赵献侯迁都中牟，其地望涉及今豫北地区。1993 年，张新斌根据考古调查资料，推定鹤壁鹿楼一带为中牟故城遗址⑧，但也有人考证中牟城或在邯郸东南方向至黄河之间的地带⑨。鹿楼遗址

---

① 任亚珊郭瑞海贾金标：《1993—1997 年邢台葛家庄先商遗址两周贵族墓地考古工作的主要收获》，《三代文明研究（一）》，科学出版社 1999 年版。
② 河北省文物研究所：《河北邢台市葛家庄 10 号墓的发掘》，《考古》2001 年第 2 期。
③ 李学勤：《论邢台葛家庄玄镠戈》，《三代文明研究（一）》，第 51—52 页。
④ 段宏振：《邢台商周遗址》，文物出版社 2011 年版，第 8—10 页。
⑤ 河北省文物研究所：《内邱小驿头遗址发掘报告》，《河北省考古文集》，东方出版社 1998 年版，第 154—178 页。
⑥ 邯郸市文物保护研究所：《河北涉县李家巷春秋战国墓发掘报告》，《文物》2005 年第 6 期。
⑦ 夏素颖：《河北平山县黄泥村战国墓》，《文物春秋》2002 年第 4 期。
⑧ 张新斌：《河南鹤壁鹿楼古城为赵都中牟说》，《文物春秋》1993 年第 4 期。
⑨ 孙继民等：《战国赵都中牟琐见》，《河北学刊》1987 年第 5 期。

早在1960年即发现冶铁遗存，当时认为是汉代冶铁遗址①。1988年对遗址进行了发掘，发现战国和汉代两个时期的冶铁遗存，并命名为故县冶铁遗址②。1994年，鹿楼冶铁遗址发掘报告出版，遗址出土陶器群与邯郸一带的陶器非常相似③。1985年，鹿楼邻近的后营村发掘一座小型战国墓，附近还分布有战国墓群④。

赵南长城是冀南地区赵文化的重要遗迹。关于赵南长城遗迹的位置走向，因考古勘察薄弱而存在着争议。一般认为长城西起武安西南，沿漳河东南行⑤。但也有人根据文献考证，质疑赵肃侯时期以漳水为南界，认为赵南长城延伸至漳河以南的豫北地区，具体线路是北起武安，南行逾漳河至林州辉县一带⑥。

三 2000—2021年

2000—2002年，赵王陵2号陵园进行了勘察与发掘。两座陵墓均带有东西墓道，东墓道两侧为陪葬坑，其中5号坑为车马坑，葬有4车14马。陵台东侧已探明有23座陪葬墓，其中少数带有一条东墓道的甲字形大墓⑦。2004年开始，赵王城遗址开始新一阶段的勘查和发掘。2008年，赵王城城南1000米处发现防御壕沟系统。2012—2013年，西城西墙的城门遗址发现双阙台结构。2014—2015年，西城3号宫殿基址发现卵石铺设的台基和庭院⑧。

---

① 河南省文化局文物工作队：《河南鹤壁市汉代冶铁遗址》，《考古》1963年第10期。
② 王文强等：《鹤壁市故县战国和汉代冶铁遗址出土的铁农具和农具范》，《农业考古》1991年第3期。
③ 鹤壁市文物工作队：《鹤壁鹿楼冶铁遗址》，中州古籍出版社1994年版。
④ 河南省文物研究所：《鹤壁市后营古墓群发掘简报》，《中原文物》1986年第3期。
⑤ 张维华：《赵长城考》，《禹贡半月刊》第7卷第8—9合期，1937年；谭其骧主编：《中国历史地图集》第1册，第37—38页。
⑥ 张增午：《豫北长城遗址的探索》，《中原文物考古研究》，大象出版社2003年版，第215—223页。
⑦ 段宏振：《赵都邯郸城研究》，第143页。
⑧ 段宏振：《河北邯郸东周赵王城遗址》，《中国考古新发现年度记录2010年》，《中国文化遗产》2011年增刊；《河北邯郸赵王城》，《黄淮七省考古新发现（2011—2017年）》，大象出版社2019年版，第283—286页。

赵都中牟的具体地望依旧持续讨论。中牟鹤壁说得到比较广泛的认同，但也有人认为中牟在今鹤壁附近的林州境内①，应该说此二说并无根本矛盾。同时还有人推测磁县讲武城遗址乃中牟故城址②。2005年，张新斌对中牟鹤壁之说进行了总结，再次重申今鹤壁鹿楼及故县一带即中牟城址所在，鹿楼冶铁遗址发现丰富的战国时期遗存，附近还有大片墓地的分布③。

2016年，《河南林州大菜园东周墓地出土青铜器保护修复报告》出版，披露了2002—2009年大菜园墓地发掘的一些信息。该墓地共计发掘墓葬703座，其中大中型墓16座，另有殉马坑和车坑各一座，出土各类青铜器千余件。发掘者推测大型墓墓主为赵都中牟时期的高级贵族④。大菜园东周墓地是赵都中牟林州说的重要考古证据。

2005年，赵都邯郸故城考古公布了一些新发现，此后又有新的补充⑤。

2008年，武安念头东周遗址发掘，其中春秋时期遗存非常丰富，发掘者认为属于晋国赵氏集团东进太行山东麓至建都邯郸前的文化遗存⑥。

2006年，正定吴兴村发掘6座战国小型墓，墓向朝北，随葬陶礼器为鼎豆壶盘匜及小壶组合，器表多残存白色彩绘，少数磨光或饰有暗纹，另有铜带钩等。墓葬性质应为战国晚期赵墓⑦。

2009年，元氏南白楼发掘6座小型赵国墓，墓向朝北，随葬陶

---

① 张增午：《赵都中牟林州说的推定》，《中原文物》2005年第6期。
② 胡进驻：《赵都中牟新考》，《文物春秋》2004年第3期。
③ 张新斌：《赵都中牟在鹤壁研究》，《中州学刊》2005年第6期。
④ 河南省文物考古研究院：《河南林州大菜园东周墓地出土青铜器保护修复报告》，中州古籍出版社2016年版。
⑤ 乔登云、乐庆森：《赵都邯郸故城考古发现与研究》，《邯郸学院学报》2005年第1期；《赵都邯郸故城考古新发现与探索》，《邯郸学院学报》2017年第1期。
⑥ 河北省文物研究所：《武安念头遗址发掘简报》，《文物春秋》2014年第4期。
⑦ 辽宁省文物考古研究所：《河北正定县吴兴墓地战国墓葬发掘简报》，《考古》2012年第6期。

器为鼎豆壶盘匜组合，另有小壶、鸟柱盘、鸭形尊、盒等，器表素面为主，少数磨光，有一定数量的暗纹和红白黄彩绘陶。另有铜带钩、璜等①。

2009—2010年，内丘张夺遗址发掘一批战国中晚期小型墓葬，墓向包括北向和东向两种，其中M65出土陶器鼎豆壶盘匜组合，器表饰有红白黄三色彩绘花纹，另有鸭形尊等②。属于赵文化典型墓葬。

2011年，《邢台商周遗址》出版，除了公布南小汪和古鲁营两个遗址的东周遗存外，还全面梳理了邢台地区东周时期遗址群的分布情况③。

第四节　晋北及阴山南麓地区

晋北和阴山南麓地区是赵国北拓的新地，这一地区还包括冀西北的阳原和蔚县盆地。赵国北拓始于战国初期，但大规模北进是赵武灵王时期。赵国北进至晋北之前的战国早中期，该地域的文化基本属于北方戎狄系统。因此晋北战国墓葬的文化性质在战国早晚时段分为两种不同的系统：战国早中期的墓葬一般属于本地传统文化，其族性或与戎狄相关；战国晚期则出现赵人墓葬，应是赵国北拓赵文化北进的结果。

一　1950—1976年

20世纪20年代发现铜器群的浑源李峪村，60年代以后又有了新的发现，1983年公布了这些资料④。1963年，在李峪村又征集到

---

① 武汉大学考古学系等：《河北元氏县南白楼战国秦汉墓地的发掘》，《考古》2018年第2期。
② 河北省文物局：《内丘张夺发掘报告》，科学出版社2011年版，第57—60页。
③ 段宏振：《邢台商周遗址》，第129—163、280—281页。
④ 山西省考古研究所：《山西浑源县李峪村东周墓》，《考古》1983年第8期。

8件铜器。经调查，发现出土铜器的地点属于一处东周墓地。1975年夏天，大雨冲击暴露出两座墓葬，经清理两座墓葬均出土有青铜礼器和兵器。

二 1977—1999年

（一）阳原蔚县盆地地区

赵襄子所灭的代地，位于今张家口市西南部，后来赵国于此地设代郡。代地本处于狄胡地域，东与燕国接壤。阳原和蔚县盆地应属于赵国疆域，战国时期的考古工作比较有限，调查发现的文化遗物含有不少燕文化因素。1984年，阳原桑干河南岸考古调查，发现3处战国时期遗址，其中南辛庄四十亩滩遗址的文化内涵比较丰富，采集陶器残片有豆、盆、罐、碗、鬲等[1]。1985—1986年，张家口地区文物普查发现大量战国城址，其中阳原的安阳故城遗址、蔚县的代王城遗址和陈家湾城址等三处城址，均位于小五台山西麓，应属于赵国代地控制的范围[2]。1996年，代王城遗址又进行了详细调查，调查者认为春秋时古城建筑初见端倪[3]。

1992年，林沄指出张家口南部军都山以西的桑干河谷地带，以北辛堡、玉皇庙等墓地为代表的春秋时期遗存，文化性质属于战国初期被赵国所灭的代，而代则是某支狄人建立的国家[4]。

（二）晋北地区

1978年，浑源李峪村又清理了一座墓葬。整理者认为这批铜器的年代延续时间长，从春秋中晚期到战国晚期，性质属于燕国铜器。1984年，李学勤把李峪村铜器群的年代定在战国前期偏早，认为李

---

[1] 张家口地区博物馆：《河北阳原桑干河南岸考古调查简报》，《北方文物》1988年第2期。
[2] 刘建华：《张家口地区战国时期古城址调查发现与研究》，《文物春秋》1993年第4期。
[3] 蔚县博物馆：《代王城城址调查报告》，《文物春秋》1997年第3期。
[4] 林沄：《关于中国的对匈奴族源的考古学研究》，《内蒙古文物考古》1993年第1—2期。

峪墓地属于代国灭亡后的赵人墓地①。1992年，李夏廷分析李峪村铜器年代为春秋中期到末期，其铜器构成是晋系、燕系和北方系共存，属于墓葬随葬品，性质为代国墓地，很有可能为代灭亡前最后一处贵族墓地②。1993年，赵化成也认为李峪村一带从国别地属上看，前属代后属赵，从未曾属燕，因此这批铜器非代莫属③。1995年，朱凤瀚认为李峪铜器群的年代绝大多数为战国早期，少数可早至春秋晚期，因此少数春秋晚期铜器或属代器，而战国早期以后的铜器可能属赵器④。

1982—1985年，朔县城郊发现一批战国墓葬，其中的M102出土铜印、带钩和陶釜，经考证为战国晚期赵人墓⑤。

1994年，朔州市区发现80余座小型战国墓葬，多为一棺一椁或一棺，随葬器物很少，一般仅一件铜带钩，或陶罐1件，或者无随葬品。年代为战国晚期，应属于赵国平民墓葬⑥。

1988年，忻州奇村发现一座战国晚期墓，随葬品陶器置于椁室的脚箱内，铜器玉器多置于棺内。陶器有鼎豆壶匜，以及甗、鸟柱盘、鉴和灶等，铜器有剑、戈、镞等，另有玉面饰片12件。性质属于赵国墓葬⑦。该墓葬俗反映了晋北赵文化的一些特点，如陶礼器不规范，豆的比例突出，有一批生活气息浓厚的器物如甗、鉴、灶等。

1991年，怀仁县杨谷庄发掘19座小型战国墓，均长方形竖穴土坑墓，其中9、10号墓的椁室内葬有许多羊头骨和肢骨、牛下颌骨、鸡骨等。随葬陶器鼎豆壶，铜器带钩等，不见石圭。年代为战国中

---

① 李学勤：《东周与秦代文明》，第59—60页。
② 李夏廷：《浑源彝器研究》，《文物》1992年第10期。
③ 赵化成：《东周燕国青铜容器的初步分析》，《考古与文物》1993年第2期。
④ 朱凤瀚：《古代中国青铜器》，南开大学出版社1995年版，第996—1002页；朱凤瀚：《中国青铜器综论》，上海古籍出版社2009年版，第1998—2008页。
⑤ 平朔考古队：《山西朔县秦汉墓发掘简报》，《文物》1987年第6期；黄盛璋：《朔县战国秦汉墓若干文物与墓葬断代问题》，《文物》1994年第5期。
⑥ 徐庆：《朔州市区发现一批战国墓》，《山西省考古学会论文集》（三），第61—64页。
⑦ 李有成等：《山西省忻州奇村战国墓》，《文物季刊》1995年第2期。

晚期①。

(三) 阴山南麓地区

阴山南麓属于赵国向北方开疆拓土的殖民区。赵武灵王北伐林胡楼烦，筑长城阴山下。赵北长城不仅是赵文化大幅北拓的北界，同时也是赵文化鼎盛时期的象征。关于赵武灵王时期修筑的长城，文献有较多记载。早在1964年，阴山南麓的赵长城遗迹即进行了踏查，东端开始于兴和县境内，依阴山南麓向西延伸，西端为临河县境内的两狼山口，调查者认为此地亦即高阙②。但有人通过文献梳理对高阙的地望提出了质疑③，认为高阙应在今包头西北乌拉特前旗境内的乌拉山西端，因此赵长城的西端终点即是乌拉山南麓的大坝沟口④。1981年，呼和浩特境内的赵长城遗迹做了复查⑤。1987年，卓资县境内的赵长城遗迹也进行了详细勘察⑥。关于赵北长城的东端起点，一直未能有明确的考古证据，有人推定东起点不在今河北境内，而是在内蒙古兴和县二十七号村北⑦，但也有人推测可能在今张北县南部与万全县交界地带⑧，近年有人认为尚义县境内的鱼儿山是赵北长城的东部端点⑨。

1995年，卓资县城卜子城堡遗址发掘，城址平面方形，出土陶器有盆碗釜及板瓦筒瓦和瓦当等，另有"兹氏"布币等。城堡东西

---

① 高峰等：《怀仁县杨谷庄战国墓清理简报》，《山西省考古学会论文集》（三），第65—71页。

② 盖山林等：《阴山南麓的赵长城》，文物编辑委员会编《中国长城遗迹调查报告集》，文物出版社1981年版，第21—24页；盖山林等：《内蒙古境内战国秦汉长城遗迹》，《中国考古学会第一次年会论文集》，文物出版社1980年版，第212—224页。

③ 沈长云：《赵北长城西段与秦始皇长城》，《历史地理》第七辑，1990年。

④ 严宾：《高阙考辨》，《历史地理》第二辑，1982年；李逸友：《高阙考辨》，《内蒙古文物考古》1996年第1期。

⑤ 朝克：《呼和浩特地区长城遗存》，《内蒙古文物考古》1994年第2期。

⑥ 李兴盛等：《乌盟卓资县战国赵长城调查》，《内蒙古文物考古》1994年第2期。

⑦ 李逸友：《中国北方长城考述》，《内蒙古文物考古》2001年第1期。

⑧ 高鸿宾：《张家口战国赵长城考》，《文物春秋》2003年第6期。

⑨ 韩金秋：《论赵北长城的东部端点》，《北方民族考古》（七），科学出版社2019年版。

两侧即赵北长城遗迹,因此该城堡应属于长城附属建筑障城类遗迹①。

赵北长城以南的聚落遗址更能反映北边地区赵文化的特点。

1960年,和林格尔县土城子遗址发掘,发现战国晚期的陶釜盆豆碗等遗物,应属于赵国遗存②。1997—2005年,土城子城址周围发掘东周墓葬千余座,出土大量铜铁陶器随葬品,其中包括有春秋晚期的墓葬。发掘者推测该地春秋时期为北狄所居,战国时期属于赵之云中郡③。

1979年,凉城毛庆沟发掘79座战国墓葬,附近有春秋到战国时期的遗址④。墓地分为四期,年代从春秋晚期到战国晚期。发掘者推测,一期可能为某一支狄人,二至四期属楼烦文化,称之为毛庆沟类型,但第四期的头朝北的墓葬属于中原农业民族。毛庆沟墓地葬俗的演进,是探索赵国文化北进至岱海地区过程的一个重要参照。

1988年,包头召潭附近发现7座战国晚期墓葬,均长方形竖穴土坑墓,无葬具。依墓向分两组,其中3座墓头向北,4座墓头向东。发掘者分析认为当为赵国移民之墓⑤。

1982年,毛庆沟东北2千米处的凉城饮牛沟墓地发掘14座战国晚期小型墓葬,均为竖穴土坑墓,其中头向北6座,头向东9座。东向的墓头顶前随葬陶罐及狗或羊、猪头骨,另有动物形铜牌饰、铁剑和鹤嘴斧。头向北的墓头顶上方随葬羊肩胛骨,或无殉牲而仅有随葬器物,随葬品有铜或铁带钩等,陶器只一种高领鼓腹罐。发

---

① 内蒙古自治区文物考古研究所等:《卓资县城卜子古城遗址调查发掘简报》,《内蒙古文物考古文集》(三),科学出版社2004年版,第129—143页。

② 内蒙古自治区文物工作队:《和林格尔县土城子试掘纪要》,《文物》1961年第9期;内蒙古文物考古研究所:《内蒙古和林格尔县土城子古城发掘报告》,《考古学集刊》第6辑,中国社会科学出版社1989年版,第175—203页。

③ 内蒙古文物考古研究所:《和林格尔县土城子古城考古发掘主要收获》,《内蒙古文物考古》2006年第1期。

④ 内蒙古文物工作队:《毛庆沟墓地》,《鄂尔多斯式青铜器》,文物出版社1986年版,第227—315页。

⑤ 包头市文物管理处:《包头市二零八墓地》,《内蒙古文物考古》1997年第2期。

掘者分析，东向墓主或是留守的匈奴族，而北向墓主应是随赵国北拓进入该地的中原人①。

1997年，饮牛沟墓地第二次发掘23座战国晚期墓葬，均为长方形竖穴土坑墓，墓向分向北、向东两种，前者较多。东向墓少量有木棺，未见殉牲头骨，但在墓主身边葬有少量羊猪的肩胛、肋骨等。北向墓多数有木棺，少量墓主侧边随葬羊猪肩胛或肋骨或腿骨，有一墓棺外葬一狗骨架。两个类型的墓葬随葬品差别不大，有铜或铁带钩、铁斧、玉饰件及单耳陶罐等。发掘者分析认为，墓地与毛庆沟墓地末期平行发展，或略晚于毛庆沟，在墓地晚期两类墓葬同时失去了各自的大部分特征②。饮牛沟墓地的葬俗同步现象表现在东向墓不再殉牲头骨，两类墓均有少量殉葬少许羊猪肩胛骨或腿骨等，反映了两种文化的融合。

1994年，丰镇市十一窑子村清理8座战国小型竖穴土坑墓，其中北向和东向各4座，但在葬俗和随葬器物上并无明显区别，主要有陶壶、罐、碗及铜镞和带钩等③。

1998年，清水河县城嘴子城址发掘，战国时期遗存发现有房址陶窑和墓葬等，陶器有釜盆罐碗等，属于战国晚期赵国遗存④。

三 2000—2021年

2000年以来，在蔚县盆地的不少地点发现东周时期的墓葬，为研究赵国对代地的经略补充了更多的材料。

2002年，代王城遗址西北约6千米处的北双涧村，发掘一座战国时期的大型墓葬。该墓现存高13米的夯土封土，墓室长方形，带

---

① 内蒙古自治区文物工作队：《凉城饮牛沟墓地清理简报》，《内蒙古文物考古》1984年第3期。

② 内蒙古文物考古研究所等：《饮牛沟墓地1997年发掘报告》，《岱海考古》（二），科学出版社2001年版，第278—327页。

③ 乌兰察布盟博物馆：《内蒙古丰镇市十一窑子战国墓》，《考古》2003年第1期。

④ 内蒙古自治区文物考古研究所：《清水河县城嘴子遗址发掘报告》，《内蒙古文物考古文集》（三），第81—128页。

有东西双墓道，墓主可能与赵国代地高级贵族有关①。

2005—2006年，在蔚县代王城镇大德庄村东南发现一组墓葬，形制以长方形竖穴土坑为主，方向以北居多，墓内多有木质葬具，葬式以仰身直肢为主，也有少量屈肢葬。墓内随葬品以陶器为主，也有部分带钩、环首刀等青铜器。陶器组合有鬲豆罐、鼎豆壶等多种模式，时代从春秋晚期一直延续至战国中期②。这些墓葬位于代王城遗址附近，墓内出土的各类器物，既有典型的中原文化特色，又含有若干北方文化因素，充分体现出代地独有的地方特色。

2013年，陶宗冶等分析了春秋代国与燕赵两国的关系，认为春秋时期代与赵氏宗族密切联姻，赵襄子灭代之后，燕赵两国分代，其分界即在张家口一带③。

晋北地区只有一些零星的考古发现。2000年，晋北地区的忻州上社发掘两座战国墓，残存的随葬陶器有鼎豆壶盘匜等，铜器包括盖弓帽、环首刀，还有玉环、玉覆面等玉制品，年代属战国早期④。2009年，岢岚县窑子坡发现战国小型墓葬3座，均南北向长方形竖穴土坑墓，随葬品仅有一件铜或铁带钩。发掘者认为属于战国晚期赵国遗存⑤。

2019—2020年在朔州后寨清理战国小型墓葬321座，这些墓葬大多有木质葬具，随葬品以各种陶器居多，发掘者依据出土陶器组合，将这些墓葬划分为年代和性质不同的3组，认为A、B两组与北方草原文化有关，C组则为典型的赵文化遗存，反映出赵国向北扩

---

① 河北省文物研究所：《蔚县北双涧战国墓》，《中国考古学年鉴2003》，文物出版社2004年版，第123—124页。
② 河北省文物考古研究院等：《河北蔚县大德庄M1的发掘》，《考古》2022年第9期。
③ 陶宗冶等：《对代国与燕赵两国关系的探讨》，《文物春秋》2013年第6期。
④ 山西省考古研究所等：《忻州上社战国墓发掘报告》，《三晋考古》（三），第159—170页。
⑤ 山西省考古研究所等：《岢岚窑子坡遗址古墓葬发掘报告》，《三晋考古》（四），第445—449页。

张过程中与晋北土著文化交融情况①。

阴山南麓地区多个地点发现属于东周时期赵国的遗址和墓葬，为充分研究东周赵国考古学文化提供了丰富的资料。

云中城址及附近地区的考古发现，反映了当时的城邑及普通聚落情况。2000年，托克托县黑水泉遗址发掘，发现战国至汉代遗存，出土战国晚期陶器釜豆碗等②。应属于云中郡境内的聚落遗址。2001年，托克托县古城遗址发掘，发现战国晚期的瓦当、陶釜和铜镞等遗物③。该城址应即战国时期的云中城。

2011年，和林格尔大堡山墓地发掘战国晚期小型墓葬51座，均为竖穴土坑墓，其中头朝北35座，头朝东15座。34座墓有随葬品，29座墓中出土铜或铁带钩，其中以头北者为主。少量墓随葬陶器，器形为罐豆壶碗。另有铜璜、铃、镜、镞、印等。发掘者推定属于赵人墓地④。北进到此地的赵文化表现在葬俗方面，即：随葬器物简单，未见典型陶礼器。

2011年，和林格尔东沟子发现战国晚期遗址，遗迹只发现有灰坑一种，出土遗物有陶片和铜带钩、铁锛等，陶器器形主要是泥质灰陶罐盆碗豆等⑤。

和林格尔土城子古城遗址附近的战国墓地继续有新的发现。2005年，在城址东侧发现一座围沟墓M1394，并被M1388打破，年

---

① 山西省考古研究院等：《山西朔州市后寨墓地东周时期墓葬发掘简报》，《北方文物》2022年第6期。

② 内蒙古自治区文物考古研究所：《托克托县黑水泉遗址发掘报告》，《内蒙古文物考古文集》（三），第153—217页。

③ 内蒙古自治区文物考古研究所：《托克托县古城村古城遗址发掘报告》，《内蒙古文物考古文集》（三），第218—261页。

④ 内蒙古师范大学历史文化学院等：《和林格尔县大堡山墓地发掘报告》，《草原文物》2013年第2期。

⑤ 内蒙古师范大学历史文化学院等：《和林格尔县胜利营东沟子遗址发掘简报》，《草原文物》2013年第1期。

代均属于战国中期或晚期早段①。M1394 的围沟平面近方形，东围沟内殉葬 2 人，无葬具。主墓位于围沟中央，东西向长方形竖穴土坑墓，墓主头向东，头顶位置随葬陶器鼎豆壶盘匜组合和铜带钩等，陶器为素面灰陶。围沟墓为该地区首例发现，发掘者认为可能是受到秦文化的影响。M1388 为东西向长方形竖穴土坑墓，人骨朽甚，估计亦是头向东。头顶位置随葬鼎豆壶盘匜组合和鸟柱盘等，器表饰有红白彩绘花纹。

2008 年，凉城水泉墓地发掘 27 座东周墓葬，均为竖穴土坑墓，头朝北 7 座，头向东 20 座。流行殉牲，多见于东向墓，以牛羊的头骨和蹄骨为主，放置于人骨头顶位置或其上的填土中。随葬品较少，铜器有铜带钩、锥、带扣、牌饰等，铁器有短剑、鹤嘴斧、环首刀等，陶器仅见两件高领鼓腹罐。东向墓随葬品以铁短剑、牌饰、鹤嘴斧为典型，北向墓则以带钩为典型。战国中晚期，两类墓葬葬俗并存，类似于毛庆沟和饮牛沟墓地，北向墓主随葬品贫乏乃戍边移民，东向墓主为当地居民②。

战国晚期之前的原住民墓地又有新的发现。赵文化北进到达该地域之前，当地居民属于比较单纯的北方牧业民族，其中局部某族或含有少量农业，而经营半牧半农式的半定居生活。这些北方牧业民族的墓地，时代应在春秋至战国晚期之前。典型的墓地除了毛庆沟（前三期）外，还有凉城崞县窑子③、忻州窑子④、小双古城⑤等。大致分布在岱海周边地区，这一带似乎有少量农业发展。

---

① 南开大学历史学院考古学与博物馆学系等：《内蒙古和林格尔县土城子古城两座东周墓葬的发掘》，《考古》2018 年第 5 期。

② 内蒙古自治区文物考古研究所：《凉城县水泉东周墓地发掘简报》，《草原文物》2012 年第 1 期。

③ 内蒙古文物考古研究所：《凉城崞县窑子墓地》，《考古学报》1989 年第 1 期。

④ 内蒙古文物考古研究所：《内蒙古凉城县忻州窑子墓地发掘简报》，《考古》2009 年第 3 期。

⑤ 内蒙古文物考古研究所：《内蒙古凉城县小双古城墓地发掘简报》，《考古》2009 年第 3 期。

2016年,《岱海地区东周墓群发掘报告》出版,正式公布了忻州窑子、小双古城和水泉三处墓地的材料。水泉墓地拥有木质棺具、随葬带钩的南北向墓葬,与毛庆沟、饮牛沟等墓地具有类似特征的墓葬一样,均属于北上的中原文化。而忻州窑子、小双古城、崞县窑子及毛庆沟等墓地的东西向土坑墓或偏洞室墓,流行殉牲并随葬铜牌饰及陶罐等,属于北方文化系统①。岱海地区东周墓群普遍存在的两类风格墓葬,形象地反映了以赵文化为主体的中原文化北进阴山南麓,与当地文化融合共存的发展轨迹。

另外,关于赵北长城最西端高阙遗迹的地望,又有学者作了新的考证。2007年,魏坚根据实地踏查的线索,认为高阙的位置应在今乌拉特后旗境内的达巴图沟和查干沟口,现存遗迹包括南北两座相连的小型城堡遗址。其中北城堡方形,城墙用卵石垒砌而成,推测应为战国晚期的赵国遗存。南城长方形,推测应是汉代沿用时的扩建②。

第五节 综合研究

综合研究包括考古学方面的基础研究,考古学与历史学相结合的广泛研究。内容包括赵国考古学文化的各个方面,以及相关的赵国历史文化和东周历史文化等。

一 1949—1976年

1959年,李学勤研究了战国题铭,其中包括三晋题铭的内容,认为"相邦"督造的兵器为韩器,赵器的题铭有"邯郸"等③。

---

① 内蒙古自治区文物考古研究所:《岱海地区东周墓群发掘报告》,科学出版社2016年版。
② 魏坚:《河套地区战国秦汉塞防研究》,《边疆考古研究》(第六辑),科学出版社2007年版。
③ 李学勤:《战国题铭概述》(上、中、下),《文物》1959年第7、8、9期。

1973年，马王堆三号汉墓出土的帛书《战国纵横家书》，亦有若干关于赵国史事的记载①。这些文字资料的发现，为研究赵氏宗族早期历史和战国时期的赵国历史提供了重要的参考。1974年，黄盛璋专门研究了三晋兵器，指出一批以"相邦"或"守相"监造的兵器非为韩器而是赵器②。

二 1977—1999年

赵都邯郸城无疑是赵国考古学文化研究的主要领域。1979年，侯仁之发表《邯郸城址的演变和城市兴衰的地理背景》，该文利用新近发现的考古资料，对邯郸城进行了全面的阐述③。此外，在许多研究先秦考古或历史的著作中，几乎均有对邯郸城研究的专门章节或部分内容④。这些对邯郸城宏观探讨和把握的研究成果，对邯郸城研究的深化具有重要的意义。1990年，孙继民等《邯郸简史》，从长时段的角度对邯郸城市变迁史进行了充分探讨⑤，1991年，陈光唐的《邯郸历史与考古》，不仅系统阐述了邯郸自远古到近现代的演变历史，还详尽公布了与东周时期邯郸古城相关的不少考古资料⑥。

赵国在东周考古中占据着重要的篇章。1984年，李学勤《东周与秦代文明》出版，其中的三晋章节对赵国文化作了讨论⑦。1985年，叶小燕研究了中原地区的战国墓葬，认为赵墓殉人现象比较

---

① 马王堆汉墓帛书整理小组编：《战国纵横家书》，文物出版社1976年版。
② 黄盛璋：《试论三晋兵器的国别和年代及其相关问题》，《考古学报》1974年第1期。
③ 侯仁之：《邯郸城址的演变和城市兴衰的地理背景》，《历史地理学的理论与实践》，上海人民出版社1979年版。
④ 此方面著述主要有：李学勤《东周与秦代文明》，文物出版社1984年版；贺业钜《中国古代城市规划史论丛》，中国建筑工业出版社1986年版；曲英杰《先秦都城复原研究》，黑龙江人民出版社1991年版；许宏《先秦城市考古学研究》，北京燕山出版社2000年版；杨宽《中国古代都城制度史》，上海人民出版社2006年版；杜正胜《周秦城市的发展与特质》，《史语所集刊》第51本第4分。
⑤ 孙继民、杨倩描、郝良真：《邯郸简史》，中国城市经济出版社1990年版。
⑥ 陈光唐、王昌兰：《邯郸历史与考古》，文津出版社1991年版。
⑦ 李学勤：《东周与秦代文明》，第38—49页。

突出①。

将赵文化作为明确的地域文化而进行系统研究，是从20世纪后期才逐渐开始的。1987年，在河北邯郸召开了第一届全国赵文化学术讨论会。1989年出版的会议论文集《赵国历史文化论丛》，对赵文化的概念及内涵特征等方面进行了深入的探讨②。例如，唐嘉弘认为，晋文化和赵文化的主流应属华夏中原文化，支流则有不少异族的和草原部落的文化因素③。孙继民、郝良真指出赵文化是一种典型的多元文化，具有平原与高原、内地和边地、农耕与畜牧、华夏与胡族等多方面的二重构成④。其后出版的一些著作也涉及赵文化的内容。1995年出版的《燕赵文化》，对赵地文化、燕地文化以及燕赵文化作了讨论和分析⑤，1997年印行的《三晋古文化源流》在系统论述了晋文化及三晋文化时，对赵文化进行了专门讨论⑥。

战国时期各国疆域变化频繁，赵国的疆域四至变迁备受关注，1949年以来出版的断代史或专门史著作中有不少涉及赵国疆域的内容⑦。1989年，陈昌远分析了赵国的疆域及其地理特征⑧。1991年，雁侠对赵国的疆域变化进行了探索，指出赵国在西北拓土成功而于东南扩张受挫⑨。2003年，李晓杰主要根据文献记载的梳理，对赵

---

① 叶小燕：《中原地区战国墓初探》，《考古》1985年第2期。
② 河北省历史学会：《赵国历史文化论丛》，河北人民出版社1989年版。
③ 唐嘉弘：《关于晋赵文化的共相和特殊相——兼论中国骑马文化的源流》，《赵历史文化论丛》，第1—35页。
④ 孙继民、郝良真：《试论战国赵文化构成的二重性》，《赵国历史文化论丛》，第36—49页。
⑤ 张京华：《燕赵文化》，辽宁教育出版社1995年版，第232—258页。
⑥ 李元庆：《三晋古文化源流》，山西古籍出版社1997年版。
⑦ 杨宽：《战国史》，第279、372—373、408—409、424—425、428—431页；沈长云、魏建震等：《赵国史稿》，第121—126、152—154、178—181页；缪文远：《战国制度通考》，巴蜀书社1998年版，第158—183页；周振鹤主编、李晓杰著：《中国行政区划通史·先秦卷》，复旦大学出版社2009年版，第483—498页；后晓荣：《战国政区地理》，文物出版社2013年版，第104—145页。
⑧ 陈昌远：《赵国的疆域与地理特征》，《河北学刊》1989年第5期。
⑨ 雁侠：《先秦赵国疆域变化》，《郑州大学学报》（哲学社会科学版）1991年第1期。

国疆域的四境变迁进行了详细考证①。

青铜器是赵文化中一项重要内容。1981年，高明将百家村M57的年代归为第六组即春秋晚期（前550—453年）的晚段②。1989年，黄盛璋对赵国铜器襄阴鼎考证后认为，襄阴地望或在今阴山南麓的和林格尔附近③，此后在新发现的三晋兵器中又考证出赵器④。1994年，根据M102铜印文字的考证，指出朔县第一期墓葬属于战国晚期的赵国，而非为秦代⑤。1995年，朱凤瀚《古代中国青铜器》出版，其中对赵国青铜容器进行详尽的型式分类，并对其具体年代做了研究和判定⑥。1997年，吴雅芝集中研究了三晋铜器⑦。另有不少学者在论述东周或晋系青铜器的文章中，对赵国青铜器的相关问题也进行了探索⑧。

另有一些学者对赵国货币等相关问题进行了探讨⑨。1988年，《中国历代货币大系》第一卷《先秦货币》收录先秦货币4300余件，是研究赵国货币的重要工具书⑩。1994年，朱华的《三晋货币》主要收录了山西省出土的三晋刀布圜钱拓片，是研究赵国货币的重要参考资料⑪。1992年，何琳仪考证了赵国三种方足布⑫。1995年，

---

① 李晓杰：《战国时期赵国疆域变迁考》，《九州》第三辑，商务印书馆2003年版。
② 高明：《中原地区东周时代青铜礼器研究》，《考古与文物》1981年第2、3、4期。
③ 黄盛璋：《三晋铜器的国别、年代与相关制度》，《古文字研究》第17辑，中华书局1989年版，第1—66页。
④ 黄盛璋：《新发现之三晋兵器及其相关的问题》，《文博》1998年第2期。
⑤ 黄盛璋：《朔县战国秦汉墓若干文物与墓葬断代问题》，《文物》1994年第5期。
⑥ 朱凤瀚：《古代中国青铜器》，第1891—1946页。该书于2009年上海古籍出版社修订再版，更名为《中国青铜器综论》。
⑦ 吴雅芝：《战国三晋铜器研究》，《台湾师范大学国文研究所集刊》（41），1997年。
⑧ 陶正刚：《山西出土的吴越地区青铜器及其研究》，《吴越地区青铜器研究论文集》，两木出版社1997年版。
⑨ 裘锡圭：《战国货币考》，《北京大学学报》（哲学社会科学版）1978年第2期。
⑩ 汪庆正主编：《中国历代货币大系Ⅰ·先秦货币》，上海人民出版社1988年版。
⑪ 朱华：《三晋货币》，山西人民出版社1994年版。
⑫ 何琳仪：《赵国方足布三考》，《文物春秋》1992年第2期。

黄锡全考证了赵国的七种方足布①。1998年，段滋新的《赵国钱币》专门系统研究了赵国钱币②。

三 2000—2021年

2000年，沈长云等撰写的《赵国史稿》出版③，这是系统研究赵国历史的第一部专著。该书认为，赵文化不仅包括赵立国之后的文化，还应包括建国前的赵地居民所创建的文化。

墓葬遗迹及出土遗物是构成赵文化的主要内容。2000年，魏建震专门讨论了赵国的丧葬文化④。2001年，印群全面探索了黄河中下游地区的东周墓葬制度⑤。2002年，张辛对三晋两周地区东周墓葬陶器进行了细致的年代学研究，将墓葬分为17个组别，进而对各组墓葬的国属推定，其中邯郸区组的两组属于赵国墓葬⑥。2005年，杨建军研究了三晋东周铜器墓⑦。

有关赵文化的综合研究持续发展。赵文化的概念理论建构、渊源探索等相关问题，一直是赵文化探索研究的要点⑧。2003年，《赵文化研究》出版，收录了当时阶段关于赵文化研究的论文⑨。同年，孙继民、郝良真的《先秦两汉赵文化研究》出版，对赵文化及赵国历史进行了综合探索⑩。次年，两人合著的另一部著作《邯郸历史文

---

① 黄锡全：《赵国方足布七考》，《华夏考古》1995年第2期。
② 段滋新等：《赵国钱币》，中国经济出版社1998年版。
③ 沈长云、魏建震等：《赵国史稿》，中华书局2000年版。
④ 魏建震：《先秦赵国丧葬文化初探》，《邯郸师专学报》2000年第2期。
⑤ 印群：《黄河中下游地区的东周墓葬制度》，社会科学文献出版社2001年版。
⑥ 张辛：《中原地区东周陶器墓葬研究》，科学出版社2002年版。
⑦ 杨建军：《三晋东周铜器墓初论》，《中原文物》2005年第3期。
⑧ 董林亭：《赵文化源头辨识》，《赵文化研究》，河北大学出版社2003年版；辛彦怀、李广：《关于赵文化研究的几个问题》，《赵文化研究》，河北大学出版社2003年版，第13—21页；董林亭、孙瑛：《关于赵文化概念的理论思考》，《赵文化论丛》，第16—22页。
⑨ 辛彦怀主编：《赵文化研究》，河北大学出版社2003年版。
⑩ 孙继民、郝良真：《先秦两汉赵文化研究》，方志出版社2003年版。

化论丛》出版，集中论述了邯郸城的历史演变进程①。2005年，全国第二届赵文化研讨会在邯郸召开。2006年，此次会议的论文集《赵文化论丛》出版②。李学勤在该书的序言中阐释说：赵文化是华夏文化和戎狄文化相结合的结果。赵氏宗族的兴起与北方草原文化有关，赵文化在华夏和戎狄两种文化中间，对两种文化的交融融合起着重大作用。赵国就是在跟戎狄之间的融合交汇下发展起来的，并把许多戎狄合并起来，而其本身也有很多戎狄文化的成分③。

晋文化的探索有助于赵文化研究的深入。2007年，有关晋文化综合研究的多部专著集中出版，其中含有赵氏或赵国的内容：刘绪的《晋文化》全面总结了20世纪晋文化考古的重要成果，是有关晋文化考古的首部系统论著④；马保春的《晋国历史地理研究》系统研究了晋国的历史地理，其中对赵氏的领地及城邑作了考证⑤；白国红的《春秋晋国赵氏研究》，依据文献梳理全面探索了赵氏家族的发展历程⑥；宋玲平的《晋系墓葬制度研究》，专门讨论了晋文化包括三晋文化的墓葬⑦。2011年，段宏振讨论了晋文化的消解与赵文化的形成问题⑧。

赵都邯郸故城在赵文化研究中具有重要的考古意义。2009年，段宏振在《赵都邯郸城与赵文化》一书中，提出建都邯郸城是赵文化正式形成的标志，赵文化的形成与发展经历了孕育、初步形成和正式形成等三大阶段，三家分晋之后至迁都邯郸之前，为赵文化的

---

① 郝良真、孙继民：《邯郸历史文化论丛》，中国文史出版社2004年版。
② 赵聪慧主编：《赵文化论丛》，河北人民出版社2006年版。
③ 李学勤：《赵文化论丛》序，第1—8页。
④ 刘绪：《晋文化》，文物出版社2007年版。
⑤ 马保春：《晋国历史地理研究》，文物出版社2007年版。
⑥ 白国红：《春秋晋国赵氏研究》，中华书局2007年版。
⑦ 宋玲平：《晋系墓葬制度研究》，文物出版社2007年版。
⑧ 段宏振：《晋都新田城与晋文化的消解》，《晋文化论坛论文集》，三晋出版社2011年版。

初步形成时期①。同年,《赵都邯郸城研究》出版,作为第一部专门研究赵邯郸故城的考古学著作,该书在对考古发现全面梳理的基础上结合文献资料,将邯郸城置于东周列国都城发展体系之中,从更为宏观的角度对邯郸城的纵向演进轨迹、平面布局变迁以及城市构成元素等方面进行了全面而细致的研究②。

阴山南麓地区战国时期诸胡遗存与中原文化的关系一直备受关注。2009 年,杨建华分析了北方东周时期两种文化遗存及戎狄与胡的关系③。2015 年,单月英提出东周至秦代北方地区存在着大致呈东北—西南走向的两条文化带④。戎狄与诸胡的辨别,有助于深入了解东周时期北方地区众多部族之间的关系。

2015 年,张渭莲等在论述太行山东麓地区先秦文化的专著中,对冀南地区的赵国考古学文化做了集中分析,指出鸭形尊、鸟柱盘和兽形盉等属于赵文化的标志器⑤。考古学意义上的赵文化分期与编年研究,是东周赵文化综合研究的基础。2016 年,张渭莲等主要依据墓葬陶器,对赵国考古学文化进行了分期与编年研究,基于此讨论了东周赵文化的演进历程⑥。

赵国青铜器综合研究是赵文化研究中的一项重要内容。2018 年,路国权的《东周青铜容器谱系研究》、彭裕商《战国青铜器年代综合研究》两部专门研究青铜器的专著,对东周青铜器进行了系统的综合研究,其中有关赵国青铜器群的内容有很好的论述⑦。2019

---

① 段宏振:《赵都邯郸城与赵文化》,第 4—6 页。
② 段宏振:《赵都邯郸城研究》,文物出版社 2009 年版。
③ 杨建华:《中国北方东周时期两种文化遗存辨析》,《考古学报》2009 年第 2 期。
④ 单月英:《东周秦代中国北方地区考古学文化格局》,《考古学报》2015 年第 3 期。
⑤ 张渭莲、段宏振:《中原与北方之间的文化走廊——太行山东麓地区先秦文化的演进格局》,文物出版社 2015 年版,第 295—297 页。
⑥ 张渭莲、段宏振:《东周赵国考古学文化的演进历程》,《中国国家博物馆馆刊》2016 年第 1 期。
⑦ 路国权:《东周青铜容器谱系研究》,上海古籍出版社 2018 年版;彭裕商:《战国青铜器年代综合研究》,巴蜀书社 2018 年版。

年，杜博瑞专门分析了赵国青铜礼器组合及使用制度①。另有不少学者在论述东周或晋系青铜器的文章中，对赵国青铜器的相关问题也进行了探索②。2020年，张渭莲等对东周赵国青铜器进行了专门研究，在分期的基础上将赵国青铜器的内涵结构解析为6组，而将其平面格局归纳为晋地、邯郸、上党、代地和北地等5组，从纵横两个层面综合讨论了赵国青铜器群演进轨迹③。

鸟柱盘是赵国文化的典型陶器。2014年，刘长专门研究了鸟柱盘的形制、源流及传播分布，赞同并进一步阐述了其作为灯具功用的观点④。还有一些学者对与赵国相关的文字⑤、货币⑥、玺印⑦等问题进行了探讨。其中专门研究赵国货币的如：2010年，孟光耀的《赵国货币》系统收录了赵国货币⑧；2014年，朱安祥对赵国货币所涉及的地名进行了系统研究⑨。

这一时期的一些硕士和博士学位论文，涉及赵文化研究领域。

---

① 杜博瑞：《东周赵国青铜礼器组合探析》，《文博》2019年第4期。
② 宋玲平：《山西中北部东周时期青铜器及相关问题》，《山西省考古学会论文集》（三），第271—287页；苏辉：《秦、三晋纪年兵器研究》，中国社会科学院历史研究所硕士学位论文，2002年；吴镇烽：《六年相室赵彛鼎考》，《考古与文物》2008年第5期；李夏廷：《太原出土春秋吴国铜器及相关问题》，《上海文博论丛》2010年第3期；蔡鸿江：《晋系青铜器研究》，《古典文献研究辑刊》，第13编第16、17辑，花木兰文化出版社2011年版；滕铭予、王春斌：《东周时期三晋地区的北方文化因素》，《边疆考古研究》第10辑，科学出版社2011年版；杨博：《河北地区所见先秦时期有铭兵器调查与研究》，硕士学位论文，河北师范大学，2011年；董珊：《五年春平相邦葛得鼎考》，《古文字与古代史》第三辑，史语所，2012年；杨坤：《战国晋系铜器铭文校释及相关问题初探》，硕士学位论文，吉林大学，2015年。
③ 张渭莲等：《论东周赵国青铜器》，《中国国家博物馆馆刊》2020年第6期。
④ 刘长：《战国时期鸟柱盘与筒形器研究》，《华夏考古》2014年第2期。
⑤ 何琳仪：《战国文字通论》，江苏教育出版社2003年版；秦晓华：《东周晋系文字资料研究》，博士学位论文，中山大学，2008年；汤志彪：《三晋文字编》，博士学位论文，吉林大学，2009年；沈之杰：《战国三晋文字编》，博士学位论文，北京师范大学，2009年。
⑥ 黄锡全：《先秦货币研究》，中华书局2001年版。
⑦ 庄新兴：《战国玺印分域编》，上海书店出版社2001年版。
⑧ 孟光耀等：《赵国货币》，河北人民出版社2010年版。
⑨ 朱安祥：《赵国货币及相关地名整理研究》，硕士学位论文，郑州大学，2014年。

例如，刘长和刘佳君全面研究了赵文化①。黄朝伟专门研究了赵国墓葬制度，并对赵与魏、楚、燕、秦等各国的关系也做了探讨②。还有一些论文不同程度涉及赵国墓葬的内容③。

---

① 刘长：《赵氏族源及战国赵文化研究》，博士学位论文，中山大学，2011年；刘佳君：《东周赵文化研究——兼论考古学文化与族属》，硕士学位论文，北京大学，2012年。
② 黄朝伟：《战国时期赵国墓葬研究》，硕士学位论文，吉林大学，2009年。
③ 穆文军：《晋中北地区东周墓葬研究》，硕士学位论文，山西大学，2013年；张亮：《东周社会结构演变的考古学观察——以三晋两周地区墓葬为视角》，博士学位论文，吉林大学，2014年。

第 四 章

赵国考古学文化编年

详细而准确的编年体系的建立是考古学文化研究的重要基石，而考古学文化序列的构建，只能在考古学文化分期的基础上才能够得以进行。科学精准的赵国考古学文化分期系统的建立，需要通过以下两种途径：一是对遗址或墓葬出土的陶器进行型式划分，继而搭建起相应的年代框架；二是根据墓葬出土的青铜器进行分期，从而完成铜器编年序列。其后将由陶器和铜器两种途径所构建的编年系统加以整合，形成完整的考古学文化年表，最后再将此年表与传世文献记载的赵国历史编年进行对应，制定出一份完备的赵国历史文化综合年表。

从可以信从的传世文献记载可知，东周时期赵国的历史跨越了春秋和战国两个时期。现今学术界对于春秋与战国的分野，主要形成两种意见：一种是采纳司马迁《六国年表》的看法，以周元王元年（前475）为战国开始之年，另一种是以韩赵魏三家灭智氏之年，亦即《左传》记事的下限（前454）为春秋时代的结束①。相较而言，以后者较为合理，因此本书便采用这种观点，以公元前453年做为战国的开始。

---

① 郭沫若：《奴隶制时代》，人民出版社1954年版，第40页；童书业：《春秋史》，第226页。

第一节　陶器编年

含有陶器的赵文化的遗址数量较多，主要分布在河北中南部、山西省中北部及内蒙古河套地区。代表性遗址有邯郸百家村[①]、裴庄[②]、邯郸宾馆[③]，永年何庄[④]，邢台东董村[⑤]、内邱小驿头[⑥]、平山黄泥村[⑦]，正定吴兴[⑧]，榆次猫儿岭[⑨]、柳林杨家坪[⑩]、离石阳石村[⑪]、临县三交[⑫]、忻州上社[⑬]、奇村[⑭]、左权石匣[⑮]、长治分水岭[⑯]、蔚县大德庄[⑰]、卓资土城子[⑱]、城卜子[⑲]，

[①] 河北省文化局文物工作队：《河北邯郸百家村战国墓》，《考古》1962年第12期；河北省文物研究所：《邯郸百家村两座战国墓》，《文物春秋》2009年第4期。

[②] 邯郸市文物管理处：《裴庄遗址清理报告》，《文物春秋》1996年第4期。

[③] 邯郸市文物管理处：《邯郸市宾馆地下古遗址的调查》，《文物春秋》1990年第4期。

[④] 邯郸地区文物保管所：《河北省永年县何庄遗址发掘报告》，《华夏考古》1992年第4期。

[⑤] 河北省文化局文物工作队：《邢台战国墓发掘报告》，第18—43页。

[⑥] 河北省文物研究所：《内邱小驿头遗址发掘报告》，《河北省考古文集》，第154—178页。

[⑦] 夏素颖、韩双军：《河北平山县黄泥村战国墓》，《文物春秋》2002年第4期。

[⑧] 辽宁省文物考古研究所等：《河北正定县吴兴墓地战国墓葬发掘简报》，《考古》2012年第6期。

[⑨] 猫儿岭考古队：《1984年榆次猫儿岭战国墓葬发掘简报》，《三晋考古》（一），第266—287页。

[⑩] 山西省考古研究所等：《柳林杨家坪华晋焦煤公司宿舍墓葬发掘报告》，《三晋考古》（三），第297—312页；吕梁地区文物事业局：《1997年柳林县杨家坪战国墓葬清理简报》，《山西省考古学会论文集》（三），第42—50页；山西省考古研究所等：《柳林看守所墓葬发掘报告》，《三晋考古》（三），第313—327页。

[⑪] 山西省考古研究所等：《吕梁环城高速离石区阳石村墓地与车家湾墓地发掘简报》，《三晋考古》（四），第404—429页。

[⑫] 山西省考古研究所等：《临县三交战国墓》，《三晋考古》（一），第304—312页。

[⑬] 山西省考古研究所等：《忻州上社战国墓发掘报告》，《三晋考古》（三），第159—170页。

[⑭] 李有成、徐海丽：《山西省忻州奇村战国墓》，《文物季刊》1995年第2期。

[⑮] 山西省考古研究所等：《左权石匣墓地发掘报告》，《三晋考古》（四），第327—403页。

[⑯] 山西省考古研究所等：《长治分水岭东周墓地》，文物出版社2010年版。

[⑰] 河北省文物考古研究院等：《河北蔚县大德庄M1的发掘》，《考古》2022年第9期。

[⑱] 内蒙古自治区文物考古研究所等：《卓资县土城子村遗址发掘简报》，《草原文物》2013年第2期。

[⑲] 内蒙古自治区文物考古研究所等：《卓资县城卜子古城遗址调查发掘简报》，《内蒙古文物考古文集》（三），第129—143页；内蒙古师范大学历史文化学院考古文博系等：《卓资县城卜子古城遗址2010年发掘简报》，《草原文物》2011年第1期。

凉城水泉①、饮牛沟②、丰镇十一窑子③、和林格尔大堡山④、土城子⑤、清水河城嘴子⑥等。

一 分期

遗址和墓葬中常见陶器的种类主要有鼎、豆、壶、盘、匜、高足小壶、鸟柱盘、碗、盉、鸭尊等。依据它们在地层中出现的早晚及形制的变化，可以对其中最常见的鼎、豆、壶、高足小壶、匜、鸟柱盘等陶器进行形制分类。（图4-1、图4-2）

鼎：均为盖鼎，以泥质灰陶居多，偶有夹砂灰陶。多为素面，亦有饰红白彩绘者。子母口，口外附耳外撇。深腹圜底，蹄形足。盖顶隆起，有钮或无钮。依据整体形态不同，可分为A、B二型。

A型：子母口略内敛，腹部较浅，似盆形。可细分为六式：

Ⅰ式：鼎腹为浑圆的椭圆形，器耳和蹄足较短小，器盖顶部隆起。标本：杨M3:5。

Ⅱ式：鼎腹依然呈浑圆的椭圆形，器耳较Ⅰ式略长，器盖顶部隆起。标本：杨M9:4。

Ⅲ式：下腹略内收，器盖顶部隆起。标本：杨M6:1。

Ⅳ式：下腹明显内收，器耳变长，蹄足明显。标本：建M8:4。

Ⅴ式：器腹呈扁方形，器耳变长，足较高。标本：猫M122:6。

Ⅵ式：器腹呈扁方形，平底，器耳和器足均较长，器盖隆起较

---

① 内蒙古自治区文物考古研究所：《内蒙古凉城县水泉墓地发掘简报》，《草原文物》2012年第1期。

② 内蒙古自治区文物工作队：《凉城饮牛沟墓地清理简报》，《内蒙古文物考古》1984年第3期；内蒙古文物考古研究所等：《饮牛沟墓地1997年发掘报告》，《岱海考古》（二），第278—327页。

③ 乌兰察布博物馆：《内蒙古丰镇市十一窑子战国墓》，《考古》2003年第1期。

④ 内蒙古师范大学历史文化学院等：《和林格尔县大堡山墓地发掘报告》，《草原文物》2013年第2期。

⑤ 内蒙古文物考古研究所：《内蒙古和林格尔县土城子古城发掘报告》，《考古学集刊》第6辑，第175—203页。

⑥ 内蒙古自治区文物考古研究所：《清水河县城嘴子遗址发掘报告》，《内蒙古文物考古文集》（三），第81—128页。

为平缓。标本：猫M121：1。

B型：口部内敛，肩部圆鼓，腹部较深，圜底或平底，似敛口鼓腹罐形。可分为四式：

Ⅰ式：腹部最大径在肩部，尖圜底，蹄足短小。标本：上 M2：1。

Ⅱ式：腹部最大径较Ⅰ式下移，尖圜底明显，蹄足略高。标本：石 M28：5。

Ⅲ式：腹部最大径下移，底部变为圆圜底，蹄足较高。标本：三 M19：6。

Ⅳ式：腹部最大径移至中腹，底部近平，蹄足较高。标本：奇 M1：38。

杨M3:5　　杨M9:4　　杨M6:1

建M8:4　　猫M122:6　　猫M121:1

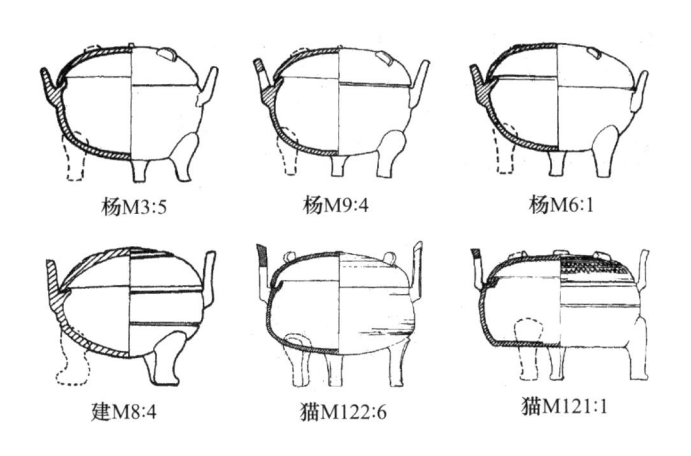

图 4-1　陶鼎

壶：泥质灰陶，素面，体高而瘦。长颈，鼓腹平底，颈肩部多饰弦纹或暗纹（网状、弦纹、鸟状、锯齿形）。依其盖之不同，可分为A、B二型。

A型：壶盖为小圆顶或平顶。可分为六式：

Ⅰ式：腹部最大径在中下腹，下有圈足。标本：百 M40：1。

Ⅱ式：腹部最大径渐次上移，下有圈足。标本：百 1957M。

Ⅲ式：腹部最大径较Ⅱ式上移，平底。标本：百 M31：3。

Ⅳ式：腹部最大径近腹中部。标本：奇 M1∶55。

Ⅴ式：腹部最大径移至上腹。标本：三 M23B∶1。

Ⅵ式：腹部最大径移至上腹，上腹耸出，下腹内收，平底较大。标本：中 M∶238。

B 型：壶盖为四或六瓣仰莲状。可分为四式：

Ⅰ式：颈较短，腹部最大径在中下腹。标本：百 1957M。

Ⅱ式：颈略长，腹部最大径渐次上移至腹中部。标本：上 M1∶10。

Ⅲ式：长颈较直，腹部最大径在上腹部。标本：百 M01∶3。

Ⅳ式：长颈，腹部最大径移至上腹，平底较大。标本：奇 M1∶59。

高足小壶：小口长颈，鼓腹，下有喇叭状圈足。腹部多饰弦纹，偶见饰网状、锯齿状暗纹者。可分为六式：

Ⅰ式：长颈，下有高圈足，形体瘦长。标本：百 M40∶3。

Ⅱ式：长颈，圈足较高。标本：东 M50∶12。

Ⅲ式：颈部较长，圈足较高。标本：三 M19∶11。

Ⅳ式：颈部较长，腹部鼓出，圈足较高。标本：奇 M1∶15。

百 M40∶1　百 M31∶3　三 M32B∶1　中 M∶238

百 M40∶3　三 M19∶11　吴 M99∶5　吴 M114∶7

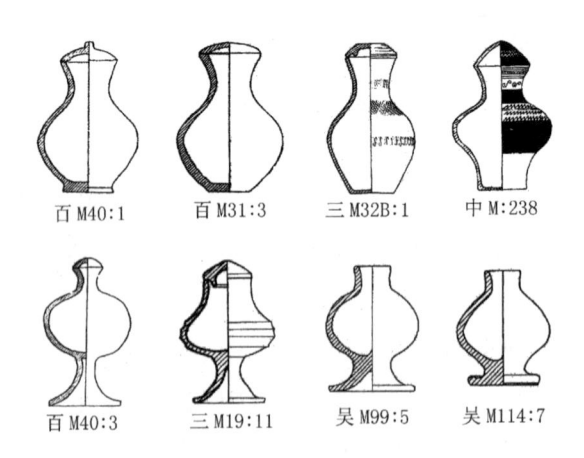

图 4－2　壶和高足小壶

Ⅴ式：颈部较短，圈足低矮，形体变矮。标本：吴 M99：5。

Ⅵ式：短颈，形体矮胖，圈足低矮近假圈足标本：吴 M114：7。

豆：泥质灰陶，素面，或有彩绘，或饰有锯齿纹、方格状暗纹。可分为 A、B 二型。

A 型为盖豆。子母口扣合紧密，腹鼓且深呈半球状，喇叭状盘座较大，盖有喇叭状捉手。可分为六式：

Ⅰ式：豆腹略由内收，盖较平，盖上喇叭状捉手大而高，圈足亦较高。标本：猫 M89：2。

Ⅱ式：豆腹鼓出，盖隆起较高，盖上喇叭状捉手大而高，圈足较高。标本：杨 M9：3。

Ⅲ式：盖与腹部扣合近方形，豆腹圆鼓，盖略隆起，圈足较高。标本：上 M156：13。

Ⅳ式：盖与腹部扣合呈椭圆形，盖略隆起，圈足变矮。标本：猫 M86：7。

Ⅴ式：敛口明显，盖上喇叭状捉手变小，圈足较矮。标本：三 M23B：6。

Ⅵ式：敛口更甚，盖上喇叭状捉手近无，圈足较矮。标本：吴 M114：3。

B 型为盘豆。浅盘，细柄，高圈足，盘底多饰有锯齿状或方格状暗纹。可分为六式：

Ⅰ式：盘外壁较为圆润，圈足较粗。标本：石 M13：14。

Ⅱ式：盘外壁较为圆润，圈足较粗。标本：石 M28：15。

Ⅲ式：盘壁外折，敞口，圈足较粗。标本：百 M01：8。

Ⅳ式：盘壁外折，近直口，圈足变细。标本：奇 M1：6。

Ⅴ式：盘壁近直，圈足较细。标本：猫 M123：30。

Ⅵ式：盘壁近直，圈足细高。标本：猫 M121：26。

匜：泥质灰陶，素面，平底或圜底。早期多有鋬。可分为六式：

Ⅰ式：长流，有鋬，大平底，制作精致。标本：上 M2：6。

Ⅱ式：长流，平底。标本：上 M1：12。

Ⅲ式：流较长，小平底。标本：百 M01∶15。

Ⅳ式：流较长，圜底。标本：奇 M1∶27。

Ⅴ式：短流，平底，制作粗糙，体不甚规整。标本：吴 M68∶12。

Ⅵ式：流极短，平底，制作粗糙，体不甚规整。标本：吴 M48∶4。

鸟柱盘：泥质灰陶，素面。盘为轮制，其中有柱，上有飞鸟高出盘口，昂首而立，鸟为手制。可分为四式：

Ⅰ式：盘较深，柱较矮小。标本：百 M01∶18。

Ⅱ式：盘较深，柱变高。标本：猫 186∶5。

Ⅲ式：盘变浅，柱较高。标本：猫 M208∶8。

Ⅳ式：浅盘，柱极高。标本：猫 M129∶24。

根据上述各型式陶器在地层中的分布，以及共出陶器的组合方式变化，可将赵文化遗存分为如下六组：

第一组：AⅠ式、BⅠ式鼎，AⅠ式、BⅠ式壶，Ⅰ式高足小壶，AⅠ式、BⅠ式豆，Ⅰ式匜。

第二组：AⅡ式、BⅡ式鼎，AⅡ式、BⅡ式壶，Ⅱ式高足小壶，AⅡ式、BⅡ式豆，Ⅱ式匜。

第三组：AⅢ式、BⅢ式鼎，AⅢ式、BⅢ式壶，Ⅲ式高足小壶，AⅢ式、BⅢ式豆，Ⅲ式匜，Ⅰ式鸟柱盘。

第四组：AⅣ式、BⅣ式鼎，AⅣ式、BⅣ式壶，Ⅳ式高足小壶，AⅣ式、BⅣ式豆，Ⅳ式匜，Ⅱ式鸟柱盘。

第五组：AⅤ式鼎，AⅤ式壶，Ⅴ式高足小壶，AⅤ式、BⅤ式豆，Ⅴ式匜，Ⅲ式鸟柱盘。

第六组：AⅥ式鼎，AⅥ式壶，Ⅵ式高足小壶，AⅥ式、BⅥ式豆，Ⅵ式匜，Ⅳ式鸟柱盘。

以上六组可以合并为四大组，其间的形制差异当是时代不同所致，由此可将赵文化中含有陶器的遗存分做前后相连的四期，其中三、四期还可以再细分为早、晚两段。据此可将所有的遗迹单位按时代进行归类，其中典型单位依次罗列如下：

第一期：邯郸百家村 M40、邯郸宾馆 H1，武安午汲古城

M3、M19①，左权石匣 M13，榆次猫儿岭 M89，柳林杨家坪 95M3、M4、M7、M8、97M1、98M51，离石阳石村 M8、M9，临县三交 M10、M21，忻州上社 M2，蔚县大德庄 M1—3、4、12②等。

第二期：邯郸百家村 M3、M21、邯郸宾馆 H4，永年何庄 M8，邢台东董村 M50，内邱小驿头 M2、M7，左权石匣 M24、M28，柳林杨家坪 95M9、97M19，临县三交 M22，忻州上社 M1，蔚县大德庄 M1—6 等。

第三期早段：邯郸百家村 M29、M31、M01③、东门里 J1④、裴庄 H1、H2、H3，邢台东董村 M10、M13、M26、M64，左权石匣 M16、M22，榆次猫儿岭 M134、M188，柳林杨家坪 95M5、M6、97M25，临县三交 M19 等。

第三期晚段：邯郸建设大街 M5、M8⑤，永年何庄 M2、M5，邢台东董村 M11、M31、M63、M68、M96，临城中羊泉 M207、M214⑥，内邱张夺 M48⑦，榆次猫儿岭 M186，柳林杨家坪 97M28，忻州奇村 M1，蔚县大德庄 M1—11 等。

第四期早段：邯郸宾馆 H2、王郎村 H1⑧，永年何庄 M3，邢台东董村 M16、M21，临城中羊泉 M202、M278，内邱小驿头 M6、张夺 M65，平山黄泥村 M2，正定吴兴 M68、M99，元氏南白楼 M9、

---

① 河北省文物管理委员会：《河北武安县午汲古城的周汉墓葬发掘简报》，《考古》1959 年第 7 期。

② 河北省文物考古研究院等：《河北蔚县大德庄 M1 的发掘》，《考古》2022 年第 9 期。

③ 河北省文物研究所：《邯郸百家村两座战国墓》，《文物春秋》2009 年第 4 期。

④ 邯郸市文物管理处：《邯郸市东门里遗址试掘简报》，《文物春秋》1996 年第 2 期。

⑤ 邯郸市文物研究所：《邯郸市建设大街战汉墓葬发掘报告》，《文物春秋》2004 年第 6 期。

⑥ 临城县文化局：《河北临城县中羊泉东周墓》，《考古》1990 年第 8 期。

⑦ 河北省文物局：《内丘张夺发掘报告》，第 47—51 页。

⑧ 邯郸市文物管理处：《王郎村古遗址试掘简报》，《文物春秋》1992 年第 1 期。

M13、M21①，榆次猫儿岭 M122、M208，临县三交 M23B，长治分水岭 M68、M97，卓资土城子 H21、H24，城卜子 1922③、2010G1、G2，凉城水泉 M10、M15，饮牛沟 82 M8、97YM10，丰镇十一窑子 M5、M7，和林格尔大堡山 M29、土城子 T60④、M1394、M1388②，清水河城嘴子 M2、F2、T2④等。

第四期晚段：邯郸龙城小区 M12③、邯郸宾馆 J1，邢台东董村 M48、M49、M83、M117，临城中羊泉 M205、M238、M253、M258，内邱小驿头 M11、张夺 M49、M78，正定吴兴 M48、M114，元氏南白楼 M10、M24、M25，榆次猫儿岭 M121、M129，长治分水岭 M28、M30，卓资土城子 T6012②、T6013②、城卜子 95G1、2010H5，凉城饮牛沟 82M1、M15、97M9、M13、M15、M23，和林格尔胜利营东沟子 TN02E03②④、大堡子山 M6、M12、M16、M18、土城子 M105，清水河城嘴子 M1、T2③、Y1、HG1②等。

二 年代

以上各期的绝对年代可依现有研究成果进行大致推断：

属于第一期的猫儿岭 M89 出土的盖豆，子母口较直，深腹，与侯马下平望 M6 出土的同类器极为接近⑤。同墓出土的鬲鼓肩，裆近平，与下平望 M45∶1 相似，后者年代为春战之际⑥。此外，百家村

---

① 武汉大学考古学系等：《河北元氏县南白楼战国秦汉墓地的发掘》，《考古》2018 年第 2 期。

② 南开大学历史学院考古学与博物馆学系等：《内蒙古和林格尔土城子古城两座东周墓葬的发掘》，《考古》2018 年第 5 期。

③ 邯郸市文物研究所：《邯郸市龙城小区墓葬发掘简报》，《文物春秋》2004 年第 6 期。

④ 内蒙古师范大学历史文化学院等：《和林格尔县胜利营东沟子遗址发掘简报》，《草原文物》2013 年第 1 期。

⑤ 山西省考古研究所侯马工作站：《侯马下平望墓地发掘报告》，《三晋考古》（一），第 213—217 页。

⑥ 山西省考古研究所侯马工作站：《侯马下平望墓地发掘报告》，《三晋考古》（一），第 213—217 页。

1957年甲类墓出土的莲瓣壶,长颈鼓腹,下有圈足,与传世的赵孟庎壶①极为相似。后者的年代据考证为公元前482年左右。因此,以猫儿岭M89为代表的早期遗存的年代大致为春秋晚期。

第二期的墓葬柳林杨家坪95M9出土的鼎,附耳较高,器腹浑圆,与洛阳中州路M2724:12相似②;同墓出土的小口鼓腹壶,腹部最大径在中腹部,与洛阳中州路M2702:30较为接近③。中州路M2724和M2702均属战国初期的墓葬,因此第二期的年代应与之近似。

猫M89:2　　猫M89:3　　杨M9:4

下M6:4　　下M45:1　　中M2724:12

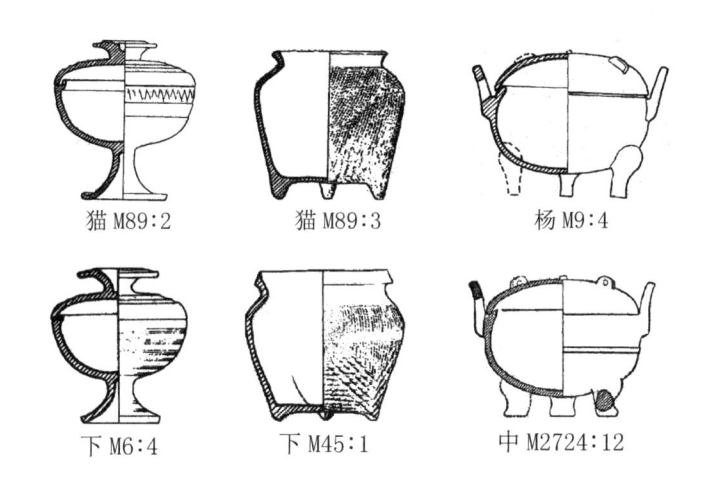

图4-3　陶器年代对比

柳林杨家坪95M5和95M6出土的Ⅲ式鼎,腹部较为浑圆,蹄足较矮,与天马—曲村M5090的鼎极为相似。M5的小圆盖鼓腹壶与曲村M5040:10基本相同。M6盖豆深盘,圈足较细,与天马——曲村M5166同类器相近。曲村的这几座墓年代为战国中期④。

猫儿岭M123的盘豆浅盘,折盘明显,豆柄高而细,与洛阳中州

---

① 唐兰:《赵孟庎壶跋》,《考古社刊》1937年第6期。
② 中国科学院考古研究所:《洛阳中州路》,科学出版社1959年版,第70页。
③ 中国科学院考古研究所:《洛阳中州路》,第76页。
④ 北京大学考古系商周组等:《天马—曲村》(1980—1989),第961—980页。

路 M616：1 基本相同①，后者为战国晚期墓葬。猫儿岭 M121 出土的鼎体扁平，附耳和蹄足较高，与洛阳中州路属于战国中期偏晚的 M1702：1 较为相似②，但与后者比，前者的鼎体更扁平，平底亦更大，显然有着更晚的特征。以中羊泉 M238 为代表的Ⅵ式鼓腹壶，腹部最大径近肩部，下腹急剧内收，亦显示出较晚的特征。因此，第四期遗存的年代应当为战国晚期。（图 4-3、图 4-4）

由此可以断定，上述四期遗存的年代大致与春秋晚期和战国早、中、晚期相对应③。

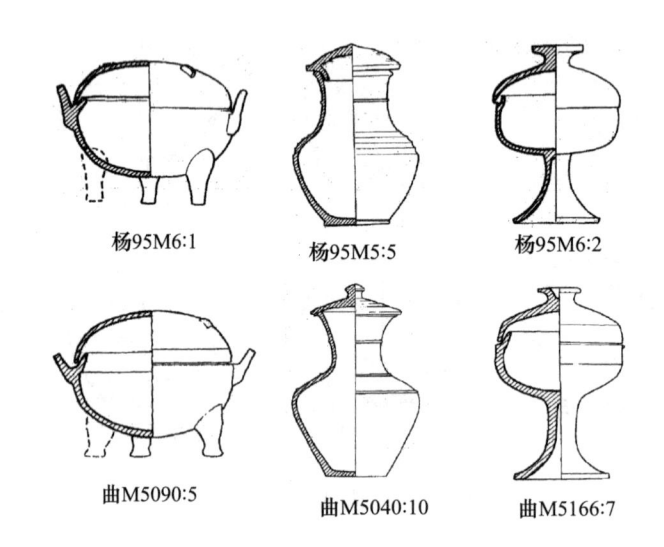

图 4-4　陶器年代对比

第二节　铜器编年

考古发现的赵国青铜器，绝大多数出土于墓葬，另有极少量为

---

① 中国科学院考古研究所：《洛阳中州路》，第 73 页。
② 中国科学院考古研究所：《洛阳中州路》，第 70 页。
③ 张渭莲、段宏振：《东周赵国考古学文化的演进历程》，《中国国家博物馆馆刊》2016 年第 1 期。

盗掘所得失其具体出处。较为重要的地点有邯郸百家村、涉县李家巷①、凤凰台②、邢台南大汪③、太原金胜村④、榆次锦轮厂⑤、柳林杨家坪、长治分水岭等。

一　分期

出土青铜器的种类包括容器、乐器、兵器、工具、车马器、货币和杂器等，其中以青铜容器最具特色。我们选取其中出土较多、且有明显演变轨迹的鼎、壶、豆、甗等几种青铜容器，对其形制变化轨迹进行分析，以此为基础构建整个青铜器群的分期与年代框架。（图4-5）

鼎：可分A、B两型。

A型为立耳鼎，腹部微腹，底平或圜底。可分为三式：

Ⅰ式：腹部较浅，三足较高。标本：金M674。

Ⅱ式：腹部变深，三足变矮。标本：金M251:587。

Ⅲ式：腹部较深，三足较矮。标本：分M25:32。

B型鼎为附耳鼎，子母口，均有盖，直口或敛口，鼓腹圜底。可分为六式：

Ⅰ式：直口，腹部浑圆，三足较高。标本：金M674。

Ⅱ式：直口，圜底，三足较高。标本：李M01:1。

Ⅲ式：口部微敛，底部近平，三足较高。标本：金M251:633。

Ⅳ式：敛口，矮足，腹部较深，底部较平。标本：分M25:37。

---

① 邯郸市文物保护研究所等：《河北涉县李家巷春秋战国墓发掘报告》，《文物》2005年第6期。
② 史安昌：《城北关凤凰台古墓群发掘简记》，《涉县文史资料》第2辑，1992年；邯郸市文物研究所：《邯郸文物精华》，第4—5页。
③ 河北省文化局文物工作队：《河北邢台南大汪村战国墓简报》，《考古》1959年第7期。
④ 山西省考古研究所等：《太原晋国赵卿墓》，第16—138页；李建生：《辉县琉璃阁与太原赵卿墓相关问题》，《中国国家博物馆馆刊》2012年第2期。
⑤ 榆次市文管所：《榆次市锦纶厂战国墓清理简报》，《文物季刊》1997年第3期。

Ⅴ式：敛口，矮足，深腹，蹄足较矮。标本：分 M14：24。
Ⅵ式：敛口，矮足。标本：元杨 1989M。

金 M674：10　　金 M251：633　　分 M25：37

金 M674：22　　分 M25：26　　分 M11：5

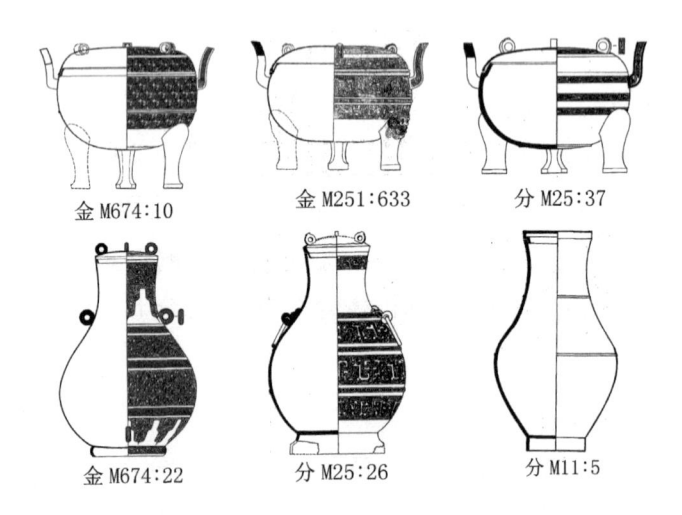

图 4－5　铜鼎、铜壶

壶：可分为两大类，即环耳壶和华盖壶。

环耳壶：小口，鼓腹，下有圈足。可分为五式：

Ⅰ式：口部近直，腹部最大径在下腹部。标本：金 M674。

Ⅱ式：口部微敞，腹部最大径在下腹部。标本：百 M57：8。

Ⅲ式：口部微敞，腹部最大径略上移。标本：分 M25：26。

Ⅳ式：敞口，腹部最大径移至上腹。标本：分 M11：5。

华盖圆壶：盖为莲瓣状。可为分二式：

Ⅰ式：长颈，腹部最大径在下腹部。标本：金 M673。

Ⅱ式：颈较长，腹部最大径略上移。标本：固 1978M。

华盖方壶：盖为莲瓣状。可为分二式：

Ⅰ式：圈足较高。标本：南 M1。

Ⅱ式：圈足变矮，器体较高，且装饰繁缛华丽。标本：金 M251：579。

盖豆：盖有喇叭状捉手，子母口扣合紧密。可分为五式：

Ⅰ式：豆腹较浅，圈足高而细。标本：杨 M1：1。

Ⅱ式：豆腹变深，圈足较高。标本：百 M57：5。

Ⅲ式：豆腹较深，圈足变矮，豆盖与豆身扣合近椭圆形。标本：金 M251：576。

Ⅳ式：豆腹较深，圈足粗矮。标本：分 M126：277。

Ⅴ式：豆腹较深，圈足粗矮。标本：分 M258：4。

甗：上部盆形，下部呈鬲状，鬲上腹部多有双耳。可分为四式：

Ⅰ式：器身下部鬲的肩部浑圆，裆较高，三足亦高。标本：邯 1989M。

Ⅱ式：器身下部鬲的肩部圆润，裆较高。标本：百 M57：1。

Ⅲ式：器身下部鬲的肩部浑圆，裆较矮。标本：金 M251：620。

根据上述青铜容器在墓葬中的共存和组合情况，可将其分为如下六组：

第一组：AⅠ式、BⅠ式鼎，Ⅰ式环耳壶，Ⅰ式华盖壶，Ⅰ式盖豆，Ⅰ式甗。

第二组：BⅡ式鼎，Ⅱ式环耳壶，Ⅱ式盖豆，Ⅱ式甗。

第三组：AⅡ式、BⅢ式鼎，Ⅱ式华盖壶，Ⅲ式盖豆，Ⅲ式甗。

第四组：AⅢ式、BⅣ式鼎，Ⅲ式环耳壶，Ⅳ式盖豆。

第五组：BⅤ式鼎，Ⅴ式盖豆。

第六组：BⅥ式鼎，Ⅳ式环耳壶。

以上六组中，一、二组之间变化较小，可以合并；第四组和第五组之间联系亦较紧密，亦可以合并为一组。如此，可将以上六组合并为四个大组，其间的形制差异当是时代不同所致，因而可将赵国青铜容器分为前后相连的四期。由此可将所有的墓葬单位按时代进行分类。各个期段的典型单位主要有：

第一期：邯郸百家村 M57、邯钢 1989M[1]，涉县李家巷

---

[1] 郝良真、赵建朝：《邯钢出土及赵国贵族墓葬区域》，《文物春秋》2003 年第 4 期。

1997M01、凤凰台1982 M1、武安固镇1978M1①，邢台南大汪M1，太原金胜村94M673、M674，长子羊圈沟M1、M2②，柳林杨家坪97M1，浑源李峪1975M2、M3、1963M③等。

第二期：邯郸百家村M3、太原金胜村88M251等。

第三期：长治分水岭M12、M14、M25、M26、M126、M258等。

第四期：元氏杨家寨1989M④，榆次锦轮厂M11，长治分水岭M11、M35、M36、M84、M106等。

二 年代

与陶器时代性强、变化速率快相比，青铜器的分期和年代判定要困难得多。此种情况下，在充分考虑到同一单位出土铜器组合的基础上，充分利用器铭中有明确纪年的标准器，结合共存陶器的特征，对青铜器的年代做出大致的判定，应该可以得到较为正确的结论。

属于第一期的金胜村M673出土的华盖圆壶，长颈垂腹，颈有顾首龙纹，形制与传世的赵孟庎壶大致相同。后者为有铭铜器，记述了晋吴黄池之会的盛况，器成于公元前482年左右⑤。金胜村M673和M674均出土有铜鉴，二者的形制与蔡侯墓的吴王光鉴⑥类似。学界一般认为蔡侯墓的墓主为蔡昭侯。据传世文献记载，蔡昭侯卒于公元前491年，墓中出土铜器的年代下限应当不晚于此年。因此，第一期的年代应该为春秋晚期。

太原金胜村M251为第二期的墓葬，墓中出土的华盖方壶（M251：579）与寿县蔡侯墓15：1形制基本相同，均为长颈垂腹，

---

① 李伯谦：《中国出土青铜器全集》第2卷，科学出版社2018年版，第74页。
② 山西省考古研究所：《山西长子县东周墓》，《考古学报》1984年第4期。
③ 山西省考古研究所：《山西浑源县李峪村东周墓》，《考古》1983年第8期。
④ 张金栋：《元氏县发现一座石板墓》，《文物春秋》1990年第2期。
⑤ 唐兰：《赵孟庎壶跋》，《考古社刊》1937年第6期。
⑥ 安徽省文物管理委员会等：《寿县蔡侯墓出土遗物》，科学出版社1956年版，第8页。

颈部有顾首龙纹，盖有莲瓣。但蔡侯墓所出方壶明显颈部修长，器形轻盈，此为年代较早的特征。蔡侯墓出土铜器大部分铸造于蔡昭侯在位之时，即前518—前491年。金胜村的方壶垂腹明显，总体造型凝重大方，年代应较蔡侯墓略晚。同墓出土的子母口盖鼎M251：633，盖有三环钮，敛口鼓腹，下有较高蹄足，与有自铭的公朱左官鼎形制类似。公朱鼎的年代据黄盛璋考证为周安王十一年，即公元前391年①。同墓所见铜鉴M251：630，敞口束颈，颈部有四兽耳，鼓腹平底，与寿县蔡侯墓出土的吴王光鉴极为相似，唯前者底有小圈足。此外，该墓出土多件器物与洛阳中州路M2717②形制相似，如蹄足盖鼎（M251：633）与洛阳中州路M2717：98极为相似，腹部有双环耳下带喇叭形圈足的盖豆（M251：570）与中州路M2717：197相同，鬲部裆较高的甗（M251：620）与中州路M2717：10也极为接近。因此，第二期的年代应为战国早期。

属于第三期的分水岭所见子母口盖鼎M25：37，敛口鼓腹，下有三粗壮蹄足，与上海博物馆藏二十七年大梁司寇鼎形制近似，后者的二十七年指魏惠王二十七年，即公元前343年③。分水岭M12：6为子母口球形敦，器身上下相同，口部有环耳，底部有环角状钮，形制与十四年陈侯午敦基本相同。后者作于齐宣王五年，即公元前361年④。如此看来，第三期的年代大约相当于战国中期。

属于第四期的元氏杨家寨鼎盖失，但附耳较高，敛口鼓腹，三蹄足较矮，与五年春平相邦葛得鼎形制相似。后者的年代在战国末期赵王迁时⑤。分水岭M84出土鬲鼎（M84：8），与洛阳西宫秦墓

---

① 黄盛璋：《公朱鼎及相关诸器综考》，《中原文物》1981年第4期。
② 中国科学院考古研究所：《洛阳中州路》（西工段），第86—96页。
③ 黄盛璋：《三晋铜器的国别、年代与相关制度》，《古文字研究》第17辑，第1—66页。
④ 徐中舒：《陈侯四器考释》，《史语所集刊》第3本4分，1933年，第479—501页。
⑤ 董珊：《战国题铭与工官制度》，博士学位论文，北京大学，2002年；《五年春平相邦葛得鼎考》，《古文字与古代史》3，史语所，2012年。

出土的蟠螭纹"簠"① 形制相似，二者均器盖外鼓，器腹有铺首衔环耳，下有矮足。西宫秦墓的年代为公元前 220 年左右。分水岭 M11：5 的壶，腹部最大径在中腹，下腹斜内收，与寿县朱家集李家孤堆楚王墓②出土的铺首壶形制接近，唯后者有铺首。李家孤堆楚墓一般认为是楚幽王之墓，其年代大约在前 262—前 238 之间。同属此期的墓葬分水岭 M35，是一座既随葬有青铜器又有陶器的墓葬，墓内出土的陶质高足小壶、盘豆和圆壶形制亦具有较晚的特征。因而，第四期铜器的年代约为战国晚期。

综上，东周赵国青铜器可以分为前后相连的四期，其中第一期的年代约略为春秋晚期，第二、三、四期大致相当于战国早、中、晚期③。

第三节　赵国考古学文化年表

上述两节用了较多篇幅，对遗址与墓葬出土的陶器和铜器分别进行了分期。其中陶器分做四期 6 组，青铜器亦可分为四期 6 组。由分期与年代判定结果来看，二者存在较好的对应关系。即陶器的第 1 组与铜器的 1、2 组对应，陶器的第 2 组与铜器的第 3 组对应，陶器的 3、4 组与铜器的 4、5 组应，陶器的 5、6 组与铜器的 6 组对应。

由此，可将所有的赵文化遗存分做前后相连的四期：

第一期：包括陶器的第 1 组、铜器的第 1、2 组。年代大致为春秋晚期。

第二期：包括陶器的第 2 组、铜器的第 3 组。年代相当于战国

---

① 杜廼松：《记洛阳西宫出土的几件铜器》，《文物》1965 年第 11 期。
② 李景聃：《寿县楚墓调查报告》，《田野考古报告》第一册，商务印书馆 1936 年版；郭德维：《关于寿县楚王墓椁室形制复原问题》，《江汉考古》1982 年第 1 期。
③ 张渭莲、段宏振：《论东周赵国青铜器》，《中国国家博物馆馆刊》2020 年第 6 期。

早期。

第三期：包括陶器的第3、4组、铜器的第4、5组。年代应该为战国中期。

第四期：包括陶器的第5、6组、铜器的第6组。年代大体为战国晚期。

上述四期的年代，最早者可上溯至春秋晚期，最晚者至战国晚期，中间没有大的缺环。（表4-1）

表4-1　　　　　　赵文化陶器、青铜器分期对应表

期别	陶器	青铜器
第一期	第1组	第1组
		第2组
第二期	第2组	第3组
第三期	第3组	第4组
	第4组	第5组
第四期	第5组	第6组
	第6组	

第四节　赵国历史文化综合年表

以上通过对陶器和铜器等具有一定变化速率的遗物的探索，构建出了赵国考古学文化的年代序列，亦即考古学年表。这份年表仅仅是依据考古学资料而得出的，主要涉及的是赵国考古学文化的相对年代。其实，现存的传世文献中还有不少与赵国历史相关的绝对年代的记载，因此，本节将通过考古学手段得出的年表，与有明确纪年记载的赵国历史事件相对应，制定一份较为完备的赵国历史文化综合年表。

刘绪先生在《晋与晋文化的年代问题》一文中，对春秋和战国的年代进行了详细的划分。其中春秋时期积年共317年，分为早、中、晚三期，每段平均105年；战国时期积年229年，亦分为早、中、晚三段，每段平均76年①。（表4-2）此种分法较为科学精准，因此东周赵国历史文化综合年表的制订便以此做为蓝本。

表4-2　　　　　　　　　　春秋与战国的绝对年代

历史阶段	春秋			战国		
期别	早	中	晚	早	中	晚
年代（公元前）	770—665	664—559	558—454	453—377	376—300	299—225
积年	317（每期105年左右）			229（每期76年左右）		

春秋晚期的起迄年代，依刘绪先生的意见，应该在公元前558至454年。这一时期赵氏宗族的势力才真正发展起来，在赵简子的引领下，不仅由晋南北上占据了地处晋中盆地北端的晋阳，还将赵氏支系所掌控的太行山东麓的战略要地邯郸纳入赵氏主支控制之下。关于赵简子任赵氏宗主的具体年代，《左传》存有一些史料：赵简子于昭公二十五年（前517）代表晋公，赴黄父参加与鲁、宋、卫等国的盟会。其后的定公十三年（前497），在受到范氏和中行氏的联合进攻时，赵简子走保晋阳。至哀公二十年（前475）赵简子去世。

这一时期大致处于春秋晚期。但赵简子见于史乘的最早时间是在公元前517年，考虑到传世文献的特点，可以推知赵简子登上历史舞台的时间必定早于这一年，只是因为之前的史迹未见于记载罢了，而赵国修筑晋阳城的时间，也必定早于公元前497年，因此，参考现有的理论框架，以及春秋晋国史和赵氏宗族发展的情况，并结合赵国考古资料，可以将赵国春秋晚期的开端大致定在前550—

---

① 刘绪：《晋与晋文化的年代问题》，《文物季刊》1993年第4期。

520年之间，而晋阳城明确建成的时间，即497年可以作为春秋晚期晚段的开始。而属于第一期的金胜村M673出土的华盖圆壶和铜鉴，分别与传世的赵孟庎壶和蔡昭侯墓随葬的吴王光鉴大致相同，后二者的年代大致在公元前482—491年间，恰好可以归入春秋晚期的晚段。

至于战国早期的开端，我们同意以韩赵魏三家攻灭智氏之年，亦即公元前453年作为春秋与战国的分界。鲁哀公二十年赵简子去世之后，赵襄子智取代地，建立赵国，正式成为赵国的第一代国君。至晋出公二十二年（前453），赵襄子联合韩、魏灭掉智氏，晋国由此名存实亡，由此开启了一个新的时代。到赵献侯（BC423—409）即位之后，将赵的都城从晋阳迁至中牟，亦因此开始将赵国的发展重心向太行山东麓地区转移。属于第二期的金胜村M251出土的器物，既有略晚于蔡昭侯墓的华盖方壶，又有与公朱左官鼎相似的子母口盖鼎，后者的年代被考定为周安王十一年，即公元前391年①，墓主可能是赵襄子②。这一时期段正好处于战国早期的年代区间。

公元前386年赵敬侯将都城由中牟迁至邯郸，从此正式将赵国的政治中心正式稳定在冀南平原，开始逐鹿中原。考古发现的邯郸城之外城即大北城，大约始建于春秋时期，但宫城即赵王城，正是敬侯迁都邯郸之后才开始修筑的。新建造的王城，平面呈品字形，其内分布着高大宏伟的宫殿，与普通城市居民居住的大北城遥相呼应，最终形成邯郸城总体宏观格局的双城制布局。此外，赵与中山之间的冲突亦主要发生于这一时期。赵烈侯在位时期，中山所属的

---

① 黄盛璋：《公朱鼎及相关诸器综考》，《中原文物》1981年第4期。
② 陈秉新、张崇宁通过对M251出土的赵氏戈的铭文和出土兵器的特征分析，认为墓主为赵襄子，详见《读金文札记二则》，《东南文化》2000年第5期；《太原金胜村251号墓主探讨》，《中国历史文物》2005年第1期。路国权据随葬青铜器的形制亦认为此墓年代在公元前433年左右（《论太原金胜村1988 M251铜器群的年代及相关问题》，《考古与文物》2016年第1期）。

地域为魏占领。然而到赵敬侯九年（前378），中山复国后迁都灵寿，不仅摆脱了魏的控制，而且随着自身势力的发展，频繁发动对赵的战争。直至赵武灵王即位，二国之间的战事亦未能终止。几乎与此同时，赵与韩、魏在上党地区的争夺也未曾停歇。属于第三期的长治分水岭M25出土的子母口盖鼎和M12所见的子母口球形敦，分别与二十七年大梁司寇鼎和十四年陈侯午敦极为相似，后二者铸造于公元前343和前361年①。考虑到赵国历史的具体情况，结合赵都邯郸等地的考古资料，可以将敬侯始都邯郸的公元前386年作为战国中期的开始。

公元前307年赵武灵王开始进行胡服骑射的改革。据《史记》和《竹书纪年》等文献记载，武灵王十九年（前307）"遂胡服，招骑射"②；二十年命"代相赵固主胡"③，同年"王破原阳，以为骑邑"④；二十四年"命吏大夫奴迁于九原，又命将军、大夫、适子、戍吏皆貉服矣"⑤。随着军事改革的进行，赵军先是伐灭中山，同时北破楼烦林胡，攘地北至燕代，并于北部边疆设置云中、雁门、代郡三郡。位于和林格尔土城子的M1388和1394两座高级别的陶礼器墓便是修筑于此时。因此，赵国历史上战国晚期的开端，可以自公元前307年开始，至秦始皇帝二十五年（前222），代王嘉为秦所获、赵国灭亡之年结束。

赵国的历史若从公元前550年算起，至公元前222年赵王迁为秦所虏为止，共延续了329年，其间跨越了春秋和战国两个时期。我们同意以韩赵魏三家攻灭智氏之年，亦即公元前453年作为春秋与战国的分界，但考虑到研究主体即赵国历史与考古的具体情况，

---

① 吴镇烽：《商周青铜器铭文暨图像集成》四，上海古籍出版社2012年版；徐中舒：《陈侯四器考释》，《史语所集刊》第3本4分，1933年，第479—501页。
② 《史记·赵世家》，第1811页。
③ 《史记·赵世家》，第1811页。
④ 缪文远：《战国策新校注》，第675页。
⑤ 《水经·河水注》引《竹书纪年》。

在行文时略有修正，形成赵国历史文化的综合年表（表4-3）。

春秋晚期如从公元前550算起，至前454年，其间共历将近100年时间。这一时期相当于赵简子、赵襄子在位时期。

战国早期从前453年开始，到前387年结束，共历67年。此一时期在位的赵王包括赵襄子、桓子、献侯、烈侯。

战国中期从前386年至前308年，共历79年，这一时期在位的赵王有赵敬侯、成侯、肃侯，以及赵武灵王在位的前半段。

战国晚期自前307年至前222年，共历86年，大约相当于赵武灵王在位的后半段，以及惠文王、孝成王、悼襄王、赵王迁以及代王嘉时期。

虽然这份年表是根据赵国历史与考古的实际情况而得出的，但对于与赵同为三晋的韩、魏也基本适用。公元前453年，韩、赵、魏联合灭掉智氏，由此开启了战国时代的征程，因此韩、赵、魏三国的战国早期均可以以此年作为开端。至于战国中期的开始，赵国以敬侯迁都邯郸的公元前386年作为界标，巧合的是，韩、魏二国迁都的时间亦大体与之相近，公元前375年，韩由阳翟东北徙至新郑，魏则于公元前361年由安邑东迁大梁。三国的迁都年代相差最多不过二十余年。而赵国年表中战国晚期始于公元前307年，经过军事改革的赵国，积极北上开疆拓土，势力及于阴山脚下，而韩、魏亦大致于此时开始由盛转衰，疆域在强秦的吞食之下大幅缩减。魏不仅失去河西之地，而且河东及安邑也相继属秦，韩在失去宜阳之后，武遂亦为秦所占据。及至战国晚期的晚段，三晋几乎同时衰落。魏在河内的大片领土被秦攻占，韩的上党也大部归秦，到长平之战后，赵国亦受到重创。其后韩于公元前230年亡国，魏至前225年灭于秦。赵则于前228年邯郸被拔，六年之后代王嘉被虏，由此三晋相继为秦所灭。韩、魏二国的考古资料也大致与历史记载相呼应。因此，表4-3所示的年表，不仅仅只适用于赵，也同样适用于韩、魏。

表 4-3　　　　　　　　赵国考古学文化综合年表

考古年表	历史年表		绝对年代（公元前）	赵国世系
第一期	春秋晚期	早段	(550—520)—498	赵简子 ？—498
		晚段	497—454	赵简子——赵襄子 497—475　475—454
第二期	战国早期	早段	453—424	赵襄子——桓子 453—425　424
		晚段	423—387	献侯——烈侯 423—409　408—387
第三期	战国中期	早段	386—350	敬侯——成侯 386—375　374—350
		晚段	349—308	肃侯——赵武灵王 349—326　325—308
第四期	战国晚期	早段	307—266	赵武灵王——惠文王 307—299　298—266
		晚段	265—222	孝成王——悼襄王——赵王迁——代王嘉 265—245　244—236　235—228　227—222

第五章

赵国考古学文化的内涵结构与渊源

赵国考古学文化的内涵极其丰富,既有数量较多的各类遗迹,又有质地不同的诸多遗物。其中遗迹包括城邑、长城及大量普通居址和墓地,遗物则以青铜器、陶器、骨器和玉石器最为多见。与城邑、居址和墓葬等遗迹相比,出土遗物因其变化周期较短,文化特征的标志性更强,因此本章即主要以赵国疆域范围内出土的青铜器、陶器等器物为主,对赵国考古学文化的内涵结构特征进行剖析,进而探寻赵文化独特面貌形成的途径。

第一节 内涵与结构

东周赵国考古学文化的内涵,依其文化来源与特征的不同,可分为如下六组:(图5-1、图5-2)

A组:主要包括有立耳鼎、子母口盖鼎、鬲鼎、鬲、甗、方壶、簋、子母口盖豆、罍、盘等青铜器和鬲、鼎、盆、豆、罐、盂、钵、盘口壶、小口高领罐、匜等陶器。

B组:主要包括有高柄小方壶、双耳方座豆、鸟尊、球体敦、敞口圈足匜、虎头匜、无首无格扁铤铍等青铜器,以及鸭尊、鸟柱盘、筒形器、兽形盉、兽头盆、高柄小壶等陶器。

C组:主要包括有深腹圈足鍑、子母口带盖鍑、双耳罐、无胡

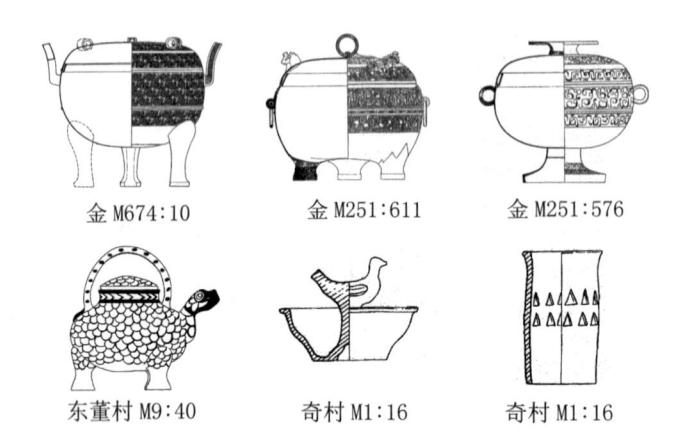

金 M674:10　　金 M251:611　　金 M251:576

东董村 M9:40　　奇村 M1:16　　奇村 M1:16

图 5-1　A、B 组因素

銎内戈、三角援短胡銎内戈、圆环形鸟首带扣、鹤嘴斧、竿头饰等铜器，以及带耳罐、三足罐、小口双耳瓮等陶器，还有包金泡饰、丁形骨器等。

D 组：发现数量较少，包括盖带三兽钮的蹄足鼎和双环耳深腹簋等。

E 组：主要包括有平顶盖上带曲尺形钮的深腹蹄足鼎、束颈扁腹带耳钛、带有环角形钮的子母口球体敦等。

F 组：包括刻纹匜；箍口鼎；窄格有首无箍剑、宽格有首有箍实圆茎剑、暗纹剑；合瓦形铜铎等。

以上六组中，以 A、B 两组数量最多，C 组次之，其余各组数量较少。

---

① 胡振祺：《太原捡选到土匀錍》，《文物》1981 年第 8 期；黄盛璋：《关于壶的形制发展与名称演变考略》，《中原文物》1983 年第 2 期。

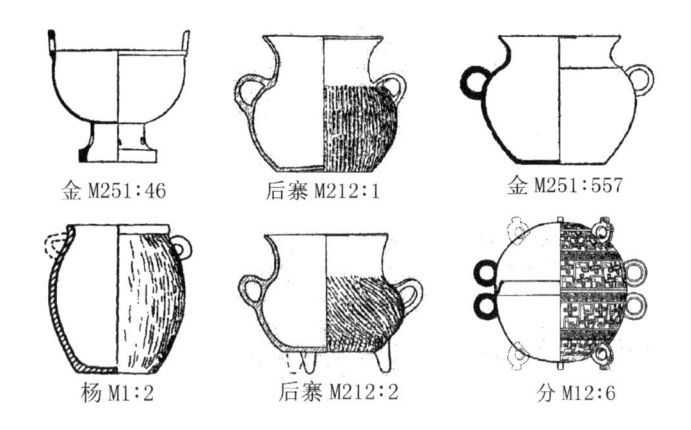

金 M251:46　　后寨 M212:1　　金 M251:557

杨 M1:2　　后寨 M212:2　　分 M12:6

图 5-2　C、E 组因素

第二节　文化来源

　　以上六组文化因素的存在，显示出赵文化内涵的特殊性与复杂性。青铜器、陶器等器物群的构成内涵不仅仅是技术与工艺等方面的物质体现，而且还反映了赵国政事、文化传统、地域特色以及与周边互动影响等诸多层面的多重因素。因此，赵文化的内涵结构在宏观上是整合而统一的，在微观方面又是可析分与组合的，主要表现在依托形制与风格所呈现出来的文化属性或传承渊源的差异。揭示不同文化因素的来源，便可以从更深层面找寻出造成赵文化复杂内涵的原因所在。

　　A 组属于周晋文化系统。这类器物主要分布在周晋文化核心区，或受周晋文化影响较深的地区。以青铜器为例，属于该组的立耳鼎、附耳鼎、鬲、甗、簠、壶、罍、盘等器物，其造型与纹饰均与包括晋在内的周文化分布区所见同类器几乎完全相同。这些器物之中，有些是自西周以来沿用已久的器型，有些则是进入春秋以后经过改造的样式。此外，赵地所见墓葬出土青铜器的组合亦与周晋文化核心区基本相同。

　　以出土数量最多的陶器而论，晋文化最为常见的器类如鬲、盆、豆、罐、盂、钵、盘口壶、小口高领罐等，在早期赵文化中不仅皆有发现，而且形制大致相同。尤其是属于春秋晚期和战国早期的赵文化遗存，在文化面貌上与春秋中晚期晋文化别无二致，如二者的鬲、鼎、豆、高领罐、莲瓣壶、小盖壶、匜等，在总体特征上有着显著的连续性。从墓葬陶器组合看，春秋中期以来晋文化以鬲、鼎、豆、莲瓣壶、盘、匜为固定组合，这一组合为早期赵文化全盘吸收。及至进入战国中期，赵文化逐渐形成了自己独有的特色，造型繁缛的鸟柱盘、提梁盉、鸭尊等器物的大规模流行即是证明。

B组属于赵国特有的器物。金胜村M251出土的四件方座豆，大小形状纹饰完全相同。束颈鼓腹，圜底，喇叭状圈足下有方形底座。上腹有4个对称的圆环耳。方座豆与东周时期常见的带盖圈足豆外形相似，只是底部附有方形底座。其来源应与普通盖豆有关。普通盖豆于春秋中期时出现于晋地和东周王室所在地洛阳，其后主要流行于三晋地区。普通盖豆虽不是最早出现于赵地，但却于春秋晚期和战国早期时在赵国境内大量被发现，由此推测，包括太原在内的赵国属地居民在此基础上加以改造，创造出方座豆，应该是极可能的事。

金胜村出土的鸟尊，昂首长颈，头上有冠及双角，双目圆瞪，尖喙，鸟腹肥硕，下有二足直立，鸟尾下有虎形支脚，虎昂首，前足撑地，后足贴于鸟身，卷尾。背部有一蹲坐的虎形提梁。属于西周早期偏晚的曲沃北赵晋侯墓地M114曾出土一件与此类似的器物[1]，只是该器的鸟作回首状，顶部有高冠，尾部以象尾支撑，背部的盖上为鸟形钮，其余与金胜村出土者相类。传出太原的"子作弄"鸟尊[2]，造型与金胜村出土者亦较相似。此外，在辽宁喀左马厂沟和

---

[1] 北京大学考古文博院等：《天马—曲村遗址北赵晋侯墓地第六次发掘》，《文物》2001年第8期。

[2] 现藏于美国华盛顿弗利尔美术馆。

宝鸡茹家庄亦曾出土过两件禽尊①，但从形制和花纹看，似与上述几件属于不同的系统。有趣的是，金胜村 M251 还出土了一件带盖匏壶，盖上的鸟有冠和角，双目圆瞪，尖勾喙，短尾，俯伏于盖之上，利爪抓有 2 条小龙，其形态与鸟尊所描绘的形象几乎完全相同。此外，邯郸、长治等地发现的属于战国中晚期的赵国墓葬中，也常见形制各异、变化多样的以鸟为主题的陶器，如鸭尊、鸟柱盘等，可见，鸟尊一类器物虽源自晋国，但流传至赵后，经赵人的改造加工，俨然已成为赵文化的标志性器物。（图 5-3）

金 M251:600

子作弄尊

曲村 M114:210

东董村 M11:6

图 5-3　鸟尊

带有三蹄足的球体敦在百家村、分水岭等地常有发现。此类器的雏形当源自山东齐地，春秋晚期在济南、淄博等地曾发现器、盖均带有三蹄足的敦，但山东该类器的器体与盖并不对称，而在邯郸、长治等地出现器体与盖相同的敦，应为赵地吸收齐国因素后自创之

---

① 热河省博物馆筹备组：《热河凌源县海岛营子村发现的古代青铜器》，《文物参考资料》1955 年第 8 期；宝鸡茹家庄西周墓发掘队：《陕西省宝鸡市茹家庄西周墓发掘简报》，《文物》1976 年第 4 期。

器物。

敞口圈足匜为东周时期习见的水器。周文化系统的匜底部多有三足或四足，而楚地以平底匜居多，邯钢1989M、分水岭M25：42等器下有圈足，此类器物应该是受楚式器影响而加以改造，后成为三晋地区特色器物。此外，流部封口作兽首状的匜，在楚地较为流行，金胜村M251出土的虎头匜，其流部处理方式明显与楚式器相类，但金胜村的匜加有提梁，又为楚器所不见，应为赵人所加入的新元素。

无銎铜铍虽在赵、韩、魏、燕、楚等东周诸国均有铸造，然而赵铍自身至茎成凹弧线缓延而下，铍的前后宽度相差不大，铤呈扁棱形，无首无格，与其它各国同类器完全不同①。此外，现今所见的铍的数量以赵最多，据统计，有铭文者多达37件②。若加上无铭文者，数量应该更多。

此外，陶器中亦有若干赵国独有的器物，如邯郸百家村、邢台东董村、榆次猫儿岭等地出土的鸭尊、兽形盉、兽头盆、鸟柱盘和筒形器等造型别致，可视为赵国特色器物。

目前考古发现的年代最早的鸟柱盘和筒形器出现于邯郸百家村。该墓地属于战国早期的M21出土的鸟柱盘，外壁斜直，平底，筒形器为直腹，下腹内收，大平底。二器上下相叠而出，形制原始，显示出此类器物最初发明之时的样貌。较此年代略晚的侯马下平望M1002亦出土有鸟柱盘和筒形器③，鸟柱盘外壁微鼓，大平底，筒形器敛口，斜直腹，大平底，腹部附有双耳，近下腹处有镂刻的三角纹，显然，鸟柱盘与筒形器的形制至此已完全定型。

除百家村和下平望之外，此二件器物在陕县后川的M2071、

---

① 参见黄盛璋《朔县战国秦汉墓若干文物与墓葬断代问题》，《文物》1994年第5期。
② 王学理：《长铍春秋》，《考古与文物》1985年第2期。
③ 山西省考古研究所侯马工作站：《山西侯马下平望两座东周墓》，《文物季刊》1993年第4期。

M2503①，万荣庙前 61M1②，辉县固围村 M1、M3③ 等战国中期的魏墓，以及平山三汲 M6④ 和中山王厝墓⑤ 等战国中期的中山国墓葬中也时有发现，甚至在属于同一时期的韩墓如郑州二里岗 M221 亦有零星发现，但相较而言，以赵墓中出土数量最多。而赵墓之中，除邯郸百家村外，邢台东董村的战国早期墓葬中亦有发现。到了战国中期，不仅邢台东董村和邯郸百家村有大量的鸟柱盘与筒形器出土，而且在距东阳地区距离较远的榆次猫儿岭、忻州奇村、临县三交等地亦有不少发现。其中属于早期的鸟柱盘，盘腹较深，中柱较矮，筒形器口部微敛，然腹部极深。晚期之时，鸟柱盘的盘腹变浅，但中柱升高，筒形器腹部渐次变矮。

总体而言，赵墓之中出土的鸟柱盘和筒形器，不仅延续的时间较长，年代由战国早期偏早一直持续至战国晚期，且由早及晚此二器的形制演变存在着完整的序列，因此可将之视为赵文化的标志性器物。至于部分魏墓和中山墓葬发现的同类器物，不仅数量较少，且年代偏晚，当是受赵文化影响而产生。

C 组为北方器。大口深腹，沿上多带有双耳的高圈足鍑，在中国北方内蒙中南部、陕西、山西、甘肃东部、河北北部均有发现，赵国境内出土的这类器物，显然是受北方系文化的影响而产生⑥。（图 5-4）

带耳罐是东周时期流行于北方长城沿线内外地区的典型器物，材质有陶质和铜质两类。赵国境内发现的带耳罐有五类：大口窄沿

---

① 中国社会科学院考古研究所：《陕县东周秦汉墓》，科学出版社 1994 年版，第 37 页。
② 山西省考古研究所：《万荣庙前东周墓葬发掘收获》，《三晋考古》（一），第 218—250 页。
③ 中国科学院考古研究所：《辉县发掘报告》，科学出版社 1956 年版，第 75、102 页。
④ 河北省文物研究所：《战国中山国灵寿城——1975—1993 年考古发掘报告》，文物出版社 2005 年版，第 184 页。
⑤ 河北省文物研究所：《厝墓——战国中山国国王之墓》，文物出版社 1996 年版，第 131—132 页。
⑥ 关于铜鍑的产生与流布，参见李朝远《新见秦式青铜鍑研究》（《文物》2004 年第 1 期）、滕铭予《中国北方地区两周时期铜鍑的再探讨》（《边疆考古研究》第 1 辑）。

罐、叠唇鼓腹罐、小口鼓腹罐、束颈敞口罐以及三足罐。这些罐类的颈部多附有双耳或单耳。

涉县李家巷出土的大口双耳窄沿罐，与凉城的忻州窑子①、崞县窑子②、延庆玉皇庙③等地出土的同类陶罐极为相似，唯前者的材质为铜器。

柳林杨家坪所见叠唇鼓腹罐与敖汉水泉墓地④基本相同，但前者的器表饰有绳纹，水泉墓地则为素面。

小口鼓腹罐在分水岭 M106 等地多有发现，与此相类的器物在忻州窑子和崞县窑子均有出土，但后二者体较瘦高，前者体较粗矮。而天水马家塬 M2∶8⑤出土的小口罐，丰肩鼓腹，体型矮胖，形制与分水岭所见最为接近，唯口部和两耳略有不同。

金胜村 M251 出土的束颈敞口罐，与凉城崞县窑子、伊金霍洛明安木独⑥、清涧李家崖、平鲁井坪⑦等地所见极为相似，惟前者体较粗矮。

带耳三足罐在朔州后寨、蔚县代王城以及岚县梁家庄等地均有发现，尤其是朔州和蔚县中小型墓中出土数量最多，但二地所见此类三足罐的形制略有不同。三足罐向来为长城沿线北方系青铜文化的代表器物，这类器物不仅在延庆玉皇庙和平山灵寿城常有发现，甚至在宝鸡西高泉 M1⑧和谭家村 M24⑨等地春秋早中期墓葬中亦有

---

① 内蒙古文物考古研究所：《内蒙古凉城县忻州窑子墓地发掘简报》，《考古》2009年第3期。
② 内蒙古文物考古研究所：《凉城崞县窑子墓地》，《考古学报》1989年第1期。
③ 北京市文物研究所：《军都山墓地—玉皇庙》，文物出版社2007年版，第842页。
④ 郭治中：《水泉墓地及相关问题之探索》，《中国考古学跨世纪的回顾与前瞻》，科学出版社2000年版，第297—309页。
⑤ 甘肃省文物考古研究所、张家川回族自治县博物馆：《2006年度甘肃张家川马家塬战国墓地发掘简报》，《文物》2008年第9期。
⑥ 伊克昭盟文物工作站、伊金霍洛旗文物保护管理所：《内蒙古伊金霍洛旗匈奴墓》，《文物》1992年第5期。
⑦ 支配勇、高平如：《平鲁井坪楼烦墓》，《文物季刊》1992年第1期。
⑧ 宝鸡市博物馆等：《宝鸡县西高泉村春秋秦墓发掘记》，《文物》1980年第9期。
⑨ 宝鸡市考古工作队：《宝鸡市谭家村春秋及唐代墓》，《考古》1991年第5期。

出土。

上述五种形制的双耳罐流行于内蒙中南部、晋北、冀北、宁夏南部以及甘肃东部等地，显然属于北方系文化特色。

带扣亦为北方草原地带东周时期的居民习用之物。怀仁杨谷庄发现的鸟状环形带扣为圆环状，上部做成梯形近似鸟尾，对称一侧有小钩突出环外呈鸟首状。类似的器物在凉城崞县窑子、准格尔旗宝亥社、伊金霍洛旗明安木独等地均有发现，因此属于北方系器物无疑[1]。

銎内兵器是中原居民"不断接触管銎式的北方系武器之后，对改进安柄方式的一个尝试"[2]。銎内戈在中原的出现最早可追溯到殷墟文化。金胜村出土的两件戈，一件与妇好墓所见基本相同，另一件援呈三角形，短胡，带有椭圆形銎，上端有圆形穿孔，銎上部与内上立雕一猛虎，虎爪正好扼住雄鹰。虎与鹰均为草原系文化最常见的动物形象。

鹤嘴斧和竿头饰在甘肃东南部和宁夏南部地区、鄂尔多斯高原和岱海盆地等长城沿线地区都有大量发现，代王城周边地区出土的这两类器物显然属于北方系文化典型器。

D组为燕文化因素。浑源李峪出土的盖带三兽钮的蹄足鼎、双环耳深腹簋，分别与唐山贾各庄M18、M28[3]、易县燕下都M31[4]所见同类器的形制与纹饰基本相同，应属于燕文化因素。

E组为齐鲁等东方诸国文化因素。盖呈平顶、其上有曲尺形钮的鼎，于春秋早期几乎同时出现于山东和安徽中部的舒城地区，但

---

[1] 参见宫本一夫《鄂尔多斯青铜文化的地域性变迁》，《岱海考古》（二），第454—481页；豆海锋、丁利娜：《北方地区东周时期环状青铜带扣研究》，《边疆考古研究》第6辑。

[2] 林沄：《商文化青铜器与北方地区青铜器关系之再研究》，《林沄学术文集》，中国大百科全书出版社1998年版，第271页。

[3] 安志敏：《河北省唐山市贾各庄发掘报告》，《考古学报》第6册，1953年。

[4] 河北省文化局文物工作队：《1964—1965年燕下都墓葬发掘报告》，《考古》1965年第11期。

其后安徽地区基本绝迹，却在山东地区得到迅速发展，在淄川磁村①、滕州薛国故城②、临沂凤凰岭③、长清仙人台④等齐、鲁、莒、薛、邾、郜等国墓地均有大量发现。虽然此种类型的鼎在河南、湖北以及山西侯马等地也有发现，但与山东相比数量极少，且不成系列。

鈚多见于山东，属于春秋早期的长清仙人台 M6：B12 即有出土。在春秋中期时大量发现，如临淄齐故城东古城村 M1⑤、海阳嘴子前 M1⑥、薛国故城尤楼 M1 等亦有出土。虽然琉璃阁甲墓⑦、蔡侯墓⑧亦见此类器，但以山东发现数量最多且年代较早，因此可以基本确定其来源。（图 5-4）

带有环角钮的子母口球体敦，春秋晚期时出现在山东莱芜西上崮⑨、济南左家洼⑩等地，至战国早期以临淄为中心的齐地大量出土，同时燕国境内亦有发现，应属受齐国影响而产生。分水岭 M12 所见的敦，时代上属于战国中期，除纹饰有所区别外，形制与临淄相家庄 M6X：26⑪ 几乎完全相同，可能亦是受到齐国影响出现的。（图 5-4）

F 组为吴越文化因素。吴、越是最早铸造青铜剑的地区之一，其

---

① 淄博市博物馆：《山东淄博磁村发现四座春秋墓》，《考古》1991 年第 6 期。
② 山东省济宁市文物管理局：《薛国故城勘查和墓葬发掘报告》，《考古学报》1991 年第 4 期。
③ 山东省兖石铁路文物考古工作队：《临沂凤凰岭东周墓》，齐鲁书社 1987 年版，第 8—9 页。
④ 山东大学考古系：《山东长清县仙人台周代墓地》，《考古》1998 年第 9 期。
⑤ 齐国故城遗址博物馆等：《山东临淄齐国故城西周墓》，《考古》1988 年第 1 期。
⑥ 烟台市博物馆等：《海阳嘴子前》，齐鲁书社 2002 年版，第 9—33 页。
⑦ 李琴：《故宫博物院藏辉县琉璃阁甲乙墓青铜器》，《中原文物》2010 年第 12 期。
⑧ 安徽省文物管理委员会等：《寿县蔡侯墓出土遗物》，图版拾：2。
⑨ 刘慧：《山东莱芜西上崮出土青铜器及双凤牙梳》，《文物》1990 年第 11 期。
⑩ 济南市文化局文物处等：《山东济南市左家洼出土战国青铜器》，《考古》1995 年第 3 期。
⑪ 山东省文物考古研究所：《临淄齐墓》（一），文物出版社 2007 年版，第 275—299 页。

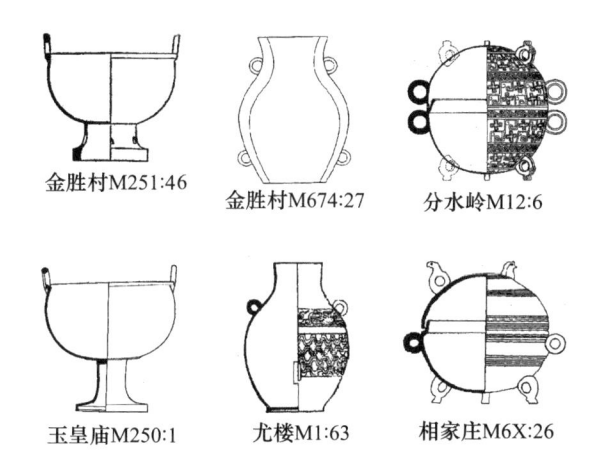

金胜村M251:46　　金胜村M674:27　　分水岭M12:6

玉皇庙M250:1　　尤楼M1:63　　相家庄M6X:26

图 5-4　鍑、錍、敦

中窄格圆茎无箍剑和宽格圆茎带箍剑，在该地区出现的年代较早，且存在完整的发展序列，应为吴越地区特有的器物。

窄格平首无箍剑在怀仁杨谷庄 M9[①]、正定吴兴 M62[②] 等赵国墓葬均有发现，形制与淮南蔡家岗赵家孤堆 M2∶18∶6[③] 等地所见同类器几乎完全相同。此类剑春秋中晚期时流行于吴越地区。其中赵家孤堆 M2 所见为此类剑中年代最早者，由剑身两侧所铸铭文知其铸成年代约为前 585 至前 561 期间[④]。

宽格圆茎圆首剑在赵境之内亦多有发现。邯郸百家村 M20、原平峙峪[⑤]出土的剑，圆首圆茎，茎部有两道凸箍。类似的剑在六合程

[①] 大同市考古研究所、怀仁县文管所：《怀仁县杨谷庄战国墓清理简报》，《山西省考古学会论文集》（三），第 65—71 页。
[②] 辽宁省文物考古研究所等：《河北正定县吴兴墓地战国墓葬发掘简报》，《考古》2012 年第 6 期。
[③] 安徽省文化局文物工作队：《淮南市蔡家岗赵家孤堆战国墓》，《考古》1965 年第 4 期。
[④] 周亚：《春秋时期吴王室有铭青铜剑概述》，《上海博物馆集刊》2012 年第 12 辑。
[⑤] 戴遵德：《原平峙峪出土的东周铜器》，《文物》1972 年第 4 期。

桥 M1①等地多有发现。有箍剑原本起源于吴越地区，其年代最早者可至春秋早、中期②。

剑身饰有暗纹的剑在原平峙峪和金胜村 M251 均有发现。前者的几何形火焰纹与郎溪土墩墓 M4③所见极为相似，而金胜村剑身的"隐方块纹"则与越王勾践剑④的菱形暗纹类似。剑身饰有几何形暗纹，是吴越地区铜剑的独有特色。赵国境内发现的此类青铜剑，显然受到了吴越地区青铜兵器铸造工艺的影响。

金胜村出土的铜铎，口部呈凹弧形，底部有长方形的銎。銎表面饰雷纹、三角回纹和对称的两组四条小蛇纹。此件铜铎无论从形制，还是装饰都与印山越王陵⑤等地出土同类器极为相似。

百家村 M57 和太原金胜村 M251 均出土有刻纹匜，于器物的内壁刻划有多组纹饰，包括树木、游鱼、投壶、燕射等内容。刻纹铜器萌芽于春秋晚期，出土地以吴国最为集中⑥，因此邯郸百家村和太原金胜村所见刻纹铜器应属吴文化因素。

金胜村 M674 出土的深腹圜底附耳鼎，口沿下一周凸棱以承盖，三高足略外撇，器形与随州义地岗 M2：4⑦所见楚式鼎极为相似，均为口径略大于腹径，弧顶盖，上有三环角状钮，底部近平，三高足略外撇。但值得注意的是，义地岗鼎的三足与腹为浑铸，鼎底设有三角形底范，同时鼎腹部和器盖铸有 S 形纹，从铸造方式和纹饰

---

① 江苏省文物管理委员会、南京博物院：《江苏六合程桥东周墓》，《考古》1965 年第 3 期。

② 冯峰：《郧县乔家院春秋墓初识》，《南方文物》2009 年第 4 期。

③ 宋永祥：《郎溪土墩墓初探》，《文物研究》第 2 辑，黄山书社 1986 年版，第 86 页。

④ 湖北省文物考古研究所：《江陵望山沙冢楚墓》，第 49—53 页。

⑤ 浙江省文物考古研究所等：《印山越王陵》，文物出版社 2002 年版。

⑥ 参见叶小燕《东周刻纹铜器》，《考古》1983 年第 2 期；刘建国：《春秋刻纹铜器初论》，《东南文化》1988 年第 5 期。

⑦ 湖北省文物研究所等：《湖北随州义地岗墓地曾国墓 1994 年发掘简报》，《文物》2008 年第 2 期。

看与长江下游吴越地区同类器极为接近①。在青阳龙岗②、丹徒北山顶③等地春秋时期的吴国墓葬中,亦常见器物外表饰有双线 S 形纹的深腹圜底鼎,而金胜村 M674 的鼎,不仅器物外表饰有细密 S 形纹,而且器内有"吴王"字样的铭文,因此可将之归入吴器。(图 5-5)

金胜村 M674:31　　龙岗 M1:10　　义地岗 M2:4

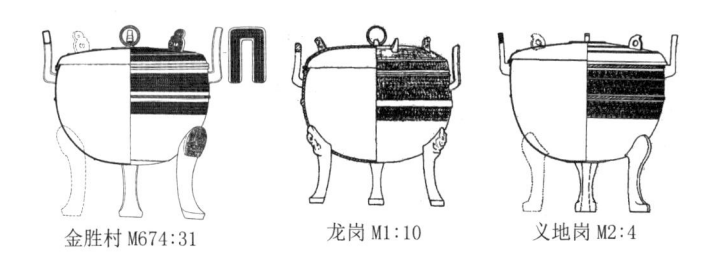

图 5-5　深腹 S 形纹鼎

以上各组器物中,以 A 组即周晋文化因素数量最多,在铜器群中所占比重最高,并且延续时间较长,自春秋晚期直到战国晚期一直存在。本组器物的来源可追溯至周与晋。赵乃三晋之一,自然是周晋文化的重要传承者,因此包含浓厚的周晋文化传统应属自然之事。

B 组乃赵国青铜器群的主体,数量比重虽略次于 A 组,但自春秋晚期即已开始出现,一直延续至战国晚期,而且其自身风格突出,是赵国青铜器群的核心本体,彰显着赵文化更新晋文化而生成自身独特文化之后的新风尚。

C 组是赵国青铜文化北拓与纳新的结果,这些北方文化因素汇入到赵国青铜器群的本体之中,共同构成了赵国独特的青铜文化面貌。

---

① 张昌平:《曾国青铜器研究》,文物出版社 2009 年版,第 308—309 页。
② 青阳县文物管理所:《安徽青阳县龙岗春秋墓的发掘》,《考古》1998 年第 2 期。
③ 江苏省丹徒考古队:《江苏丹徒北山顶春秋墓发掘报告》,《东南文化》1988 年第 3 期。

至于 D、E、F 组文化因素，其出现的时间与所处的地位各不相同，但总体而言持续时间均较短，所占比重亦较小，应该是赵与燕、齐、吴越等国之间文化交流的结果。

值得注意的是，考古资料的发现与获得原本就具有特殊性和偶然性，而文化因素的观察仅仅从现有资料出发，故而难免会有某些不太准确之处。如中山长期处于赵之腹心，制约与阻碍着赵国向四周的发展，因此两国连年争战，但在考古资料上却很难找到相关线索。韩、魏与赵同源于晋，然而囿于资料的缺乏，尚无法对这三支考古学文化的异同进行更深一步的剖析。

总之，周晋文化是赵国青铜文化的主流渊源，赵国传承之并进行了革新与发展，同时又广泛吸收了周边诸多文化的因素。所有这些文化因素在赵国的统一整合下，汇聚形成了一支崭新的青铜文化。

第三节　形成途径

独具特色、内涵复杂的赵国考古学文化之所以能够形成，有着较为深层的原因。自然地理位置固然重要，人文环境的制约和历史文化传承也是不容忽视的一个方面。

若从文化传承的角度而言，赵文化原本由周晋文化裂变而来，因此在赵文化中能清楚看到传承自周晋本体文化的浓厚因素。如 A 组文化因素中，不仅青铜鼎、鬲、甗、簋、壶、罍、盘和陶鬲、盆、豆、罐、盂、钵、盘口壶、小口高领罐等器物，明显来源于周晋文化核心区，而且青铜器和陶器的组合亦与周晋文化几乎完全相同，显示出周晋文化对赵文化的强烈影响。

晋为成王时分封的姬姓诸侯国，始封之君唐叔虞为成王之胞弟，曾"左右武王"，因此晋文化可视为姬周文化的重要传承者。晋文化由受封后始，终于韩赵魏三家分晋。从这个意义上说，裂变于晋文化母体的韩、赵、魏文化，亦可视为晋文化的延续。从某种意义上而言，周晋文化乃母体文化，作为子文化的赵文化孕育其中，承袭了母体文化的诸多精华，故而与母体文化存在着若干相似之处。

赵文化自身所具有的进取心与包容性，亦为赵文化独特面貌之所以形成的重要原因。晋国自献公以来尽杀群公子，导致公室卑弱，异族反而强盛。赵氏一族便为晋国诸卿之一。终春秋数百年时间，赵氏政治集团的势力不断发展壮大，赵盾、赵武、赵鞅等赵氏宗族代表人物，长期把持晋国朝政，权高位重，并于春秋末年与韩、魏一起瓜分了晋国。初始之时，赵氏以晋阳作为政治中心，然而晋阳以北气候寒冷，土地贫瘠，且长期以来为林胡、楼烦以及诸狄等习于游牧之民族所占据，因此向北的拓展受到限制。赵之南境上党于三家分晋之初便为三国瓜分，迫于韩、魏军力的强劲，赵国始终无法占得上风。在此种情境之下，赵氏尝试向东越过太行山，在太行山东麓广袤富饶的土地上求得生存，至赵敬侯时迁都邯郸，国力渐趋强盛。及至赵武灵王时，又推行胡服骑射改革，在吞并中山，将赵国国土被中山分隔的南北部分连为一体之后，继而向北将更为遥远的河套地区纳入自己的控制之下。

赵国在频繁地与韩、魏、齐、鲁、燕等中原诸国和赵之周边的蛮夷戎狄诸部族交往过程中，积极学习其他各国或各部族文化的优点，并加以改造，形成了若干有别于其他文化的独特特征。此方面的物质证据颇为丰富。高柄小方壶、方座豆、鸟尊、带有三蹄足的球体敦、敞口圈足匜等青铜器，在赵国的出现和流行便是证明。这些器物中大多数初创于其他地区，但流传至赵地后，经过赵国工匠的加工与改造，成为赵文化的独有特色。如盖豆本于春秋中期之时出现于晋地和洛阳，但在春秋晚期和战国早期时在赵地大量发现，赵地居民在普通盖豆的基础上创造出了方座豆。带有三蹄足的青铜敦原本是春秋时期盛行于齐地的器物，其器体与盖并不对称，但流传至赵境之后，赵地工匠将之改造为上下对称的形制。青铜匜本为周文化系统常见的水器，底部多有三足或四足，但楚地却流行平底匜。楚式匜传入赵地之后，赵地居民为之添加圈足，形成有别于周文化和楚文化的独有特色。

此外，赵国所处的独特的地理环境亦使得其文化丰富多彩。东周时期的赵国处于四战之地，东临燕齐，南边韩魏，西接强秦，北与戎狄为邻，因此不同文化之间的交流十分频繁。

赵的北境与戎狄相邻，而赵氏亦有与诸狄联姻的传统。如赵盾为狄氏之女叔隗所生，赵简子亦娶狄女为婢，赵襄子更娶西戎空同氏之女为妻等。虽然赵氏数次与戎狄联姻，但二者之间的战争亦很频繁，其中又以赵武灵王时期最为激烈。赵武灵王在胡服骑射改革之后，北破林胡、楼烦，辟地千里，并于此后筑起长城，以阻挡北方少数民族的南下。与戎狄的联姻或战争，导致赵文化中含有大量的北方文化因素。带有双耳的深腹高圈足鍑、双耳罐和带扣是东周时期流行于北方长城沿线地区的典型器物，赵国境内发现的器呈圆形的高圈足鍑和圆角长方形的带盖鍑，以及五种形制略有差异的双耳罐，与西周晚期以来流行于内蒙中南部、陕西、山西、甘肃东部、河北北部等中国北方广大地区的器物基本相同，显然是受北方系文化影响而产生，甚至不排除部分器物是通过战争或婚姻的方式获自北方地方的可能。

赵国的东境与齐国等东方诸国为邻。齐为西周时期分封的异姓诸侯国，自齐桓公在位时起，齐国国力渐强。早在三分知氏之地时，赵氏占有的原知氏在太行山东麓的土地，与齐犬牙交错。其后赵国不断地向华北平原的扩张，对以齐为代表的东方国家造成了威胁，导致两国之间多次发生较为激烈地冲突。赵文化中含有较多的东方因素可能即源于此。如盖呈平顶、其上有曲尺形钮的鼎，春秋时期盛行于齐、鲁、莒、薛、邾、郳等国；直口长颈带有双环耳的鈚，春秋早期以来流行于齐、薛等国；带有环角钮的子母口球体敦，春秋晚期以来流行于以临淄为中心的齐地等等，均属东方诸国的文化因素。

吴国远在长江下游，与赵国相距上千千米之遥。然而，赵文化中却含有不少的吴文化因素。其中的原因较为复杂。

吴、越是最早铸造青铜剑的地区之一，其中窄格圆茎无箍剑、宽格圆茎带箍剑，在吴越地区出现年代早，数量众多，且有存在完整的发展序列。赵境之内发现的窄格平首无箍剑，宽格圆茎圆首剑以及剑身施加暗纹的技术，显示出赵国青铜剑铸造技术和工艺深受吴越地区的影响，甚至有些器物可能是直接来自吴越地区。刻纹铜器流行于东周时期，其出土地以吴国最为集中，因此邯郸百家村和太原金胜村所见刻纹铜器以及器物外表饰有双线S形纹的深腹圜底鼎等，均应属吴文化因素。此外，合瓦形铜铎、内呈鱼尾形的中胡三穿戈，不见或少见于中原地区，亦应来源于吴越地区。

从传世文献记载来看，晋吴关系较为密切。晋楚争霸之时，为了牵制南方的楚国，晋国曾与吴国结为联盟。此事在清华简《系年》中亦有记载。

近年发现的清华简《系年》也有晋悼公与吴王寿梦会于虢、晋简公与吴王夫差会于黄池类似的记述，与《左传》的记载若合符节。但除此之外，《系年》还记有晋吴联军伐楚之事，不见于传世文献。

由此看来，自申公巫臣通吴以来，晋与吴一直保持着较为友好的关系，两国之间频繁地聘使、会盟、媵女，借此机会将吴器送入晋国，亦属可能之事。晋吴之间如此亲密的关系，甚至延续到吴被越灭亡之后。

晋吴两国结为联盟的目的在于与楚越抗衡，但当越灭吴之后，晋越之间又承袭了这种关系。如《系年》云："越王勾践克吴，越人因袭吴之与晋为好。"① 此外，《系年》还记载了晋国与越国多次联兵伐齐之事，这些战事均由晋卿赵氏率晋师参加。可见，为了共同的利益，晋越之间亦曾来往密切。

由于有传世文献和出土文献的佐证，对于晋赵与吴越的关系可以得到较为清楚地认识。二者之间虽相距千里，且为大山大河所阻隔，但文化之间的交流却并未因此受到影响。

---

① 李学勤主编：《清华大学藏战国竹简（贰）》，中西书局2011年版，第184—199页。

第六章

赵国考古学文化的演进历程

纵观东周赵文化的发展历程，不仅有着清晰的纵向演进轨迹，而且还存在着与之相应的平面格局变迁。赵文化最迟于春秋晚期诞生，直至战国末期消亡，大致延续了近300年之久，其发生和发展大致经历了孕育、初生、成熟、鼎盛和衰落等五个发展阶段。赵文化的平面分布地域随着赵国的成长而由狭及广，由晋中、冀南拓展至冀中、晋北及阴山南麓地区。

第一节 时间区间与空间范围

关于赵文化的时间区间，上文已有过讨论。根据陶器和青铜器的形制变化，结合传世文献所记载的与赵国相关的政治事件，将赵文化的发展编年分为如下四个时期：

第一期，春秋晚期，约前（550—520）—前454年。

第二期，战国早期，前453—前387年。

第三期，战国中期，前386—前308年。

第四期早段，战国晚期早段，前307—前266年；晚段，战国晚期晚段，前265—前222年。

至于赵文化的空间范围，主要是依据考古发现的赵文化遗存分布的地域，同时考虑文献记载的赵国疆域而确定的。总体而言，赵文化的分布可分为5个区域：晋阳、东阳、上党、中山故地和北地。

这五个区域并非同时形成的，它与赵国开疆拓土的历史进程基本对应。同时，由于自然地理和历史文化传承有异，五个区域又呈现出各自的地域文化特色。下图所示为赵国国力最盛、疆域最广时期的分区情况（图6-1）。而表6-1则反映了根据文献记载复原的不同时期、不同区域赵文化平面分区的动态盈缩情况。

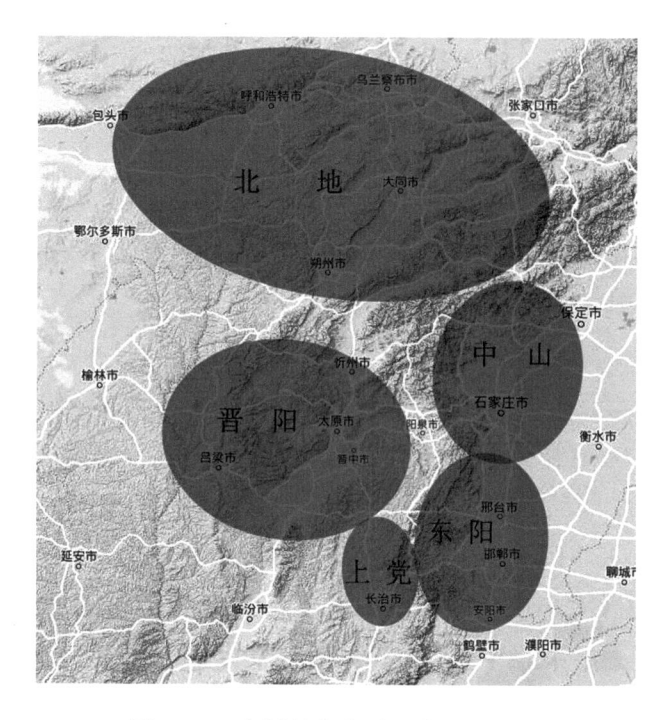

图6-1 东周赵文化平面分区示意图

表6-1　　　　　　　赵文化平面分区动态示意表

		晋阳	东阳	上党	北地		中山
					西区	东区①	
春秋晚期		●	●	◐		●	
战国早期	早段	●	●	◐		●	
	晚段	●	●	◐		●	

① 东区指代地，西区指晋北至阴山南麓一带。

续表

		晋阳	东阳	上党	北地		中山
					西区	东区	
战国中期	早段	●	●	◐	●		
	晚段	●	●	◐		●	●
战国晚期	早段	●	●	◐	●	●	●
		◐					
	晚段	◐	◐	◐	●	●	●
		×232	×228	×236	×229	●	◐

备注：●表示据有　◐表示部分据有　×表示该年后不据有。

一　晋阳

晋阳地处太原盆地的北部，汾河与晋水于此交汇。《水经》卷六《晋水》载："晋水出晋阳县西悬瓮山，又东过其县南，又东入于汾水。"郦道元于其下注云："城在晋水之阳，故曰晋阳。"[①] 根据传世文献记载，至迟在公元前 497 年晋阳便已是赵简子的宗邑。其后经过多年经营，成为赵国立国前赵氏宗族的重要根据地。《左传》定公十三年载，因赵简子向邯郸午索要"卫贡五百家"，欲置之于晋阳，而引起了赵氏大小宗之间的争执，进而引发了范氏、中行氏联军讨伐赵氏的战争，赵简子匆忙之中奔保晋阳，可见最晚到此时，晋阳已为赵氏所领有。20 多年后的晋出公二十年（前 455），知氏率韩、魏军队围攻晋阳，逾岁而不能攻克，最后引汾水以灌其城，因晋阳城防坚固，知氏非但没能得逞，反而被韩赵魏三家所灭，赵氏宗族亦因此役而奠定了其后兴盛的基础。及至三家分晋后，晋阳又一度成为赵国的都邑所在。

地处吕梁山中段与南流黄河之间的晋西，为赵氏一族发端之地。此区域的皋狼和蔺，为赵氏家族源起的地方，很早便归属于赵国，及至赵国建立，又成为赵国对抗魏、秦东进的重要屏障。

---

① 郦道元著、陈桥驿校证：《水经注校证》，中华书局 2007 年版，第 175 页。

战国中期以后，该区域地处边境的城邑不断受到魏和秦的攻击，尤其是秦国屡屡出兵，攻中阳，取离石，拔蔺邑。在反复争夺之后，及至战国晚期早段，离石和蔺终于属秦。长平之战使得赵国的国力遭遇了重创，在秦军连续进攻之下，榆次、新城等三十七城相继失守，其后晋阳、狼孟亦先后属秦。至此，晋阳地区全部为秦所攻占。

属于该地区的考古学文化遗存不仅在太原、榆次等以晋阳为中心的区域多有发现，吕梁山以西黄河左岸的离石、柳林等地亦有大面积分布。就城址而言，既有体量巨大的晋阳城，亦有皋狼、狼孟、兹氏等多个规模略小的地方城邑。此外，墓葬资料亦极为丰富，重要者有太原金胜村、榆次猫儿岭、柳林杨家坪、离石阳石村等，这些墓葬不仅规模较大，且延续了较长的时间。

二 上党

上党东依太行，西临太岳，北邻晋中盆地，南接王屋、中条二山，为群山环绕之中的一处高地，因地势险要，一直为兵家必争之地。《释名》对上党一词的来源解释为："党，所也，在山上，其所最高，故曰上党也。"① 顾祖禹《读史方舆纪要》的解读与此类似："郡地极高，与天为党，故曰上党。"②

韩赵魏三家攻灭智氏之后，晋之上党遂被三家瓜分。依张守节《史记正义》之意，三家之中，以赵国所得之地最多，韩次之，而魏最小③。然而相关的文献记载极为缺乏，仅有晋烈公元年（前415）"赵献子城泫氏"④ 的记载。到战国中期，关于上党的文献记载相对较多一些：成侯五年（前370）："攻郑，败之，以与韩，韩与赵长

---

① 刘熙撰，毕沅疏证，王先谦补：《释名疏证补》卷二《释州国》，中华书局2008年版，第55页。
② 顾祖禹撰，贺次君等点校：《读史方舆纪要》卷四二，中华书局2005年版，第1956页。
③ 《史记·赵世家》，第1818页。
④ 《水经·沁水注》引《竹书纪年》。

子。"① 梁惠成王元年（前369）："韩共侯、赵成侯迁晋桓公于屯留。"② 成侯十三年："魏败我浍，取皮牢。"③ 梁惠成王九年：魏取泫氏，"与邯郸榆次、阳邑"④。成侯十六年："与韩、魏分晋，封晋君以端氏。"⑤ 梁惠成王十二年："郑取屯留、尚子、涅。"⑥ 梁惠成王十九年："晋取泫氏、濩泽。"⑦ 肃侯元年（前349）："夺晋君端氏，徙处屯留。"⑧

从这些记载来看，对于上党地区的争夺，主要是在韩、赵二国之间进行的，许多处于边境地区的城邑，在韩、赵间反复易手。以长子为例。成侯五年，"赵攻韩，韩与赵长子"，这是长子于此期属赵的确切证据。然而到梁惠成王十二年，长子又为韩所夺取。而泫氏等城邑因地处魏、赵边境而为二国所争夺。梁惠成王九年（前361）魏赵间易地，魏以榆次和阳邑换得赵之泫氏。然而十年之后"晋取泫氏、濩泽"，显然在此期间赵又夺得泫氏，所以才会有"晋取泫氏"之举。上党地区的归属还牵涉晋君的属地问题。三家分晋之时，仅有上党地区的屯留、长子等城邑为晋君领有⑨。然而前369年，赵成侯联合韩共侯将晋君迁往屯留，长子则归赵国所有。十年后赵又与韩、魏再度瓜分晋君的土地，徙晋君于端氏。至前349年赵直接夺得端氏，欲将晋君迁回屯留。可是此时屯留为韩为领有，"韩不能容，因而杀之，于是晋灭"⑩。

关于赵国在上党地区控制的区域，有学者认为，战国前期大致

---

① 《史记·赵世家》，第1799页。
② 《水经·浊漳水注》引《竹书纪年》。
③ 《史记·赵世家》，第1799页。
④ 《水经·洞过水注》引《竹书纪年》。
⑤ 《史记·赵世家》，第1801页。
⑥ 《水经·浊漳水注》引《竹书纪年》。
⑦ 《水经·沁水注》引《竹书纪年》。
⑧ 《史记·赵世家》，第1801页。
⑨ 顾观光《七国地理考》卷六云："屯留、长子汉《志》并属上党，三卿分晋，惟此二邑，尚为晋有。"
⑩ 杨宽：《战国史料编年辑证》，上海人民出版社2001年版，第348页。

在涅（今山西省武乡县西北）——屯留（今山西省屯留县南）——长子（今山西省长子县西南）——长平（今山西省高平市西北）——泫氏（今山西省高平市）——端氏（今山西省沁水县东）一线以东地区。其后虽有些许变动，但大致在西起丹潞二水上游，东至太行，北起榆社、和顺，南至壶关这一范围之内①。

由于上党地区地处战略要地，始终是三晋争夺最为激烈之地，疆域和城池的变动极为频繁，因此对此区域考古学文化性质的判断极为困难。据现有资料可以大致认为，除左权石匣墓地的诸多墓葬可以肯定属于赵国之外，长治分水岭、小山头、长子羊圈沟、牛家坡等地东周墓葬中有部分可以归入赵文化之中。至于上党地区存在的多个城邑，如长子、阏与、皮牢、屯留、泫氏、端氏等，可能在某个时间段为赵所领有。

三 东阳

"东阳"一词最早见于《左传》襄公二十三年，即公元前550年，其时齐侯为报平阴之仇率师伐晋，得胜后还师，"赵胜帅东阳之师以追之，获晏氂"。杜注云："东阳，晋之山东，魏郡、广平以北。"孔疏引《左传》昭公二十二年"荀吴略东阳……遂袭鼓，灭之"之语，以为"鼓在巨鹿，居山之东，山东曰朝阳，知东阳是宽大之语，总谓晋之山东，故为魏郡、广平以北"。马融于此定义最为精准："晋地自朝歌以北至中山为东阳，朝歌以南至轵为南阳。"②由是知，时人所云之东阳大致是指太行山以东，南起今河南淇县、北至今河北正定这一片区域，而太行山以南，西起济源、东至淇县

---

① 雁侠：《先秦赵国疆域变化》，《郑州大学学报》（哲社版）1991年第1期；谭其骧：《中国历史地图集》第5册，第46—47页；路伟东《战国上党郡考》，复旦大学历史地理研究中心主编《面向新世纪的中国历史地理学——2000年国际中国历史地理学术讨论会论文集》，齐鲁书社2001年版，291—300页；吴良宝：《战国时期上党郡新考》，《中国史研究》2008年第1期。

② 《水经·清水注》引，见郦道元著，陈桥驿校证《水经注校证》，第223页。

之间的区域则为南阳。

东阳及其邻近的南阳地区，亦是赵氏家族较早领有的土地之一。早在春秋中期，晋文公曾赐赵衰以原地，赵武亦曾以温地为其宗邑。属于此区域的邯郸亦自鲁文公十二年（前615）便由赵氏支系所占据。至定公十三年，赵简子因卫贡一事与邯郸午发生冲突，引发了赵氏主系与支系之间长达数年的战争，直至公元前491年赵简子才艰难取胜，将此区域的邯郸和柏人纳入赵氏宗主的控制之下。其后，赵氏又伐卫而取中牟。虽然赵国自很早就开始了对太行山东麓地区的经营，但战国早期早段之前赵国的政治中心仍在太原盆地。其后在与韩、魏争夺上党以及南下中原腹地屡屡受挫的情况下，东出太行，将发展重心由黄土高原腹部的太原盆地转向太行山东麓山前平原。在献侯迁都中牟和敬侯迁都邯郸之后，赵国积极逐鹿中原，成就争雄伟业，均是以东阳地区为依托而进行的。

然而初涉中原谋求新发展的赵国，与本来生存于该地的韩、魏、齐等大国不断发生冲突，尤其是战国中期之时，在东境与齐、魏频繁战于河水两岸，在南境与魏国反复争夺东阳南部和南阳地区的城邑，在北境又与复国后的中山不断发生激烈的冲突。公元前259年，秦军在长平坑杀四十余万赵卒之后，围邯郸、攻邺城、破番吾，至前228年赵都邯郸为秦所取，赵之东阳地区自此属秦。

此一区域的考古学文化遗存最为丰富，既有规模宏大、城防严密的都城，又有普通百姓集聚的普通乡邑；既有单独规划、体量巨大的王陵和随葬有多件青铜礼器的高等级大墓，又有面积小而简陋的小型墓葬，显示出该区域独有的文化个性。

四 中山故地

冀中以滹沱河为中心的地域自春秋晚期以来便为中山所据有，其间有数十年的时间曾归于魏的统治之下。由于中山地处赵之"腹心"，使得赵国的疆土南北割裂，因此自赵襄子始，赵国的诸多国君在位时，都把攻略中山视作当务之急。然而中山凭借强大的军事实力，多次与赵战于房子、中人。在与中山争战过程中，赵国屡屡败北。最为惨烈的一次，中山联合齐国共同伐赵，不惜决开河水以围鄗城，鄗城险些失守。为扭转与中山屡战屡败的局势，赵武灵王即位后实施胡服骑射改革，强化军事实力，其后的赵国在与中山的战争中不断取胜，最终将中山的领土悉数收入囊中。

关于赵灭中山的过程，《史记·赵世家》有较为详尽的记述。自武灵王十九年北略中山之地起连年用兵，至惠文王三年即前296年，终于"灭中山，迁其王于肤施"。赵国灭掉中山后，不仅拥有了中山故地，将太行山东麓的滹沱河和唐河一带纳入赵国疆域，而且使得赵国之前被分割的南北两部分土地重新联结起来，自此后"北地方从，代道大通"①。

随着赵国对中山战争的节节胜利，中山文化的分布范围逐步缩小，与之相应，赵文化的分布范围渐次扩大。及至战国晚期的早段，赵文化已完全占据了原中山文化的控制区。

五 北地

"北地"一词于文献上较为习见。齐之"北地"数见于文献。《史记·燕召公世家》云："王因令章子将五都之兵，以因北地之众以伐燕。"索隐于此下注曰："北地即齐之北边也。"《史记·赵世家》曰："燕尽齐之北地，去沙丘、钜鹿敛三百里。"②《战国策·燕策二》载："齐之信燕也，至于虚北地行其兵。"赵有"北地"，如《史记·赵世家》载"北地方从，代道大通"。《天水放马滩秦简》

---

① 《史记·赵世家》，第1813页。
② 《战国策·赵策一》亦有此条文献，语曰："今燕尽韩之河南，距沙丘而至钜鹿之界三百里。"缪文远以《史记》和帛书校正之，以为"韩之河南"应为"齐之北地"，北地指齐国北部黄河以北之地，见《战国策新校注》，第612—613页。马王堆帛书之《战国纵横家书》于此条作"今燕尽齐之河南"，注者以为河南疑为河北之误，而河北即北地与阳地，见马王堆汉墓帛书整理小组编《战国纵横家书》，第91、94页。

亦载："因与司命史公孙强北之赵氏之北地柏丘之上。"① 丹由垣雍出发，向北进入赵国，到达"北地"的柏丘之地。不止北方的齐赵有"北地"，位处南方的楚国和僻居西垂的秦国也有北地。"秦举甲出武关，南面而伐，则北地绝。"正义于此下注云："楚之北境断绝。"② 此为楚之"北地"。而"宣太后诈而杀义渠戎王于甘泉，遂起兵伐残义渠，于是秦有陇西、北地、上郡"③，则为秦之"北地"，不过此处的"北地"特指秦之北地郡，位置介于陇西和上郡之间，与上举列国之"北地"略有不同。以上列举的诸多国家均有"北地"，除秦之外，均是指该国的北部边境地区。因此，引入"北地"这一泛称，以指赵国包括代地、云中、雁门在内的广大北方地区。

赵国对北地的大规模经营始于公元前307年。《史记·赵世家》于此记载颇为详尽：十九年："王北略中山之地，至于房子，遂之代，北至无穷，西至河。"其中的代和无穷均在北方，河指河水，亦即西北境以黄河为界与秦为邻。二十年："王略中山地，至宁葭；西略胡地，至榆中。林胡王献马。"宁葭在今石家庄西北，榆中在今陕西榆林以北。二十六年："复攻中山，攘地北至燕、代，西至云中、九原。"云中在今内蒙古托克托东北，九原在今内蒙古包头西。在对中山的战争取得决定性胜利之后，赵国继续向北和西北方用兵，将赵国的领土拓展至燕、代，以至云中、九原。在袭破林胡、楼烦之后，赵国在此地设置云中、雁门、代郡，并在阴山南麓修筑起长城，将赵国的北疆拓展至内蒙河套一带。

属于北地地区的代地虽于公元前475年赵襄子即位后便已属赵，然其范围并不是很大，且地处群山环绕之中，与赵之其他领土的连接受中山阻隔十分不便，故而多年来赵在北方的疆域并未有较大扩展。直至赵武灵王十九年（前307）之后，赵军相继灭掉中山、林

---

① 武汉大学简帛研究中心等：《秦简牍合集》4，武汉大学出版社2016年版，第181页。
② 《史记·张仪列传》，第2290—2291页。
③ 《史记·匈奴列传》，第2885页。

胡、楼烦，据有代地西边的云中、九原、雁门等地之后，才将赵之北部边疆固定下来，赵文化因此才得以大规模北上，使得东至代地、西迄高阙在内的冀北、晋北和内蒙河套一带的赵文化连接起来。

从考古学资料观察，该区域的代地自春秋晚期便已属赵，因此遗留了部分此一时期的文化遗存。但云中、雁门和九原等广大区域直至赵武灵王袭破林胡、楼烦之后才为赵所据，因此所见文化遗存年代较晚，且存在时间较短。虽如此，在内蒙的卓资、凉城、包头、丰镇、和林格尔、清水河和山西朔州、苛岚等地亦发现了数量较多的居址和墓葬以及赵长城的障城、烽燧和城墙等遗迹，反映出赵文化北拓至此之后的盛况。

第二节　春秋晚期：赵文化的孕育

最晚至春秋晚期，东周赵文化已经在晋文化的母体内孕育萌芽。太原盆地的晋阳和太行山东麓的邯郸已分别为赵氏主支及其支系所占据，代地和上党地区的长子亦处于赵氏的控制之下。虽然这一时期赵氏不过是晋国诸多异姓卿族的一支，但赵文化已开始在晋文化的母体内孕育并初步成形，也正因如此，在它的文化基因里自然地含有浓厚的晋文化基因，因此春秋晚期的赵文化，可以视作晋文化的自然延续，当然其中也加入了一些新的文化因素，使得它与之前的晋文化有所不同。

一　晋阳地区

在对晋中太原盆地和晋西的经营过程中，作为晋卿的赵氏势力日渐庞大，而赵国的考古学文化亦在此过程中胚胎初现，并逐渐成形。地处太原盆地北端的晋阳，无疑见证了这一时期赵文化自晋的母体脱胎而出，以晋阳为中心谋求新发展的历程。考古发现的晋阳城城址平面呈长方形，面积超过 12 平方千米。城墙"以狄蒿苦楚廧之，其高至丈余"，城内的宫殿"皆以炼铜为柱质"①，足见其规模之盛。大约与晋阳城的营建同时，在晋阳城北的金胜村修筑了高等级的大墓，其中M673和M674可为其代表。两座墓距离较近，面积均超过20平方米，墓内随葬有大量青铜礼乐器。M674出土青铜器包括附耳鼎、立耳鼎和箍口鼎各一套，其中附耳鼎一套7件，此外还有华盖壶6件、环耳壶1件、扁腹带耳釶1件、编镈一套11件。M673出土附耳鼎5件，钮钟一套9件，吴王夫差鉴2件②。这些器物无论是形制还是纹饰，与侯马上马等地所见晋国同类器物基本相同。此外，这两座墓葬随葬的青铜器中，包含有若干其他国家或地区的文化因素，如M674出土的素面扁腹带耳釶，与山东地区常见者相近，同墓出土的箍口鼎则属于南方吴国盛行的样式，反映出处于孕育期的赵文化在承继晋文化的同时，已逐渐形成自己独有的文化特色。

普通的陶器墓在榆次猫儿岭、柳林杨家坪等地大量被发现。地处黄河中游东岸的柳林杨家坪为一处规模较大的墓地，发现多座春秋晚期的竖穴土坑墓，葬具多为一棺一椁，葬式以仰身直肢为主，随葬品集中放置在墓室的左右两侧以及墓主头端，随葬品组合主要为陶质的鬲、鼎、豆、壶为主，有些墓葬在此基础上增加罐、匜、钵等器物，个别墓葬还有铜质的带钩和剑等生活用具、兵器等③。从总体来看，这些墓葬在形制、方向、葬式以及陶器的形制等方面，与晋文化核心区的遗存基本一致，但在随葬品组合方面存在一定的差异。上马墓地同期的陶器墓，随葬器物种类较为单一，多为单个陶鬲，个别墓葬会增加豆、罐之类。与上马墓地相比，杨家坪墓地

---

① 缪文远：《战国策新校注》，第589页。
② 李建生：《辉县琉璃阁与太原赵卿墓相关问题》，《中国国家博物馆馆刊》2012年第2期。
③ 山西省考古研究所等：《柳林杨家坪华晋焦煤公司宿舍墓葬发掘报告》，《三晋考古》（三），第297—312页；吕梁地区文物事业局：《1997年柳林杨家坪战国墓葬清理简报》，《山西省考古学会论文集》（三），第42—50页；山西省考古研究所等：《柳林看守所墓葬发掘报告》，《三晋考古》（三），第313—327页。

随葬陶器的种类要丰富得多，但极少见到上马常见的玉玦、玉琀，石圭的数量也较上马少得多。

二　东阳地区

属于此期的考古学文化遗存在邯郸及周边地区均有发现。赵氏集团在邯郸的大北城修筑了城址，以此作为其在东阳地区的政治性据点。至于大北城的具体兴建年代，虽然目前没有发现直接的考古依据，但推测应在春秋时期。此时的大北城虽与后来成为都城之时的规模存在一定的差距，但经过赵氏集团的经营，至迟在春秋晚期之时已经成为一座重要的地方城邑，亦能容纳比较多的人口。在今邯郸市旧城内东门里路中段北侧和邯郸宾馆地下均发现有春秋晚期的居住址，出土有豆、碗、盆、罐等陶器。位于大北城西的百家村墓地于此时开始启用，其中M57为面积近24平方米的中型墓葬，墓内随葬品极为丰富，不仅有鼎、豆、壶、甗等青铜礼器，还有剑、戈、矛、戟等兵器和400余件车马器，此外还有大量石片饰和石圭[①]。该墓无论从器物形制，还是随葬品组合，均与晋国墓葬极为相似。但墓内较多数量殉人的出现，则为晋系墓葬所罕见。距此不远的彭家寨亦发现有规模较大的墓群，其中1989年发掘的一座墓，随葬有鼎、甗、盘、匜、敦等青铜礼器，因墓葬被破坏严重，所以墓葬的形制和随葬品的完整组合已不得而知[②]。由此看来，至迟在春秋晚期之时，大北城应该已经初具规模。此时在邯郸的远郊，如午汲古城、邢台南大汪亦发现有规模较大的墓葬。

该期的遗迹单位主要有邯郸宾馆H1[③]、东门里T1⑧[④]、百家村

[①] 河北省文化局文物工作队：《河北邯郸百家村战国墓》，《考古》1962年第12期。
[②] 郝良真、赵建朝：《邯钢出土及赵国贵族墓葬区域》，《文物春秋》2003年第4期。
[③] 邯郸市文物管理处：《邯郸市宾馆地下古遗址的调查》，《文物春秋》1990年第4期。
[④] 邯郸市文物管理处：《邯郸市东门里遗址试掘简报》，《文物春秋》1996年第2期。

M57、M40①、午汲古城 M3、M19②、邢台南大汪 M1③ 等。无论是遗址还是墓葬出土的陶器，如鬲、鼎、壶、盆、豆、钵、碗、罐等，均与春秋晚期的晋文化遗存别无二致。陶器墓以百家村 M40 为代表，其组合特点为鼎、豆、壶、匜、碗、高足小壶、细把豆，未见晋系墓葬常见的鬲和高领折肩壶，陶器组合较为丰富，除鼎、豆之外，还有高足小壶、碗、匜等器物。铜器墓所见器物的风格与侯马上马等地出土者大致相同，随葬品的基本组合为鼎、豆、壶，南大汪 M1 在此基础上增加釜、甗，百家村 M57 则增加鉼、盘、匜、甗等器物，与晋系墓葬的组合相似。此外，墓内随葬大量石片饰和石圭的习俗亦与晋系墓葬相同。

三　代地

代地自赵襄子即位之后便已属赵，但相关的考古发现较为缺乏，仅在阳原、蔚县和浑源等桑干河中游的河谷地区有所发现。

位于蔚县东北十千米的壶流河南岸的代王城，平面呈椭圆形，城墙周长近 1 万米，该城的修建可能始于春秋时期④。近年来在代王城周边不断发现有属于赵国的墓葬。在代王城西北约 6 千米处的北双涧村，发现的一座带有两个墓道的大型墓，墓主可能为赵国代地高级贵族⑤。在代王城东北 2.5 千米的大德庄，还发现多座东周时期的长方形竖穴土坑墓，墓内随葬有鬲、罐、壶、豆、鼎等陶器和带钩、环首刀等青铜器，时代从春秋晚期一直延续至战国中期⑥。由此

---

① 河北省文化局文物工作队：《河北邯郸百家村战国墓》，《考古》1962 年第 12 期。
② 河北省文物管理委员会：《河北武安县午汲古城的周汉墓葬发掘简报》，《考古》1959 年第 7 期。
③ 河北省文化局文物工作队：《河北邢台南大汪村战国墓简报》，《考古》1959 年第 7 期。
④ 蔚县博物馆：《代王城城址调查报告》，《文物春秋》1997 年第 3 期。
⑤ 河北省文物研究所：《蔚县北双涧战国墓》，《中国考古学年鉴 2003》，第 123—124 页。
⑥ 河北省文物考古研究院等：《河北蔚县大德庄 M1 的发掘》，《考古》2022 年第 9 期。

可以基本断定，赵之代城可能即在此地。这一区域发现的属于春秋晚期的墓葬，有蔚县大德庄 M1—3、4、12 等，这几座墓葬的方向大致在北偏东 20—40 度，墓室面积除 M1—4 为 4.2 平方米，其它两座墓均 5 平方米以上，葬具均为一棺一椁，葬式以仰身直肢为主，随葬品的组合主要为鬲、豆、罐，个别墓葬还有铜带钩出现。从墓葬的形制与随葬陶器的特征看，与同时期山西侯马地区的晋系墓葬存在较多相似性，但葬器的组合与侯马上马晋墓并不相同，此外侯马一带习见的石圭等器物于此地未曾见到。

此外，在浑河上游的浑源李峪村的庙坡，自 20 世纪 20 年代以来便不断发现东周时期的青铜器，六、七十年代又对此遗址进行过调查与试掘，获得部分青铜器。有学者做过统计，迄今见于著录的李峪青铜器共四十七件[1]。此批铜器中不少器物因出土情况混乱，已失去原来单位与组合，因此难以判定其年代与性质。唯 1975 年清理的 M2 和 M3 可以基本确定为春秋晚期的赵国墓葬。M2 出土的青铜器既有鼎、豆等容器，又有戈、剑等兵器，还有带钩、绿松石和石环。M3 则发现有铜鬲、匜、鍑、壶、盘和铜剑[2]。从组合看，既有鼎、豆的组合，又有鬲、鍑、壶、盘、匜的组合。这些青铜器的形制、纹饰甚至组合，与晋系墓葬所见基本相同，但鍑和络绳纹壶等器物又具有明显的北方系文化特色。

四　上党地区

公元前 455 年，知伯率领韩、魏二氏进攻赵襄子时，襄子的随从曾以"长子近且城厚完"而劝襄子奔保长子，可见此时的长子为赵氏所领有并筑有坚固的城池。今山西长子县城附近发现的东周城址位于雍河南岸，北城墙、西城墙和东北、西南城角保存较好，城内发现有大量绳纹板瓦和筒瓦残片，城西为东周墓葬区。其中 1973

---

[1] 朱凤瀚：《中国青铜器综论》，第 1998—2005 页。
[2] 山西省考古研究所：《山西浑源县李峪村东周墓》，《考古》1983 年第 8 期。

年发掘的羊圈沟 M1 和 M2 属于春秋晚期，有可能为赵国墓葬。两座墓均为长方形竖穴土坑墓，方向 100 度。一号墓面积 12.75 平方米，墓内填土经过夯打，椁室内置有一椁一棺，随葬有青铜礼器、车马器、兵器以及玉器。其中青铜容器包括鼎、壶各 2 件，敦、盖豆、铈、匜各 1 件，此外还有玛瑙环、石圭等。二号墓面积略小于一号墓，但形制、方向与一号墓相同，随葬有铜鼎 2 件，豆 3 件，盘、匜、铈各 1 件，亦有剑、镞等兵器和车马器①。不仅两墓出土的深腹蹄足盖鼎、盖带圆形捉手的豆以及盘、匜、敦的形制与纹饰与晋国墓葬同类器基本相同，而且鼎、敦、铈、盘、匜的组合亦属晋国特色，此外墓内随葬石圭的习俗亦习见于侯马上马等地，反映出初生时期的赵文化源自晋文化的真实情景。

位于清漳河西源的左权石匣 M13 为春秋晚期的墓葬②。该墓葬的陶礼器组合，既不同于以侯马上马为代表的晋墓中鬲或鬲、豆、罐的组合，也不同于榆次猫儿岭和柳林杨家坪以鼎、豆、壶或鬲、豆、壶为基础的组合，而与邯郸百家村 M40 的组合更为接近，即均为以鼎、豆、壶、匜为主的组合。石匣虽然缺乏百家村的高足小壶，但却出土有晋系墓葬习见的平口高领折肩罐，此外，石匣的华盖壶器身饰有彩绘的卷云纹、蝉纹等简单图案，另外内外棺之间放置有多件石圭，反映出该地存在有浓厚的晋文化传统。

第三节　战国早期：赵文化的萌芽与初生

三家分晋之后，赵国正式脱离晋国，以诸侯的身份登上了历史舞台。此一时期赵国继续控制着晋阳、东阳和代地以及上党的部分地区，并于早期晚段之时，将都城迁往太行山东麓的中牟，尝试着

---

① 山西省省考古究所：《山西长子县东周墓》，《考古学报》1984 年第 4 期。
② 山西省考古研究所等：《左权石匣墓地发掘报告》，《三晋考古》（四），第 327—403 页。

与齐、魏等大国逐鹿中原。此时的赵文化俨然已经脱离母体，开始在赵国大地上吸收可以加以利用的各种营养迅速成长，并渐次形成自己独有的特色。在晋阳和东阳地区，先后成为都城的晋阳和中牟不仅是战国早期赵国最重要的城邑，亦是此时赵文化发展最快、成就最高的两个区域。至于上党地区，仅有《古本竹书纪年》关于赵献侯于泫氏筑城的文献记录[1]，并未找到与之相应的考古资料，但左权石匣遗址仍在沿用，同时长子附近亦存在部分属于赵国的墓葬。代地虽有赵桓子"自立于代"和献侯"城平邑"[2]的记载，但相关的考古证据并不充足，仅在蔚县大德庄有少量墓葬发现。

一　晋阳地区

此一时期，赵国既已成为一个单独的国家，原来作为赵氏宗邑的晋阳自然就成为赵国的第一个都城。虽未见相关文献记载，但可以推测，作为都城之后，晋阳城的建设必定不会停止。在晋阳古城北郊金胜村发现的高规格大墓——M251，或许可以从另一个侧面反映出战国早期晋阳城的繁盛景象。

该墓位于晋阳古城的北郊，墓葬面积超过100平方米。虽然没有墓道，但其内积石积炭，并有多套木质棺椁，墓内随葬的各类器物近3500件，包括青铜器、玉石器、水晶、玛瑙等多个种类。该墓东7米处尚有一面积110平方米的车马坑附葬[3]。坚固的城市和豪华的墓葬，以及种类繁多的青铜器无不显示出初创期的赵文化已有蓬勃发展之势。M251出土的青铜器中，既有立耳折沿鼎、附耳高蹄足鼎、弧裆鬲鼎、子母口盖豆、华盖壶等晋文化常见的器物，亦有高柄小方壶、双耳方座豆、蹄足敦、提梁虎头匜、敞口圈足匜等赵文化新创的器物，显示出此时的赵文化虽与晋文化存在较多的相似之

---

[1] 《水经·沁水注》引《竹书纪年》。
[2] 《史记·赵世家》，第1796—1797页。
[3] 山西省考古研究所等：《太原晋国赵卿墓》，第9—15页。

处，但在埋葬制度、器用制度等方面已显现出自身独有的文化特色。

在吕梁山至南流黄河之间的晋西地区，亦存在较为丰富的赵文化遗存。柳林杨家坪的95M9、97M19均属于此一时期，离石阳石村①和临县三交②亦发现有此期的墓葬。此期的文化遗存从总体来看，依然维持着上一期的传统，器物组合以鼎、豆、壶为主，个别墓配以盘或匜。鬲较上期少见，且形制与上期完全不同。杨家坪98M16出现彩绘陶器，颜色主要为红、白二色，亦有黄色，图案有弦纹、三角纹、网格纹、十字纹和动物纹。带钩数量较多，似乎已经在此区域开始流行。但以石圭随葬的墓葬与上期相比极为罕见。

二 东阳地区

虽然自春秋晚期开始，赵已占据邯郸及周边部分地区，但这一时期的前段赵国的发展重点似仍在太原盆地，对东阳地区并无过多关注。及至献侯即位，将赵国的都城由晋阳迁至中牟，才正式开启了向太行山东麓发展的征程。

限于目前的资料，虽不能确定中牟的始建年代，但至战国早期晚段中牟城应该已经建筑完成。冶铁作坊大概设在鹤壁鹿楼乡的故县村，林州大菜园则有可能是高等级贵族的埋葬区。2002—2009年在大菜园清理墓葬约700多座，其中面积较大者有16座，其中可以确认属于战国早期者有M301和M801。M801面积近40平方米，墓室南、北、西三侧各殉一人。墓虽被盗，但仍出土了数量较多的随葬品，包括鼎、甗、豆、壶、簠、盘、匜等青铜礼器，和甬钟、钮钟等乐器。其中铜鼎共8件，除一件为镬鼎外，其余7件均为附耳蹄足盖鼎，形制相同，应为列鼎。M301出土器物与M801类似，在

---

① 山西省考古研究所等：《吕梁环城高速离石区阳石村墓地与车家湾墓地发掘简报》，《三晋考古》（四），第404—429页。

② 山西省考古研究所等：《临县三交战国墓》，《三晋考古》（一），第304—312页。

其东侧发现有车坑和马坑①。从墓葬方向、墓内殉人以及青铜器的形制来看，与太原金胜村 M251 极为相似。而随葬青铜器的组合，在已很完备的鼎、豆、壶、盘、匜基础上，增加甗、簠等器物，尤其值得注意的是，该墓还出土有带方座的豆，显示出赵国独有特色的器物在太行山东麓地区也已经出现。

在邯郸及其周边亦发现有较为丰富的文化遗存，如邯郸宾馆 H4、东门里 T1⑦，百家村 M3、M21，邢台东董村 M50②、永年何庄 M8③、内邱小驿头 M2、M7④等。从墓葬陶器组合看，春秋中期以来晋文化常见的以鬲、鼎、豆、莲瓣壶、盘、匜为固定组合，已为早期赵文化全盘吸收。无论是邯郸百家村、永年何庄，还是与之邻近的邢台东董村、内邱小驿头，鼎、豆、壶、盘、匜的组合已基本固定。而作为赵文化典型代表器的鸟柱盘和筒形器也于此时在百家村 M21 和邢台东董村 M50 出现。此外，随葬石片饰和石圭的习俗依然在延续。虽然此时东阳地区的赵文化与上期一样，依然继承着晋文化的传统，但新的文化因素已然出现，这些新的因素以新器形的研制最为明显。如百家村 M3 所见兽头盆、弯颈壶等动物造型的陶器，可视作赵人承自晋文化传统后的创新之作。而同墓出土的上下对称、均有三足的铜敦，亦属在晋系同类器基础上改造而成的新器形。

三　代地

蔚县大德庄属于战国早期的墓葬主要有 M1—1、M1—6、M1—7。墓葬的方向既有东向，亦有北向。这些墓葬的规模较大，墓内填土均经过夯打，M1—1 的墓底还铺有白膏泥。葬具均为一棺一椁，

---

① 张增午：《赵都中牟林州说的推定》，《中原文物》2005 年第 6 期；河南省文物考古研究院：《河南林州大菜园东周墓地出土青铜器保护修复报告》，第 3—5 页。
② 河北省文化局文物工作队：《邢台战国墓发掘报告》，第 18—43 页。
③ 邯郸地区文物保管所：《河北省永年县何庄遗址发掘报告》，《华夏考古》1992 年第 4 期。
④ 河北省文物研究所：《内邱小驿头遗址发掘报告》，《河北省考古文集》，第 154—178 页。

葬式以仰身直肢为主，偶有仰身屈肢者。随葬器物的种类有鼎、盘豆、盖豆、平缘壶和罐等，部分墓葬还随葬有铜带钩和铜质工具。其中盖豆、平缘壶和直颈绳纹罐，与该墓地春秋晚期的形制存在某种演变关系，但素面圆腹罐和带有三足的单耳罐却是极富北方系文化特色的器物，而敛口鼓腹罐形鼎、盘豆、盖豆和带钩，与柳林杨家坪、邯郸百家村等赵国核心地域的器物基本相同。随葬品的组合以豆、壶和罐最为多见，既不同于晋阳和东阳地区的赵国墓葬，亦与该墓地春秋晚期的组合存在差异。以上种种，显示出该地域战国早期考古学文化中，既有较为深厚的晋、赵文化特色，又含有明显的北方文化因素。

四　上党地区

左权石匣墓地于此时继续使用。M28承继了本地区春秋晚期以来的传统，墓内随葬有陶鼎5件、盖豆1对、盘豆2对、华盖壶1对，还有小口罐、盘、匜各一件，铜带钩5件。就组合而言，仍属鼎、豆、壶、盘、匜的基础组合。但此墓的陶器多有较为复杂的彩绘，于白色陶衣上以红、黄两种色彩绘制涡纹、卷曲S纹、花草纹等。5件陶鼎中有三件形制相同，大小相次，系模仿铜鼎而制。此外，墓内有石圭一件，玉覆面1套31件，与晋系墓葬同类器物基本相同，表现出浓厚的晋文化传统。

地处长子古城西郊的牛家坡M7，为一座长方形竖穴土坑墓，面积约28平方米，方向为75度。墓内填土经过夯打，并在棺室四周填满青灰色膏泥。葬具为一棺两椁，墓主头向东方，椁室内有3具殉人。随葬器物大多放置在椁室内，主要有鼎、鬲、甗、敦、豆、壶、鉴、盉、簠等青铜礼器和车马器、武器、日用杂器等，其中包括形制相同、大小相次的列鼎五件，此外还有四件饰有彩绘的木俑和漆盒、扁壶等漆器。器类的组合与形制大体与晋系墓葬基本相同，但盖带环角状钮的方座豆却与晋阳、东阳地区赵墓所见同类器物极为相似，此外，该墓随葬的彩绘鹿角又与韩魏墓葬常见的同类器物形制接近，反映出赵文化初生时期上党地区复杂的文化面貌。

第四节　战国中期：赵文化的正式形成

公元前386年赵敬侯迁都邯郸，以此为标志拉开了赵文化蓬勃发展的序幕。自此时起赵文化的发展重心已渐次转移至太行山东麓地区，辽阔的华北大平原为赵文化的发展提供了广阔的空间，于此时赵文化获得了长足的发展。曾经发育了商文化的豫北冀南地区再次为赵文化的辉煌提供了舞台，跻身于此的赵文化借此机会一方面努力吸取这一地区沉淀已久的文化底蕴，另一方面积极与燕、齐、宋等东方大国交往，于此过程中逐渐形成了若干有别于其他文化的独有特征。

一　东阳地区

赵都邯郸是战国中期赵文化迅速发展的典型代表。邯郸城初建于春秋时期，到战国早期大北城修筑完毕，邯郸作为一个城市的重要要素已经具备。自战国中期开始，在大北城的西南侧新建由三座小城组成、平面呈品字形的王城，并在其内修筑多座大型宫殿建筑，同时对大北城进行改建与扩建，城市西北近郊的墓地区和远郊的王陵区也开始启用，此时邯郸城的双城布局正式完成，开始进入大型都市阶段[1]。王城呈品字形，并与大北城呈犄角之势，无疑是赵都邯郸最典型的特征。城垣上的排水槽道和铺瓦等防雨设施以及城南的多重壕沟系统，亦为其他国家和地区所不见。而将赵王陵置于邯郸城西北远郊，并为之单独设置陵园，也是赵文化的独有特征之一。

除赵都邯郸之外，属于此期的文化遗存还有邯郸百家村M31、

---

[1] 段宏振：《赵都邯郸城研究》，第225—230页。

M29、M01，建设大街 M5、M8①，邢台东董村 M10、M11、M13、M26、M31、M63、M68、M96，永年何庄 M2、M5，临城中羊泉 M207、M214② 等。这些墓葬随葬器物主要为陶器，基本组合为鼎、豆、壶、盘、匜，不少墓葬于此之外，增加高足小壶、碗等器物。带钩的数量极多，几乎每墓必见。东董村墓葬不仅随葬陶器的形制，还是器物组合均极有特色，可作为此一时期器用制度的代表。

东董村的陶器除少数素面无纹外，大都装饰有各种不同的花纹，其中尤以暗纹最多，还有不少彩绘。除常见的鼎、盖豆、盘豆、壶、盘、匜、碗等器物外，盘内立柱，柱上置有一鸟的鸟柱盘和与之配套筒形器极为多见，此外还有状如鸭子的带盖尊、流作兽形身绘鳞状羽片的提梁盉等造型别致的器物，为其他地方所罕见。东董村墓葬的基础组合为鼎、豆、壶、盘、碗、匜。绝大多数墓葬中鼎、豆和壶都是成组出现，细柄豆数量尤多，除个别墓仅有一件外，大部分都有2—5件。此外，鸭尊、盉、鸟柱盘、筒形器等器物在此极为习见，几乎每墓都有两件以上。尤其是鸟柱盘和筒形器，上期时发现的数量仅有2例，此期已超过30套。安阳、辉县等地出土的鸟柱盘与筒形器，应该是受赵文化的影响而产生。所有这些均显示出，赵文化于此已形成自己独有的特色，达到了鼎盛时期。

二 晋阳地区

此时的都城虽已迁至太行山东麓地区，但晋阳以其重要的地理位置和历史渊源，仍是赵国重要的后方重地。虽未能发现级别较高的铜器墓，但面积较小、以随葬陶礼器为主的墓葬发现数量较多，主要有榆次猫儿岭 M134、M188、M86、M186③，柳林杨家坪95M5、

---

① 邯郸市文物研究所：《邯郸市建设大街战汉墓葬发掘报告》，《文物春秋》2004年第6期。
② 临城县文化局：《河北临城县中羊泉东周墓》，《考古》1990年第8期。
③ 猫儿岭考古队：《1984年榆次猫儿岭战国墓葬发掘简报》，《三晋考古》（一），第266—287页。

M6、97M25、M28，离石阳石村 M4、M12、M13，临县三交 M19、M25 等。与上一期相比，这些墓葬的随葬品已基本固定为鼎、豆、壶、盘、匜的组合，且鼎、豆、壶均为两件。有趣的是，与邢台东董村类似，榆次猫儿岭发现的多座墓葬，在鼎等五件基础陶器组合之外，也增加有鸟柱盘、筒形器和兽形盉等造型特殊的器物。鸟柱盘与筒形器的形制与东董村没有大的差异，但兽形盉却以平底为主，未见东董村流行的三足样式，另外，常于流对应一侧安装小鋬，而不见东董村常见的提梁。器表装饰也略有不同，东董村器身遍布彩绘，而猫儿岭却多施以锯齿或网状暗纹，显示出不同地域的文化差异。无论如何，鸟柱盘、筒形器及兽形盉等独具赵文化特色器物的流行，正是赵文化步入辉煌的标志。

三　代地

蔚县大德庄墓地至此时仍然沿用。属于这一时期的 M1—11，仍为竖穴土坑墓，墓室面积不足 5 平方米，葬具为一棺一椁，葬式为仰身直肢，随葬有鼎、豆、壶、舟、匜等陶器。这些器物的形制与组合，与中原地区赵国墓葬出土同类器基本相同，但或许是因墓葬规格较低的缘故，东阳、晋阳地区习见的鸟柱盘与筒形器在此并未见到，也未寻到暗纹与彩绘器物的踪迹。M1—9 的年代亦属于战国中期，该墓为一座偏洞室墓，其内有木质葬具，墓主的葬式为仰身直肢，随葬品中虽未见陶器，但出土有铜带钩、铍、环首刀和砺石等工具和兵器。铜铍的形制与太原金胜村 M251 所见完全相同，带钩亦与中原赵墓所见无异，但环首刀和偏洞室墓却是流行于长城内外青铜文化的因素。

四　上党地区

尽管由于上党地区复杂多变的历史背景，加之文献记载的疏漏，无法精确地划分出赵国在该地区的活动范围，但可以肯定，战国中期之时赵在上党地区曾领有长子、皮牢、泫氏、屯留、涅、端氏、濩泽、阏与、橑阳等城邑，较之前相比城邑的数量有明显的增加。与此相应，赵文化的分布在上党地区亦有了大范围的扩展。不仅长子、屯留、涅、端氏等地的城址在某个时间段属于赵国所有，长治分水岭等地也有相当多的墓葬可以归入赵文化之中[①]。

此期M12、M25、M14、M26、M126、M258[②]等部分墓葬可能与赵有关。这些墓葬面积较大，墓内积石积炭，随葬器种类和数量均较为丰富，有青铜礼器、乐器和车马器及各种材质的饰品。总体而言，分水岭地区无论是墓葬形制，还是随葬品的形制与组合，均与东阳、晋阳地区所见基本相同，但墓葬中殉人极为罕见。此外，M126椁室顶部放置马和牛的肢骨、墓内随葬有金盘丝等习俗未见于其他地区[③]。属于此期的陶礼器墓数量较多，有M21、M82、M165、M166、M170、M171等。随葬品以仿铜陶礼器为主，常见组合为鼎、豆、壶、盘、匜、高足小壶，不仅鼎、豆、壶的数量较多，动辄3至8件，而且同一器类种类繁多，如豆类必有盘豆和盖豆两类，壶亦有小口鼓腹壶与高足小壶两类。多数墓葬常有鸟柱盘、筒形器、盉、鉴等器物随葬，规模较大的墓有车马器，带钩比较习见，这些均与邯郸、晋阳等地所见基本相同，唯不同者，分水岭此类墓葬随葬陶礼器的数量明显较多，此外，盉的造型极为简单，均大口平底，腹部有一管状流，未见兽形者。

[①] 由于上党地区特殊的地理位置和复杂的历史背景，以致对该区域的考古学文化进行研究时困难重重。该区域发现的城址因其建筑和使用时代较长，且极少包含能够断定年代和文化属性的遗物，因此不敢遽下定论。与城址相比，墓葬因保存较好，且多有较为丰富的随葬品，可以对其年代进行较为准确的判定，然而，该地区的长治分水岭等墓地，不仅规模较大，而且自春秋晚期以来一直沿用，考虑到此地区的考古学文化不可能随着国家归属权的变更而出现大的变动，而且从总体面貌来看与邯郸地区的赵文化遗存相似之处较多，亦即其文化属性中赵文化的比重较高，同时根据文献记载中赵人于此时在上党的领土范围，暂将长治分水岭墓地属于战国中期和晚期的部分墓葬归入赵国，或者，即便其不属于赵国，但韩、赵、魏三家均裂变于晋，其文化面貌原本就存在着较多的共性，因此以此为依据得出的结论虽不是非常准确，但应大致不谬。

[②] 山西省考古研究所等：《长治分水岭东周墓地》，第299页。

[③] 边成修：《山西长治分水岭126号墓发掘简报》，《文物》1972年第4期。

左权石匣墓地的 M16 和 M22 属于此一时期的早段。二墓出土器物的组合基本一致，均为仿铜的鼎、豆、壶、匜，且器表多饰有繁复的彩绘。此外，二墓的内外棺之间均放置有石圭若干。与此前不同的是，此时未见华盖壶，仅有束颈小口鼓腹壶一种；豆仅有盖豆，未见盘豆，总体组合较上期要简单得多。所有这些与邢台东董村、榆次猫儿岭所反映的繁盛景象有所区别。

第五节 战国晚期早段：赵文化的繁荣

及至战国晚期，随着赵武灵王胡服骑射战略的成功，赵国的军事实力迅速增强，自此之后，赵国不仅在南线和东线频频攻齐击魏，而且数伐中山，西略胡地，辟地千里。此时赵国的国力达到了顶峰，疆域范围亦达到了极盛。已经步入成熟阶段的赵文化，于此期迅速向四方拓展，其中尤以向中山故地和包括云中、九原在内的内蒙河套地区最为明显。

此期赵文化的分布地域远远超过了之前的任何时期，在北至阴山，南逾漳河，西临吕梁，东抵黄河这一广大地域内均发现有丰富的赵国遗址和墓葬。无论是在赵文化的中心地区，还是较为边远的新拓展地区，虽然存有部分地域特色，但考古学文化的面貌基本一致，反映出处于繁荣时期的赵文化具有强大的凝聚力。

一 东阳地区

属于此期的文化遗存主要有：邯郸宾馆 H2、王郎村 H1[1]，永年何庄 M3，临城中羊泉 M202、M278，内邱小驿头 M6、张夺 M65[2]，邢台东董村 M16、M21 等。

永年、内邱、临城等地的陶礼器墓常见组合依然为鼎、豆、壶、

---

[1] 邯郸市文物管理处：《王郎村古遗址试掘简报》，《文物春秋》1992 年第 1 期。
[2] 河北省文物局：《内丘张夺发掘报告》，第 57—60 页。

盘、匜，唯东董村的几座墓葬于此组合之外，增加鸟柱盘、筒形器和兽流盉等造型别致的器物，且与其他墓地相比，豆的数量为6—9件，明显多于其他墓地。带钩与兵器亦属此时常见的器物。虽然受发掘资料的制约，能够反映此期文化面貌的资料较少，但总体而言，基本延续了上期繁盛时期的文化传统。

二　晋阳地区

晋阳地区属于此期的遗存有榆次猫儿岭M122、M208，榆次东外环M140[①]、临县三交M23B等。

此期的墓葬陶礼器组合与上期相比，没有大的不同，依旧是鼎、豆、壶、盘、匜为主的组合，在猫儿岭依然能见到鸟柱盘与筒形器，但此时鸟柱盘的盘腹虽然变浅，然中柱却在升高，筒形器亦在变矮。值得关注的是，榆次猫儿岭M140出土了一套用红、白二色绘有直线、圆点、锯齿等纹饰的陶器，器物种类无非鼎、豆、壶、盘、匜之类，与其他地区所见无异，然而形制却极有特色，如鼎、簋和豆的盖钮作鸟状，还有带流灶状陶器，均未见于其他地区，显示出浓郁的地方特色。

三　上党地区

分水岭陶礼器墓M68、M97和铜器墓M35、M36、M84、M106属于此一时期。

陶器墓的组合延续了上期的鼎、豆、壶、盘、匜组合，依然盛行以鸟柱盘和筒形器随葬，但随葬品的数量较前期明显减少。铜器墓数量较少，但个别墓葬的规模依然较大，如M35面积约46平方米，墓内积石积炭。墓葬随葬品数量虽多，但鼎、豆、壶、盘、匜的组合已不甚完整，变成以鼎或鼎、豆、壶为主的组合。但均有车

---

① 榆次市文物管理所：《榆次市东外环战国墓发掘简报》，《山西省省考古学会论文集》（三），第51—60页。

马器随葬，且有数量较多的玛瑙、玉器等饰品。相当多的墓葬仍随葬有石圭，显示出该区域与晋文化之间的特殊传承关系。有的墓葬虽然铜礼器数量不多，但使用较为丰富的陶礼器作为补充。鸟柱盘、鸭尊等动物造型的器物极为流行，与东阳地区基本相同。M35 的鸭尊与邢台东董村所见极为相似，只是制作略显粗糙，纹饰亦极尽简单。

四 中山故地

正定黄泥村、吴兴、石家庄市庄和元氏南白楼等地发现的这一时期的居址和墓葬，便是中山归入赵国领土之后所遗留，受赵灭中山这一政治事件的影响，这一区域的文化面貌与之前中山控制之时有着较为明显的区别，带有浓重的赵文化色彩。

平山黄泥村 M2[①]、正定吴兴 M68、M99[②]、元氏南白楼 M9、M13、M21[③]等属于此一时期。墓葬出土陶器不仅鼎、豆、壶、盘、匜的组合与东阳、晋阳地区相同，而且器物形制和纹饰亦极为接近。但赵文化核心区常见的盘形豆在此地区较为罕见。此外，中山固有的墓中积石的习俗似仍有留存。如南白楼 M13 虽未见墓圹用石，但于墓底铺有数十块石块，似为积石习俗的延续。

五 北地

赵文化在这一区域的突然出现，与战国晚期早段开始赵国实施的军事行动直接相关。迄今为止，在内蒙古的卓资、凉城、丰镇、和林格尔、清水河等多个地点发现有丰富的普通聚邑、墓葬、城邑以及长城遗迹，文化内涵与赵国核心地区基本相同，显示出政治事

[①] 夏素颖、韩双军：《河北平山县黄泥村战国墓》，《文物春秋》2002 年第 4 期。

[②] 辽宁省文物考古研究所等：《河北正定县吴兴墓地战国墓葬发掘简报》，《考古》2012 年第 6 期。

[③] 武汉大学考古学系等：《河北元氏县南白楼战国秦汉墓地的发掘》，《考古》2018 年第 2 期。

件对考古学文化的强烈影响。

　　该地区属于这一时期的文化遗存主要有：卓资土城子 H21、H24①、城卜子 G1、G2②、凉城水泉 M10、M15③、饮牛沟 82M8、97YM10④、丰镇十一窑子 M5、M7⑤、和林格尔大堡山 M29⑥、土城子 T60④⑦、清水河城嘴子 M2、F2⑧ 等。

　　这一区域遗址和墓葬出土的陶器，有釜、豆、罐、碗、盆等，从器类与形制看基本与中原地区一致，但此地流行的釜，敛口、深腹、圜底，与赵国核心地区的同类器有所不同。此外，墓葬出土陶器的组合较为简单，多为单件或两件陶器，器类有罐、碗、豆，中原地区流行的鼎、壶、盘、匜等器物极为少见。青铜容器不仅数量较少，种类亦极简单，仅有大口平底盘和带有铺首衔环耳的敛口鉌两种，造型简朴，没有纹饰。但青铜兵器不仅数量丰富，种类也较多，有铍、剑、镞、刀、戈、矛等。其中赵国特有的兵器—铍在该区域多次被发现。各种货币亦大量出土，其中面文有"晋阳""大阴""中阳""离石""闲""甘丹"等字样的平首耸肩尖足布、圆肩圆足布、直背刀等均为赵国特有的货币。此外，带钩种类繁多，水禽状、琵琶形、曲棒形等均可见到。青铜器组合较为简单，最常见

---

①　内蒙古自治区文物考古研究所等：《卓资县土城子村遗址发掘简报》，《草原文物》2013 年第 2 期。

②　内蒙古师范大学历史文化学院考古文博系等：《卓资县城卜子古城遗址 2010 年发掘简报》，《草原文物》2011 年第 1 期。

③　内蒙古自治区文物考古研究所：《内蒙古凉城县水泉墓地发掘简报》，《草原文物》2012 年第 1 期。

④　内蒙古自治区文物工作队：《凉城饮牛沟墓地清理简报》，《内蒙古文物考古》第 3 期，1982 年；内蒙古文物考古研究所等：《饮牛沟墓地 1997 年发掘报告》，《岱海考古》（二），第 278—327 页。

⑤　乌兰察布博物馆：《内蒙古丰镇市十一窑子战国墓》，《考古》2003 年第 1 期。

⑥　内蒙古师范大学历史文化学院等：《和林格尔县大堡山墓地发掘报告》，《草原文物》2013 年第 2 期。

⑦　内蒙古文物考古研究所：《内蒙古和林格尔县土城子古城发掘报告》，《考古学集刊》第 6 辑，第 175—203 页。

⑧　内蒙古自治区文物考古研究所：《清水河县城嘴子遗址发掘报告》，《内蒙古文物考古文集》（三），第 81—128 页。

的为带钩加兵器的组合，或搭配铜环、铜印、铜镜等日常用器，基本不见中原地区习见的青铜器组合。总体看来，北地属于赵国之新开拓区域，因此该地区考古学文化除具有明显的中原特色之外，亦保留有浓厚的北疆特色。

和林格尔土城子两座墓葬 M1394、M1388 亦属于此一时期。M1394 为一座围沟墓，围沟北段中部被 M1388 打破，围沟内东南部附葬 2 人。主墓面积约 10 平方米左右，墓内随葬有多件仿铜陶礼器，基本组合为鼎、豆、壶、盘、匜，其中豆有盖豆和盘豆之分，壶有小口鼓腹壶与高足小壶之别，与赵文化核心区所见基本相同。此外，陶器的形制亦与邢台东董村、榆次猫儿岭等地同类器极为近似。墓内随葬铜带钩的习俗亦同于中原地区。

M1388 面积约 22 平方米，略大于 M1394，墓内出土陶礼器组合与 M1394 近似，亦为鼎、豆、壶、盘、匜为基础的组合，器物外表均有红白二彩绘制的直线、圆点、网纹、锯齿等多种纹饰，更为有趣的是，此墓还出土有鸟柱盘、筒形器各一件。无论是墓葬陶器的形制、纹饰，还是器物组合，均与临城中羊泉、邢台东董村等地同期墓葬极为相似，而鸟柱盘和筒形器更是赵文化最具特色的代表性器物。

土默川平原高等级墓葬的发现有着极为重要的指标意义，不仅意味着中原文化的创造和使用者已于此期北上并占据大青山南麓一带，而且更为重要的是，由墓葬中出土的独具赵文化特色的器物，可以断定此中原文化即是赵文化无疑。

第六节　战国晚期晚段：赵文化的衰落

公元前 265 年赵孝成王即位，其后不久，为争夺上党与秦国发生了激烈的冲突，战败后的赵国面对西方强秦的进攻节节败退，赵国领土渐次为秦所蚕食。先是上党地区属秦，继而西方门户晋阳失守，最后都城邯郸亦被攻破。在此过程中，赵文化亦渐趋衰微。与之前相比，此期赵文化的分布地域迅速缩小，而且从文化面貌看颓势尽显，表现为器物造型渐渐僵硬，纹饰刻划亦趋于潦草，终于在战国末期为秦文化所吞并。

一 东阳地区

属于此期的文化遗存主要有邯郸龙城小区 M12[①]、邯郸宾馆 J1、邢台东董村 M48、M49、M83、M117，临城中羊泉 M205、M238、M253、M258，内邱小驿头 M11、张夺 M49、M78 等。

铜器墓发现数量极少。陶器墓的基本组合极为简单，之前流行的鼎、豆、壶、盘、匜的组合中的盘为盒所代替，但此时大多数墓葬的组合并不完整，甚至个别墓葬仅以一件陶罐随葬。然而带钩依然流行。陶器的形制趋于草率，明器化极为严重，器耳和器钮等均有退化迹象。

二 晋阳地区

榆次猫儿岭 M121、M129、榆次锦轮厂 M11[②] 均属于此期的墓葬。

榆次锦轮厂 M11 为一座面积较小的竖穴土坑墓，墓内出土有铜鼎和陶罐各 1 件，此外还有铁制带钩、环首刀、玛瑙环、铜镜和铜印，以及刀币和布币若干。铜鼎器体较小，素面无纹。盖上有环角状钮，子母口下有双附耳，鼓腹圜底，蹄足细小。

猫儿岭的陶器墓基本组合与上期相比没有明显变化，但器物的形制略有不同，鸟柱盘的盘更浅，中柱较之前更高。匜的流愈益变小，近似于无。鼎的腹底近平，腹部变浅。

三 上党地区

长治分水岭属于晚期晚段的陶器墓如 M28、M30 继承了之前的

---

① 邯郸市文物研究所：《邯郸市龙城小区墓葬发掘简报》，《文物春秋》2004 年第 6 期。
② 榆次市文管所：《榆次市锦轮厂战国墓》，《文物季刊》1997 年第 3 期。

传统，依旧保持着鼎、豆、壶、盘、匜的组合，但随葬品组合明显较前期变得简单，器物制作得较为粗糙，个别墓组合亦不甚完整，但部分墓葬仍存在鸟柱盘与筒形器等特殊造型的器物。M11 等铜器墓面积较小，随葬品数量亦较少，组合亦极简单，勉强维持着鼎、敦、壶、钾、匜的组合。器物制作粗率。

四 中山故地

属于此期的陶礼器墓有正定吴兴 M48、M114，元氏南白楼 M10、M24、M25 等。随葬品组合虽与上期基本相同，但器物制作较为粗糙，明器化更为严重。南白楼 M10 的陶器组合中已出现盒，小口鼓腹壶的口部已有盘口趋势，而且鸟柱盘的柱上已无鸟，仅余中空的柱体，与之配套的筒形器，器体变得粗矮，显示出明显的退化迹象。

铜器墓数量较少。元氏杨家寨清理的一座竖穴土坑墓，以石板砌成墓圹，其内随葬有铜鼎 1 件和陶器 6 件[①]。其中铜鼎为子母口，圜底蹄足，器腹较浅，素面无纹。同出的陶器有壶、罐一类，制作粗糙，与赵国其他地域所见基本相同。但石砌墓圹无疑为中山旧俗之遗留。

五 北地

该区域属于此期的文化遗存较为丰富，主要有卓资土城子 T6012[②]、城卜子 95G1、2010H5、凉城饮牛沟 82M15、97M9、M13、M15、M23、和林格尔大堡子山 M6、M12、M16、M18、土城子 M105、清水河城嘴子 M1、Y1 等。

这一时期的文化面貌与上期相比基本相同，但在埋葬习俗方面出现了一些新的变化。战国晚期早段之时，许多墓地存在着两种葬俗完全不同的墓葬，其中墓向为东西方向者，均无棺椁，但墓主头

---

① 张金栋：《元氏县发现一座石板墓》，《文物春秋》1990 年第 2 期。

部上方常随葬有动物的头骨和蹄骨，并有青铜短剑、动物饰牌、扣饰、鹤嘴锄等北方青铜文化流行的器物，而南北方向的墓葬，多有木质棺椁，墓内不见动物骨骼和北方系器物，但常有带钩和铜环等器物随葬。在较长的时间内，两种不同风格的墓葬共存于一处墓地，且均保持着自身的传统。然而到了战国晚期晚段，持有不同葬俗的两个人群逐渐出现融合的趋势，甚至随着时间的推移，其间的差异越来越小，在个别墓地甚至除了墓向不同之外，在葬具、葬俗和随葬品方面几乎没有什么区别。类似的情况在凉城饮牛沟和水泉墓地都有出现①，以饮牛沟墓地的材料最为丰富。

凉城饮牛沟战国墓葬位于蛮汗山南麓的一处缓坡之上，在东西宽约80米、南北长约100米的范围内，分布有38座墓葬。发掘者将这些墓葬分为5个小区。第1区包括东西向墓葬9座，南北向墓葬4座。东西向的墓葬均无木质棺椁，但有在墓中摆放动物头骨的习俗，并随葬有相当数量的北方系文物。南北向的墓葬中有木质棺椁，但未见动物骨骼和北方系器物。第2区位于1区的西南部，仅有4座墓葬，均为南北向墓。第3区位于1区北侧，共有5座墓葬，均未见典型的动物殉牲，但东西向的3座墓葬中有2座出现木质葬具。第4区位于3区西侧，东西向的墓葬有2座，南北向的墓葬4座，均未见北方系器物，出土动物骨骼的墓也仅有南北向墓1座。第5区位于3区北侧，东西向墓葬共2座均有木棺，南北向的墓葬共8座，其中6座的木棺。虽未发现典型的动物殉牲，但随葬动物骨骼的墓葬较多，其中东西向墓1座，南北向的墓则有5座。

从年代来看，1区最早，3区次之，5区最晚。木质棺椁在1区南北向墓葬中习见，东西向墓葬中未见，但到了3、5区墓葬中，木质棺椁的数量不断上升。以动物骨骼随葬的墓葬，1区时仅发现在

---

① 内蒙古自治区文物工作队：《凉城饮牛沟墓地清理简报》，《内蒙古文物考古》1984年第3期；内蒙古文物考古研究所等：《饮牛沟墓地1997年发掘报告》，《岱海考古》（二），第278—327页；党郁、孙金松：《凉城县水泉墓地相关问题探讨》，《草原文物》2012年第1期。

东西向的墓葬之中，但在第5区之时，南北向的墓葬也流行起动物殉牲。由早到晚的这种变化，有着极其重要的标志性意义。在墓地的早半段，东西向和南北向的人群尚保持着各自严格的丧葬礼仪，但到了晚段，东西向墓和南北向墓同时失去了各自的大部分特征。如果南北向和东西向的墓葬属于不同集团的人群，那么随着时代的推移，他们逐渐放弃了原有的规则习惯，丧葬习俗亦渐次接近[①]。这种变化反映了战国晚期以来随着赵的疆土不断北拓，使用赵文化的人群持续北上与当地的原住民之间由对峙到融合的动态历程。

第七节 赵国考古学文化演进与赵国疆域变迁

《史记·赵世家》等文献对赵国疆域的记载多失之于简，赵国考古学文化的探索弥补了这一方面的不足。考古学文化的纵向演进及空间分布轨迹，是历史进程及疆域变迁的重要物化实证。赵国考古学文化的四个发展阶段与赵国历史进程的脉络基本相合，考古学文化的平面格局演进与赵国疆域变迁也大致相符。

春秋末期，赵氏集团以经略晋阳为核心和据点，北上谋取代地，东进占据东阳，积极在晋国的框架内大力发展自己的势力，被其后人称为简襄之功。晋阳城及西北郊墓地应是晋阳经略时期的文化遗存，桑干河下游一带分布有北拓代地的遗址与墓地，而最为丰富的是邯郸城邑附近的聚邑遗址群。此三地也是这一时期赵宗集团所占据版图的核心地带。

三家分晋后的战国早期，赵国迁都河内中牟。中牟城附近的林州大菜园墓地，反映了都邑附近的高等级文化遗存。涉县凤凰台墓地及邯郸百家村墓地，显示着邯郸城邑群的继续发展。此时赵国疆域的核心由黄土高原腹地，东移至太行山东麓南段，并与韩魏在版

---

① 内蒙古文物考古研究所等：《饮牛沟墓地1997年发掘报告》，《岱海考古》（二），第278—327页。

图上互有交错。

战国中期，赵国定都邯郸，由此转向向北方拓展疆域。邯郸都邑集群遗址为北系赵文化的集中代表，以邯郸城邑建筑、仿生造型的随葬陶器等为代表的文化元素，是赵文化成熟的重要标志。

战国晚期早段，以大规模开辟北疆为标志，赵国兼灭中山，疆域北拓至阴山下，赵文化的独特个性更加凸显并影响广泛，赵国考古学文化进入鼎盛阶段。这一时期赵文化的典型遗存除了邯郸都邑集群遗址外，新辟北疆地区以长城沿线为依托的带状聚邑群最为引人瞩目，赵国疆域拓展达到顶峰，成为中原北缘的北方辽阔大国。战国晚期晚段，以长平之战为转衰节点，因秦国的蚕食与挤压，赵国疆域大幅缩减，赵文化亦随之渐趋衰落。

疆域拓展使得国土居民的成分愈加复杂化。赵国在据敌的同时，民族与文化的融合始终占据主要位置。《战国策》说赵国为杂民之所居，赵国国民之中的所谓杂民，应主要包括原中山国居民、阴山北疆的胡地居民等，另外还有某些边疆邻国地区的边民。新辟疆域及新居民纳入了许多新文化元素，中山文化及诸胡文化等因此而汇入赵国文化之中，丰富了赵国考古学文化的内涵及面貌。赵国北方地区居民与文化的多样性，在晋北及阴山一带的考古遗存中均有明确的表现，这是赵国拓展与经略北疆的考古学证据。

需要说明的是，赵国考古学文化的平面格局演变与赵国疆域的四至范围虽大致相符，但在细部及一些具体地点并非完全重合一致。考古所发现的赵文化遗存的平面分布，无疑是赵国历史进程相关的某种物化遗留，其中必然包含疆域界线变迁的痕迹，但两者并非一一相应，其间具有一些复杂的具体情况和局部误差。首先，考古学文化的分布一般较疆域界线稍大一些，因此与邻国文化的分布形成交错。例如赵国与中山、燕国临界地带的文化常常兼有双方的因素，这一地带的文化分野或者并不明显和清晰，或者文化分野与疆域界线在局部并不相符。其次，三晋疆域互有交错，甚至存在不少的飞地，交错地带的文化面貌比较复杂，不宜反映出疆域的界线。这一点在上党地区表现的最为明显和突出，赵国乃至韩魏疆域变迁的轨迹与这一区域考古学文化之间的对应，比较模糊和难辨。第三，考古学文化分布与疆域变迁基本同步的大格局中，局部又存在着若干滞后情况。赵国疆域的巨变是北拓千里至阴山下，赵国考古学文化也迅即北进至阴山一线，这是疆域变迁与文化演进相符的极好例证，但在某些地点北方文化仍旧占据主导甚至绝对位置，若单纯以此地点来论，难以反映赵国的政治控制和疆域变化。

总之，赵国疆域变迁是赵国考古学文化平面演变的基础缘由，考古学文化的分布基本可以反映出疆域的四至，但两者并非完全重合一致，考古学文化分布围绕着疆域界线之轴，其间存在着或大或小的伸缩变化区间。（图6-2）

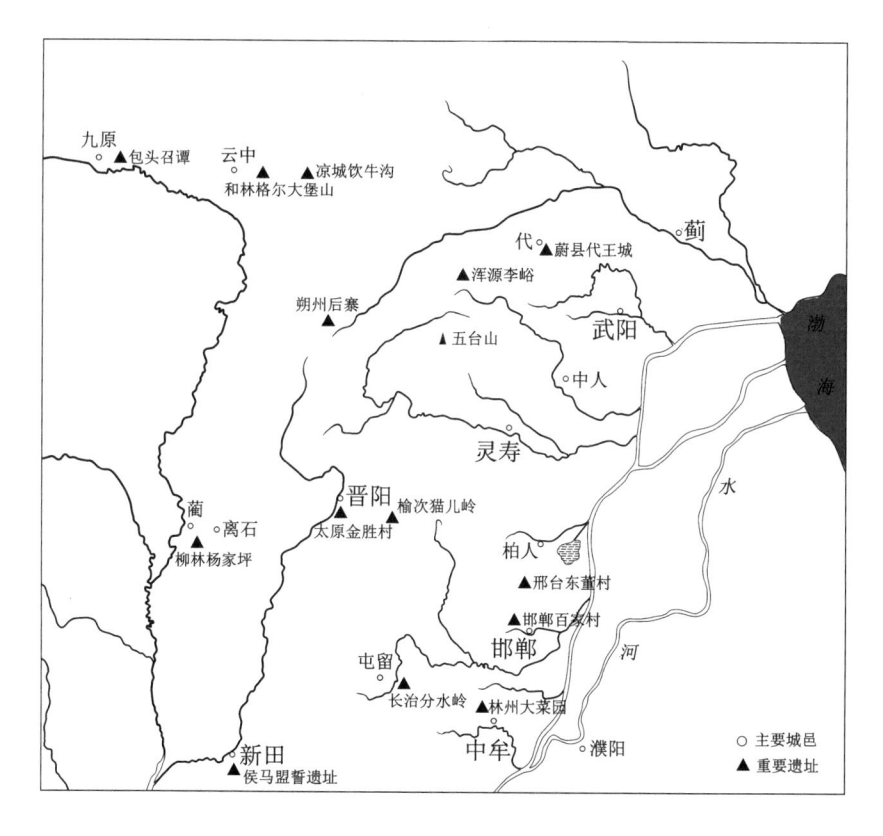

图6-2 赵国疆域与城邑及赵文化重要遗址分布示意图

第七章

赵国的城邑

现今发现的赵国城址既有作为政治中心的都城，又有地区性城邑。前者包括赵国立国前赵氏宗族的封邑和立国以后的都城，后者则多为赵立国后所设置的普通城邑。

第一节 封邑与都邑

赵国建立之前赵氏宗族的封邑包括耿、原、温等地，赵氏于此时虽仅为晋国的异姓卿族之一，尚未建立赵国，但这些封邑却是赵氏宗族的政治中心所在，与地区性城邑的性质并不相同。至赵国建立之后，先后以晋阳、中牟和邯郸为都。

一 赵立国前赵氏宗族的封邑

赵氏在立国之前，作为异姓卿族的代表在晋国统治集团内部不断发展壮大，文献记载的赵氏领地有耿、原和温等地。

奠定赵氏基业的重要先祖赵夙，曾被晋献公封为大夫，并赐以耿地。因此，耿为赵氏入晋之后见诸文献记载的第一个封邑。司马贞《索隐》引杜预曰："耿，今河东皮氏县耿乡是。"[①] 地在今山西河津东南。

---

① 《史记·赵世家》，第1781页。

赵夙之弟赵衰在骊姬之乱后，追随晋公子重耳流亡各地。待重耳返回晋国继位之后，赵衰因辅佐有功而被封为原大夫，居于原地。原地所在，据《括地志》载"故原城在怀州济源县西北二里"①，即今河南济源西北。

"下宫之难"后赵氏家族几乎全被诛灭，赵朔之子赵武侥幸存世，被景公重新立为赵氏嫡嗣。《左传》昭公元年（前541）载："赵孟适南阳，将会孟子余。甲辰朔，烝于温。"可见，赵武复立之后，其宗邑在南阳温县，其地望依《读史方舆纪要》记载在河南温县西南三十里②。

以上三处赵氏的封邑，虽有较为可靠的文献线索，但迄今为止并无相应的考古发现佐证，因此难以指实其具体地望。

二 赵国的都邑：晋阳、耿、中牟与邯郸

赵国的建立以三家分晋为标志，其时赵国以晋阳为都城。到赵献侯即位后，将都城迁至中牟。公元前386年，赵敬侯又将都城迁至邯郸，其后直至赵国灭亡，赵国再未迁都。

（一）晋阳

晋阳本为赵氏宗族的封邑，三家分晋之后，赵国正式建立，因此，晋阳又成为赵国的第一个都城。

晋阳的修建年代可追溯到春秋晚期。据相关史料记载，赵简子为赵氏宗主时即派董安于加以营建，自此位于晋中盆地的晋阳成为赵氏宗族的政治中心。前497年，范氏和中行氏联合进攻赵氏，赵简子走保晋阳。《春秋》定公十三年记述此事时称："晋赵鞅入于晋阳以叛。"这也是晋阳第一次见诸文献记载。

据《战国策·赵策一》记载："董子之治晋阳也，公室之垣皆以狄蒿苦楚廧之，其高至丈余。"可见晋阳城池坚固，足以对抗敌军的

---

① 《史记·赵世家》《正义》引，第1781页。
② 顾祖禹撰、贺次君等点校：《读史方舆纪要》卷四九，第2301页。

进攻，故而赵简子在躲避敌人的追杀时才会奔保晋阳。董安于被杀后，赵简子又派尹铎继续加固城防。正是因为董安于和尹铎的悉心建设，才使得晋阳成为赵氏宗族的重要根据地。

赵简子曾告诫赵襄子曰"晋国有难，而无以尹铎为少，无以晋阳为远，必以为归"①。后赵襄子遭受知氏围攻之时，亦退保晋阳，"三国攻晋阳，岁余，引汾水灌其城，城不浸者三版"②，但晋阳城内军民齐心，终于反败为胜，击退了知氏。其后赵国之所以能够得以立国，便是建立在赵襄子固守晋阳、灭掉知氏，从而奠定三家分晋的基础之上，晋阳也因此成为赵立国后的第一个都城。

赵献侯即位后，将都城迁至中牟。若从有明确纪年的定公十三年（前497）算起，至献侯元年（前423），晋阳作为赵的都城至少经历了75年的时间。虽然自公元前423年之后，晋阳不再作为赵的都城，但因其"东阻太行、常山，西限龙门、西河，南有霍太山、雀鼠谷之隘，北有雁门、五台诸山之险"③，故而直到战国末期为秦军所攻克，其间的224年不仅是赵的宗邑和政治中心所在，更是赵国经略北方和抵御西方强秦的重要支撑地。至孝成王二十年（前246）晋阳为秦军所破后，赵在西方失去了其所依赖的重要屏障，直接导致了位处太行山东麓的都城邯郸的沦陷以及赵国的灭亡。

考古发现的晋阳古城位于太原南郊的晋源区。古城坐落于汾河冲积平原与西山山前冲积扇的过渡地带，自然地势西高东低、北高南低。1961年起考古工作者在此进行过初步调查与勘探，基本确定了古城的位置和大致范围。

古城平面基本呈长方形，东西宽约4500米，方向为北偏东18度，在南城角附近的二郎庙下面发现的一段古城遗迹为古城的南垣，宽30米，夯土坚硬，土质细腻，色泽呈紫红色。此段城垣由此向东

---

① 上海师范大学古籍整理组：《国语·晋语九》，上海古籍出版社1978年版，第490—491页。

② 《史记·赵世家》，第1795页。

③ 《资治通鉴》卷二八四胡三省注，中华书局1956年版，第9275页。

延伸626米后,在地下未能找到夯土痕迹。古城的西垣由西北城角至西南城角长约2700米,有一段高出地表约7米,残长900多米,其余部分多仅存地下夯土遗迹。在古城的西北角钻探时发现有夯土向东延伸,应为北城垣残基。根据夯土的质地、色泽和夯筑方法判断,这座古城应该是东周时期的古晋阳城①。

2000年以来又对古城进行了多次调查、钻探与试掘,发现了晋阳城肇建之初的城垣遗迹,基本探明了晋阳城外城的最大城圈,即城垣的最大四至和范围,同时对后世改建和扩建的过程有所了解②。但遗憾的是,因种种原因,尚未搞清东周时期晋阳古城城垣的准确范围以及城内布局③,期待以后会有机会在此方面有所突破。

(二)耿

耿、中牟二城均与赵献侯联系在一起。《汉书·地理志》河南郡中牟县下注云:"赵献侯自耿徙此。"据此,赵献侯都中牟之前或曾一度居耿。但据《史记·赵世家》记载,赵襄子死后,赵献子即位即治中牟,并未言及耿,或者在耿时间短暂,亦未可知。

关于耿,一般指向河东皮氏(今河津)。《左传》闵公元年:"赐赵夙耿。"杜注:平阳皮氏县东南有耿乡。但《史记索隐》将耿与邢联系起来,《殷本纪》说"祖乙迁于邢",《索隐》云:邢音耿,今河东皮氏县。不仅如此,关于邢又存在异议,主要有二说:

一为邢丘(今温县)。《说文》邢字下云:"邢,周公子所封,地近河内怀。"《左传》宣公六年:"围怀及邢丘。"杜注:"今河内

---

① 谢元璐、张颔:《晋阳古城勘察记》,《文物》1962年第4、5期;山西省考古研究所编:《山西考古四十年》,山西人民出版社1994年版。

② 冯钢:《晋阳涅槃 沧桑重现 晋阳古城城池遗址的考古调查》,《中国文化遗产》2008年第1期;太原市文物考古研究所:《晋阳古城遗址2002—2010年考古工作简报》,《文物世界》2014年第5期。

③ 发掘者称,因时间紧迫,"常常是一旦发现夯土遗迹,在没有搞清年代及性质,甚至宽度的情况下,便继续向前。这样虽然多快好省地发现了一个相对完整的城圈,为保护工作提供了必备的资料,但也相应牺牲了对一些遗存进一步了解的机会,致使一些调查资料不是很完整"。因此他们时常也感到纠结与无奈(太原市文物考古研究所:《晋阳古城遗址2002—2010年考古工作简报》,《文物世界》2014年第5期)。

平皋县。"王国维《说耿》考订认为，祖乙所迁之耿即邢丘。由此，商周之邢皆在河内。

二为邢（今邢台）。《汉书地理志》赵国襄国县下注云："故邢国。"《左传》隐公五年："邢人伐翼。"杜注：邢国在广平襄国县。

赵献侯所居之耿，大概应在自晋阳至中牟之中途，而河东之耿似乎较为偏远，并且当时可能已属魏。因此，耿地在太行山东及南侧的南北二邢皆有可能，二地均属于晋阳通中牟的通道，并且二地均有历史渊源：河内南邢地近赵氏先公赵衰的封邑原（今济源），东阳北邢地近赵简子所占据的邯郸。

邢丘与邢台皆发现有东周时期的城邑遗址。邢丘所在的温县北平皋遗址，为一座始建于春秋时期的城址，城垣至今尚存，出土大量"邢公"陶文的陶器，邢公应即《左传》成公二年被晋国封为"邢大夫"的巫臣，而襄公十八年的"邢伯"、昭公十四年的"晋邢侯"乃巫臣之子，因此，邢丘当为晋国城邑无疑，但由于未见商文化遗存因此当非商祖乙之邢[1]。邢台虽迄今尚未发现城垣遗迹，但整个周代文化遗存广泛而丰富，存在高等级贵族墓地，西周及春秋前期之邢当即此地，战国时期亦属于一座重要城邑[2]。

如果西周及春秋之邢在邢台，东周邢丘在温县，则关于"邢"的地望得到了基本解决，但邢与耿的确切关系以及耿是否曾为赵都等依旧悬疑[3]，有关耿地的线索还有待于更多的考古学发现证据。

（三）中牟

中牟之名在文献中最早见于《国语·齐语》："桓公……筑五鹿、中牟、盖与、牡丘，以卫诸夏之地，所以示权于中国也。"齐桓

---

[1] 北京大学考古专业商周组等：《晋豫鄂三省考古调查简报》，《文物》1982年第7期；河南省文物考古研究所：《温县晋国邢邑遗址》，《中国考古学年鉴2003》，第238—239页。

[2] 张渭莲、段宏振：《邢台西周考古与西周邢国》，《文物》2012年第1期；段宏振：《邢台商周遗址》，第281—286页。

[3] 不少学者赞同赵献侯曾居耿，耿地即邢台，例如：孙继民《战国赵都迁耿管见》，《先秦两汉赵文化研究》，第143—155页。

公修筑中牟等城邑以防御戎狄的进攻，显示出中牟自载入史册起，便以其重要的地理位置而见称。春秋晚期之时，晋平公曾就中牟设令一事问于赵武："中牟，三国之股肱，邯郸之肩髀……"① 可见最晚至此时中牟已为晋国所有。其后中牟虽曾短暂归入卫、齐，但大部分时间属于晋国。

在与卫、齐争夺中牟的过程中，时任晋国正卿的赵简子和赵襄子积极斡旋，甚至不惜诉诸武力，将中牟归入赵氏宗族控制范围之内，因而中牟与其说是属晋，不如说属赵更为合适。《左传》哀公五年（前490年）载："赵鞅伐卫，范氏之故也，遂围中牟。"所记即是赵简子在攻拔邯郸和柏人后，又为争取中牟而伐卫之事。及至赵简子死后，中牟为齐所取，赵襄子起兵攻之，在中牟人请降之后，以"王登为中牟令"②，将中牟正式纳入赵国版图。正是由于中牟拥有独特的地理位置，加之赵简子和赵襄子的多年经营，赵献侯甫一即位，就将赵国的都邑由山西高原的晋阳迁至太行山东麓的中牟，为其后赵国向中原地区的发展奠定了坚实的基础。

中牟为都的时间，自"献侯少即位，治中牟"③ 算起，直至前386年赵敬侯迁都邯郸，历献侯、烈侯，共计三十余年。迁都邯郸后，中牟不再作为赵国的都邑。前364年，赵以中牟换得与魏之繁阳。战国晚期中牟虽回归赵国，但直至赵亡，中牟一直以普通城邑的身份存在，再无昔日之繁华。

关于中牟的地望，至今未有定论。《汉书·地理志》力主汉河南郡之中牟即赵都中牟，但臣瓒在《汉书音义》中指出此说的谬误，认为河南中牟在春秋之时为郑之疆内，三家分晋之后为魏之邦土，而赵国疆界远在漳水以北，与此地无涉。裴骃也认为汉河南郡的中牟与赵国的中牟并非一地，赵国中牟应在黄河以北找寻④。张守节的

---

① 王先慎撰，钟哲点校：《韩非子·外储说左下》，中华书局1998年版，第306页。
② 王先慎撰，钟哲点校：《韩非子·外储说左上》，第280页。
③ 《史记·赵世家》，第1796页。
④ 《史记·赵世家·集解》，第1796页。

《史记正义》则另辟蹊径，据相州荡阴县西有牟山，提出中牟在牟山之侧的观点①。顾栋高在《春秋时晋中牟论》中考证说，中牟宜当在邢台、邯郸之间，然而在《春秋列国都邑表》中，又说"今河南彰德府汤阴县西有中牟城"，另在《春秋舆图》中亦把中牟位置标志在汤阴县西，并解释说，"张守节之说亦未可尽非也"②。

迄今为止，因考古资料的匮乏，尚无法确指赵都中牟的地望所在。但依文献记载和现有的一些考古资料，仍能寻到一些踪迹。20世纪60年代以来在鹤壁市鹿楼乡故县村发现规模较大的战国时期的冶铁遗存③，附近还发现有同时期的墓地和大型夯土基址④。此外，在距鹤壁不足五十千米的林州境内清理数百座战国时期的墓葬，其中面积较大者随葬有成套青铜礼乐器。其中M301为七鼎墓，面积超过60平方米，有单独的车马坑祔葬，其内置有车6辆、马12匹。M801虽被盗，仍余有7鼎及多件青铜礼乐器和车马器，并发现有殉人⑤。这些高规格的墓葬年代在战国早期，亦与赵都中牟的时间大致吻合。因此，尽管现有的资料并不充分，但为中牟豫北说提供了一些有价值的线索。

（四）邯郸

邯郸位于太行山东麓山前平原的南部，西依太行，东临古黄河，为南北交通之要道，自然地理环境优越。邯郸一带春秋时属卫，后来归晋。由《左传》等传世文献记载知，大约自公元前615年起，赵氏一族就已经开始经营邯郸。至赵穿之孙赵胜时，赵氏在邯郸的势力发展更盛。

赵简子在经营晋国的同时，对太行山东麓地区的邯郸亦极为关

---

① 《史记·赵世家·正义》，第1796页。
② 顾栋高：《春秋大事表》，中华书局1993年版，第550、820、2646页。
③ 王文强等：《鹤壁市故县战国和汉代冶铁遗址出土的铁农具和农具范》，《农业考古》1991年第3期；鹤壁市文物工作队：《鹤壁鹿楼冶铁遗址》，中州古籍出版社1994年版。
④ 张新斌：《河南鹤壁鹿楼古城为赵都中牟说》，《文物春秋》1993年第4期；《赵都中牟在鹤壁研究》，《中州学刊》2005年第6期。
⑤ 张增午：《赵都中牟林州说的推定》，《中原文物》2005年第6期；河南省文物考古研究院：《河南林州大菜园东周墓地出土青铜器保护修复报告》，第3—5页。

注。但占据邯郸的赵氏毕竟属于赵氏系统的支系，而与简子的宗主系统存在一定的距离①。后来赵氏集团内部在邯郸归属问题上，终于产生了严重的分裂与对峙。依《左传》的记述，矛盾的起因在于定公十年赵鞅讨伐卫国时，获得"卫贡五百家"，赵简子暂时置之于邯郸。三年之后，赵简子欲将此"五百家"迁至晋阳，但邯郸午不从，赵简子一怒之下将邯郸午囚禁于晋阳，后又将其诛杀。赵午之子闻听此事后，拥邯郸而叛。其后数年，赵简子多次率军围攻邯郸，直至晋定公二十一年（前491年）"简子拔邯郸"②之后，赵氏宗主才完全占据了邯郸。

赵襄子时期，邯郸继续得到发展。之后献侯迁都中牟，将赵国的政治中心转移至太行山东麓地区，亦为邯郸之稳定发展提供了有利条件。

赵敬侯元年（前386）"赵始都邯郸"③，从此邯郸进入都城时期，一直到公元前228年被秦攻克，邯郸为都历时长达159年。赵建都邯郸后，依托邯郸城南征北战，开疆拓土，赵之重心逐渐由黄土高原腹地转向广袤的华北平原，积极逐鹿中原。在邯郸为都的159年间，共历8位君主：敬侯——成侯——肃侯——武灵王——惠文王——孝成王——悼襄王——幽缪王。

赵敬侯立都邯郸，积极施行向外扩张的策略，主要是向东南方向的邻国齐、卫用兵。赵成侯沿袭赵敬侯的做法，继续向周边地区拓展势力，但在与魏的战争中失败，以至造成邯郸之难。赵肃侯继位后虽继续向外扩张，但势头有所减弱。至赵武灵王时，在都城邯郸宣布开始胡服骑射改革，其后赵国军力大增，继而完成了向北方

---

① 赵鞅一支源自赵衰一系，而邯郸午则源自赵夙。从赵氏族源来看，赵夙为赵衰之兄，在晋献公十六年曾受赐耿邑并得任大夫，而赵衰于晋献公二十二年跟随公子重耳奔狄，故而此时赵氏宗族之宗主应是赵夙。但后来因赵衰有功于文公八年受命为卿，自此之后赵衰一支实际上居于赵氏宗主地位。详见朱凤瀚先生《商周家族形态研究》，天津古籍出版社2004年版，第462—463页。

② 《史记·赵世家》，第1792页。

③ 《史记·赵世家》，第1798页。

的扩张，并多次进攻中山，严重削弱了中山的国力。赵惠文王最后完成灭亡中山之重任，东向击齐，西向败秦，赵国于此时发展到顶峰阶段，邯郸城也应处于鼎盛之期。长平之战后，赵国受到重创，邯郸之围使得国家衰落，邯郸城亦遭受重大损失。至幽缪王八年（前228），秦军攻破邯郸，邯郸为赵都的历史至此寿终，邯郸城于历史上最繁荣的阶段也因此完结。秦灭赵后设邯郸郡，为天下三十六郡治所之一，邯郸城失去诸侯国都之政治地位，降为地方行政中心。

赵邯郸故城遗址位于今天的邯郸市市区及西南郊区，总占地面积约1719万平方米。从宏观格局观察，邯郸城属于大型双城形制，即由王城和大北城组合而成。赵王城与大北城相距虽近，但并未相连。（图7-1）

赵王城在故城遗址西南部，由西城、东城和北城3座相连的小城组成，平面呈品字形。北城被破坏严重，但西城和东城保存基本完好。西城平面呈方形，四面城垣均保存较好，城内存5座地面夯土台基址及多处地下建筑基址。东城平面近长方形，西垣和南垣保存较好，东垣和北垣保存较差，多处地段仅余地下基址，城内存有3座地面夯土台基址及多处地下建筑基址。北城平面呈不规则长方形，除南垣西段和西垣南段保存有地面城垣基址外，其余均埋藏于地下。赵王城的城垣均系夯土筑成，城垣上除发现门阙遗迹11处外，还发现排水槽道和铺瓦等防雨排水遗迹。赵王城城南还发现有壕沟系统。壕沟北距王城南垣1000米，与南垣基本平行，由3条壕沟并列组成，间距10米。三条壕沟与南垣附近的城壕一起，共同构成了王城乃至整个邯郸城南郊的完整防御系统。

大北城在故城遗址东北部，平面呈不规则长方形，除西北角一带西垣局部尚存地面基址外，其余均为地下基址。城垣均系夯土筑成。城内西北隅紧靠西城垣一带，有一组与城垣相连的俗称"插箭岭""梳妆楼""铸箭炉""皇姑庙"等夯土台建筑基址群。城内北部有丛台和温明殿等夯土台建筑基址。城内还发现多处冶铸、制陶、制骨等手工业作坊遗址。

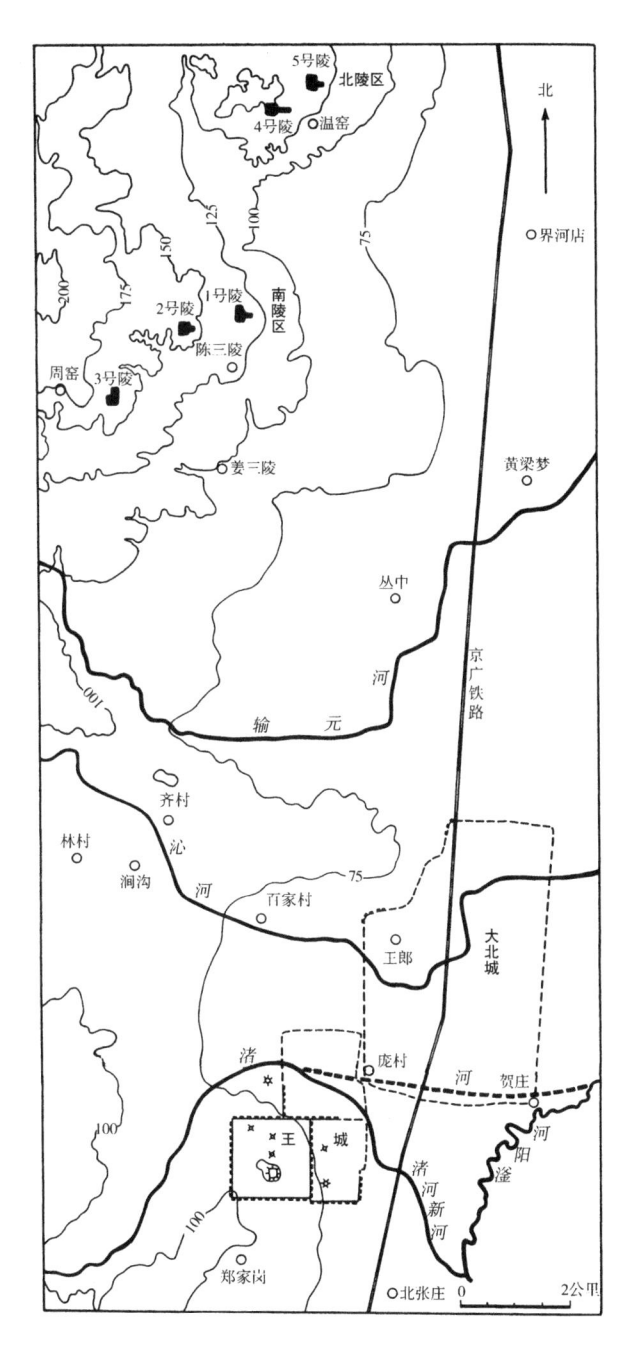

图 7-1　赵邯郸故城平面图

（引自《赵都邯郸城研究》第 87 页）

大北城以西的百家村一带为赵都贵族墓葬区，以战国墓葬为主，地面尚存有封土的墓葬有16座，无封土的墓葬分布稠密，难计其数。郭城的西部和西南部郊区，还分布着众多的战国至汉代聚落遗址群。城址西北的三陵村和温窑一带为赵国王陵区。

根据迄今为止的考古发掘地层及出土遗物分析，赵王城的建造和主要使用年代当为战国中晚期，其性质应属战国赵都邯郸之宫城。大北城的始建年代可能在春秋时期，但使用的年代主要是在战国至汉代时期。

邯郸是中国古代第一批真正城市时代的典型城市，是东周特定时代的代表性产物。邯郸城的诞生与发展之路，邯郸作为赵都之城的繁荣与兴盛，邯郸城的独特城市格局与城市性格等等，都是东周城市时代的辉煌典型[①]。

第二节　一般城邑

赵国建立之后，在境内的多个地点修筑了大量的普通城邑。其中晋中和晋西地区主要有皋狼、楼、蔺、离石、西都、中阳、兹氏、大陵、梗阳、祁、阳邑、榆次、狼孟，北境有云中、九原、原阳、代、平阴、平邑、安阳，东北境有浊鹿、乐徐、高阳、武阳、鄚等，西南境的上党地区有泫氏、屯留、长子、端氏、涅、阏与、橑阳，南境和东南境有怀、李、中牟、繁阳、刚平、平邑、廪丘，邯郸及其周边有柏人、列人、肥、武安、番吾、武城、平阳等。赵武灵王及惠文王攻灭中山后，中山的城邑如房子、宁葭、丹丘、华阳、鄗、石邑、封龙、东垣、栾、南行唐、灵寿等亦被纳入赵国疆土。以上所举城邑仅是根据传世文献记载而列出的一部分。《战国策·赵策三》所记赵之名将赵奢言"今千丈之城、万家之邑相望也"，即是赵国境内城邑众多的形象描述。

---

①　段宏振：《赵都邯郸城研究》，第86—92、277—280页。

多年来，考古工作者亦在赵国境内发现了上百座城邑，这些城邑分布在北至内蒙河套，南至豫北地区，西抵晋陕黄河左岸，东达运河周边的广大地区。城邑的面积各异，既有十万平方米以上的大城，亦有一万平方米左右的小邑。

根据这些资料，可将赵国建立之后的一般城邑分作三类：

（1）文献与考古资料可以互相印证的城邑：此类城邑数量较多，规模也略大。既有较为详尽的文献记载，又有相应的考古发现印证。

（2）仅见于文献记载的城邑：此类城邑虽有传世文献记载，但迄今并未发现相关的考古资料，因而其地望暂时无法指实。

（3）仅见于考古发现的城邑：此类城邑虽已经考古工作者发现，但在文献资料中未能寻得任何线索。

下面依赵国疆域的地理分区，对此三类城邑分别述之。

一　晋阳及周边地区

晋阳为赵国第一个都城，在其周边修筑城邑不仅可以拱卫都城的安全，亦是赵国向北方扩张的重要支点。而晋西既是赵氏的发源地，同时也是与魏、秦对抗的前沿阵地，因此该区域的城邑兼具政治与军事功能。

（一）文献记载与考古资料可以相互印证者有皋狼、狼孟、兹氏等

1. 皋狼

据《史记·赵世家》和《战国策·赵策》记载，赵氏祖先孟增被周王赐予皋狼之地，因此皋狼为赵氏祖先发祥之地，此后一直为赵所领有。三家分知氏之前，知伯曾向赵襄子索要皋狼和蔺，被拒绝后，联合韩、魏的军队攻打赵之晋阳。战国末期皋狼为秦所取，西汉于此置皋狼县，其地望多认为在今离石县西北。

坐落于方山县峪口镇南村东南台地上的城址，平面呈不规则形，由内城、西城和东城三部分组成。东城与西城以一条东北——西南走向的城墙隔开。内城位于西城内北部，平面呈梯形，东西长504—

600米，南北宽约127米，城垣系夯筑而成，基宽约13.7米，残高1.5—7.2米。调查者推测内城始建于春秋末至战国时期，为皋狼邑之所在。两汉时期在此基础上增筑西城和东城，相继为西河郡皋狼县治、东汉南单于庭、刘渊汉国的都城左国城所在①。

2. 狼孟

地处晋阳之北。据《史记·秦本纪》载，秦庄襄王二年（前248）"攻赵榆次、新城、狼孟，取三十七城。"其后狼孟可能又属赵。至秦王政"十五年，大兴兵，一军至邺，一军至太原，取狼孟"。秦王政十五年即前232年，至此赵之狼孟再次为秦所夺取。之后秦于此置狼孟县，两汉因之。其地望依《读史方舆纪要》在太原府北七十里，俗名黄头寨②。

位于今阳曲县黄寨镇黄寨村东的城址，平面呈长方形，南北长360、东西宽180米。地表残存城垣长约600米，其中东、西二垣保存较好。城垣系夯筑而成，基宽3—4米。城内采集有战国两汉时期的遗物③。此城应即赵之狼孟无疑。

3. 兹氏

为赵国之重要城邑。《史记·秦本纪》载："（昭襄王）二十五年，拔赵二城。"《史记·赵世家》亦载："（惠文王）十七年，……（秦）伐赵，拔我两城。"秦昭襄王二十五年与赵惠文王十七年为同一年，即公元前282年，因此以上二则文献所述应指同一事件。然而遗憾的是，秦所攻取的是哪两座赵国城邑并不清楚。所幸云梦出土的秦简《编年记》有"（昭王）廿五年，攻兹氏"④的记载，由是

---

① 傅淑敏：《南单于庭、汉都左国城发现记》，《中国文物报》1993年5月9日；苏哲：《三国至明代考古》，中国考古学会编：《中国考古学年鉴1994》，文物出版社1997年版，第69页；国家文物局主编：《中国文物地图集·山西分册》，中国地图出版社2006年版，第1235页。
② 顾祖禹撰、贺次君等点校：《读史方舆纪要》卷四○《山西二》，第1809页。
③ 国家文物局主编：《中国文物地图集·山西分册》，第50页。
④ 睡虎地秦墓竹简整理小组：《编年纪释文注释》，《睡虎地秦墓竹简》，文物出版社1990年版，第5页。

知兹氏应该为赵国被秦夺取的二城之一。秦置兹氏县，属太原郡，西汉因之。《读史方舆纪要》以为故兹氏城在汾州府南十五里，即今汾阳县西南的巩村①。

虽然传世文献中关于兹氏的内容并不多，但面文为"兹氏"的尖足布、方足布在河北易县、灵寿、山西原平、阳高等地多有发现，学者们认为此类货币应为赵国货币，铸造地在今山西汾阳县境②，因此兹氏应为赵国比较重要的钱币铸造地。

在汾阳三泉镇巩村西发现的城址，平面呈长方形，东西长约700米，南北宽约300米。东、北、西垣已无存，仅存的南垣基宽约18米，残高约3米，系夯筑而成。城外东、南、北三面均有壕沟。城内采集有战国时期的陶器③。此城可能即是赵之兹氏。

（二）仅见于考古资料者有临县曜头、柳林穆村、青龙等城址。因未见任何文字资料，且这些城址的位置与文献记载中的城邑少有重合，所以尚不清楚其归属

1. 曜头古城

坐落于临县白文镇曜头村东湫水河东岸的台地上，因山势而建，东垣筑于山巅，南、北城垣由高到低顺山势向河滨延伸。城址平面呈不规则梯形，东西长约2000米，南北宽约1000米。地面城垣断续可见，基宽2—10米，残高0.5—10米。城垣系夯土筑成。城内采集有战国和汉代的日用陶器、建筑材料残片以及带有"宜安""阏与"铭文的铜戈和尖足布、刀币等货币④。

2. 穆村古城

城址位于柳林县穆村附近三川河北岸的山塬上。平面呈长方形，

---

① 顾祖禹撰、贺次君等点校：《读史方舆纪要》卷四二《山西四》，第1940页。
② 汪庆正：《中国历代货币大系·先秦货币》，上海人民出版社1988年版，第1086页；朱华：《三晋货币》，山西人民出版社1994年版，第155页。
③ 国家文物局主编：《中国文物地图集·山西分册》，第1197页。
④ 傅淑敏：《临县曜头古城址》，《中国考古学年鉴1994》，第143—144页；陶正刚：《山西临县窑头古城出土铜戈铭文考释》，《文物》1994年第4期；国家文物局主编：《中国文物地图集·山西分册》，第1228页。

东西长约 1500 米，南北宽约 1000 米。现仅存北城垣，基宽约 20 米，残高 3—6 米。城垣系夯筑而成。1995 年对西南城角进行过发掘，出土有板瓦等建筑材料①。古城东面不远的杨家坪遗址曾发现分布密集的东周赵国墓葬，因此可以确定此城为赵国城邑。

3. 青龙古城

位于柳林县青龙镇青龙村附近的山塬上。平面呈长方形，东西长约 1000 米，南北宽约 400 米。现存东、西、南三面城垣残段，共计长约 450 米，基宽 5—8 米，残高 4—6 米。城内采集有战国时期的日用陶器和建筑材料残片②。

（三）仅见于文献记载者，如榆次、离石、蔺、中阳、西都、祁、阳邑、大陵、梗阳等，均未找到相关考古资料

蔺：地处赵国西境，与皋狼一样，亦是赵国较早领有的重要城邑，早在韩、赵、魏三家攻灭知氏之前便已属赵。因其与魏、秦邻近，所以屡受攻击。《史记·赵世家》载：（成侯）"三年，魏败我蔺""二十四年，秦攻我蔺"。其后的肃侯和赵武灵王时期，蔺邑反复在秦赵间易手，至惠文王十八年（前 281）最终为秦攻取。蔺邑在赵之西北境，故云北蔺。汉置蔺县，依《汉书·地理志》属西河郡，故治在今柳林县孟门村③。

山西祁县、阳高，河南洛阳、新郑，河北邢台、灵寿等地曾出土带有币文"阅"的尖足布、方足布、圆足布以及尖首、圆首刀币，汪庆正和朱华均以为"阅"即"蔺"，为战国赵地，在今离石县西④。然而在离石境内并未找到与此相应的城址。

傅淑敏曾提出临县曜头古城为赵之"蔺"邑的观点⑤，但陶正刚

---

① 国家文物局主编：《中国文物地图集·山西分册》，第 1241 页。
② 国家文物局主编：《中国文物地图集·山西分册》，第 1241 页。
③ 缪文远：《战国制度通考》，巴蜀书社 1998 年版，第 163—164 页。
④ 汪庆正：《中国历代货币大系·先秦货币》，上海人民出版社 1988 年版，第 1086、1099、1109、1120 页；朱华：《三晋货币》，山西人民出版社 1994 年版，第 155 页。
⑤ 傅淑敏：《临县曜头古城址》，《中国考古学年鉴 1994》，第 143—144 页。

却以为此城既不是普通壁垒,又不具备都邑的规模,因此不可能是赵的蔺或离石①。无论从地理位置还是规模上观察,曜头古城都只能是军事性城邑。从现有资料看,论定其为蔺邑的材料尚不充足。

榆次亦是如此。传世文献以为榆次在今榆次县附近,但迄今未能找榆次城址。尽管在榆次出土过面文为"榆即"的尖足币和方足布②,而且榆次城东的猫儿岭发现过近千座战国时期的墓葬③,从理论上来说附近应该存在城址,但囿于考古发现,只能暂且存疑。

二 东阳地区

东阳地区的城邑均为赵国向太行山东麓地区发展过程中而设立,而该区域内城邑的繁盛,主要是在邯郸作为赵都之时。

东阳地区最大的城址即赵都邯郸。多年来,考古工作者在邯郸城远郊的北洺河、南洺河的上游以及两支洺河合流后的中游流域,勘查和发掘了11处城邑遗址。这些城址大多数始建于战国,个别可能早到春秋时期。在北起泜河、南到漳河之间的区域,即邯郸城远郊以外更远的邻近地区,更是分布着密集的东周时期城邑遗址。

(一)鄗、柏人、临邑等城邑,不仅存在丰富的文献记载,亦有较为可靠的考古学资料可以佐证

1. 鄗

《左传》哀公四年(前491)载:"国夏伐晋,取邢、任、栾、鄗、逆畤、阴人、盂、壶口。"齐师所伐诸地,均为晋国的城邑,鄗也在其中。春秋时鄗属晋,齐曾短期占有,战国时因地处中山与赵的边界地带,所以长期为二国所争夺,因此归属不定。

赵肃侯十八年(前332)齐、魏联军伐赵,中山倚仗齐、魏势力,曾引槐水以围鄗邑,鄗城近乎失守。虽然其后赵军决黄河水灌

---

① 陶正刚:《山西临县窑头古城出土铜戈铭文考释》,《文物》1994年第4期。
② 朱华:《三晋货币》,山西人民出版社1994年版,第155—156页。
③ 猫儿岭考古队:《1984年榆次猫儿岭战国墓发掘简报》,《三晋考古》(一),第266—287页。

之,齐、魏方才退兵,中山也被迫从鄗撤军,但赵国一直视此为奇耻大辱,如赵武灵王所言:"先时中山负齐之强兵,侵暴吾地,系累吾民,引水围鄗。微社稷之神灵,则鄗几于不守也。先王丑之,而怨未能报也。"①

《史记·赵世家》曰:"(武灵王)三年,城鄗。"由是知,赵武灵王三年(前323)已在鄗修筑城邑。但《赵世家》又载,武灵王二十一年,赵军相继攻取中山的丹丘、华阳、鸱之塞、石邑、封龙、东垣等多个城邑,鄗亦在其中。可知原本在赵武灵王三年赵已领有鄗邑,但中间可能又为中山所夺,至二十一年复又攻取,所以才有此记载。

在柏乡县固城店镇固城店村南发现的东周城址,平面近方形,面积约225万平方米。城垣系夯土筑成,基宽约7米,残高1—5米。城内发现有灰坑等遗迹,出土遗物有泥质灰陶罐、盆、豆等日用陶器和板瓦、筒瓦等建筑材料。该城址可能即是东周之鄗邑②。

2. 柏人

《左传》哀公四年(前491)载:"国夏伐晋,……纳荀寅于柏人。"《左传》哀公五年又云:"五年春,晋围柏人,荀寅、士吉射奔齐。"可见春秋时已有柏人城,为晋所领有,后归赵。《史记·赵世家》曰:"晋定公二十一年(前491),简子拔邯郸,……赵竟有邯郸、柏人。"幽缪王在秦攻邺后,在柏人修筑城邑,以期拱卫邯郸的安全。《史记·赵世家》载:"幽缪王迁元年(前235年),城柏人。"柏人作为赵都邯郸的北方门户,至汉代仍为该区域的重要城邑。柏人故城的地望,据《正义》引《括地志》云"在邢州柏人县西北十二里"③。

隆尧双碑乡城角村和亦城村南泜河南岸台地上发现的城址,平

---

① 《史记·赵世家》,第1809页。
② 段宏振:《赵都邯郸城研究》,第170页。
③ 《史记·张耳陈余列传》,第2584页。

面近方形,总面积约 350 万平方米。城内地势北高南低。城垣系夯土筑成,基宽约 40 米,残高 1—7 米。四面城垣共发现城门 9 座。城内东北隅残存 2 处夯土台建筑基址。城内出土遗物有铜镞、带钩、"白人"刀币和陶器残片等。城址的年代为东周至汉代,该城址应即柏人①。

(二)仅见于考古资料者有阳邑、贺进、北界城、讲武城、鹿城岗等,这些城址虽有考古资料,但于传世文献中没有记载

1. 阳邑

城址位于武安市阳邑镇阳邑村北的台地上,平面呈方形,东西长约 300 米,南北宽约 200 米。在城址的东、北和东南均发现有同时代的遗址,城内发现有灰坑、陶窑等遗迹,出土有大量板瓦、筒瓦等建筑材料和陶罐、盆、素面豆等日常用器②。

2. 贺进

城址位于武安市贺进镇贺进村西南、北洺河南岸的高台地上,平面呈方形,边长约 400 米。城垣系夯土筑成,基宽 6 米,残高 1—5 米。发现的遗迹主要有灰坑,出土有东周时期的板瓦、筒瓦和陶罐残片③。

3. 北界城

位于峰峰矿区界城镇北界城村北,平面呈曲尺形,由三座小城相连组成,总面积约 26 万平方米。西小城和西南小城近方形,东小城呈长方形。城垣系夯土筑成,残高 1—6 米。城内出土有板瓦、筒瓦、陶排水管道、瓮、罐、盆、豆和铜镞等遗物。该城东北距太行八陉之一——滏口陉仅 5000 余米,是邯郸城通向太行山以西的咽喉要道,周围地势险要,因此应为军事城堡性质的城邑④。

---

① 段宏振:《赵都邯郸城研究》,第 170—172 页。
② 段宏振:《赵都邯郸城研究》,第 152—153 页。
③ 段宏振:《赵都邯郸城研究》,第 155 页。
④ 段宏振:《赵都邯郸城研究》,第 179 页。

（三）部分城邑如繁阳、武安、平阳、肥、列人、番吾等仅见于文献记载，并未找到与考古相关的任何线索

1. 繁阳

地处赵魏边境的城邑。《水经·河水注》载：赵成侯十一年（前364）赵以中牟换取魏的浮水、繁阳。然而到赵孝成王二十一年（前245），"廉颇将，攻繁阳，取之"①。显然，其间繁阳可能又为魏所取，至此时赵又重新领有繁阳。

《水经·河水注》云："左会浮水故渎，故渎上承大河于顿丘县而北出，东迳繁阳县故城南。应劭曰：县在繁水之阳。张晏曰：县有繁渊。……亦谓之浮水焉。昔魏徙大梁，赵以中牟易魏。故《志》曰：赵南至浮水繁阳，即是渎也。"《水经·渠水注》也说："自魏徙大梁，赵以中牟易魏，故赵之南界，极于浮水，匪直专漳也。"可见繁阳乃位处赵之南界的城邑。至于其地望，《括地志》云："繁阳故城在相州内黄县东北二十七里。"然在传为繁阳故城所在的内黄田氏乡高城村，并未发现战国时期的城垣及相关遗迹②。

2. 番吾

因地理位置的险要而为赵国的战略要地。《战国策·赵策二》曰："秦甲涉河逾漳，据番吾，则兵必战于邯郸之下矣。"《史记·张仪列传》也载："今秦有蔽甲凋兵，军于渑池，愿渡河逾漳，据番吾，会邯郸之下。"

对于番吾的地望，魏晋以来的学者多认为在今河北平山，及至近世，缪文远另辟蹊径，以为"番吾当在漳水之北，邯郸之南，当今河北磁县境"③。有学者以为磁县九龙口古城可能为番吾④，此说虽有一定的合理之处，但仍需要更多的考古资料证实。

---

① 《史记·赵世家》，第1829页。
② 国家文物局：《中国文物地图集·河南分册》，中国地图出版社1991年版，第292页。
③ 缪文远：《战国制度通考》，巴蜀书社1998年版，第163页。
④ 林献忠：《战国时期赵国两"番吾"地望探析》，《历史地理》第32辑，2015年。

三 上党地区

该区域的城邑多为三家分晋之时设立,但因地处军事要地而屡屡为韩、赵、魏以及秦所争夺,故而其归属不定。有些城邑较长时段为赵所领有,但有些城邑属赵只有极短的时间。而相关的文献资料极度缺乏,现有考古发现又较为零散,不足以对这些资料进行细致的断代,更遑论其性质确定。所以对于赵的上党地区的城邑仅能粗略论之,留待以后再行补充。

(一)现存文献记载可与部分考古资料得以印证的城邑有长子、屯留、涅和阏与等

1. 长子

本为赵邑,后属韩。至迟在赵襄子之时,长子已属赵。《国语·晋语九》载智氏向赵襄子索地无果,率韩、魏之兵以攻赵氏,襄子的随从以"长子近且城厚完"为由,建议他赴长子以避智氏,可见此时长子属赵。但到成侯五年(前370)长子可能已不归赵国领有,所以《史记·赵世家》才说"(成侯五年)韩与我长子"。然而仅过了十多年,"郑取屯留、长子、涅"[①],意即长子又为韩所夺取。此后直至孝成王四年(前262)赵国意外得到韩之上党后,才重新领有长子,但也因此引发了秦赵间的长平之战,其后不久长子即为秦所取。《汉书·地理志》上党郡有长子县。

面文为"长子"的方足布在洛阳、祁县、阳高、灵寿等地均有出土。有学者从中辨识出两种不同的货币面文,方足布既有郘子,又有"尚子",据此提出"应该是长子分别在韩、赵二国占有时各自铸造货币的文字区别"[②],其说甚是。

长子故城址位于今长子县城附近,平面呈长方形,南北长约

[①] 《水经·浊漳水注》引《竹书纪年》。
[②] 张颔:《古币文三释》,中国钱币学会编《中国钱币论文集》(二),中国金融出版社1992年版,第85—88页。

2000 米，东西宽约 1500 米。地面断续可见北、西城垣以及东北、西南城角等部分城垣，东、南城垣及东城角不甚清楚。城垣系夯土筑成，残高约 3—5 米，基宽 8—10 米。城址内外散布有东周时期的日用陶器和建筑材料残片。城址西和西南部发现规模较大的东周墓地，出土有青铜礼器、玉器、陶器等遗物①。此城址应即东周之著名城邑长子所在。

2. 阏与

为赵韩边境的城邑。因其地理位置的特殊性，多次成为赵与其他国家作战的主战场。《史记·廉颇蔺相如列传》载："秦伐韩，军于阏与。王召廉颇而问曰：'可救不？'对曰：'道远险狭，难救。'"足见阏与位置之险要，也因此成为兵家必争之地。

《史记·魏世家》哀王八年②记魏大夫如耳见成陵君时说："昔者魏伐赵，断羊肠，拔阏与，约斩赵，赵分而为二。"襄王八年即前 311 年。如此记载可信的话，阏与又曾为魏所夺取。《史记·赵世家》云："（赵惠文王）二十九年，秦、韩相攻，而围阏与。赵使赵奢将，击秦，大破秦军阏与下。"此次战役以赵国获胜而告终，然而至悼襄王九年（前 236），秦将王翦率军进入上党，阏与最终为秦所攻占。

乌苏古城位于沁县册村镇乌苏村附近圪芦河北岸的台地上，平面形状不详。在面积约 50 万平方米的范围内，暴露的遗迹有夯土城垣、灰坑和墓葬，采集有陶豆、甗、鬲等日用陶器残片。1983 年在村西南清理东周时期的中小型墓葬 10 座，出土有青铜礼器和日用陶器③。

---

① 山西省考古研究所：《山西长子县东周墓》，《考古学报》1984 年第 4 期；国家文物局主编：《中国文物地图集·山西分册》第 357 页。

② 魏世家记为哀王，但魏无哀王，依王国维《古本竹书纪年辑校》"哀"为"襄"之误（辽宁教育出版社 1997 年版，第 31 页），故此处的哀王应为襄王。杨宽也以为此处的魏哀王应为襄王，见《战国史料编年辑证》第 556 页。

③ 国家文物局主编：《中国文物地图集·山西分册》第 385 页。

关于阏与古城的地望，学界向有和顺和沁县乌苏二说①。因沁县乌苏说既有文献资料记载，又有考古资料的印证，因此此城可能即是东周时期的阏与②。

（二）虽然赵在上党地区的部分城邑，在考古发现上有少许踪迹可循，然尚存在相当数量的城邑并未得到地下材料的印证，如泫氏、端氏、皮牢、光狼、榑阳等

以泫氏为例。《水经·沁水注》引《竹书纪年》云："晋烈公元年（前415），赵献子城泫氏。"泫氏，《汉书·地理志》属上党，张家山汉简《二年律令·秩律》有泫氏县，属上党郡③。《路史·国名纪》曰："《纪年》梁惠［十］九年晋取泫氏，即《汲书》赵献子城泫氏者，地在上党泽之高平，汉之泫氏有泫谷水。"④因此，泫氏地在今高平大体不谬。虽然《水经·沁水注》有"绝水东南与泫水会，水导源县西北泫谷，东流迳一故城南，俗谓之都乡城。又东南迳泫氏县故城南，……而东会绝水，乱流东南入高都县，右入丹水"的记载，然而泫氏故城地在何处，迄今仍未找到有价值的线索。

四 北地

此区域的城邑除代等少数城邑是在赵国建立之初就已设立之外，其余大多为赵国向北拓展过程中所设置，因此修筑时间较晚，规模也较小，但军事功能较为强大。

（一）文献记载与考古资料可以相互印证者有云中、代与东安阳等

1. 云中

相传为赵武侯所筑。《水经·河水注》引《虞氏记》云："赵武

---

① 除此二说之外，还有人以为阏与在武安。钱穆以为此说疑出后人增饰，不可凭信，见《史记地名考》，商务印书馆2001年版，第793页。
② 靳生禾：《阏与古战场考察报告》，《中国历史地理论丛》1996年第1期。
③ 张家山二四七号汉墓竹简整理小组：《张家山汉墓竹简（二四七号墓）》，文物出版社2001年版，第196页。
④ 罗泌：《路史》卷三〇，《四库全书本》，第12页；此处的"梁惠九年"应为"十九年"，据陈逢衡《竹书纪年集证》、雷学淇《竹书纪年义证》补。

侯自五原河曲筑长城，东至阴山。……乃改卜阴山河曲而祷焉。昼见群鹄游于云中，徘徊经日，见大光在其下，武侯曰：此为我乎！乃即于其处筑城，今云中城是也。"赵王世系中并无名武侯者，此处的武侯疑即赵武灵王，因此云中城的修筑应在赵武灵王击败林胡和楼烦，设置云中等北边三郡之时。赵王迁七年（前229），云中为秦所破，其后秦于此置云中郡。

托克托县城关镇古城村古城地处土默川平原南部，南临黄河。城址平面近方形，面积逾300万平方米。城垣系夯土筑城，除西北角和东垣部分地段外，其余地段保存较好。古城西南角有一南北485、东西415米的长方形小城。城内出土有东周时期的卷云纹瓦当、陶釜、货币以及汉魏时期的遗物，城外发现有战国时期的墓地。该城始建于战国，秦、汉、代魏相继沿用①。此城应即是文献记载中的云中城。

2. 代

前475年赵襄子谋杀代王、拥有代地之后，封其兄伯鲁之子赵周为代成君。至赵武灵王时又设置代郡，事见《史记·匈奴列传》。幽缪王八年（前228），邯郸被秦攻取后，原太子嘉奔赴代地，被拥立为赵王，定都于代。公元前222年，代为秦将王贲所破，赵王嘉被俘，赵国最终灭亡。

代城的地望，据《水经·灅水注》载："祁夷水又东北流迳代城西。"祁夷水即今壶流河。在今蔚县县城东北约十千米的壶流河南岸，发现一座周长超过9000米的椭圆形城址，城内采集有数量较多的板瓦、筒瓦和瓦当等建筑材料之外，还有不少东周时期的绳纹罐、盘豆、盆、碗等陶器，发掘者认为"在春秋时古城建筑初见端倪，秦汉时达到鼎盛时期"②。若此结论无误，此城应即是东周时期赵国

---

① 内蒙古自治区文物考古研究所等：《托克托县古城村古城遗址发掘报告》，《内蒙古文物考古文集》（三），第218—261页；石俊贵、刘燕：《内蒙古托县云中古城出土战国货币》，《内蒙古金融研究》1996年第4期。

② 蔚县博物馆：《代王城城址调查报告》，《文物春秋》1997年第3期。

的代之所在。

近年来，代王城遗址附近不断发现有东周时期的墓葬。在代王城西北约 6 千米处的北双涧村发掘的一座战国时期带有封土的中字型大墓，墓主可能为赵国高级贵族①。而在代王城东北 2.5 千米的大德庄发现的多座墓葬，均有木质葬具，墓内随葬有日用陶器和带钩、环首刀等青铜器，时代从春秋晚期一直延续至战国中期②。这些墓葬无论是从葬俗，还是随葬器物的组合与形制，均与晋阳和东阳地区的赵国墓葬存在较大的一致性，这也从另一个侧面为蔚县代王城即赵国的代地说提供了证据。

3. 东安阳

为赵武灵王之子代安阳君公子章的封地。《史记·赵世家》载："（武灵王）封长子章为代安阳君。"《正义》引《括地志》曰："东安阳故城在朔州定襄县界。"《汉书·地理志》将东安阳归之于代郡。代郡下设有代县、平邑、东安阳、乐徐、平阴、浊鹿等县③。因赵国有二安阳，其一在五原，位置偏西，名之为西安阳，代地之安阳位处东方，被称之为东安阳。在今阳原县揣骨疃乡东北发现的战国城址，北城垣保存较好，长约 200 米，残高 0.5 米，系夯筑而成。城址内遍布战国、汉时期的遗物④。此城址应即战国时的东安阳。

（二）仅见于文献记载者有平邑等

《汉书·地理志》曰代郡有平邑县。《水经·㶟水注》载："㶟水又东迳平邑县故城南，赵献侯十三年，城平邑。《地理志》：属代，王莽所谓平胡也。"赵方足布中面文为"平邑"的布币，当为代郡之平邑所铸⑤。平邑的地望，一般认为在今阳高县西南。

---

① 河北省文物研究所：《蔚县北双涧战国墓》，《中国考古学年鉴 2003》，第 123—124 页。
② 河北省文物考古研究院等：《河北蔚县大德庄 M1 的发掘》，《考古》2022 年第 9 期。
③ 雷鹄宇：《略论战国时期赵国对代地之经营》，《邯郸学院学报》2010 年第 4 期。
④ 河北省文物研究所：《张家口地区战国时期古城址调查发现与研究》，《文物春秋》1993 年第 4 期。
⑤ 黄锡全：《先秦货币通论》，紫禁城出版社 2001 年版，第 161 页。

今大同许堡乡东水地村曾发现一座秦汉时期的城址，略呈正方形，边长460米左右，城垣系夯筑而成，城内散布有大量秦汉时期的板瓦、筒瓦和罐、钵等陶器残片，有人以为此城可能始建于战国，为赵城平邑[①]。在没有相关更多材料的情形下，尚不能断言此城即是赵之平邑。

（三）仅见于考古资料者：有包头古城湾古城、卓资三道营古城、清水河城嘴子、呼和浩特陶卜齐古城等，数量众多

1. 包头古城湾古城

位于包头市东河区古城湾村，平面大致呈方形，边长约600米。北垣保存最好，东垣仅余一半，南垣在地面虽已无存，但仍留有残迹。城内采集有筒瓦、板瓦及日用陶器残片，其中时代较早者可至战国。调查者认为此城最早建于战国，到汉代加以扩建成为五原郡的某个县城[②]。

2. 卓资三道营古城

地处卓资县三道营乡土城村北，又称土城村古城。城址分为东、西二城，其中西城年代较早。西城面积近35万平方米，城垣系夯筑而成，基宽8—10米，残高5—8米。西城中部偏南有一东西向的隔梁将西城分为南北两部分。四面城垣均发现长方形马面建筑，马面夯土的土质与夯层均与城垣一致。南城垣东段设有城门一座，其外加筑有瓮城。古城建造于赵长城脚下，其间筑有一烽火台，夯土土质、土色和厚度均与古城西城相同，两者应为同时修筑。从城内地表暴露的遗物来看，西城始建于战国，到西汉继续沿用。东城除西城东城垣借用西城东城垣外，其余三面均为后期增筑，年代较晚。此城址战国时属赵国北境，西汉为定襄郡所辖，可能为汉定襄郡武要

[①] 张志忠：《秦汉代郡平邑城址初探》，《文物世界》2009年第1期。
[②] 陆思贤：《包头市古城湾村的古城与古墓》，包头市文物管理所编《包头文物资料》（一），1983年；包头市文物管理处等：《包头境内的战国秦汉长城与古城》，《内蒙古文物考古》2000年第1期。

县城①。

3. 清水河城嘴子

位于清水河县小缸房乡城嘴子村西，平面呈长方形，南北长730、东西宽430米。东、南、北三面城垣保存完好，西侧因濒临黄河，可能未筑城垣。东城垣筑有城门一座。城垣以东垣南段保存最好，基宽近20米，残高10米左右，系用当地一种沙黏土夯筑而成，极为坚实。南、北城垣的规模较东垣小，夯筑粗糙，且密度低，可能始建于战国时期，城内外发现有密集的战国时期的房址、灰坑、冶铁作坊和墓葬。西汉时对南、北城垣进行加固，并重建了东城垣，有人推测为汉定襄郡之桐过县治②。

4. 陶卜齐古城

位于呼和浩特市榆林镇陶卜齐村东，平面呈长方形，南、北两城垣均湮没于地下，东、西两城垣略有保存。经钻探得知，古城东西长730、南北宽365米。城垣以夯土板筑而成，基宽4米。南、北二城垣均设有城门一座，城垣外侧附筑有马面，城内发现有房址和墓葬③。1994—1995年对北城垣进行解剖，发现城垣的修筑可能包含两个阶段：第一阶段为城垣主体，夯层清晰，土质呈黑褐色，较为坚硬致密，时代为战国；第二阶段为马面，土质呈黄褐色，较为松软，时代为汉代。由此大致推知，该城址始建于战国，汉代加以扩建后继续沿用，可能为定襄郡安陶县治所在④。

五 中山故地

此区域的城邑大部分为中山所建，在赵国吞食中山之后，转而

---

① 李兴盛：《内蒙古卓资县三道营古城调查》，《考古》1992年第5期。
② 内蒙古自治区文物考古研究所：《清水河县城嘴子遗址发掘报告》，《内蒙古文物考古文集》（三），第81—128页。
③ 陈永志、江岩：《榆林镇陶卜齐古城调查简报》，《内蒙古文物考古》1996年第1、2期。
④ 内蒙古文物考古研究所：《呼和浩特市榆林镇陶卜齐古城发掘发掘简报》，《内蒙古文物考古文集》（二），中国大百科全书出版社1997年版，第431—443页。

成为赵国属邑。这些城邑属赵时间虽短,但亦较有个性。

(一) 文献记载与考古资料可以相互印证者有房子、元氏、东垣和南行唐等

1. 房子

赵敬侯十年(前377)赵攻中山,"与中山战于房子"①。赵武灵王十九年(前307)又载:"王北略中山之地,至于房子。"② 此役之后,房子归属赵国领有③。《汉书·地理志》常山郡下有房子县,可知汉代于此置县。

在高邑县西富村乡古城村西北发现的城址,平面呈长方形,东西长1400、南北宽1100米。城垣系夯土筑成,基宽28、残高1—6米。城内外采集有战国和汉代的各种遗物。此处可能即为房子故城址④。

2. 元氏

《史记·赵世家》载:"(孝成王)十一年,城元氏,县上原"。颜师古引阚骃曰:"赵公子元之封邑,故曰元氏。"⑤《汉书·地理志》常山郡有元氏县。元氏原属中山地域,赵灭中山之后于此筑城,西汉时为常山郡之郡治。

元氏故城位于今元氏县城西北10千米的故城、赵村、南褚、北褚四村之间,东北角被故城村打破。平面呈方形,边长1100米。城垣系夯土筑成,基宽23米,残高1—8米。夯层清晰可见,土质纯

---

① 《史记·赵世家》,第1798页。

② 《史记·赵世家》,第1805—1806页。

③ 《史记·赵世家》惠文王二十四年(前275)又记"廉颇将,攻魏房子,拔之,因城而还",《集解》引徐广曰"属常山。"钱穆以为"常山房子,乃赵武灵王北略中山所得,何缘魏人越邯郸而有之?"因此认定徐说有误,廉颇所拔之"房子"疑在今博浪、封丘间。见氏著《史记地名考》,第762页。另,钟凤亦认为常山之房子地在汉赵国以北,魏地自中山复国后,似不能及若是之远,疑此"房子"应为"防陵"(《战国疆域沿革考(魏)》,《禹贡半月刊》1934年第2卷第11期,第23页)。

④ 国家文物局主编:《中国文物地图集·河北分册》(中),文物出版社2013年版,第33页。

⑤ 《汉书》卷二八《地理志》,中华书局1962年版,第1576页。

净。东垣和西垣各存有城门一座。城内采集有大量战国和汉代遗物①。此城址应即汉常山郡治之元氏故城，战国的元氏亦应在此②。

3. 东垣

《史记·赵世家》云：武灵王二十一年（前305）"王军取鄗、石邑、封龙、东垣。中山献四邑和，王许之，罢兵。"《史记·苏秦列传》也载苏秦说燕文侯曰："今赵之攻燕也，发号出令，不至十日而数十万之军军于东垣矣。"《正义》于东垣条下注云："赵之东邑。"东垣本为中山城邑，赵灭中山后属赵，秦于此置东垣县，为恒山郡治所在。汉高祖十一年（前196）平定陈豨叛乱之后，将东垣更名为真定。故城在今正定县南，今石家庄市东北有西古城、东古城村，即其地③。

考古发现的故城遗址位于滹沱河南岸的台地上，西起东古城，北至北高营，南起桃园村，北城垣被滹沱河冲毁。平面大致呈长方形，南北长约 5000、东西宽约 3000 米。城垣系夯土筑成，基宽 22—24 米，城垣外发现有壕沟。城内除发现有夯土建筑基址、陶窑外，还有战国时期的货币窖藏和汉代铸币作坊，此外还采集有大量战国和秦汉时期的陶器残片、建筑材料等遗物④。该城址始建于战国时期，汉代以后继续沿用，东周时期的东垣故城遗址应在此地。

4. 南行唐

《史记·赵世家》载："（惠文王）八年，城南行唐"，由是知该地在赵灭中山之后属赵，并于公元前291年修筑了城邑。《汉书·地

---

① 石家庄地区文化局文物普查组：《河北省石家庄地区的考古新发现》，《文物资料丛刊》（一），1977年，第152页。

② 黄盛璋：《三晋铜器的国别、年代与相关制度》，《古文字研究》第17辑，第1—66页。

③ 王先谦撰，吕苏生补释：《鲜虞中山国事表、疆域图说补释》，上海古籍出版社1993年版，第81页。

④ 国家文物局主编：《中国文物地图集·河北分册》（中），第1页；徐海峰：《东垣故城址初探》，魏坚、吕学明主编：《东北亚古代聚落与城市考古国际学术研讨会论文集》，科学出版社2014年版，第151—164页。

理志》常山郡有南行唐县。学界一般认为故城在今行唐县北。

在行唐县故郡村发现的城址，平面呈方形，边长约 400 米。城垣系夯土筑成，现已无存。近年在南垣遗迹附近试掘，发现一段东西长 400、宽 22 米的壕沟，填土中含大量战国中、晚期的绳纹陶片和筒瓦、板瓦等。此外，在城内外还发现有东周时期的墓葬、水井、灰坑、陶窑等①。从城址的位置和时代判断，不排除其有可能为赵之南行唐邑的可能。

（二）数量众多的城邑如石邑、封龙、九门、中人、左人、丹丘、华阳、上曲阳、下曲阳、扶柳等均见于文献记载，但未发现与此相应的城址

以石邑为例。据文献记载原为中山城邑，后属赵。《史记·赵世家》记载，赵武灵王二十一年赵军围攻中山，中山献石邑等四邑请和。《汉书·地理志》常山郡设有石邑县。张守节《正义》引《括地志》曰："石邑故城在恒州鹿泉县南三十五里。"今鹿泉县东南有南故邑、北故邑村，盖皆因在故石邑南北而得名也②。在鹿泉铜冶镇北故邑村西 500 米发现的城址，平面呈长方形，东西长约 1500、南北宽 1000 米。城垣系夯土筑成，残高 1—5 米，城内采集有汉代遗物③。就现有材料而论，因未见东周时期遗存，故而还不能指认此城址即为石邑旧地。

第三节　赵国城邑的特点

与同时期其他国家相比，数量众多的赵国城邑具有如下特点：

第一，根据城邑的面积、内涵结构和功用不同，可将其分做三类：第一类为都城，在面积巨大、夯土筑就的坚固城池之内，不仅

---

① 河北省文物研究所等：《河北行唐县故郡东周遗址》，《考古》2018 年第 7 期。
② 王先谦撰，吕苏生补释：《鲜虞中山国事表、疆域图说补释》，第 81 页。
③ 国家文物局主编：《中国文物地图集·河北分册》（中），第 27 页。

有构造复杂、体量庞大的各类大型高台建筑，还有冶铁、铸铜、制陶和制骨等手工作坊，城外分布有规格较高随葬品丰富的奢华陵寝，城内人口众多，为一国之政治、经济和商业中心。第二类为一般城邑，亦筑有较为坚固的城池，城内有规模较大的高台建筑和铸币、冶炼等作坊，聚集有较多的人口，城内外有级别不一的各类大中小型墓葬，为某一区域地方级别的中心城市。第三类为边邑小城，面积虽然较小，人口亦不多，但均位于军事要地，修筑有坚固的城池。

第二，都城周边集聚有多个城邑，形成都邑集镇群。榆次、狼孟、阳邑、涂水、梗阳、大陵等中等规模的城市环绕在晋阳周边，不仅拱卫着首都的安全，而且能为都城提供各类必需的资源。而邯郸城周边由于相关资料更为丰富，故而可以更清楚地观察到其周边城镇集群区的结构。在邯郸城远郊的北洺河和南洺河上游地区，分布着11处建造有夯土城垣的城邑，这些城邑的附近地区大多还存在稠密的普通聚落群，共同构成了以一座或数座城邑为核心，包括周边众多普通聚落的城镇集团群，从而形成多个城镇集群区。在远郊以外的北起泜河、南到漳河之间的地域，更是分布着密集的东周时期的城邑，由它们所组成的若干城邑集团群构成了南北三个城镇集群区。这些城镇集群区以邯郸为中心，构成了一个超大型的城镇集群区群团。

第三，阴山脚下的城邑规模大体相当，基本上沿长城一线呈带状分布，并无地方中心或城镇集团出现。此与赵国核心地域存在的城镇集群形成了明显的对照。此外，这些长城沿线呈带状布局的城邑，年代较为集中，大多建成于战国晚期，使用时间较为短暂。但值得注意的是，与中原地区相比，这些城邑的军事功能较为强大。

第四，因城邑所处地理位置差异和赵国国力的强弱变化，赵国的城邑归属情形不一。晋阳和邯郸等地区处于赵国领土中心的城邑，自春秋晚期至战国晚期一直较为稳定地属于赵国。中山故地的多个城邑，基本上是随着赵国吞并中山的步伐才渐次归赵所领有。阴山南麓沿线的城邑，均为赵武灵王击攻林胡、楼烦之后所设立，所以属赵的时间亦较为短暂。而长治、南阳地区和东阳地区的南部、东部的城邑，因位于赵的边境而为各国所争夺，归属变化频繁，其中尤以长治地区最为复杂。

第 八 章

赵国的墓葬

迄今发现的赵国墓葬数量已近万座，其中既有带有高大封土、随葬成套青铜礼乐器的中字型大墓，又有面积较小、仅以陶器随葬的小型墓葬。赵国墓地的空间分布与具体布局，以及墓葬文化的演进历程，不仅反映着赵国埋葬制度的特点，同时构成了赵文化的主要内涵。

第一节 发现与分布

东周时期的赵国墓葬主要发现于晋中、晋东南、冀南、冀中、内蒙河套及其周边的晋北和冀北地区，其中规模较大的墓地有太原金胜村、榆次猫儿岭、柳林杨家坪、邯郸百家村、邢台东董村、元氏南白楼、和林格尔土城子、大堡山等。这些墓葬的分布范围不仅与赵国的疆域四至基本对应，而且其兴衰时间也与赵国疆域的盈缩变化大体同步。此前我们已将赵国的疆域分为五个大的区域，即晋阳、东阳、上党、北地和中山故地，其中晋阳和东阳为赵国的都城所在地，上党则是三家分晋之后与韩、魏错处的区域，北地和中山故地的大部分地方则是战国晚期以来赵国新开拓的疆土，这些地区均发现较为丰富的墓葬资料。

一 晋阳及其周边地区

晋阳既是赵国立国前的政治中心，又是建国后的第一个都城。

此地发现的东周墓葬以太原金胜村和榆次猫儿岭最为集中，规模也最大。

金胜村墓地位于晋阳古城北郊，M251为该墓地规模最大的一座墓葬，墓主被认为是晋卿赵氏。墓葬为长方形竖穴土坑墓，虽无墓道，但面积超过100平方米。墓内除随葬有成套的青铜器礼乐器之外，还有车马坑祔葬①。该墓地还发现了部分中小型墓葬，其中规模较大者亦随葬有青铜礼器和车马器，年代从春秋晚期延续至战国中期。

榆次猫儿岭墓地是晋阳地区又一处规模较大的墓地，迄今发现墓葬近200座。这些墓葬以中小型为主，多有木质葬具，除极少数墓葬有青铜礼器随葬之外，绝大多数以仿铜陶礼器随葬。这些陶器制作精致，种类繁多，尤其是出土了较多的鸟柱盘、筒形器、兽形盉等赵国特色器物，墓地的使用时间较长，自春秋晚期一直延续至战国晚期②。

晋阳往西经过吕梁山的离石、柳林等地也发现有数量较多的赵国墓葬，其中以柳林杨家坪延续时间最长，规模也最大。该墓地以中小型墓葬为主，墓葬的方向以北向为主，葬具多见一棺一椁，随葬品以鬲豆罐壶鼎等日用陶器和仿铜陶礼器为主，此外还有石圭、带钩等小件器物。数百座墓葬的年代从春秋晚期延续至战国中期③。离石阳石村④和临县三交⑤发现的东周墓葬，与柳林杨家坪类似。

---

① 山西省考古研究所等：《太原晋国赵卿墓》，第9—15页。
② 猫儿岭考古队：《1984年榆次猫儿岭战国墓葬发掘简报》，《三晋考古》（一），第266—287页。
③ 山西省考古研究所等：《柳林杨家坪华晋焦煤公司宿舍区墓葬发掘报告》，《三晋考古》（三），第297—312页；吕梁地区文物局等：《1997年柳林县杨家坪战国墓葬清理简报》，《山西省考古学会论文集》（三），第42—50页；山西省考古研究所等：《柳林县看守所墓葬发掘报告》，《三晋考古》（三），第313—327页。
④ 山西省考古研究所等：《吕梁环城高速离石区阳石村墓地与车家湾墓地发掘简报》，《三晋考古》（四），第404—429页。
⑤ 山西省考古研究所：《临县三交战国墓发掘简报》，《三晋考古》（一），第304—312页。

晋阳北面不远的忻定盆地亦有赵国墓葬分布，主要有忻州上社①、奇村②等。这些墓葬均为中小型竖穴土坑墓，随葬器物以仿铜陶礼器为主，年代由春秋晚期至战国中期。

晋阳地区发现的赵国墓葬数量较多，分布亦较为集中，其中既有体量庞大的赵氏宗主墓，又有面积较小，仅随葬陶器的普通小墓。但总体而言，晋阳古城周边的墓葬，不仅墓葬规模较大，而且随葬的青铜器和仿铜陶礼器制作精致，组合齐备。但晋西和忻定盆地的墓葬，分布较为分散，极少见到规格较高的铜器墓，随葬的陶礼器组合多不完整，而且有一些日用陶器，体现出浓厚的地方特色。

二 东阳及其附近地区

自战国中期开始，赵国的都城迁至邯郸，因此东阳地区为战国中晚期赵国考古学文化的核心。其实自春秋晚期开始，以邯郸为中心的东阳地区就已经是赵国人口较为密集的区域，这一地域的赵国墓葬极为密集，以邯郸赵王陵园及其西郊的百家村贵族墓地最为典型。

赵王陵园位于邯郸故城遗址西北部的丘陵地带。陵园共有5座，其内有多座带有高大封土的中字型或甲字形大墓，周围有多座陪葬墓③。

邯郸故城西郊的百家村、齐村等多个地点分布着稠密的战国墓葬。百家村墓地是一处规模宏大、排列有序的大中型墓葬集中区，墓地自春秋晚期开始使用，一直沿用至战国晚期。这些墓葬依形制

---

① 山西省考古研究所、忻州市文物管理处：《忻州上社战国墓发掘报告》，《三晋考古》（三），第159—170页。
② 李有成等：《山西省忻州奇村战国墓》，《文物季刊》1995年第2期。
③ 河北省文管处等：《河北邯郸赵王陵》，《考古》1982年第6期；段宏振：《河北邯郸东周赵王城遗址》，《中国考古新发现年度记录2010年》，《中国文化遗产》2011年增刊。

分为大中小三型，其中大型墓带夯筑的封土，墓内随葬有鼎豆壶盘匜等成套青铜礼器和车马器、玉器、兵器等。中小型墓多随葬有仿铜陶礼器，其组合以鼎豆壶盘匜为主，不少墓内还有鸟柱盘、鸭形尊、鸭形盉等赵国特色器物①。地处邯郸远郊的武安固镇城址②、午汲城址③以及永年何庄④等地也发现有数量较多的中小型墓葬。此外，涉县凤凰台⑤、李家巷⑥亦有东周时期的铜器墓发现，其中凤凰台墓地是一处规格较高的战国早期墓地，不少墓葬随葬有成套青铜礼器、乐器、车马器和兵器，部分墓葬还附葬有车马坑或马坑，墓主应该属于赵国高级贵族。

  位于邯郸故城北面的邢台亦是东周时期赵国墓葬较为集中的区域。邢台西部郊区的尹郭村⑦、南大汪⑧、东董村⑨等均发现大量墓葬，其中以东董村最具代表性。东董村墓地发现的131座东周墓葬，以中小型长方形竖穴土坑墓为主，随葬陶器以仿铜陶礼器为多，基本组合为鼎豆壶盘匜，但不少墓葬于此之外，还有鸭尊、兽形盉、鸟柱盘等赵文化典型器随葬，该墓地自春秋晚期至战国晚期一直在沿用。此外，距此不远的内邱小驿头⑩、张夺⑪、临城

---

① 河北省文化局文物工作队：《河北邯郸百家村战国墓》，《考古》1962年第12期。
② 邯郸市文物研究所：《邯郸文物精华》，第4页。
③ 孟浩等：《河北武安午汲古城发掘记》，《考古通讯》1957年第4期；河北省文物管理委员会：《河北武安县午汲古城的周汉墓葬发掘简报》，《考古》1959年第7期。
④ 邯郸地区文物保管所：《河北省永年县何庄遗址发掘报告》，《华夏考古》1992年第4期。
⑤ 史安昌：《城北关凤凰台古墓群发掘简记》，《涉县文史资料》第2辑，1992年，第298—302页；邯郸市文物研究所：《邯郸文物精华》，第4—5页。
⑥ 邯郸市文物保护研究所：《河北涉县李家巷春秋战国墓发掘报告》，《文物》2005年第6期。
⑦ 河北省文化局文物工作队：《邢台尹郭村商代遗址及战国墓葬试掘简报》，《文物》1960年第4期。
⑧ 河北省文化局文物工作队：《河北邢台南大汪村战国墓简报》，《考古》1959年第7期。
⑨ 河北省文化局文物工作队：《邢台战国墓发掘报告》，第9—45页。
⑩ 河北省文物研究所：《内邱小驿头遗址发掘报告》，《河北省考古文集》，第154—178页。
⑪ 河北省文物局：《内丘张夺发掘报告》，第57—60页。

中羊泉①、柏乡东小京②等地也发现数量较多的赵国中小型墓葬。

豫北的中牟曾是赵国早期的都城,在鹤壁鹿楼③、林县林淇村④和大菜园⑤发现多处墓葬,其中大菜园墓地发现墓葬700余座,其中随葬有成套青铜礼乐器,并有殉马坑和车马坑的大型墓16座,墓主应该为赵都中牟时期的高级贵族。

东阳及其邻近地区的赵国墓葬,较其他地区有着极为鲜明的特点。一是墓地的规模大、使用时间长,不少墓地内有数百座墓葬,且使用时间多自春秋晚期开始,一直沿用到战国晚期。二是墓葬的等级分明,既有体量庞大的赵王陵墓,又有随葬成套礼器的各级贵族,还有大量的普通平民。三是该地的墓葬不仅较多的保存了春秋晋文化的传统,又有较多的鸟柱盘、鸭形尊、鸭形盉、鸭头盆等赵文化特色器物,显示出该地域独特的文化特色。

三　上党地区

春秋晚期智氏被韩赵魏三家攻灭之后,晋之上党遂被三家瓜分。但因上党地区在战略上的重要性,韩、赵、魏于此进行了极为激烈地争夺,导致该区域城邑归属不定,疆域变动频繁,因此对于这一地区东周墓葬的国别很难做出精准判定,只能据历史地理学的研究成果,将西起丹潞二水上游,东至太行,北起榆社、和顺,南至壶关这一范围之内的墓葬归入赵国。

这一地区北部的左权石匣发现的东周墓葬,均为竖穴土坑墓,墓向多为南北向,墓内多随葬有鬲、盆、豆、罐等日用陶器,部分面积较大的墓葬,除随葬有成套的鼎豆壶盘匜等仿铜陶礼器之外,

---

① 临城县文化局:《河北临城县中羊泉东周墓》,《考古》1990年第8期。
② 柏乡县文物保管所:《河北柏乡县东小京战国墓》,《文物》1990年第6期。
③ 河南省文物研究所:《鹤壁市后营古墓群发掘简报》,《中原文物》1986年第3期。
④ 张静安:《河南林县发现春秋战国墓葬》,《考古》1960年第7期。
⑤ 河南省文物考古研究院:《河南林州大菜园东周墓地出土青铜器保护修复报告》,第3—5页。

还有玉覆面、带钩和环首刀等①。墓葬的年代由春秋晚期延续至战国中期。

在上党地区南部的长子牛家坡、长治小山头和长治分水岭也发现有数量较多的东周墓葬，其中部分墓葬可能属于赵国。如长治分水岭属于战国中晚期的墓葬，如 M12、M14、M25、M26、M35 等随葬青铜器的墓葬，面积较大，不少墓葬于椁室外积石积炭，墓内随葬有成套青铜礼器、编钟编磬等乐器和兵器、车马器等，其中随葬有五件列鼎的墓主应该属于级别较高的贵族。除了铜器墓之外，还有较多的随葬仿铜陶礼器的墓葬，流行于鼎豆壶盘匜之外，增加鸟柱盘、筒形器、鸭尊等赵文化特色器物②。

位于东周长子古城西墙外的牛家坡亦发现数座大中型东周墓，其中较大的一座 M7，墓室内有多重棺椁，除随葬多件青铜礼器、车马器、兵器以及漆木器、玉石器以及木俑外，还有三人殉葬。距此不远的羊圈沟还发现有一些东周时期的墓葬，其中 M1、M2 年代可早至春秋晚期，与牛家坡 M7 相比规模略小，但也随葬有鼎敦豆壶匜等多件青铜礼器③。

由于上党地区特殊的地理位置和错综复杂的人文环境，使得该地的赵国墓葬中，除了承袭有较多的晋文化因素之外，还存在着相当多的韩、魏文化因素。此外，该地区的赵国墓葬中，异穴并葬的数量较为常见，规模较大、随葬品丰富的高等级墓葬比例也较高。

四 晋北、冀北和阴山南麓地区

这一地区除了赵国立国之初占领的代地之外，主要是赵武灵王时期赵国势力北上后新开辟的领土。前者主要包括冀西北的阳原和

---

① 山西省考古研究所等：《左权石匣墓地发掘报告》，《三晋考古》（四），第 327—403 页。
② 山西省考古研究所等：《长治分水岭东周墓地》，第 219—278 页。
③ 山西省考古研究所：《山西长子县东周墓》，《考古学报》1984 年第 4 期。

蔚县盆地，后者则主要指晋北和阴山南麓地区。

地处桑干河谷地的代地，于赵国建立之初便已被列入赵的势力范围。浑源李峪墓地较为集中地分布在面朝浑河谷地的坡地上，墓内出土有较多的青铜礼器，墓主应该属于身居代地的赵国贵族①。距浑源不远的怀仁县杨谷庄发现的战国墓，规模较小，随葬品以鼎、豆、壶等陶器为主，不见青铜礼器，但其中两座墓内葬有牛、羊等动物的头骨和肢骨等，表现出较为独特的地方特色②。蔚县代王城附近的北双涧村发现的带封土的中字型大墓，虽被严重盗扰，仍残存有陶罐、瓮、盆、豆以及金泡饰等遗物，墓主可能与赵国代地高级贵族有关③。在代王城不远的大德庄遗址发现的十余座墓葬，多为长方形竖穴土坑墓，其内随葬有鬲、罐、壶、豆、鼎等陶器和带钩、环首刀等青铜器，时代从春秋晚期一直延续至战国中期，应该是一处延续时间较长的平民墓地④。这批墓葬的形制与随葬陶器的特征及组合，既与晋赵文化核心区同类遗存存在若干相似之处，也有极为明显的北方特色。

在晋北的朔州市区和郊区，岢岚县窑子坡以及繁峙作头等地也发现有战国晚期的墓葬，均为南北向长方形竖穴土坑墓，随葬品仅以铜或铁带钩为主，偶尔也有釜、罐等日用陶器⑤。

阴山南麓地区的和林格尔丘陵、岱海盆地是赵国墓葬分布较为集中发现的区域。林格尔土城子发现的上千座东周墓葬，多为规模

---

① 山西省考古研究所：《山西浑源县李峪村东周墓》，《考古》1983年第8期。
② 高峰等：《怀仁县杨谷庄战国墓清理简报》，《山西省考古学会论文集》（三），第65—71页。
③ 河北省文物研究所：《蔚县北双涧战国墓》，《中国考古学年鉴2003》，第123—124页。
④ 河北省文物考古研究院等：《河北蔚县大德庄M1的发掘》，《考古》2022年第9期。
⑤ 平朔考古队：《山西朔县秦汉墓发掘简报》，《文物》1987年第6期；山西省考古研究所等：《岢岚窑子坡遗址古墓葬发掘报告》，《三晋考古》（四），第445—449页。

较小的竖穴土坑墓，随葬品极为简单①。但城址东侧的 M1394 和 M1388，不仅面积较大，而且随葬有与中原地区形制相同的成套仿铜陶礼器，其身份可能属于北上的赵国贵族。距此不远的大堡山墓地发现的赵国墓葬，分布较为密集，这些墓葬的方向既有南北向，又有部分东西向，墓内多随葬有铜或铁带钩，部分墓葬还有少量罐、豆类日用陶器②。

岱海盆地周边的凉城毛庆沟③、饮牛沟④和水泉⑤等地均发现有规模较大且排列有序的东周时期墓地。这几处墓地在赵国疆土北拓之前，属于游牧民族的墓地，战国中晚期以来，随着以赵国为代表的中原农业民族北上，随葬带钩的南北向墓葬突然增加，墓地原有的东西向人群的埋葬制度发生了较大变化，反映出这一地域以赵文化为主体的中原文化与北方系文化之间交融发展的场景。

此外，在包头的召潭⑥、丰镇十一窑子⑦、清水河县城嘴子⑧等地也发现有不少战国晚期的小型墓葬，均为长方形竖穴土坑墓，墓内随葬有壶、罐、碗等陶器以及铜镞和带钩等，应为赵国移民之墓。

这一地区的赵国墓葬具有较为鲜明的特点。一是年代较为集中，

---

① 内蒙古自治区文物工作队：《和林格尔县土城子试掘纪要》，《文物》1961年第9期；内蒙古文物考古研究所：《内蒙古和林格尔县土城子古城发掘报告》，《考古学集刊》第6辑，第175—203页；内蒙古文物考古研究所：《和林格尔县土城子古城考古发掘主要收获》，《内蒙古文物考古》2006年第1期；南开大学历史学院考古学与博物馆学系等：《内蒙古和林格尔县土城子古城两座东周墓葬的发掘》，《考古》2018年第5期。

② 内蒙古师范大学历史文化学院等：《和林格尔县大堡山墓地发掘报告》，《草原文物》2013年第2期。

③ 内蒙古文物工作队：《毛庆沟墓地》，《鄂尔多斯式青铜器》，第227—315页。

④ 内蒙古自治区文物工作队：《凉城饮牛沟墓地清理简报》，《内蒙古文物考古》1984年第3期；内蒙古文物考古研究所等：《饮牛沟墓地1997年发掘报告》，《岱海考古》（二），第278—327页。

⑤ 内蒙古自治区文物考古研究所：《凉城县水泉东周墓地发掘简报》，《草原文物》2012年第1期。

⑥ 包头市文物管理处：《包头市二零八墓地》，《内蒙古文物考古》1997年第2期。

⑦ 乌兰察布盟博物馆：《内蒙古丰镇市十一窑子战国墓》，《考古》2003年第1期。

⑧ 内蒙古自治区文物考古研究所：《清水河县城嘴子遗址发掘报告》，《内蒙古文物考古文集》（三），第81—128页。

除代地之外，其他区域的墓葬均为战国晚期。二是虽然墓葬总体数量较多，分布较为密集，但墓葬的规模均较小，等级也较为单一，反映出该区域居民的身份构成并不复杂。三是除个别墓葬之外，绝大多数墓葬的随葬品较为简单，多以铜或铁的带钩随葬，极少见到其他器物，与赵国其他地区的墓葬有着较为明显的区别。

五 中山故地

虽然赵国与中山之间的战争持续多年，但直至战国晚期早段，中山的领土才并入赵的疆域，因此在中山故地发现的赵国墓葬，其年代均在战国晚期。代表性的墓地有正定黄泥村[①]、吴兴[②]、元氏南白楼[③]等。这些墓地发现的墓葬以中小型墓葬为主，随葬器物的组合以鼎豆壶盘匜居多，此外还有数量较多的高足小壶、鸟柱盘、鸭形尊等，与邯郸等赵文化核心地区的墓葬面貌较为一致，但亦存在一些地方特色。

第二节 位置与布局

墓地位置是墓地的宏观规划设置，主要是指在一座聚落体系中的方位。墓地布局包括若干墓群在一个较大范围地域的平面分布，以及每一墓地内部单体墓葬的平面排列。前者从宏观视角观察某一区域内不同等级墓葬的埋葬规律，后者则是从微观视角对某一墓地的平面格局进行剖析。墓地的平面格局不仅能够反映出一个社会的层次结构，而且亦能体现某一文化的动态发展特征。下面在对赵国墓地的方位与布局进行概括性叙述的基础上，选取资料较为详备的

---

① 夏素颖、韩双军：《河北平山县黄泥村战国墓》，《文物春秋》2002年第4期。

② 辽宁省文物考古研究所等：《河北正定县吴兴墓地战国墓葬发掘简报》，《考古》2012年第6期。

③ 武汉大学考古学系等：《河北元氏县南白楼战国秦汉墓地的发掘》，《考古》2018年第2期。

赵都邯郸和邢台东董村两个墓地的资料，从宏观与微观两个不同的角度，对赵国墓葬的平面格局进行分析。

一　墓地的方位与布局概况

东周时期的赵国墓地在晋阳、邯郸、上党、北地以及中山故地均有较多发现，总体而言，这些墓地多位于居住址或城址的周边地域，分布密集，但多排列有序，彼此间并无叠压打破关系。

晋阳地区的墓葬主要分布在太原及其邻近地区，以太原金胜村和榆次猫儿岭最具代表性。太原金胜村墓地位于晋阳古城北郊，此地发现的40余座墓葬，均为竖穴土坑墓，墓向既有东西向，也有南北向。距此不远的榆次猫儿岭墓地地处榆次市区东郊的潇河北岸，该墓地发现的185座东周墓葬，绝大多数为小型竖穴土坑墓，排列较为整齐，墓葬之间间距较小，但无打破关系。

东阳地区的赵国墓葬，在赵都邯郸及其周边地区均有较为密集的分布。赵都邯郸的东周墓葬主要分布在西郊和西北郊区。赵王陵园位于邯郸城西北的远郊，在面积达28平方千米的范围内分布着5座陵园，这些陵园均坐西向东，形制基本相同。贵族和平民墓葬主要分布在赵都邯郸的近郊，以地处赵都邯郸城西北近郊的百家村最为集中[①]。该墓地在沁河两岸密集分布，面积超过10万平方米[②]。历年来在这一区域发现战国墓葬近5000座，其中既有带有封土并有两条墓道、随葬成套青铜礼器的大型墓葬，也有较多的面积在10平方米以下的小型墓葬，年代自春秋晚期延续至战国晚期。这些墓葬排列有序，互相之间极少打破叠压现象。

邢台东董村墓地位于邢台市西郊，墓葬间未发现打破现象，墓葬间的间距，多在5—10米左右。该墓地异穴并葬墓非常多见，墓

---

① 河北省文管处等：《河北邯郸赵王陵》，《考古》1982年第6期；段宏振：《赵都邯郸城研究》，第142—144页。

② 段宏振：《赵都邯郸城研究》，第132—141页。

地发现的131座墓葬中约有50座为异穴并葬，并列的二墓不仅面积大多相同，葬具和人架头向也完全一致，葬式有的二墓完全相同，有的则一直一屈，但随葬品的种类有一定的区别，一般来说男性流行以兵器随葬，女性则习见装饰品①。

上党地区的长治分水岭墓地位于长治市北城墙外一处高于地面约10米的台地上，墓地东西2千米，南北宽0.75千米。因为发掘资料不完整的缘故，详尽的墓葬布局情况不是很清楚。仅仅了解到大型墓多集中在墓地西部地势较高的地方，中小型墓则大部分葬在东部较低处②。从报告公布的发掘示意图看，墓葬的排列较为零散，看不到明显的分组，墓葬间没有打破关系，但存在部分异穴并葬。

阴山南麓的和林格尔丘陵及其周边地区为战国晚期赵国墓葬分布较为集中的地域。其中墓地规模最大的土城子墓地位于土城子古城的北郊，该墓地东周时期的墓葬数量达数千座，但绝大多数为小型的竖穴土坑墓，个别墓葬带有围沟，墓葬方向以北向为多，排列非常密集。大堡山墓地位于和林格尔县新店子镇十一号村东南的一处台地上，此地发现的51座战国墓大部分为头朝北，还有少量头向东。从墓葬分布图看，这些墓葬分布较为集中，似乎能分为东西两组，每个组均有向北和向东的墓葬，但彼此间没有打破关系。

地处岱海盆地的凉城毛庆沟、饮牛沟、水泉等地均发现有规模较大的东周墓地。其中毛庆沟位于凉城县西南的蛮汗山南麓，在此发掘的79座战国墓葬，密集地分布在村北较为平坦的山梁之上，墓地东西两侧是自然冲沟。墓葬的分布是从北部山脚之下依次向南排列。墓地的年代从春秋晚期到战国晚期。值得注意的是，战国晚期有较多数量的南北向墓葬突然出现，且占据了该墓地的核心位置，可能与以赵为主的中原文化人群突然大量北上有关。

---

① 河北省文化局文物工作队：《邢台战国墓发掘报告》，第15—16页。
② 山西省文物管理委员会等：《山西长治分水岭战国墓第二次发掘》，《考古》1964年第3期；山西省考古研究所等：《长治分水岭东周墓地》，第5页。

凉城水泉墓地坐落于南低北高的向阳山坡之上。在此发掘的27座东周墓葬，由北向南可以分作三个墓区。第一区位于墓地的北部，发现的9座墓葬除最西端的一座为头朝北之外，其余均头向东。第二区位于墓地的中部，共有7座墓葬，其中头向东者5座，头朝北者2座。第三区位于墓地最下方，共有11座墓葬，其中头向东者6座，头朝北者5座。这三个墓区中，以第一区年代最早，二、三区年代较晚。由此看来，随着时代的发展，该墓地东向的墓葬逐渐减少，而北向的墓葬数量明显增加。

中山故地发现的赵国墓地规模均较小，墓葬数量也不多。元氏南白楼墓地位于太行山前的台地上，发现的20余座战国墓多为小型竖穴土坑墓，墓葬的排列较为密集，但未发现打破现象。存在少量异穴并葬墓。正定吴兴墓地位于正定县北的平原地带，发现的6座墓葬均头朝北，排列较为分散。

总的来看，赵国墓地一般分布在城邑或村镇的附近，设置有专门的墓葬区域，墓葬分布排列依照一定的顺序。墓向以南北向为主，次为东西向。墓主头向以朝北居多，其次为朝东。头向朝东的墓葬多为中型以上的大墓，一般随葬有青铜礼器，墓主身份可能大多为赵氏贵族。

二　赵都邯郸墓地的宏观空间布局

赵都邯郸的墓地主要分布在邯郸城西北的远郊和近郊地区。具体而言，王陵位于远郊，贵族和平民墓地主要分布在近郊，城内亦有零星墓葬。

赵王陵园在赵王城西北方向。5座陵园均修筑于海拔较高、地势相对独立的丘陵顶部，坐西向东。陵台均以山为基，于中央夯筑一座或两座方形或长方形的覆斗形封土，其下修筑有带墓道的墓室和陪葬坑群，并在地面建有寝殿。陵台东侧正中有斜坡状陵道大路。陵台外围有陪葬墓群。

贵族和平民墓地主要分布在西郊和西北郊区，南郊和城内很少发现。墓地所处的地理位置，多在相对高度较高的丘陵坡地地带，以沁河两岸的百家村周围最为集中。这些墓葬中，既有带两条墓道、有车马附葬的大型铜器墓，亦有面积较小、仅随葬陶器的竖穴土坑墓。

此外，在邯郸城内的个别地点也发现有少量的墓葬，但未发现大规模的墓葬群，而且这些零星小墓的年代多为战国早期，基本不见战国中期的墓葬，反映出邯郸成为赵国都城以后的整体格局规划较为严格。

三　邢台东董村墓地的平面格局

东董村位于邢台市西南，七里河从村南流过。墓地分布在村东长700米、宽50米的范围内，分布极为稠密。已经发掘的131座战国墓，均为中小型竖穴土坑墓。墓葬的方向以南北向为多，墓主头向朝北者约占三分之二，朝东者约占三分之一。有21座墓带有壁龛，壁龛形状有长方形和半月形两种。墓内填土均经过夯打，大多有木质葬具。葬式以屈肢葬为主，直肢葬较少。随葬品放置在棺内外或棺椁之间，也有部分放置在壁龛内。绝大多数墓葬都有随葬品，种类包括陶器、铜器、石器和玛瑙、水晶、料珠等装饰品。

值得关注的是，该墓地发现了数量较多的夫妻异穴并葬墓。以M9和M10为例，两墓均有一棺一椁，方向均为正北。M9随葬品总计75件，包括一套种类齐备、制作精美的陶礼器和一套兵器以及渔猎工具等。M10出土器物总计55件，包括一套种类齐备的陶礼器和一套装饰品，但没有兵器。由随葬品的种类推断，M9的墓主可能是男性武士，而M10的墓主则为女性[①]。

东董村墓地发现的墓葬年代最早者为战国早期晚段，最晚者可

---

① 河北省文化局文物工作队：《邢台战国墓发掘报告》，第15—16页。

至战国晚期，延续时间超过 200 年①。从墓地分布图可以看出，发掘的 131 座墓葬可以分成 4 组，由西向东依次为 1、2、3、4 组，各组间有明确的分界线。第 1 组墓葬数量最多，绝大多数墓葬的方向为北向，其中约有 14 组异穴并葬墓。第 2 组墓葬数量略少，北向的墓葬和东向墓葬数量几乎相等，其中包含有 10 组异穴并葬墓。第 3 组墓葬数量与第 2 组约略相当，但墓葬的方向以北向为主，其中包含有 4 组异穴并葬墓。第 4 组墓葬数量最少，多数墓葬为北向，包含 1 组异穴并葬墓。以上 4 组墓葬的存在，或许是由于时代不同，或许是属于血缘关系不同的家族，受材料限制尚不能做出更确切的结论。但如此长时段使用的墓地保存完好，未见相互打破现象，彼此间按照一定的规则有序排列，可视为赵国埋葬制度研究的一个绝好的标本。

第三节 等级与形制

数量巨大的赵国墓葬不仅面积大小不一，而且在形制、方向和随葬器物等方面也存在着较大的差别，可以划分为数个高低不同的等级。不同等级的墓葬在形制构造、葬器组合与器用制度方面存在着较大的差别。

一 墓葬的等级

考古发现的赵国墓葬，既有体量庞大、带有高大封土且有车马坑附葬的中字型大墓，也有面积略小，但随葬有成套青铜礼乐器且有殉人的中等墓葬，当然，数量最多的还是面积在 10 平方米以下，仅以陶器随葬的小型土坑墓。依据墓葬的规格和随葬品的多寡不同，可将赵国墓葬分为以下八个等级：

---

① 张渭莲、段宏振：《东周赵国考古学文化的演进历程》，《中国国家博物馆馆刊》2016 年第 1 期。

第一级：带有独立封闭陵园的超大型墓葬。这类墓葬均存在独立的陵园，陵园内有多座带有墓道的大墓，并有车马坑附葬，墓室内积石积炭，随葬有成套青铜礼乐器。大墓附近有规模较高的陪葬墓和殉人。

第二级：带有两条墓道的大型墓葬。此类中字型大墓，墓上有高大的封土，墓室面积在160平方米以上，其内有多层棺椁，墓道内有殉人和车马坑。

第三级：随葬有列鼎七件的大型竖穴土坑墓。虽没有发现墓道，但墓室面积达80平方米以上，为积石积炭墓。墓内棺椁俱备，随葬有大量青铜礼乐器，其中包含至少一套形制相同、大小相次成列的七鼎，以及编钟、编磬。有单独的车马坑附葬，有的还有殉人。

第四级：随葬有列鼎五件的中型竖穴土坑墓。这类墓葬的面积在37平方米以上，墓内积石积炭。墓内棺椁俱备，随葬大量青铜礼器，包括列鼎5件一套，此外还有编钟、编磬等乐器和车马器、兵器、玉石器等。

第五级：随葬有列鼎三件的中型竖穴土坑墓。这类墓葬面积在18平方米以上，有棺有椁，墓内随葬大量青铜礼器，包括列鼎一套3件，此外还有大量车马器、兵器和玉石器等。

第六级：随葬有一鼎的中型竖穴土坑墓。这类墓葬面积多在15平方米以上，多有一棺一椁，随葬品中除有铜鼎1至2件外，还有制作精美的陶礼器一套，以及数量较多的车马器、兵器、玉石器等。

第七级：随葬有成套陶礼器的小型墓，面积在8平方米以上，葬具为一棺一椁，墓内随葬有成套陶礼器和带钩、车马器、工具、兵器等。

第八级：面积较小，仅随葬数量较少陶器的小型墓。竖穴土坑墓，面积在3平方米以下，多有棺，仅有一两件日用陶器，或无随葬品。此类墓数量较多。

上述八个等级的墓葬之中，规格最高者当为第一等级，不仅有单独的陵园和大型车马坑，而且有众多的陪葬墓，墓主应为国君或夫人一类。第二至六级墓葬面积较大，墓内积石积炭，棺椁俱备，且有成套青铜礼器随葬，墓主应为等级不同的各类贵族。若再加以细分，第二级和第三级的墓葬，除随葬有大量青铜礼器之外，还有象征特殊身份与地位的编钟和编磬等乐器，此外还有车马坑附葬，并有殉人存在，这两类墓葬的墓主可能为等级较高的贵族。第七至八级墓葬规格较小，墓内未见青铜礼器，墓主应为普通平民，但第七级的墓葬面积较大，有成套陶礼器随葬，此外还有少量青铜兵器、工具等，身份应略高于第八级。

虽然由于考古发掘的偶然性，以及墓葬被盗掘等各种原因，所获得的墓葬资料并不齐备，但赵国墓葬的繁杂等级，应该是赵国社会内部拥有不同财富和地位的各种层次人群的真实反映。

二 墓葬的形制

上述八个等级不同的墓葬，在墓形、方向、葬具、葬式和随葬品以及是否有殉人等方面，均存在着较大的差别。

（一）第一级

属于有单独陵园的超大型墓葬，此类墓葬仅发现一处，即邯郸赵王陵的 5 座陵园。这些陵园建筑于小山之巅，均有高大的覆斗形封土和较长的斜坡陵道。墓葬面积较大，已探明的均为有两个墓道的中字型大墓，墓室内积石积炭，并有车马坑衬葬，坑内有多套车马，有数十座陪葬墓和殉人，随葬有大型木俑和成套青铜礼乐器以及包裹身体的玉衣片。

（二）第二级

为墓上有高大的封土的中字型大墓。此类的墓葬数量极少，周窑 M1 即属于此类。

该墓为一座有两个墓道的中字形大墓。墓葬的封土经过夯打，从残存的板瓦和筒瓦看，应有墓上建筑。墓室呈长方形，面积超过 180 平方米，东墓道内有车马坑，西墓道内有殉葬坑。

椁室为长方形，置于墓室中部。椁外四周皆为夯土。椁乃两层结构，内木外石，外层石椁系用片状石块垒砌而成，内层木椁已朽。椁内的棺木亦已朽坏，仅存红黑二色的漆皮。墓主骨骼已无存。该墓经数次盗掘，仅留存有方足布、铜镞、铁镞、铁钁和金箔残片等少量器物。

西墓道内发现的殉葬坑顶部为棚木覆盖，其内置有木椁，木椁内有二棺南北并列，棺内的人骨头向东，一为仰身葬，一为俯身葬。经鉴定，殉葬的 2 人系未成年的儿童。随葬的器物有铜镜、铜印、带钩和铁削等。车马坑位于东墓道内，顶部结构与西墓道的殉葬坑相同，但已被盗，仅存马骨 2 具。另发现部分车马器①。（图 8-1）

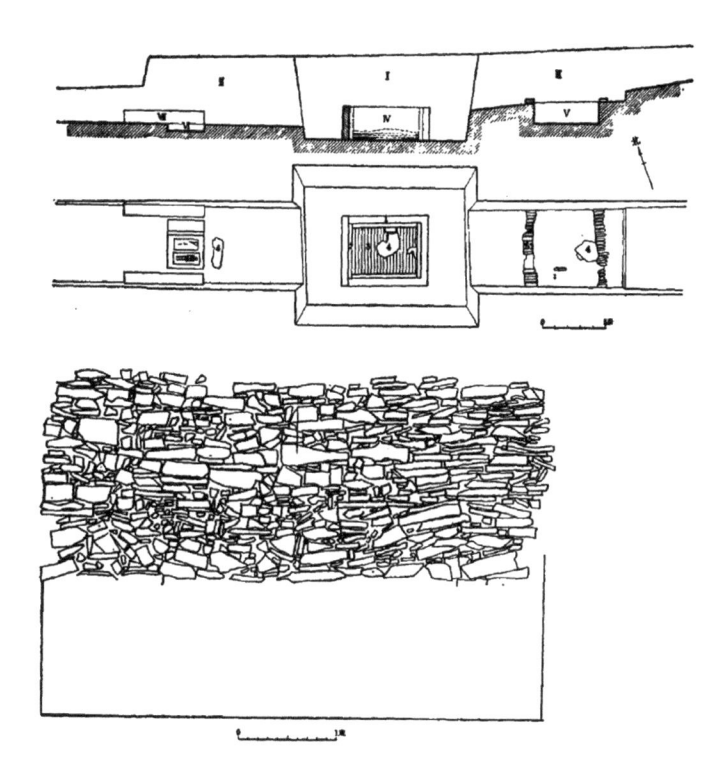

图 8-1 周窑一号墓平、剖面图

（引自《河北邯郸赵王陵》）

---

① 河北省文管处等：《河北邯郸赵王陵》，《考古》1982 年第 6 期。

（三）第三级

为随葬有七鼎的大型竖穴土坑墓，这类墓葬除太原金胜村 M251 和涉县凤凰台 M1 之外，林州大菜园 M801、M301 亦属此类。此类墓葬就形制而言，均没有墓道，墓葬方向均向东方，墓内填充有大量的石块和木炭，葬具为多重木质棺椁，其上有精美的漆绘图案。随葬品数量丰富，种类繁多，包括有青铜礼器、乐器、兵器、车马器以及玉石器等，其中青铜礼器有食器、酒器、水器等多个品类。此外墓内还有殉人。

金胜村 M251 墓口长 11、宽 9.2、深 14 米。墓室内的填土经过夯打。椁室四周填充大量河卵石和木炭。椁室由柏木枋堆垒而成，墓主之棺位于椁室正中，但已腐朽。墓主身下铺有朱砂，葬式为仰身直肢，头向东。由牙齿和头骨鉴定结果可知，死者为 70 岁左右的男性。在主棺之南侧、西侧和西北侧放置有陪葬棺 4 具，其内葬有成年男性或女性。

该墓随葬的各类器物共 3421 件，其中青铜器 1402 件，包括礼器、乐器、兵器、车马器、工具、生活用具等不同种类。青铜礼器中以鼎的数量最多，达 27 件。与鼎共存的还有鬲、豆、甗、壶、尊、鉴、罍、匜、舟、盘等容器，以及大量的兵器、车马器以及工具等。此外，墓内还出土有数百件玦、璜、瑗、璋、圭、琮、璧等玉器、水晶和玛瑙制品。

车马坑位于墓葬东北，平面呈曲尺形，由车坑和马坑两部分组成。车坑为东西向，马坑呈南北向。马坑中葬马共 44 匹，马匹排列较为整齐，马头均朝向西方。马的平均年龄为 7.4 岁，以雌性为主，雄性极少。车坑内置有车 15 辆，分为南北两排，排列整齐。（图 8-2）

关于该墓的年代和性质，发掘者推断为春秋晚期的晋国正卿赵简子[①]。上文第四章已对该墓出土的铜器做过分析，从形制判断其年

---

① 山西省考古研究所等：《太原晋国赵卿墓》，第 232—245 页。

代为战国早期，如此推断无误，那么该墓墓主为赵襄子的可能性更大一些。

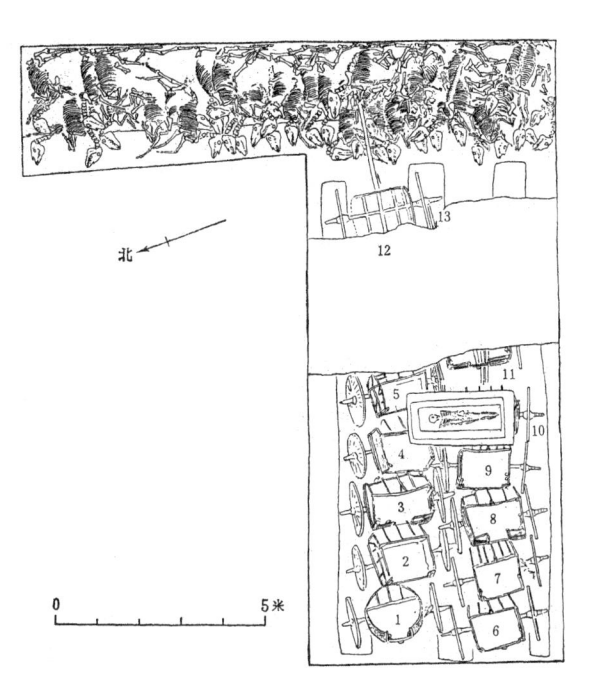

图 8-2　太原金胜村 M251 车马坑平面图

（引自《太原晋国赵卿墓》第 7 页）

凤凰台墓群位于涉县北关外的龙岗山脚下，此处分布有多座随葬成套青铜礼器的高等级墓葬，有的大墓还有车马坑祔葬[①]。因资料多未发表，仅就现有资料可知，M1 为一座面积较大的竖穴土坑墓。墓口大约长 10、宽 8、深 12 米，墓室四周及顶部底部均填充有大量石块与木炭，葬具为木质棺椁。随葬器物共计 140 余件，除鼎、甗、豆、壶、盘、匜、簠、鉴、钟等青铜礼乐器之外，还有石质编磬和璧、琮、环、佩等玉石类装饰品以及銮铃、伞盖等车马器。值得注意的是，青铜礼器中共发现有 10 件鼎，其中的一套七鼎，形制相

---

① 史安昌：《城北关凤凰台古墓群发掘简记》，《涉县文史资料》第 2 辑，1992 年，第 298—302 页；邯郸市文物研究所：《邯郸文物精华》，第 4—5 页。

同，大小相次，可以成列，此外还有成套的镈钟、钮钟、甬钟和编磬。规模较大且有成套的钟磬礼器随葬的墓葬，在冀南地区较为罕见，墓主应该为战国时期赵国的高等级贵族无疑。

（四）第四级

为墓室面积较大，其内有积石积炭、随葬有大量青铜礼器的五鼎墓。此类墓葬共有5座。墓葬的方向有北向和东向两种。此类墓葬虽没有墓道，但墓室面积在37平方米以上，墓内有多重木质葬具，随葬品除成套的青铜礼器之外，还有编钟、编磬等乐器和车马器、兵器、玉石器等。长治分水岭M25、M12、M26等属于此类。

分水岭M25面积约38平方米，方向20度。墓内填土经过夯打，近底部填有河卵石与木炭。葬具为一棺一椁，墓内出土随葬品共计428件，其中青铜器包括有鼎、壶、簋、豆、鉴、鬲、盘、匜等礼器和编钟、编磬等乐器，还有衔、镳等车马器，以及玉璧、玉璜、玉佩和玉覆面等。青铜器中包括五件形制相同、大小相次的盖鼎。铜鼎、壶和鉴放置于椁室北壁下，编钟和石磬则置于椁室南壁下，车马器在椁室的西部，玉器、玛瑙和水晶等装饰品置于棺内①。

（五）第五级

为随葬有列鼎三件的中型墓。这类墓葬仅发现两座。葬式以仰身直肢居多。墓内棺椁俱备，随葬有鼎、豆、壶等青铜礼器和兵器、车马器等。有的墓还有殉人。以邯郸百家村M57②和邢台南大汪M1③为代表。

百家村M57为一座口大底小的竖穴土坑墓，墓室面积近24平方米，方向为东向。墓内填土经过夯打，存在木质葬具，墓主仰身直肢。该墓共有殉人3具，分别置于墓主脚下和左右两侧。随葬品数量较多，大多位于棺椁之间，也有部分置于棺内。其中既有鼎、豆、

---

① 山西省考古研究所等：《长治分水岭东周墓地》，第264页。
② 河北省文化局文物工作队：《河北邯郸百家村战国墓》，《考古》1962年第12期。
③ 河北省文化局文物工作队：《邢台战国墓发掘报告》，第4—8页。

壶、甗、盘、匜等青铜容器，也有兵器、工具、车马器，还有较多数量的石圭、石片饰、玉片、水晶珠、玉璧、玉璜等。

南大汪 M1 面积 18 平方米，方向为北偏东，墓内存髹漆的棺椁，墓主仰身直肢。随葬品包括青铜器、玉器、石器和骨器等不同种类，青铜器共 79 件，既有鼎、豆、壶等礼器，亦有兵器、车马器等。除青铜戈、剑和玛瑙、玉佩饰等置于棺内外，其余器物均放置在棺椁之间，其中青铜容器放置于棺外北侧，铜戟、铜镞、车衔、泡饰、石圭等器物则悉数排列于棺外东侧。

（六）第六级

为随葬有一、两件铜鼎的竖穴土坑墓，面积多在 15 平方米以上，葬具有一棺一椁，随葬品中除铜鼎之外，还有一套组合完整的仿铜陶礼器，以及数量较多的车马器、兵器、玉石器等。此类墓葬约有 13 座，以邯郸百家村 M3[①]、长治分水岭 M83[②] 为代表。

百家村 M3 的墓室面积超过 20 平方米，方向为东西向，墓主葬式为仰身直肢，墓室内有木质棺椁，墓内有殉人 3 具。随葬品除 1 件铜鼎之外，还有一套组合完备的仿铜陶礼器，器类包括鼎、豆、壶、盘、匜、鸟柱盘、筒形器、兽头盆等。此外还有铜质的带钩、兵器、车马器和工具，以及数量较多的石片饰、石圭、骨管、骨贝等。

长治分水岭 M83 亦是一座口大底小的竖穴土坑墓，方向为 16 度，葬具为一棺一椁，墓内除随葬 1 件铜鼎之外，还有陶鼎、豆、壶、舟、鉴等仿铜陶礼器和铜戈、铍、车辖、带钩等兵器、车马器和生活用器，以及玉琮、玉璜、玉片、石圭、骨管、海贝等多种器物。玛瑙管和带钩放置于棺内东侧，铜鼎和陶礼器呈东西向排列于棺外北壁，其余器物则置于棺外东南侧。

---

① 河北省文化局文物工作队：《河北邯郸百家村战国墓》，《考古》1962 年第 12 期。
② 分水岭 M35 可归入此类，该墓随葬有铜鼎 1、鉴 1 和仿铜陶礼器一套，此外还有戈、戟、矛等兵器以及车马器、石圭、石璋、玉琮等器物。尤其特别的是，此墓带有一个墓道，形制为甲字型，与其他墓葬不同，为一特例。

（七）第七级

为随葬有成套仿铜陶礼器的中小型墓。这类墓与第六级相比，面积略小，亦无青铜容器出现，但有完整的仿铜陶礼器组合，有些墓葬还随葬有车马器和玛瑙、水晶类装饰品。墓葬的方向以北为主，葬式以仰身直肢为多，也有少量屈肢葬。此类墓葬数量较多，以邯郸百家村 M1[①]、邢台东董村 M9[②] 和左权石匣 M28 为代表。

百家村 M1 墓室面积近 10 平方米，方向为 7 度，墓主仰身直肢，墓内有殉人 1 具。随葬品有仿铜的鼎、豆、壶各 2 件，盘、匜和碗各 1 件，此外还有数量较多的石片饰，以及铜带钩、剑、镞和少量的车马器。

东董村 M9 墓室面积近 10 平方米，方向为正北，葬式为仰身直肢，随葬品数量较多，共有 75 件，包括一套种类齐备、制作精美的陶礼器和一套兵器以及工具等。其中陶礼器除鼎、豆、壶、盘、匜等基本组合之外，还有鸭尊、兽形盉、鸟柱盘、筒形器等极富特色的器物。

左权石匣 M28 为长方型竖穴土坑墓，面积 15 平方米，方向 345 度。墓内填土经过夯打，葬具为一棺二椁。墓主仰身直肢，经鉴定为成年女性。墓内共有随葬品 31 件，其中陶器 16 件，包括一套完整的鼎、豆、壶、盘、匜，此外还有环首刀、铜带钩和石圭、玛瑙环、玉琀等。随葬品多置于棺椁之间，铜带钩和环首刀位于棺内，玉覆面 1 套 31 件则置于墓主面部。

（八）第八级

为面积较小的竖穴土坑墓，墓室面积在 2—3 平方米左右，木质葬具仅有棺，随葬品数量较少，种类也不多。还有少部分墓葬没有随葬品。此类墓数量最多。兹不例举。

---

① 河北省文化局文物工作队：《河北邯郸百家村战国墓》，《考古》1962 年第 12 期。
② 河北省文化局文物工作队：《邢台战国墓发掘报告》，第 16 页。

第四节 随葬器物

赵国墓葬的随葬品种类繁多，依质地可分为青铜器、陶器、玉器、石器、骨蚌器、铁器、金器、木器等。青铜器的种类包括容器、乐器、兵器、车马器、工具和生活用具类。容器主要有鼎、鬲、甗、豆、簠、壶、盘、匜、盉、钫、敦、舟、鉴、罍等，乐器主要有钮钟、甬钟和镈钟。兵器以戈、剑、戟、矛、钺、镞为多。车马器常见害、辖、铎、铃、马衔、马镳、马衡、当卢、带扣、泡饰等。工具类包括斧、锛、凿、刀、削、锥、针等，生活用器有铜镜、带钩、合页、量具等。陶器种类有鼎、豆、壶、盘、匜、碗、盆、罐、鉴、盉、尊等。玉器有璧、瑗、环、璜、琮、璋、圭、玦、佩饰和玉衣片等。石器以磬和圭最为常见。骨器有管、珠、环、簪、贝等。金器有带钩、小饰件和金箔。铁器有削、环首刀、带钩等。

一 随葬品的摆放位置

不同规格的墓葬，随葬品的数量和质量差别较大，因而摆放位置自然不同。而不同质地和功用的随葬品，摆放位置亦有区别。就赵国墓葬而言，有棺无椁者，随葬品均放置在棺内，以头端或脚端为多。棺椁俱备者，陶器、铜礼器和乐器放置在棺椁之间，玉覆面、玉石佩饰等装饰品和带钩、剑、戈等兵器置于棺内，也有部分兵器放在棺外。但有壁龛的墓葬，则均将随葬品置于龛内。

东董村M9和M10为一对异穴并葬墓，二墓均为一棺一椁。M9的棺内左侧放置戈、剑、削各1件，右侧为镞，带钩在人架的上腹部，足下有带钩和料珠。在棺椁之间头部放置有陶器，包括鼎2件，豆9件，壶2件，盘、碗、匜、鸭尊、盉、鸟柱盘、筒形器和罐各1件。M10的棺内头部发现有骨簪，带钩、玛瑙环和水晶珠料珠等放置在腰部，陶器放置在棺椁之间的足部，计有鼎2件，豆13件，壶、鉴各3件，匜2件，盘、碗、鸭尊、盉、鸟柱盘等各1件①。

南大汪M1是一座棺椁俱备、随葬有青铜礼器的中型墓葬。鼎、豆、壶等青铜礼器放置在棺椁之间的头端，兵器、车马器、骨贝等则放置在人架左侧的棺椁之间，石圭在棺椁之间的足下，部分兵器如戈、剑和玉石佩饰、玛瑙珠在棺内②。

二 葬器组合及特征

赵国墓葬随葬的诸种器物中，以青铜器和陶器最为多见，可籍此二类器物对随葬品的组合及其特征进行考察。

墓葬所见陶器的组合，主要有以下几种：

（1）单件陶器，如鼎、壶、匜、罐、盘等。

（2）两件器物，鼎、豆；豆、壶；豆、罐。

（3）三件陶器，以鼎、豆、壶；鼎、豆、罐为主，个别增加碗、盘、鉴等。

（4）主体为鼎、豆、壶、盘、匜等五件陶器，有些墓葬以碗代替匜，也有部分墓葬碗、匜均见。

（5）在（4）的基础上增加高足小壶、小豆、鉴、尊、鸟柱盘、筒形器、盉等器物。

但地域不同、墓葬规格不同，器物的组合略有差异。如百家村的墓葬极少见到单件或两件陶器的组合，除个别墓葬为鼎、豆、壶的基础组合外，约有近半数的墓葬为上述（4）的组合，即鼎、豆、壶、盘、匜为主，有些墓葬不见盘或匜，以碗代替，也有相当多的墓葬在这五种器物之外，增加陶碗，成为六种陶器共存的形式。超过半数的墓葬为上述（5）的组合，即在鼎、豆、壶、盘、匜等仿铜陶礼器之外，增加若干种器物。所增加的器物中，既有鸭尊、盉等形制复杂的器物，又有小豆、小壶、鉴、罐等日常用器。长治分水

---

① 河北省文化局文物工作队：《邢台战国墓发掘报告》，第15—16页。
② 河北省文化局文物工作队：《邢台战国墓发掘报告》，第4页。

岭的情况与百家村比较相似，即以鼎、豆、壶、盘、匜五种仿铜陶礼器组合最为常见，亦能见到鸟柱盘、筒形器、盉等陶器，但此墓地高足小壶和盘豆数量众多。

柳林杨家坪的随葬陶器，以鼎、豆、壶和鼎、豆、壶、盘、匜为基础的组合最为多见，有些墓葬在此二种组合上增加匜、盆、钵等器物，但高足小壶、盘豆极为少见。

榆次猫儿岭和东外环的陶器组合与杨家坪类似，除上述（1）所列的单件陶器之外，也有部分墓葬为两件陶器的组合，如壶、盘；壶、豆；壶、鉴；鼎、豆等。鼎、豆、壶、盘、匜等五种陶器的组合在此亦较为多见，此外该墓地有较多的盉、鸟柱盘、筒形器、兽头盆、带鸟类器盖的鼎豆壶等制作精美的陶器存在。

百家村的陶器墓，大多面积较大，虽未出土青铜礼器，但所见的陶器中多为仿铜陶礼器，不仅种类繁多，而且器体较大而敦实厚重。此外，这些墓葬还随葬有铜质的带钩、兵器、车马器、石圭、玉器和骨蚌器，有些墓葬甚至有殉人。长治分水岭的情形与百家村类似，墓葬面积亦较大，显示其级别亦较高。与上述两种墓地不同，邢台东董村、柳林杨家坪和榆次猫儿岭除个别墓葬面积较大外，绝大多数的墓葬面积较小，与陶器共出的车马器、兵器的数量亦较少。

墓葬出土的青铜器中，以容器最能体现墓主的身份与地位，因此对于青铜器组合的考察，便以青铜容器为主，其他器类为辅。青铜容器的组合主要有以下几种：

（1）单件器物：主要为鼎，个别墓葬为盘或匜。

（2）两件器物：鼎、豆组合或鼎、敦；鼎、鉴。

（3）五件器物：以鼎、豆、壶、盘、匜为代表的固定组合。

（4）在（3）的基础上增加鬲、甗、簠、铺、鉴、甑、罐、罍、钫、敦、尊等器物。

不同规模的墓葬，青铜器的组合差异明显。如铜鼎为铜器墓最常见的器物，以上四种组合都是以鼎为基础而构成的，但墓室规格不同，随葬鼎的数量有别：面积较小的，仅有一件铜鼎；略大些的墓，一般会有两到三件铜鼎；规模更大的墓葬，会随葬五件以上的铜鼎。而墓室面积大于 80 平方米的一、二、三级墓葬，随葬鼎的数量最少也在 7 件以上，其中最多的金胜村 M251 随葬鼎 27 件，其中形制和纹饰基本一致、大小相次成列者即列鼎便有多套：立耳鼎 5 件，附耳鼎 7 件、铺首耳鬲鼎 6 件、铺首耳列鼎 5 件，显示出铜鼎的多少与墓葬规模呈正态分布的特点。此外，随葬铜鼎数量较少的墓，大多会再随葬一套仿铜陶礼器作为补充，此种情形在一鼎墓和二鼎墓比较明显。而五鼎以上的墓基本不见仿铜陶礼器，即便有的墓偶尔有几件陶器，也仅仅是碗、钵等生活用器而非礼器。此外，赵国墓葬所见的以五种青铜器为基础的组合，还常常会增加若干种其他器类。墓葬规格越高，增添的器物种类越多。如五鼎墓多见簠、铏、甗、鉴，而七鼎以上的墓葬则在此基础上，又增加盉、钫、罍、鸟尊、鈚、瓠壶、高柄小方壶等造型别致的器物。

　　除青铜容器之外，赵国墓葬随葬的青铜器中还有较多数量的乐器、兵器、车马器、工具和生活用具。车马器在铜器墓中极为常见，即便是一鼎墓中也常常会有几件车马器随葬，甚至有些面积较大的陶器墓也有车马器随葬。墓葬规格越高，车马器的数量也就越多。戈、剑、戟等兵器亦是如此，但兵器的随葬并不限于铜器墓，不少陶器墓亦常随葬有铜剑等兵器。而成套的钮钟、甬钟和镈等乐器大多仅在五鼎以上的墓葬中出现，一鼎墓和三鼎墓极为少见。

　　由青铜器的组合似乎看不出明显的地域差别，究其原因，一方面可能是铜器墓的数量并不是很多，而且不少的墓葬或经盗掘，或被破坏，当然也不排除使用青铜器的人群，原本都是士以上的贵族，这些人群有着共同的心理认同，且彼此间交往频繁，因而导致其器用制度渐趋同化。

　　其实，无论是陶器组合，还是青铜器的组合，均看不出明显的时代变化，此一现象恰好反映出埋葬制度所固有的延续性，即对某个特定人群而言，无论其所处的社会环境如何变化，根植于内心深处的丧葬习俗却不会轻易变更。

第五节　赵王陵园

赵王陵园是战国时期赵国王陵墓葬群，分布在邯郸城西北郊区的较远地带，其中 1 号陵园距离大北城西北隅城垣约 10 千米。

陵园位于今邯郸、永年两县交界处，共有 5 座陵园。根据陵园平面分布的格局，可分为南北两个区域。南陵区有三座陵园，位于邯郸县陈三陵、周窑一带，编号为 1—3 号，三座陵园依次呈东北—西南斜向排列。北陵区有两座陵园，位于永年县温窑、张窑一带编号为 4—5 号，两座陵园依次亦呈东北—西南斜向排列①。

5 座陵园建筑均坐西向东，形制基本相同。主要建筑元素包括陵台、封土、寝殿、围墙、陵道、陪葬坑、陪葬墓等。陵台均以山为基，筑于小山之巅。台面平坦，呈长方形，周边均经夯土加固，四周沿下为斜坡，有的加铺护坡石。陵台中央夯筑一座或两座方形覆斗形封土（3 号陵园的为长方形），建有墓道和陪葬坑群，另还建有寝殿。陵台东侧正中有斜坡状陵道大路。陵台外围有陪葬墓群。其中 3 号陵园四周尚存有夯土围墙。

1 号陵园位于三陵乡陈三陵村北。陵台西部和北部尚存部分夯土墙基。陵台正中偏南有封土一座，南北长 57、东西宽 47 米，存高约 15 米。陵台东侧的坡道存长 246、宽 61 米。陵台周围有较多的卷云纹半瓦当、砖瓦等建筑残件。

2 号陵园位于三陵乡陈三陵村西北。陵台中部有南北并列封土 2 座，间隔约 10 米，存高 8—12 米。陵台正东陵坡道残长 90、宽 63 米。陵台北边缘中部暴露石砌水道一处，西部和东部边缘有断续的夯土墙残段，南部以石片垒成护墙，西部有大量石片堆积。陵台周围散见卷云纹圆瓦当、米格纹空心砖、铺地方砖、筒板瓦等建筑残件。

2000—2002 年对陵园进行全面勘察，陵台上的两座封土大墓，

---

① 河北省文管处等：《河北邯郸赵王陵》，《考古》1982 年第 6 期。

均为带东西墓道的中字形结构。北墓的墓室形制为穿凿岩石山体的洞室结构，墓室底部积炭，现存封土顶部距墓底约 32 米。东墓道之侧分布有陪葬坑，已探明有 5 座。发掘的 5 号陪葬坑为一车马坑，位于南墓东墓道南侧。平面长方形。顶部积石，其下用枋木架构覆盖。埋葬有 4 车、14 马，马头向东。出土青铜车马饰件 200 余件。车伞装饰华丽，并有大型木俑。陵台东面陵道两侧分布有陪葬墓群，已探明有陪葬墓 23 座，其中少数为带一条东墓道的甲字型墓。陵台西北隅发现有方砖铺砌地面、夯土基址等遗迹，并散落堆积不少的板瓦、筒瓦等，可能属于陵园寝殿建筑遗址。（图 8-3）

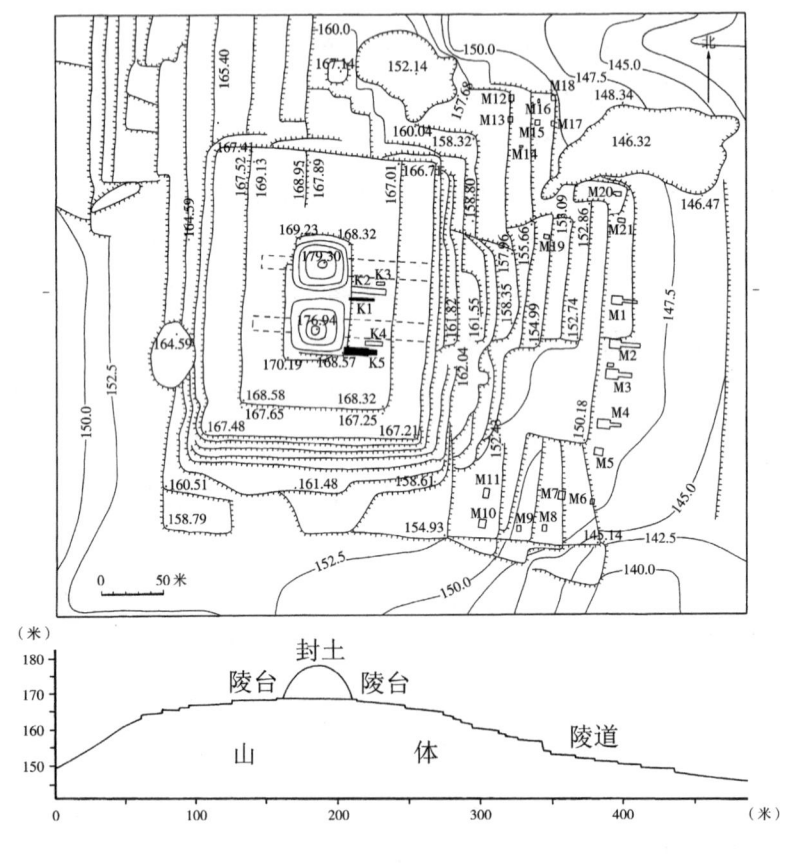

图 8-3　赵王陵 2 号陵园平面、剖面图

（引自《赵都邯郸城研究》，第 143 页）

3号陵园位于工程乡周窑村东。台周呈斜坡状，上铺片状护坡石。陵台正中有长方形封土一座，存高约 5.5、南北长约 66、东西宽约 37 米。陵台东面的陵道已毁。陵台地表有筒瓦、板瓦、素面瓦当等建筑残片。陵园四周尚存有断续的夯土围墙，平面近方形。陵台在围墙内位居中央位置。陵台西南角和西北角各有一座带封土的陪葬墓。两座陪葬墓附近另有无封土小墓多座。

4号陵园位于永年北两岗乡温窑村西北。陵台中央有南北并列两座封土，存高均约 6 米，其中南封土长宽为 39×37 米，北封土长宽为 43×30 米。陵台下东南有两座小型带封土墓，可能为陪葬墓，俗称"将军墓"。陵台正东陵坡道残长 286 米、宽 78 米。1998—1999 年，该陵园被盗掘。根据勘查情况，北墓的形制为竖穴土坑木椁结构，现存封土顶部距墓底约 32 米。

5号陵园位于永年北两岗乡温窑村北。规模乃五座陵园之中首位。陵台中部有一座封土，东西长约 49、南北宽约 47 米，高约 3 米，顶部平坦。陵台正东陵坡道残长 138 米、宽 61 米。

关于每座陵园的主人，虽然多年来有过较多讨论，但因未做发掘资料所限，尚不能得出明确的结论。

第六节 赵国墓葬文化

由于自然地理环境和人文历史背景的差异，赵国墓葬文化在平面布局、墓葬形制与器用制度等方面，具有若干有别于其他同时期考古学文化的独特特征。

一 存在独立于都城之外的单独王陵陵园

邯郸赵王陵园修筑于邯郸故城西北远郊的山峦之上，距离都城约 10—15 千米。陵园所在的区域，低山丘陵林立，山顶海拔一般约 150—180 米。5 座陵园分布在南、北两个区域，建筑于 5 座小山之巅，坐西朝东，陵台平坦，均带有高大的覆斗形封土和长长的斜坡陵道，布局宏伟，层次有序。

将王陵区独立于普通的家族墓地，应该是始于晚商时期。在殷墟发现的50多座宫殿建筑基址，集中于洹河岸边的小屯一带，而商王的陵墓则单独修筑于侯家庄西北冈的王陵区，虽然此时的王陵区单独设区，离小屯宫殿区有相当远的距离，但王陵区仍在城市范围之内，并未彻底远离贵族与平民的居住区与墓葬区。到西周时期，不少封国如燕国、邢国等未曾设立单独的王陵区，封国国君与贵族和平民死后进入同一个墓地。有些封国如晋国虽在天马—曲村发现单独的晋侯墓地，但由于未能发现晋国的都城所在，因此晋侯墓地是否独于都城之外不得而知。

东周时期发现的王陵数量较多，但规划布局较为复杂。以燕为代表的不少诸侯国并未设置单独的王陵区。中山虽有单独的王陵区，但部分王陵位于城内，部分位于城外。只有赵、韩、齐、秦等少数国家于都城之外设独立的王陵区，然而具体情形却略有不同。齐国虽将王陵修筑于故城远郊的丘陵地带，但并未设置单独的王陵区，而是王陵与贵族墓区错处①。秦国的陵园在多个地方均有发现，然凤翔的秦公陵园修筑在距离都城较近的地方②，栎阳秦陵又缺乏相关的考古资料，直至咸阳城西北塬上的秦陵和临潼骊山西麓的芷阳东陵③，才最终确定将单独的王陵区设置于远离都城的山丘之上，然而其年代要远远晚于赵、韩王陵。韩与赵最为类似，不仅存在着独立的王陵区，而且将之置之于远离郑韩故城的丘陵岗地上④。因此就现

---

① 山东省文物考古研究所：《临淄齐墓》（一），第18—30页。
② 陕西省雍城考古队：《凤翔秦公陵园钻探与试掘简报》，《文物》1983年第7期；陕西省考古研究院等：《雍城十四号秦公陵园钻探简报》，《考古与文物》2015年第4期。
③ 刘卫鹏、岳起：《咸阳塬上"秦陵"的发现和确认》，《文物》2008年第4期；陕西省考古研究院等：《咸阳"周王陵"考古调查、勘探简报》，《考古与文物》2011年第1期；陕西省考古研究所等：《秦东陵第一号陵园勘查记》，《考古与文物》1987年第4期；《秦东陵第二号陵园调查钻探简报》，《考古与文物》1990年第4期；陕西省考古研究所秦陵工作站：《秦东陵四号陵园调查钻探简报》，《考古与文物》1990年第4期。
④ 河南省文物研究所新郑工作站等：《新郑县辛店许岗东周墓调查简报》，《中原文物》1987年第4期。

有材料而言，赵韩二国为王陵区单独划定茔域，且远离都城，修筑于地势较高的小山之巅，这一观念开启了后世王陵或皇陵布局的先河，对后世都城规划有着极为重要的影响。

二 夫妻异穴并葬墓较为多见

对子墓即夫妻异穴并葬墓较为多见，亦为赵国墓葬布局的一大特色。夫妻异穴并葬墓最早可能出现于殷墟，在安阳的大司空、殷墟西区和南区常常发现墓主性别不同的两个墓葬并列而葬，墓室规格相同，方向一致①。此类墓葬在西周时期开始流行，在浚县辛村②、北赵晋侯墓地③、绛县横水倗伯墓地④、随州叶家山曾侯墓地⑤等多个地点均有发现，尤其是北赵晋侯墓地清理的19座墓葬，可以分成9组，除M64为三墓并列外，余均两两并列，墓主应为晋侯与夫人。

进入东周以来，在侯马上马⑥、乔村墓地⑦、辉县琉璃阁⑧、荆门包山⑨、淅川下寺⑩等地均有异穴并葬的墓葬发现，然而总体看来，东周时期在受以晋文化为代表的中原文化影响较大的地区，此类墓数量较多，其他地区较为少见，而且随着时代变化，此类墓在普通平民中日渐流行的趋势较为明显。与其他国家相比，虽然赵国采用异穴并葬的普通平民占有相当大的比例，但高等级的异穴合葬

---

① 孟宪武：《试析殷墟墓地"异穴并葬"墓的性质》，《华夏考古》1993年第1期。
② 郭宝钧：《浚县辛村》，科学出版社1964年版。
③ 北京大学考古系等：《1992年春天马—曲村遗址墓葬发掘报告》，《文物》1993年第3期。
④ 山西省考古研究所等：《山西绛县横水西周墓地》，《考古》2006年第7期。
⑤ 湖北省博物馆等：《随州叶家山西周早期曾国墓地》，文物出版社2013年版。
⑥ 山西省文物管理委员会等：《侯马东周殉人墓》，《文物》1960年第8—9期。
⑦ 山西省考古研究所侯马工作站：《晋都新田》，山西人民出版社1996年版，第331页。
⑧ 河南博物院、台北历史博物馆：《辉县琉璃阁甲乙二墓》，大象出版社2011年版。
⑨ 湖北省荆沙铁路考古队：《荆门市包山楚墓发掘简报》，《文物》1988年第5期。
⑩ 河南省文物研究所等：《淅川下寺春秋楚墓》，文物出版社1991年版，第29—35页。

墓数量远远多于其他地区，尤其是七鼎、五鼎墓中异穴并葬墓的数量多，墓室面积大，随葬品的级别也较高，显示出赵国埋葬制度的独特性。

三　大型墓葬墓主的头向以朝东为主

赵国墓葬墓主的头向，以朝北为主，次为朝东，但规格较高的大中型墓葬，则以头向朝东居多。墓主头向朝东的典型墓例有：邯郸赵王陵，太原金胜村 M251，林州大菜园 M301、M801①，邯郸百家村 M57 等等。这些墓葬一般随葬有铜礼器和车马器等，有的还有殉人，大型墓葬还衬葬有车马坑。根据墓葬综合要素推定，赵国大中型墓的墓主身份大多应属于赵氏公族。

赵氏公族墓的头向朝东是赵国墓葬的一个重要特色，此与姬姓晋国及韩魏二国的墓葬头向形成鲜明对照。西周春秋晋国墓葬的头向以朝北为主，其次为朝东，其中西周晋国公室墓葬的头向主要朝北。例如天马—曲村墓地，性质属于晋侯的大型墓除两座头向南外，余皆头向北，而中小型墓的头向朝北者近60%，朝东者近40%②。战国时期韩魏二国的墓葬，皆以头向朝北占绝对优势，尤其是辉县固围村魏王陵③、郑韩故城附近的韩王陵，均为带有南北墓道、坐北朝南的布局。比较特殊的例证是辉县琉璃阁发现的东周墓葬，头向以朝东为主，此与赵墓有些相似，墓主身份一直存在争议④。值得注意的是，嬴姓秦国墓葬与赵氏公族墓皆作东西向，似乎存在某些相

---

　　① 此二墓墓向为东西向，墓主头向不明，推测朝东。相关资料参见：张增午《赵都中牟林州说的推定》（《中原文物》2005年第6期）和河南省文物考古研究院《河南林州大菜园东周墓地出土青铜器保护修复报告》（第3—5页）。
　　② 北京大学考古系商周组等：《天马—曲村》（1980—1989），第290页。
　　③ 中国科学院考古研究所：《辉县发掘报告》，第69、88、95页。
　　④ 郭宝钧：《山彪镇与琉璃阁》，科学出版社1959年版，第53—54页。有学者推测琉璃阁墓地属于晋国的祁姓范氏，可参见刘绪《晋乎卫乎——琉璃阁大墓的国属》，《中原文物》2008年第3期。

似性，但秦墓头向主要朝西，与赵墓正好相反，例如：礼县大堡子山①、凤翔秦公陵园、咸阳塬秦陵和芷阳东陵等等。

赵氏公族墓头向朝东的习俗，与东方沂、沭河流域莒、郯二国的墓葬比较近似，齐国的中小型墓也具有类似的特点②。莒郯二国的种姓比较复杂，《秦本纪》皆作嬴姓，而《世本》均作己姓，另有《国语》将莒作曹姓，但大多数学者考证莒郯为嬴姓。另据《世本》"己姓出自少皞"之说，则嬴、己二姓及曹姓原本皆属于东方氏姓当无问题，莒、郯墓葬应是东方嬴姓等部族墓葬文化的典型代表。齐国公族为姜姓或田姓，但本地原住民的族姓则多属于东夷系统。莒郯二国墓葬以及齐国大部分的中小型墓，墓主头向以朝东为主，另还常见人殉与腰坑，这些葬俗或代表着东夷部族墓葬文化的传统，并且这种特征具有悠久的延续传承③，赵氏公族墓应是这种传统的一个远方延续。

赵氏公族墓与东方的遥远渊源，还涉及到赵秦共祖关系。《赵世家》："赵氏之先，与秦共祖。"《秦本纪》对这一情况有比较详细的记载，秦赵皆出自东方嬴姓，同族而异支，赵氏分离于早期嬴姓，二者同祖共源出自于东夷部族某支。赵秦共祖同源，因此二国公族墓可能包含了某些同源性的文化元素，赵王陵园和秦公陵园皆作坐西朝东，但在头向方面却存在显著差别：秦朝西而赵朝东。这一现

---

① 戴春阳：《礼县大堡子山秦公墓地及有关问题》，《文物》2000年第5期；秦文化与西戎文化联合考古队：《甘肃礼县大堡子山秦墓及附葬车马坑发掘简报》，《文物》2018年第1期。

② 莒墓、郯墓主要发现在沂水和沭水流域。莒墓如：《山东沂水刘家店春秋墓发掘简报》，《文物》1984年第9期；《莒南大店春秋时期莒国殉人墓》，《考古学报》1978年第3期。郯墓如：刘一俊等：《山东郯城县二中战国墓的清理》，《考古》1996年3期。齐墓以临淄南郊墓群为代表，可参阅：《临淄齐墓》第一、二集。关于莒郯墓葬文化的特征，可参考刘延常《莒文化探析》，《东南文化》2002年第7期；王青《海岱地区周代墓葬与文化分区研究》，科学出版社2012年版。

③ 山东省文物管理处等：《大汶口：新石器时代墓葬发掘报告》，文物出版社1974年版；山东大学考古学与博物馆学系等：《济南市章丘区焦家新石器时代遗址》，《考古》2018年第7期。

象可能是嬴姓分为秦赵两支后，西支秦嬴入于西戎之地而深受西土文化影响，逐渐接受了当地墓葬头向主要朝西的习俗，正如傅斯年所言"久而成土著"[①]。

总之，赵氏公族墓的头向朝东及人殉等习俗，应出自于东方墓葬文化的某些传统延续。这些共性元素应来自于东方以嬴姓为主的东夷诸部族，其中赵氏公族墓的东方元素较秦墓略微浓厚一些，但莒郯二国墓葬的东方属性更加集中和凸显。

四 大中型墓内有殉人现象

与同时期其他国家相比，赵国墓葬中殉人比较多见。太原金胜村M251共有4个成年人殉葬，周窑一号墓殉葬的二人均为未成年的儿童，林州大菜园M801在墓主南北两侧和脚下各殉葬一青年女性。这些殉人不仅有木质葬具，还有数量较多的随葬品。这三座墓均属于第二、三等级的大墓，不仅体量庞大，而且随葬有成套青铜礼乐器，墓主的身份至少为高等级的贵族。

不仅规格较高的大型墓葬有人殉葬，面积略小的中型墓亦能见到人殉。如邯郸百家村的M57和M3分别为三鼎墓和一鼎墓，均有3人殉葬。同墓地的M1和M20未随葬青铜礼器，仅有一套仿铜陶礼器，亦各有殉人一具。此外，长子牛家坡M7除椁内放置有三个殉人木棺之外，还随葬有四件身着长袍的彩绘木俑。

其实以人殉葬的习俗在商代最为盛行，西周以后渐渐消失。然而到了春秋晚期这一习俗重又开始流行。除赵国之外，在魏、齐、秦等东周大国均发现有殉人墓。

辉县固围村M1—M3和汲县山彪镇M1[②]等规格较高的魏国大型墓葬中，均发现有殉葬人骨。陕县后川的M2138、M2124[③]和临猗

[①] 傅斯年：《夷夏东西说》，《庆祝蔡元培先生六十五岁论文集》，1933年。
[②] 郭宝钧：《山彪镇与琉璃阁》，第3—46页。
[③] 中国社会科学院考古研究所：《陕县东周秦汉墓》，第16—18页。

程村 M1056① 等面积略小的魏墓中也有殉人出现。但魏国的殉人墓多集中在春秋晚期至战国早期，而赵国的此类墓葬自春秋晚期至战国晚期一直存在。就殉人的数量而言，魏国的殉人墓除山彪镇 M1 外，多数只殉有 1 人，而赵国不仅规格较高的太原金胜村 M251 殉有 4 人，而且一些面积较小的铜器墓也动辄殉葬 3 人，甚至一些只随葬仿铜陶礼器的中小型墓葬也有殉人存在，从数量看远较魏国为多。此外，赵国的殉人多有木质葬具，有些甚至还有青铜或玉质随葬品，显示出这些殉人生前有着较高的社会地位。

齐国的殉人墓以临淄周边最为集中。临淄郎家庄 M1 曾发现殉人 26 具②，淄河店 M2 殉有 12 人③，数量极为可观。然而，齐国发现的殉人墓主要集中于战国早、中期，到战国晚期已基本不见④。而赵国的殉人墓时代早者为春秋晚期，晚者可至战国晚期。此外，齐国的殉人多置于椁室附近的陪葬坑内，此类方式基本未见于赵国墓葬。

西方强秦亦发现有数量惊人的殉人墓，如礼县大堡子山 M2 西墓道填土中埋有 12 个殉人，礼县圆顶山 M1 于墓室的小龛内殉有 3 人⑤，凤翔秦公一号大墓在墓室的二层台及西墓道与墓室连接处发现殉人 166 具⑥。从时代上看，秦国的殉人墓主要盛行于春秋早期至战国早期，战国中期以后罕见⑦。赵国则是自春秋晚期到战国晚期殉人一直盛行不衰。秦墓所见殉人的葬式多为屈肢葬，且殉人中暴力杀殉的比较相当高。此外，秦国的殉人多采用箱殉、匣殉等方式，这些均与赵国有所不同。

---

① 中国社会科学院考古研究所：《临猗程村墓地》，中国大百科全书出版社 2003 年版，第 22—23 页。
② 山东省博物馆：《临淄郎家庄一号东周殉人墓》，《考古学报》1977 年第 1 期。
③ 山东省文物考古研究所：《临淄齐墓》（一），第 302—382 页。
④ 印群：《论东周时期的齐殉人陪葬墓》，《管子学刊》2015 年第 4 期。
⑤ 甘肃省文物考古研究所、礼县博物馆：《礼县圆顶山春秋秦墓》，《文物》2002 年第 2 期。
⑥ 韩伟：《秦都雍城考古发掘研究综述》，《考古与文物》1988 年第 5—6 期。
⑦ 梁云：《战国时代的东西差别——考古学的视野》，文物出版社 2008 年版，第 265 页。

五　器用制度别具特色

由赵国墓葬出土的诸多青铜器和陶器，可以窥视到若干赵国器用制度的独特性。

赵国墓葬出土的青铜器之中既有立耳折沿蹄足鼎、附耳子母口盖鼎、粗蹄足鬲鼎、联裆高蹄足鬲、华盖壶、子母口盖豆、附耳蹄足盘等周晋文化常见的器物，亦有大口深腹高圈足簋、双耳平底罐、銎内戈、圆环形鸟首带扣等北方草原习见的器物。除此之外，还有平顶盖上带曲尺形钮的深腹圜底蹄足鼎、束颈扁腹带耳鉔、带有环角形钮的子母口球体敦等山东诸国的文化因素，以及刻纹匜、饰有S形纹的箍口鼎、窄格有首无箍剑、宽格有首有箍实圆茎剑、剑身有暗纹剑和合瓦形铜铎等吴越风格的器物等等，反映出其青铜文化构成的复杂性。最值得关注的是，赵国墓葬中所见的带盖匏壶、双耳方座豆、敞口深腹鉴、鸟尊、带有三蹄足的球体敦、敞口圈足匜、带提梁的封口虎头匜、无首无格扁铤铍等青铜器，不仅延续时间较长，而且数量众多，构成了赵国青铜器有别于其他地区的独有特色。

与青铜器相似，赵国的陶器亦包含有若干文化的成份，如鬲、鼎、盆、豆、罐、盂、钵、盘口壶、小口高领罐、匜等器物与周晋文化同类器物几乎完全相同，各种类型的双耳陶罐、小口鼓腹双耳瓮等陶器则与长城地带居民所用器物极为相近，显然是受北方系文化影响而产生。而邯郸百家村、邢台东董村、榆次猫儿岭等墓地出土的鸭尊、兽形盉、兽头盆、鸟柱盘、高柄小壶、带柄灶、带鸟状盖钮的鼎和豆等造型独特，尤其是鸟柱盘和筒形器种类繁多，演变序列完整，已成为赵文化的代表性器物。器物外表饰有暗纹和彩绘亦为赵国陶器的特色之一。在邢台东董村、榆次猫儿岭、东外环、柳林杨家坪、邯郸百家村、长治分水岭等墓地均有发现，其中尤以邢台东董村最具代表性。

春秋时期晋国墓葬出土青铜器的组合虽然随着时代发展有所变化，增加敦、舟、豆等器物，但其核心始终为鼎、盘、匜。赵国青铜器以鼎、豆、壶、盘、匜为代表的固定组合，显然是在晋文化的青铜礼器组合的基础上形成的，显示出赵文化与晋文化之间所存在的密不可分的特殊关系，也因此使赵文化成为中原周晋文化的继承者之一。当然，与其他国家或区域略有不同的是，赵国的五种青铜器组合，虽是承继晋文化而来，但具体到某种器物的形制，又与周晋文化不尽相同，如豆除中原文化习见的盖豆之外，赵国还多见方座豆；铜敦除了平底敦之外，赵国的三足敦也极为盛行；匜既有与周晋文化常见的平底匜，又有平底下带有圈足者，还有赵国独创的带提梁的虎头状者，显示出赵文化独有的特点。而陶器墓的器物组合与青铜器类似，也是以鼎、豆、壶、盘、匜为主，然而相当多的陶器墓在这五种器物之外，会增加一批制作精美、造型独特的器物，如鸭尊、兽形盉、兽头盆、鸟柱盘、高柄小壶、带柄灶、带鸟状盖钮的鼎和豆等。

　　由赵国墓葬出土的众多青铜器和陶器，可以窥视到若干赵国器用制度的独特性。赵文化中包含有浓厚的周晋本体文化因素，揭示出赵文化的主流渊源乃周晋文化。而赵的北境与戎狄相邻，而且赵氏亦有与诸狄联姻的传统，因而北方系文化因素的存在便在情理之中。赵国的东境与齐国等东方诸国为邻，所以赵文化中也有若干东方因素。此外，晋楚争霸之时，为了牵制南方的楚国，晋国曾与吴国和越国结为联盟，此种背景在赵文化中亦有反映。因此，赵国在频繁地与韩、魏、齐、鲁、燕等中原诸国和赵之周边的蛮夷戎狄诸部族交往过程中，积极学习其他各国或各部族文化的优点，并加以改造而形成了一支崭新的赵文化。所有这些使得赵国墓葬的器用制度，既与中原各国有较多相近之处，亦有相当大的差别。

第九章

赵国的长城

东周时期各国疆域分合不定,加之战事频仍,尤其在战国时期随着作战方式的变化(骑兵的流行)和战争范围的扩大,因山河之险要地势而修建的长城,作为一种新兴的防御设施应运而生。除了战事上的防御作用,长城也常被用来标识国家的边界。

考古发现的赵国长城遗迹比较丰富。其中赵南长城为抵御魏国的侵扰而修筑,而赵北长城则为守护赵国北拓的领土而建成。在战国时期修筑长城的国家中,不仅赵国长城的长度是较长的,而且其中阴山至燕山一线的长城部分为秦所沿用,因此书写了长城建筑史上最为辉煌的第一章,由此奠定了秦汉长城的基础。

第一节 赵肃侯时期的长城

据传世文献记载,赵肃侯时期曾修筑了赵南长城和赵北长城。

《史记·赵世家》载:"(肃侯)十七年,围魏黄,不克,筑长城。"长城的位置,据张守节推测在漳水之北岸。由于此长城筑于赵国南界,因此被称为赵南长城。有学者蒐罗相关资料,提出此长城在今漳、滏流域,西起太行之下,东止于漳水之滨的观点。具体而言:"西首当起武安故城南太行山下,缘漳而东南行,约至番吾之西南,逾滏而东,经武城、梁期之南,复缘漳东北行,约经裴氏故城之南，而东抵于漳。"① 这道长城据漳、滏之险而筑，目的在于在赵国南土建立一道南拒强魏、拱卫赵土的有力屏障。

20世纪80年代以来，考古工作者在豫北的新乡、辉县、卫辉、林州一带发现若干段长城遗存。该长城由新乡市潞王陵北边的凤凰山上始辗转北行，至林州任村镇西寨村止，大体呈南北走向，绵延近百公里。此长城修筑于海拔较高、山势险要之处。筑法不一，多数为土石混筑，即用较规整的大型石块错缝砌边，中间填以碎石与砂土②。

关于该长城的性质，不少学者认为是肃侯时期修筑的赵南长城③，但也有学者提出怀疑。如张新斌提出豫北长城修筑的地点，并不在赵国的有效控制范围之内，因此赵国并非这段长城真正的主人，他认为"尽管我们没有发现晋国筑长城的文献，但以当时的历史条件分析，豫北长城为晋国所筑，也不是没有可能的"④。申文则认为该长城"为战国时期的魏国所营筑。魏河内长城以及山、河的防御体系是针对北方赵国和东方齐国的，其守备重点应当是古河内地区共城以西的这片区域"⑤。刘海文等人也持类似观点，认为这段长城是公元前358年梁惠王为备秦而修筑的，所以应是魏长城⑥。

此段长城修筑的位置在包括新乡、辉县、卫辉、林州在内的豫北地区，而肃侯时期赵国的南境大致在漳河一线，赵国的国土并未大规模伸入豫北地区。此外，该长城除中间一小段为东西向之外，

---

① 张维华：《赵长城考》，《禹贡半月刊》第7卷第8—9合期；《中国长城建置考》，第97页。
② 申文：《战国时代魏国发展进程的考古学观察》，硕士学位论文，河南大学，2012年，第12—15页；张增午：《豫北长城遗址的探索》，河南省文物考古学会编《中原文物考古研究》，第215—223页。
③ 国家文物局主编：《中国文物地图集·河南分册》，第243、255、282页；张增午：《豫北长城遗址的探索》，河南省文物考古学会编《中原文物考古研究》，第215—223页。
④ 张新斌：《中原古长城若干问题的初步研究》，《中原文物》2005年第2期。
⑤ 申文：《战国时代魏国发展进程的考古学观察》，硕士学位论文，河南大学，2012年，第15页。
⑥ 刘海文等：《战国魏长城研究的几个问题》，《新乡师范高等专科学校学报》2007年第1期。

总体呈南北向，若为赵魏分界的缘故，必定以东西向最为合理，因此，可以基本否定其为赵长城说。

其实真正的赵南长城遗迹是在漳滏流域。虽然屡受自然侵蚀和人为破坏，这些长城遗迹时断时续，但仍然有迹可寻。

罗哲文在《长城》一书中称此道长城为"漳滏长城"，修筑的位置正在赵的南境："此漳滏长城的位置在漳水北岸，今河北临漳、磁县一带，尚有遗址可寻。全长约四百里许。"[①]并据此绘制此道长城的具体位置，与张维华根据文献记载复原的赵南长城基本一致。（图9-1）杨宽在《战国史》中的记述与此大致相类，即赵南长城"大体上从今河北武安西南起，东南行沿漳水，到今磁县西南，折而东北行，沿漳水到达今肥乡南"，只不过他更明确地说赵的南长城"是由漳水、滏水（今滏阳河）的堤防接连扩建而成的"[②]。遗憾的是，这段沿漳河而建的长城，因河水多次泛滥，屡被冲刷，地面的遗迹大多已经荡然无存了。

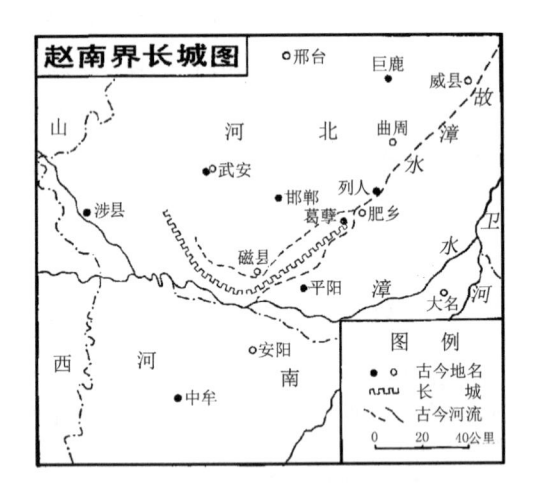

图9-1 赵南长城示意图

（引自罗哲文《长城》，第23页）

---

① 罗哲文：《长城》，北京出版社1982年版，第23—24页。
② 杨宽：《战国史》，第323页。

至于赵北长城，虽有部分文献记载，但至今没有相应的考古资料印证，故而暂时存疑，留待以后资料丰富时再做详考。

第二节 赵武灵王时期的长城

《史记·匈奴列传》对赵武灵王时期所筑的长城有明确记载："赵武灵王亦变俗胡服，习骑射，北破林胡、楼烦。筑长城，自代并阴山下，至高阙为塞，而置云中、雁门、代郡。"其后郦道元对阴山南麓的长城经过实地考察后，在《水经·河水注》中加以详细叙述："芒干水又西南迳白道南谷口，有城在右，萦带长城，背山面泽……。顾瞻左右，山椒之上，有垣若颓基焉，沿溪亘岭，东西无极，疑赵武灵王之所筑也。"不少学者根据传世文献资料，考证出这段长城起于代地，西经晋北地区进入内蒙，沿大青山南麓逶迤而西，再西北折至阴山，至内蒙古伊克昭盟临河县北的狼山隘口为止①。

然而，对于长城的西端终点即高阙在临河县北狼山隘口的结论，学术界却有不同的意见。有学者以为赵武灵王时赵国西北部疆界未能远到河套西北，因此赵武灵王时的高阙不在今内蒙古狼山中段的石兰计山口②，应在今大青山迤西的乌拉山一带地区③。

在今内蒙西北部地区，有四条东西向的长城④，其中北侧位于阴山以北的两条为汉武帝时期所筑，而对于位于南侧的两道长城，学术界有不同的看法。杨宽将这两条都视为赵长城，在他所著的《战国史》中如是说："赵北长城大体上有前后两条：前条在今内蒙古乌

---

① 张维华：《赵长城考》，《禹贡半月刊》第7卷第8—9合期；翦伯赞：《内蒙访古》，文物出版社1963年版，第4页。
② 严宾：《赵武灵王长城考》，《中国历史地理论丛》1989年第2期。
③ 严宾：《高阙考辨》，《历史地理》第2辑，1982年；沈长云：《赵北长城西段与秦始皇长城》，《历史地理》第七辑，1990年；何清谷：《高阙地望考》，《陕西师范大学学报》1986年第3期。
④ 盖山林、陆思贤：《内蒙古境内战国秦汉长城遗迹》，《中国考古学会第一次年会论文集》，第212—224页。

加河以北，沿今狼山一带建筑；后条从今内蒙古乌拉特前旗向东，经包头北，沿乌拉山向东，沿大青山，经呼和浩特北、卓资和集宁南，一直到今河北张北以南。"① 但更多的学者坚持认为只有最南侧的一道才为赵长城②。

1964年有学者对阴山南麓的长城进行实地踏察，在东起兴和县、西至包头市的广大范围内发现有数处保存完好的长城遗迹。这段长城由兴和县往西，经过察右前旗黄旗海之北、卓资县三道营乡的土城村和旗下营，到达呼和浩特的陶卜齐山口后，沿大青山南麓继续向西，在土默特右旗沟门乡的水涧沟门村进入大青山，其后经包头北部的后营子乡、兴胜乡和昆都仑沟口至乌拉山下，再沿乌拉山麓向西经杨家湾山后、板儿汉吐、哈德门沟口，延伸到乌拉特前旗白彦花镇的山脚下③。（图9-2）

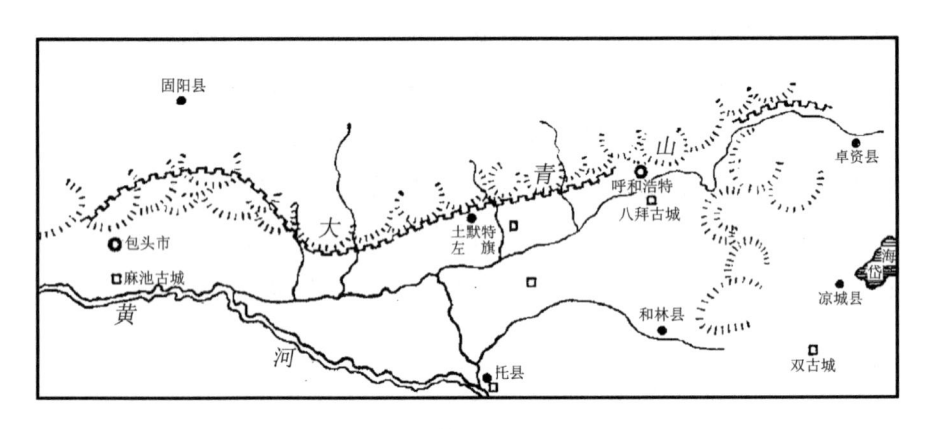

图9-2 大青山南麓赵长城遗址示意图

（引自《阴山南麓的赵长城》）

---

① 杨宽：《战国史》，第324页。
② 盖山林、陆思贤：《内蒙古境内战国秦汉长城遗迹》，《中国考古学会第一次年会论文集》，第212—224页；《阴山南麓的赵长城》，《中国长城遗迹调查报告集》，第21—24页；沈长云：《赵北长城西段与秦始皇长城》，《历史地理》第七辑，1990年。
③ 盖山林、陆思贤：《阴山南麓的赵长城》，《中国长城遗迹调查报告集》，第21—24页。

至于长城的东端，近年来也有学者做过调查，在今张家口市张北县与万全县交界的坝头沿线发现有长城遗迹。东起张北的黄花坪、狼窝沟一带，向西经东营盘、台路沟，到大河乡南缘进入尚义县甲石河乡鱼儿山后，折而向西南行，经万全、尚义、怀安交界转而向西，从怀安桃沟出境向北，进入内蒙古兴和县。这段长城整体上沿阴山山脉余支向西而行，全长约 100 千米，有可能即是战国赵长城[①]。

如此可以基本确定，赵长城的东端大致在今河北张家口的张北县境内的黄花坪、狼窝沟一带，由此向西经万全、尚义、怀安，在进入内蒙古兴和县后，沿阴山南麓蜿蜒向西，经过察右前旗、卓资、呼和浩特、包头后，再沿乌拉山麓向西一直延伸到乌拉特前旗白彦花镇的山脚下。

第三节　赵长城的建筑结构

东周时期开始修筑的长城是由城墙、烽燧和障城等建筑元素共同组成的一套完整的防御体系。赵长城的构成亦不例外。因赵南长城沿漳河修筑，多数地方地面遗迹已不存，所以此部分的内容便以赵北长城的资料为主。

赵北长城的修筑遵循因地制宜的原则。在山势较高的地方，长城一般建筑于山南侧较宽的漫坡之腰部，若无漫坡则贴近山脚下修筑。如从呼和浩特以北的坝口子向西到台阁木之间，山势较为险峻，但在山的南侧有较宽的缓坡，长城遗迹就蜿蜒曲折于这个缓坡的腰部，东西相连达数十里。而在台阁木至毕克齐之间，因无漫坡，长城则沿着山脚附近修筑。在地势较缓的丘陵山区，长城多翻山越岭，依势而筑，以便于军事防御。如包头附近和卓资县哈达图、马盖图境内东部发现的长城遗迹，都是迤逦于丘陵之中，显得形势非常险

---

① 高鸿宾：《张家口战国赵长城考》，《文物春秋》2003 年第 6 期。

要。个别地段的长城，也有利用山地险要地形而修筑的。如卓资县西境旗下营附近的长城，便是利用斗金山的险要地形而建筑①。

至于赵长城的结构，从现有资料看，除个别地方为石块垒砌之外，大多为夯土筑成。夯土的基宽一般为4—5米，宽处可以到10米左右。土质亦因地而异，一般多为灰黄色，里面掺杂大量的砂粒。如土默特左旗喇嘛洞山口发现的长城遗迹，残高约1—1.5米，基宽4米，夯层厚0.8—10厘米，系用含有较多碎石的黄花色土夯打坚实。卓资县三道营乡至旗下营段的长城保存较好，亦为夯土筑成，现存高度1—2米，基宽10米，从沟谷断崖处观察，现存夯层22层，高达2.5米，夯层厚9—12厘米。夯土的土质坚硬，呈黄色，内含有少量的小石块。包头北郊后营子乡大庙村附近的长城，残高4—5米，基宽6—9米，夯层厚约8—12厘米②。

与以上各个地点不同，在包头市石拐区国庆乡后坝村一带发现的长城遗迹，绵延约400米，属于土石混筑，两侧用石块错缝垒砌，中间填土及乱石，保存较好的一段，残高1.5米，基宽2.5米，顶宽1米。而在察右前旗的呼和乌素附近的长城，则为石筑而成，基宽3.5—4米③。

烽燧主要修建于长城内侧较为高亢的开阔地带，分布较为密集，其功用主要为侦察瞭望，同时传递警报信息。在阴山南麓的长城沿线，散布着大大小小的烽燧。如在卓资县土城村北山上，呼和浩特附近的陶思浩村、哈拉沁村、坝口子、美岱沟口、陶卜齐山口，土默特左旗的参将村、万家沟口、庙湾村，土默特右旗的水涧沟门村，

---

① 盖山林、陆思贤：《阴山南麓的赵长城》，《中国长城遗迹调查报告集》，第21—24页；李兴盛：《乌盟卓资县战国赵长城调查》，《内蒙古文物考古》1994年第2期。

② 盖山林、陆思贤：《阴山南麓的赵长城》，《中国长城遗迹调查报告集》，第21—24页；李兴盛：《乌盟卓资县战国赵长城调查》，《内蒙古文物考古》1994年第2期；包头市文物管理处等：《包头境内的战国秦汉长城与古城》，《内蒙古文物考古》2000年第1期。

③ 包头市文物管理处等：《包头境内的战国秦汉长城与古城》，《内蒙古文物考古》2000年第1期。

包头市郊区的白泥沟村等地都有分布①。但依据地理环境的差异，烽燧的密集程度并不完全相同。在呼和浩特地区的大青山东段，山势较为低缓，烽燧一般是每500米一个；而在呼市正北和西部地区，山势较高，烽燧约每隔200米或250米一个②。

虽然大部分烽燧仅剩残迹，但仍能看出它的平面形状有方形，也有圆锥形。芦房沟烽燧位于土右旗美岱召镇上协力气村东北1千米的大青山南坡高地上，平面呈方形，边长6米，残高1.7米，系粘土夯筑而成，夯层厚10厘米。沙兵崖烽燧位于土右旗沟门乡沙兵崖村西北3千米的大青山山脚平地上，东距芦房沟烽燧约15千米。平面呈方形，底边长6米，顶边长3.5米，高4米，系黄土夯筑而成，夯层厚13厘米。而大坝沟烽燧和梅力更沟烽燧则为圆锥形。大坝沟烽燧位于包头市西郊哈业胡同乡雷家圪旦村北的乌拉山大坝沟沟口西侧，大坝沟障城东墙北端，紧贴赵长城，呈圆锥状隆起，底径20米，顶径6米，残高3.5米。梅力更沟发现的两处烽燧位于包头市西郊哈业胡同乡乡政府西北约8千米，一处位于梅力更沟东岸，紧贴赵长城，另一处位于梅力更沟西岸的障城北墙中部外侧，二烽燧均呈圆锥状，底径约20余米③。

这些烽燧大多分布在长城内侧，但也有例外。如乌素图沟口的烽燧修筑于长城以北150米处，这处遗迹地处深山谷口，有水流环绕，残存的小山岗上散布着战国时期的盆、罐等陶器残片，应该为守卫长城的驻军所遗留④。

障城多建于长城内侧地势较高的河谷台地之上，每隔数十里便有一处。在大青山沿线的呼和浩特西台阁木给青村、包头青库图城

---

① 盖山林、陆思贤：《阴山南麓的赵长城》，《中国长城遗迹调查报告集》，第21—24页。
② 朝克：《呼和浩特地区长城遗存》，《内蒙古文物考古》1994年第2期。
③ 包头市文物管理处等：《包头境内的战国秦汉长城与古城》，《内蒙古文物考古》2000年第1期。
④ 盖山林、陆思贤：《阴山南麓的赵长城》，《中国长城遗迹调查报告集》，第21—24页。

和乌拉山沿线的包头哈德门沟和公庙沟口，以及灰腾梁山南麓的卓资城关镇、哈达图东边墙、西边墙和察右前旗的举人村、高家村等，均发现有数量较多的障城。这些障城遗址多为夯土结构，平面形状为长方形或方形，边长200米左右①。

　　障城的规模与数量往往与其所处地理位置的重要性紧密相关。以调查资料较为详尽的包头地区为例。昆都仑沟、哈德门沟是包头地区最为重要的沟通阴山南北的战略要地，因此昆都仑沟南口即设有三座障城，哈德门沟口设有包头境内赵长城沿线规模最大的障城。而克尔玛沟是一条山中小沟，地理位置较为偏僻，障城面积仅为750平方米，是包头境内规模最小的障城②。

　　哈德门沟障城位于包头西郊哈德门沟口东侧的黄土冈上，平面略呈方形，因地形的缘故，西北角内凹。东西总长213米，南北宽约203米。障城城墙为夯筑而成，现存残高1—5米，基宽8米，顶宽2.5—3米。在城内北部近中的一处平坦高台上，筑有一长方形小城。小城东西长37、南北宽43米。城墙基宽2米左右，残高1米。城内地表除散布有砖、瓦当、板瓦、筒瓦等建筑材料之外，还有罐、盆、钵、豆、甑等日用陶器③。这座古障之东不远即是重要关隘——昆都仑沟，它与青库图障城东西呼应，共同守卫着这处紧扼阴山南北交通要道的南口。

　　在阴山南麓的土默川平原及其附近，还有许多故城遗址，如卓资县土城村古城，呼和浩特市二十家子古城、坝口子古城，和林格尔县土城子古城，托克托县古城村古城，土默特左旗毕克齐古城，包头市麻池古城、古城湾古城、三顶帐房古城，五原县西土城等。

---

　　① 盖山林、陆思贤：《阴山南麓的赵长城》，《中国长城遗迹调查报告集》，第21—24页；李逸友：《中国北方长城考述》，《内蒙古文物考古》2001年第1期。
　　② 包头市文物管理处等：《包头境内的战国秦汉长城与古城》，《内蒙古文物考古》2000年第1期。
　　③ 包头市文物管理处等：《包头境内的战国秦汉长城与古城》，《内蒙古文物考古》2000年第1期。

这些古城的形制多为单城，也有双城或多城。平面形状以正方或长方形为主。这些古城的时代从战国延续至汉代，大都是它的属县或郡址所在。这些障城与郡县遗址和长城密切的联系在一起，北依大青山为屏障，南有黄河为天堑，中间烽燧相望，构成了一道坚固的防线①。

赵北长城的修筑对阴山南麓地区的影响是显而易见的。长城修筑之前，活动于这一地域的人群，既有林胡、楼烦、匈奴等北方游牧民族，又有少量由中原北上的农业民族，具有不同文化传统与生活习俗的各类人群，大多于此各据溪谷群居为生。随着赵文化的渐次北上，大量的中原人群迁徙至此，与原来居于此地的北方族群密切交流，促成了这一区域经济与文化的繁荣以及不同族群之间的民族融合。赵长城的修筑，亦使得赵国考古学文化迅速拓展至阴山沿线，赵北长城亦因此而成为赵国最为强盛时期的疆域之北界。

司马迁曾于《史记匈奴列传》中称，战国之时"冠带战国七，而三国边于匈奴"。约略同时的赵、燕以及居于西陲的秦均修筑了长城。长城的修筑具有极为重要的意义。一方面，长城修筑的路线正好与北方游牧区和南部农耕区的分界线大致重合，另一方面，长城的修筑虽然以长城这个物化标志的形式，将广大的北方地区和中原地区分隔开来，但这种分隔仅仅存在于表层意义之上，事实上，长城从来也不曾阻挡阴山南北不同族群之间的经济与文化的交流。

---

① 盖山林、陆思贤：《阴山南麓的赵长城》，《中国长城遗迹调查报告集》，第21—24页。

第 十 章

三晋历史进程中的赵国考古学文化

三家分晋，晋国的政权与国土分化为赵韩魏三国。但从本质上讲，三晋是晋国孕育的硕果，是晋国的裂变与增殖。三晋的历史进程一方面是晋国历史的另一种延续，但更主要的是三家之间的密切互动，包括联盟、掣肘与争战等等。东周的晋与三晋常常被视作一体，而三家文化也常被归为战国中原核心文化体系①。三晋究竟在多大程度和层面上属于一体一系可以讨论，但可以肯定的是，三晋彼此间在历史进程中的密切程度远高于其他列国之间。赵国的历史进程与文化演进，既是赵国本身的一种独立发展，同时又是三晋互动的一个结果。赵国考古学文化发生发展的历程，需要在三晋历史进程的视野中观察，方能得到较全面的认识。赵国考古学文化是赵国文化的主体构成，也是赵国历史进程的主要内容。赵国考古学文化的演进轨迹，不仅集中体现在考古学诸多元素层面，同时也印证反映在三晋尤其是赵国历史进程的脉络中。反之，春秋晋国及三晋历史进程，也直接影响着赵国考古学文化的形成与发展。

第一节 三家分晋与晋文化的南北分野

前453年，赵韩魏三家分晋，西周以来的一统晋国分解为三晋，

---

① 李学勤：《东周与秦代文明》，第38页。

春秋时代也因此进入战国时代，晋国的内部分崩成为东周历史的分水岭。从晋国到三晋的历史发展进程，直接影响着晋文化的演进历程。

晋文化最后阶段的演进轨迹，与三晋早期的历史进程紧密相随与相应。三家分晋之初的战国早期，晋国文化并未立即分解或中断，而是以"后晋国文化"的状态延续了一段时间。后晋国文化或称三晋联合文化，简称即三晋文化，又因此时魏国为三晋盟主，国力及文化均为强势，故又可称之为晋魏文化。晋魏文化在战国早期尚能保持某种程度的表层整合性，算得上是春秋晋国文化传统的单线延续，但战国中期以后开始分流为南北二系：北系以赵国文化为载体，传承并延续了晋国文化的若干主要基因，并吸收了一些北方胡地文化的因素，因而成为兼具中原与北方复杂文化元素的特色文化；南系以韩魏文化为代表，由晋国文化传统逐渐转为中原核心文化的代表，由此与晋国文化传统渐行渐远，与前一阶段的晋魏文化亦形成纵向落差。因此可以说，春秋晋国文化的宏观演进轨迹，既非统一的主干单线，亦未因三家而分解为三支，而是呈南北二分双向：即韩魏与赵相对应。

晋文化的延续与分流是三晋互动关系的直接结果。三晋历史发展的一项重要内容就是徙都南下入驻中原腹地，以求进入中原文化核心体系。在这一历史进程中，约自战国中期开始，三晋发展的方向及途径等渐趋呈现出南北分流之态势。

首先是政治联盟上的二分阵营：赵魏二家因争夺河内之地发生交恶，以至于邯郸围城近三年，而韩魏二家总体上比较平和且联系密切。其次是核心版图拓展呈南北分野之轮廓：南部为交错紧邻的韩魏二国，共同领有原晋国的南半部，二家都邑位于中原腹心的河水之南，且东西毗邻；北部为赵国，占据原晋国的北半部，并继续向北拓展，赵都位居漳水以北，而稍远中原腹心。

政治上的南北二分阵营与地理疆域方面的南北分野，最终导致了晋文化南北分流，文化面貌亦呈二分体系：南系韩魏文化与北系赵国文化。韩魏二家聚拢于伊洛河济一带，积极经略中原腹地，二者文化特性接近，且融入中原核心文化体系的程度最深最广，由此形成了韩魏联合文化，简称韩魏文化。赵国因魏之抵挡，南下受阻于漳河地带，转而面向广阔的北方，尤其是北拓进入戎狄地带，文化面貌由此呈现出更多的复杂特色，由此形成了赵国文化。

纵观三晋历史发展进程，晋国的国土与居民分化为赵韩魏三晋，但晋文化既没有随即亦作三等分，也没有长期延续保持其统一性而成为一支较整合的三晋文化。简言之，三家分晋，但晋文化并未因之而三分，而是南北二分。韩魏文化由地域紧邻、文化面貌相似的韩国文化与魏国文化联合而成，它们与赵国文化虽均脱胎于晋文化母体，但韩魏之间的区别远远小于二者共同与赵之间的差异。韩魏文化与赵国文化不仅在分布地域上有南北分野之别，而且在文化内涵及性质方面也存在着南北特性差异。三晋历史进程直接导致了晋文化的南北分野，反过来，晋文化分流形成的南北二系文化，对战国时期的政治格局和文化变迁也产生了重大影响。在三晋历史与文化复杂的历史进程中，赵国文化的形成与发展是其中的一个重要环节和结果。

需要明确的是，三晋文化的有机整合性虽然逊色于秦、燕、齐、楚等列国文化，但若宏观观察战国时期列国文化的总体格局，三晋文化内部南北分野之差异，要小于其与列国文化之间的区别。换言之，三晋联合文化与列国文化基本属于同一层次体系，而赵文化与韩魏文化则属于次一级结构。虽然如此，三晋文化既不具备春秋晋文化一般的整合意义，也没有像其他战国列国文化那样具有凸显的凝聚及稳固性，三晋文化与列国文化严格相比则处于一种尴尬之位。因此，三晋文化在战国总体文化格局中属于一个特殊的文化地域类型，若注重其内部裂变与增殖的活力，则可称其为文化"高地"，倘若侧重其整合及稳定性差，亦可称之为文化"洼地"。三晋文化的这种特殊性表现，正是赵国文化与韩魏文化的突出亮点。

第二节 战国早期：从晋文化到后晋文化的晋魏文化

战国早期，前453—387年，始于三家分晋，止于赵迁都邯郸前夕。这一期间的前445—396年，为魏文侯在位时期，共历50年。这一时期的三晋以魏最强，亦可称之为魏文侯时代。

一 三晋发展态势

（一）疆域变迁

战国列国版图变化频率及幅度较大，三晋疆域变迁之频繁更为突出。版图变化不仅体现的是一个国家国力的强弱与疆域消长的国土范围，同时更是反映一个国家文化的迁徙、互动与融合的重要指标。

春秋晚期的晋国疆域，北至晋东北，包括代地；西隔河与秦为邻，并和林胡相望；南偏西跨河而有洛水、伊水中上游，正南包裹成周而邻楚，南偏东有南阳而邻郑宋；东北部包裹鲜虞中山，东及东南据有河内，以及河东岸部分地区。此时，晋已有成周以西、南阳及河内之地，向南逼近中原核心地带。

分晋之前，赵韩魏三家以河东汾河谷地为中心地域。赵简子居晋阳，韩贞子徙居平阳，魏昭子徙治安邑。此时，晋国母体内的三晋由北向南依次为：晋阳赵氏、平阳韩氏、新田晋都、安邑魏氏。

三家分晋之初，三晋所占地域并不平均，在地理分布上也各具特点。

赵国所占地域最广，但偏居原晋国的北半部，主要是晋阳周边及以北地区、东阳地区的邯郸、中牟及上党东部一带。飞地有新田以东、属韩国地域的皮牢一带（翼城），另一块在河东岸魏卫之间的平邑（南乐）。

魏国的核心地域在河东之晋中南，即原晋国核心地带，南部据有河南岸函谷关以西部分地区，东南占据河内之豫北地区，即中牟以东至河水之间，西邻韩之南阳地带。飞地在赵晋阳东部的榆次和阳邑一带，另在韩之南阳也有小片地域。

韩国占据河东之晋中南的平阳一带，另据有上党大部、南阳大部及河南岸之成皋以及伊洛二水流域，基本包括王城及成周。另有飞地在郑魏卫宋之间，即大梁东部一带。

很明显，如果以成周及郑国为中原核心，三晋与中原核心之间的联系程度存在着明显差别。韩国已进入中原核心的偏西部，胸怀洛邑，东邻郑国。魏国已入河内，东邻卫，南邻郑，已逼近中原核心。只有赵略偏离中原核心，中牟虽据河内，但东面紧邻魏地，备受制约与局限。在三家分晋不久的战国早期阶段，三晋虽均积极面向中原，但韩魏入驻中原的势头和幅度最强。

（二）谋取中原

韩国很早即谋划进入中原，并以获取郑国为目标。《战国策·韩策一》："三晋已破智氏，将分其地。段规谓韩王曰：分地必取成皋（荥阳北）。……王用臣言，则韩必取郑矣。王曰善。果取成皋。至韩之取郑也，果从成皋始。"此年为前453年，70余年后至前375年韩果然取郑。此表明三分晋之初，韩国即已瞄准郑国，确定向中原发展的方向，并且此后逐步而稳固南下并东进。前415—前409年间，韩武子居平阳时，开始徙都宜阳。至其子景子时，即前408—400年间，又徙阳翟。韩国在较短时间内自平阳南迁宜阳，又由宜阳东迁阳翟，其主攻方向是朝向东南，直至中原腹地。

与韩谋取中原的目标一样，魏国的首攻方向选在中原腹心的北缘——河内，并与赵国形成竞争之势。前439年魏文侯营邺，前423年赵献侯治中牟。赵徙都河内仅占据近山一隅，自此魏赵两家开始争夺河内及对岸的河东南之地，前411年赵献侯城平邑（今南乐）。魏极为重视河内之地的经营，前406年西门豹为邺令。《史记·河渠书》说："西门豹引漳水溉邺，以富魏之河内。"魏国占据河内优势，在邯郸东南附近据有邺（临漳）、魏、元城（二城均在今大名附近，元城在河东岸）等重要城邑，对邯郸构成围拢之势。不仅如此，魏还积极南下，临近大梁。前 393 年，魏伐郑，城酸枣（今延津）。

魏国采取东西两线突破，积极开拓疆土。早在前 419 年，魏城少梁（韩城），魏国开始跨河攻秦，进入河西之地。前 408 年，东线的进攻与西线同步进行：西线占据河西洛阴、合阳（今大荔、合阳），东线借道于赵之上党或太原，越太行山东进攻击中山，深入赵国之腹心。两年后的前 406 年，东西两线均告成功：西线设立西河郡，以吴起为守；东线克中山，封于太子击，中山由此成为魏之属地。

魏国东西并进，跨河越山，疆域大幅度增扩，当缘于魏文侯施政的成功，包括重用李悝、吴起等将才。尤值得一提的是前 406 年，魏国一年完成三件大事：兼并中山、设西河郡、西门豹治邺。此时三晋中魏国势力最强，也是战国早期之强国。

相较于魏的多方拓展，赵国基本为单向东南，在河内及河东岸与魏呈相持对峙状态，但魏国明显居于强势位置。赵之中牟紧邻魏地，而河东平邑（今南乐），与魏之魏、元城二城相邻。魏在河内的经营幅度较大，并向东跨河挤压齐卫。而赵在河内的开拓幅度不大，大致局限在太行山东麓山前一线，因其扩展方向与魏重合，故而受到制约难以施展，此大概也是不久以后赵魏分裂、魏围邯郸的主要根由。

二 历史背景综合

战国早期三晋发展态势及互动关系所形成的历史背景，直接影响着三家文化的形式与内容。主要有以下三个特点。

其一，三晋之间比较融洽，互相视为兄弟，以联盟为主调。三晋联盟以魏国为魁首，魏国主导三晋方向。

韩赵之间曾略有矛盾，魏文侯调解说，魏与赵韩皆为兄弟（《战国策·魏策一》）。三晋常在魏国组织下联合行动。前 404 年三晋伐齐，前403年魏赵韩列为诸侯。杨宽评论说，此乃三晋伐齐之结果①。前400年三晋伐楚，前391年三晋再次伐楚，取大梁、榆关（大梁西南，今中牟南）。伐楚意在向河南之地扩张，试图占据楚所控制的大梁一带，此应主要是魏国的意图。《战国策·魏策一》曾说魏文侯时，赵韩二国皆朝魏。《资治通鉴》补充说："魏于是始大于三晋，诸侯莫能与之争。"在《纪年》《战国策》等文献中，魏常自称为"晋"，或被称作"梁"，而韩被称作"郑"，赵则称作"邯郸"，三家统称作"三晋"。魏自视为晋国的传承者和代表，并且也具有强大国力的支撑。总之，战国早期魏国最强，为三晋魁首，雄霸七国，实为三晋盟主。

其二，三晋虽然积极拓展疆土，但总体疆域大致仍局限于（局部略大于）春秋末期晋国的框架之内。

魏国三面开花，疆域拓展幅度最大，东跨东河临齐、越太行山灭中山，西跨西河入秦，南下逼近大梁。韩赵大致为单向发展。韩主要是对郑国的蚕食，南迁宜阳，又东迁阳翟。赵主要进入河内地带，与魏形成争夺态势。三晋的方向有一点是共同的，即主要面向中原核心亦即三河地带聚拢，亦即《史记·货殖列传》所言的居天下之中的三河。三晋虽积极面向中原腹心，但并未将其覆盖，尤其是三晋的都邑只有赵之中牟、韩之阳翟，进入中原核心地带的边缘，而魏之安邑尚在河东晋之故地。因此，三晋虽已三面突破原晋国疆域的窠臼，但尚未大幅度超越。

其三，三晋各自疆域多不连贯而互有交错，各有一些被包裹的飞地，其中以魏国国土最为分散而遍及四方。此为三家文化表层整合并以魏为主体的地理基础。

赵国居北，与其他二晋相比，国土较为整齐连贯，但其东南部与韩魏存在交错，上党地区伸入韩魏之间，与魏在东阳地区呈犬牙对峙之势，另在韩地中有飞地皮牢、在魏卫齐之间有飞地平邑，晋

---

① 杨宽：《战国史料编年辑证》，第194页。

阳东侧有魏之飞地榆次等。韩国居中南，北邻赵，西邻魏，东邻赵魏郑与周，在东部郑魏卫宋之间有一飞地黄池，境内另有赵、魏的飞地。韩几近包裹成周，最接近中原核心地带。魏国国土最为分散，灭中山前大致分东西两区：西区即河东故地，北邻赵，东邻韩；东区为河内之地，周邻赵、韩、郑、卫、齐，是魏国辐射周边的一个中心地域。魏灭中山之后，增加了一个北区，割据伸入赵国腹心，另在赵、韩还有小块飞地。魏国在三晋之中国土分布最广泛，平面布局呈鼎足之势，将韩赵分割包围其中，因此占据主体位置。

综上所述，战国早期，三晋之间联盟为主，魏国为三晋之首，同时又是列国之强国。作为三晋盟主之魏国，自称为晋，乃晋国文化的主要传承者。这一阶段，三晋虽开始逐步南下中原，但尚未灭郑国而控制中原核心，三晋疆域总体框架虽较分晋时有所增扩，但仍未入驻核心地带而覆盖中原。另外，魏国的疆域布局分散而广泛，位居三晋的代表位置。在这种地理空间及文化环境的综合态势下，战国早期的赵韩魏三家文化尚具有表面的统一性，大致还处于春秋晋国文化延续的窠臼之内，但已开始准备四面突破。此时原晋国文化的主体传统虽在表层继续保持，但内部已开始孕育分化，因此仍可笼统称之为晋国文化，实即战国早期的后晋国文化。由于此时晋已分作三晋，似亦可称之为三晋文化，但无论晋国文化还是三晋文化，均存在易误解之处，因此称之为后晋国文化或三晋联合文化似较为妥当，又因此时期魏国无论疆域布局还是综合国力均为三晋之代表，因此又可称之为晋魏文化，其本质属于一种过渡性文化。

三　后晋国文化——晋魏文化的考古学特征

战国早期三晋历史进程的上述特点，均在考古学文化演进轨迹中得到印证。这一时期，三家文化至少在表层比较整合，且基本传承保持了晋国文化的主体元素，故可视作为晋国文化惯性延续的后晋国文化，又因魏国的政治与国力地位比较突出，可称之为晋魏文化。晋魏文化只是一个表层整合的过渡性文化，其中虽以魏国文化为代表，但三家文化仍保持着原晋国文化和本国文化的一些自身特色。

晋魏文化反映在考古学层面的主要特征是：具有表层文化整合性，并以魏国文化为主体和代表，基本传承延续了春秋晋文化的主要内涵。这一特征主要表现在墓葬文化和遗址文化两个方面。

（一）遗址文化

遗址文化的考古学内容，主要包括城邑遗址和普通遗址两大类，其中以城邑遗址最具代表性。宏观与本质来看，许多墓地属于遗址的一个组成部分，两者共同构成一处结构性的聚落。但为了研究方便，一般将居址与墓地分类探索。魏韩赵三家的遗址文化主要内容是城邑遗址，但这些城址大多未作正式的考古发掘，只能根据有限的考古调查资料，作一初步的线索梳理。

魏国的城邑遗址主要有魏邑和安邑。魏邑位于今芮城境内的中条山南麓，平面略呈方形，周长约4500米，方向正北[①]。安邑位于今夏县境内，由内外相套的大小二城组成，方向北偏东15度。大城形状略呈梯形，北窄南宽，南墙长约1850米。小城在大城中央，平面大致呈长方形，东南角有高台式夯土建筑遗址，现存边长70米，存高8米。城内出土陶器主要有筒瓦、板瓦、有肩鬲、盆、豆、碗及带钩陶范等[②]。大城中部偏西一带发现一处冶炼铸造作坊遗址[③]。安邑城具有内外双城的回字形结构，内城应即宫城性质。

韩国城邑遗址主要是宜阳和阳翟。宜阳城址位于今宜阳县境内的洛河北岸，平面呈向西突出的凸字形，南北长约2220，东西宽约1810米。西城垣凸出的城廓属于一小城，年代可能早至春秋，而东侧的大城应是战国时期扩建的新城区。城北发现有覆斗形墓，或为

[①] 陶正刚、叶学明：《古魏城和禹王古城勘察记》，《文物》1962年第4—5期。

[②] 陶正刚、叶学明：《古魏城和禹王古城勘察记》，《文物》1962年第4—5期；中国科学院考古研究所山西工作队：《山西夏县禹王城调查》，《考古》1963年第9期。

[③] 山西省考古研究所等：《夏县禹王城庙后辛庄战国手工业作坊遗址调查简报》，《文物季刊》1993年第2期。

大型墓地甚至王陵①。阳翟城址位于今禹县境内，平面略呈正方形，南城垣长约1850，东城垣长约1600。城内西北部属于宫殿区，发现有集中的建筑基址。城外西北有大型墓地②。宜阳与阳翟二城城区的西部或西北部，均有集中的宫殿区域，或即宫城所在。

赵国城邑遗址主要是晋阳、中牟和邯郸。晋阳城址位于今太原南郊，平面大致呈长方形，西墙长约2700米、南墙残长约626米③。城址西北郊金胜村发掘的春秋晚期大墓M251，被认为是晋卿赵氏墓，该墓地应属于赵氏宗族的公墓地。近年新的勘察资料表明，晋阳城或许包括宫城和郭城内外两重结构④。若果如此，则与安邑城有些形似。

邯郸城址位于今邯郸市区，包括大北城和王城两个城区，属于战国中期迁都邯郸之后的城邑布局和规模，而此前战国早期的邯郸城区只分布于大北城的北半部，西北隅一带建有小城，城外西郊一带为大型墓地。这一格局与宜阳及阳翟有点近似。

中牟城址的具体位置还有待于进一步确认，大致不出鹤壁与林州一带。鹤壁鹿楼一带发现有规模较大的战国时期冶铁遗存⑤，附近还发现有战国时期的墓地和大型夯土基址⑥。与鹤壁邻近的林州大菜园墓地，发掘战国早期墓葬703座，其中大中型墓16座，另有殉马坑和车坑各一座，出土各类青铜器千余件，以及石磬和车马器等。其中大型墓M801和M301各随葬有8件铜鼎，M301东侧的车坑葬车6辆、马坑葬马15匹。发掘者推测大型墓墓主为赵都中牟时期的

---

① 赵安杰：《战国宜阳故城调查简报》，《中原文物》1988年第3期。
② 刘东亚：《阳翟故城的调查》，《中原文物》1991年第2期。
③ 谢元璐等：《晋阳古城勘察记》，《文物》1962年第4、5期。
④ 太原市文物考古研究所：《晋阳古城遗址2002—2010年考古工作简报》，《文物世界》2014年第5期；常一民：《东周晋阳城建制蠡测》，《文物世界》2014年第5期。
⑤ 王文强等：《鹤壁市故县战国和汉代冶铁遗址出土的铁农具和农具范》，《农业考古》1991年第3期；鹤壁市文物工作队：《鹤壁鹿楼冶铁遗址》，中州古籍出版社1994年版。
⑥ 张新斌：《河南鹤壁鹿楼古城为赵都中牟说》，《文物春秋》1993年第4期；《赵都中牟在鹤壁研究》，《中州学刊》2005年第6期。

高级贵族①，大菜园东周墓地无疑是赵都中牟林州说的重要考古证据②。

从城市平面的宏观格局观察，上述三晋的几座城邑遗址，具有某种程度的共性：一般具有内外城结构，内城为集中的宫殿区域，宏观均属于单城制布局。这种布局与春秋晋都新田城的组团式多城制，存在着较大的区别。但如果与新田城的某一座单体城邑相比，例如与牛村城址相比，则它们的城区布局特征较为一致：小城之外或之侧扩建有大城，一般被称作宫城与郭城结构；城外近郊为集中的墓地。其中，将墓地置于城外近郊是新田城的重要特点，这一传统为三晋所继承，而春秋到战国早期的列国城邑中，大多将墓地置于城内，如春秋至战国早期的郑城、战国早期的灵寿、春秋晚期的临淄等。因此总的来看，战国早期三晋的城邑文化比较一致，且均传承了晋都新田城的本质元素。

三晋的普通遗址发现很多③，但经过正式考古发掘的较少。这些遗址的综合情况基本一致：遗迹主要是灰坑、水井、房址等，出土遗物主要是陶器残片，主要是泥质灰陶的板瓦、筒瓦、瓮、盆、罐、豆等。这些陶器的形制特征大体一致，唯有细部存在着一些地域差异。另外，春秋晋国文化的标志性器物晋式鬲，在各地尚存在一些孑遗。这些特征，反映了战国早期韩赵魏三家文化存在着较大的相似性，并延续着晋文化的一些传承元素。

（二）墓葬文化

晋魏文化的表层整合性，突出表现在墓葬文化方面。墓葬文化的考古学内容，主要包括墓葬形制和随葬器物，其中又可分为铜器墓和陶器墓两大类。魏韩赵三家的墓葬文化元素及特征基本一致，

---

① 河南省文物考古研究院：《河南林州大菜园东周墓地出土青铜器保护修复报告》，第3—5页。
② 张增午：《赵都中牟林州说的推定》，《中原文物》2005年第6期。
③ 可参考国家文物局主编《中国文物地图集》系列：《山西分册》《河北分册》《河南分册》等。

没有明显区别,这些特征主要源自于春秋晋文化的延续。但同时,以魏国墓葬为代表的晋魏墓葬文化,与春秋晋国墓葬文化的相比较,既有传承的一致性,又有发展的差异性,或者说在某种程度已经开始文化转型。

1. 晋魏文化的铜器墓

战国早期,魏国铜器墓的代表如:闻喜邱家庄 M13[①]、临猗程村 M1056[②]、陕县后川 M2040[③]、汲县山彪镇 M1[④] 等。赵国铜器墓如:太原金胜村 M251[⑤]、林州大菜园 M801、M301[⑥]、涉县凤凰台 1 号墓等[⑦]。韩国铜器墓如潞城潞河 M7 等[⑧]。

墓葬形制均为竖穴土坑墓,口大底小,墓内填土经过夯打,一棺一椁或重椁,墓主头向以朝北为主,葬式主要是仰身直肢,另有少量屈肢葬。出土成套青铜礼器和乐器、车马器、兵器、工具,以及玉石器、骨角器等。其中规模较大的墓葬,墓室面积较大,埋葬较深,棺椁周围积石积炭,随葬器物数量动辄上千,包括成套的青铜礼乐器,列鼎数量五鼎或七鼎。部分大墓还有殉人。随葬铜器的器类主要有:食器(鼎豆甗)、酒器(壶或钫)、水器(盘匜),基本组合为鼎豆壶盘匜。面积较大的墓除鼎、豆和壶的数量明显增加之外,在器类方面基本会增加簠(食器)、方壶、钫(酒器)、鉴(水器)等。(图 10-1)

---

① 山西运城行署文化局等:《山西闻喜邱家庄战国墓葬发掘简报》,《考古与文物》1983 年第 1 期。
② 中国社会科学院考古研究所等:《临猗程村墓地》,第 22—23 页。
③ 中国社会科学院考古研究所:《陕县东周秦汉墓》,第 10—15 页。
④ 郭宝钧:《山彪镇与琉璃阁》,第 3—47 页。
⑤ 山西省考古研究所等:《太原晋国赵卿墓》,第 9—15 页。
⑥ 河南省文物考古研究院:《河南林州大菜园东周墓地出土青铜器保护修复报告》,第 3—5 页。
⑦ 史安昌:《城北关凤凰台古墓群发掘简记》,《涉县文史资料》第 2 辑,1992 年;邯郸市文物研究所:《邯郸文物精华》,第 4—5 页;孙德海:《涉县凤凰台东周墓》,《中国考古学年鉴》1989,第 118—119 页。
⑧ 山西省文物管理委员会等:《山西省潞城潞河战国墓》,《文物》1986 年第 6 期。

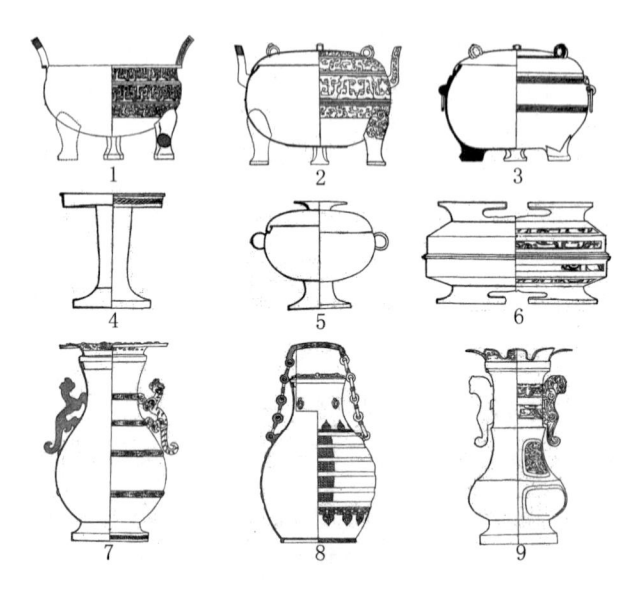

图 10-1　陕县后川 M2040 出土铜器

1—3. 鼎（284、276、75）　4—5. 豆（50、273）　6. 簠（36）　7—9. 壶（31、29、28）

上述特征与侯马上马、临猗程村等地的春秋晋墓大致相同，当为晋国文化的延续和传承，但其间还存在有发展的差异性。以魏国墓葬为例：墓葬形制，魏国墓葬规模较晋更大，大型墓中积石积炭更为流行。随葬器物组合，晋墓的组合为鼎豆舖盘匜，而魏墓则为鼎豆甗壶盘匜，两者略有不同。另外，魏墓中甗、豆与壶的使用更为普遍。总体观察，魏国铜器墓规模较大，面积多在 30 平米以上，铜器种类多，数量大，造型精致。如：山彪镇 M1 出土的水陆攻战纹铜鉴、华盖立鸟带铺首衔环耳铜壶、后川 M2040 的华盖颈附虎形双耳的椭方壶等均属精品，为其他地区所不见。

另外，魏占中山地域的铜器墓也具有魏墓文化的基本特征。据朱凤瀚先生研究，行唐、平山等地 12 座青铜墓，多数属于中山复国之前时期，"其中属于战国早期偏晚的墓葬，似不能排除有的可能是魏占领期间魏国贵族的墓。例如墓中未有典型中山器，也无燕式器的墓，如平山穆家庄 M8101、行唐庙上村 M1"①。穆家庄 M8101 位于中山灵寿城西城西垣基础之下，年代为魏占中山的战国早期，出土有铜器鼎豆壶罍鉴戈等②。其中，盖豆，嵌错燕乐狩猎图案；折腹鉴，刻纹射猎车行烹饪图案，与后川魏墓 M2040∶76 刻纹鉴的形制及内容均较相似。庙上 M1 铜器组合为：鼎甗豆壶和匜，其中鼎和甗的形制与周三晋地区同③。

战国早期的赵国铜器墓主要分布在晋阳、中牟及邯郸附近。晋阳附近以太原金胜村 M251 为代表，中牟附近以林州大菜园墓地为代表，邯郸附近以涉县凤凰台 1 号墓为代表，这些高等级墓葬反映了赵迁都邯郸之前，在晋阳及东阳等地的发展情况。

2. 晋魏文化的陶器墓

陶器墓最能反映考古学文化的基本特性。战国早期韩国陶器墓的代表有：长治分水岭 M214④、长子孟家庄 M2 等⑤。魏国陶器墓的代表有：万荣庙前 M25、26、27⑥、闻喜邱家庄⑦、陕县后川 M2064、M2043、2150 等，辉县琉璃阁 M138⑧、褚邱 M2⑨ 等。赵国陶器墓的代表有百家村 M21 和东董村 M50 等⑩。

三晋陶器墓的墓葬文化特征比较相似。墓葬形制均为长方形竖穴土坑墓，口大底小，墓主头向以北为主。葬式以仰身直肢为主，

---

① 朱凤瀚：《中国青铜器综论》，第 1969 页。
② 河北省文物研究所：《战国中山国灵寿城》，第 264 页。
③ 河北省文物研究所：《行唐县庙上村、黄龙岗出土的战国青铜器》，《河北省考古文集》，第 199—201 页。
④ 山西省考古研究所等：《长治分水岭东周墓地》，第 200—202 页。
⑤ 山西省考古研究所晋东南工作站：《长子孟家庄战国墓地发掘简报》，《三晋考古》（一），第 288—303 页。
⑥ 杨富斗：《山西万荣庙前村的战国墓》，《文物》1958 年第 12 期。
⑦ 山西运城行署文化局等：《山西闻喜邱家庄战国墓葬发掘简报》，《考古与文物》1983 年第 1 期。
⑧ 中国科学院考古研究所：《辉县发掘报告》，第 32—46 页。
⑨ 中国科学院考古研究所：《辉县发掘报告》，第 126—127 页。
⑩ 河北省文化局文物工作队：《河北邯郸百家村战国墓》，《考古》1962 年第 12 期；河北省文化局文物工作队：《邢台战国墓发掘报告》，第 11—45 页。

其次为屈肢葬，后者主要流行于豫北魏墓和冀南赵墓。随葬陶器常见为鼎豆壶盘匜为基础的组合，晋南的魏墓、冀南的赵墓出现鸟柱盘和筒形器。陶器装饰流行暗纹或彩绘，纹样既有动物写生纹，又有几何形纹饰。另外，晋文化所流行的石圭继续存在，铜带钩亦较常见。

魏国陶器墓可作为三晋陶器墓葬的代表。魏墓沿承了春秋晚期晋墓的许多因素，二者的仿铜鼎、莲瓣壶、盖豆、竹节状高柄瓦纹豆等器物，不仅形制相近，而且陶器外表的纹饰也非常相似。魏墓陶器暗纹图案中最具特色的动物写生纹，即脱胎于晋墓陶器流行的彩绘动物写生图。魏墓与晋墓之间也存在明显的差异，主要表现为：墓葬形制，春秋晋墓不见壁龛，而魏墓有的设有壁龛。器物组合，魏墓基本不见晋墓流行的鬲，但新出现一批新器类：如柱足暗纹鼎、圈足壶、鉴、甗、簠等，当是魏国文化滋生的新面貌。器物装饰，春秋晋墓流行彩绘，而魏墓盛行暗纹。总体来看，魏墓陶器制作精致，仿铜礼器发达，出现三晋地区最早的列鼎，器物形体硕大，造型讲究，器表多漆黑光亮，暗纹发达，属三晋地区最精美的陶器群。

与魏国陶器墓文化相比，赵国陶器墓文化在传承春秋晋墓的主体因素之外，创新的文化因素比较突出。冀南赵墓文化对春秋晋国的传承比较明显，如：墓葬形制比较接近，均为竖穴土坑墓，墓主头向朝北占多数，葬式以仰直为主，屈肢占一定比例；随葬陶器基本一致，主要有鬲、鼎、豆、小口鼓腹壶、莲瓣壶、盘、匜等，其中的鼎豆壶盘匜等已成为较为固定的组合；陶器装饰方面也比较接近，盖钮饰与彩绘均比较发达，图案花纹亦大体相同；另外晋墓随葬所流行的石片饰、石圭、铜带钩等，依然在延续。冀南赵墓文化在传承晋墓文化的基础上，也开始滋生出一些自身的文化特色，并且较魏墓文化凸显。如百家村 M21 出土的鸟柱盘和筒形器，M3 出土的兽头盆、弯颈壶等动物造型的陶器，属于沿承晋文化传统的创新之作。以兽形提梁盉、兽头盆、鸟柱盘及莲瓣式插钮壶等为代表的全新器物，属于赵墓文化在晋墓文化基础上创新元素。

第十章　三晋历史进程中的赵国考古学文化

从春秋晚期的晋国文化到战国早期的晋魏文化，尽管存在着文化主体传承与文化表层整合，但晋魏文化的内部已滋生出新生的元素和地域性差异，或者说晋国文化与后晋国文化的晋魏文化之间，已经发生了某种程度的文化转型。这种转型除了体现在上述的葬制及随葬器物的一些变化外，还形象地表现在陶器墓的器物组合演变轨迹上。晋都新田、魏国河内、赵国东阳及晋阳等地的陶器墓器物组合，有着基本同步的演变轨迹和规律。代表性墓例如：

新田城附近的晋国墓地如侯马上马①、下平望②等。上马墓地春秋晚期的 M2146，出土有：晋式鬲、盖豆、折腹盆、罐等；春秋末期的 M1014，出土有：鼎、晋式鬲、壶、盖豆、罐、舟、石圭等。下平望战国早期的 M10，出土有：鼎豆壶盘匜等。

魏国晋南的后川墓地，春秋晚期随葬陶器组合以晋式鬲为核心，典型组合为鬲豆罐盆，常见石圭。典型墓例如：M2045，出有晋式鬲、石圭。M3510，出有晋式鬲、豆、罐、石圭。M2114，出有晋式鬲、豆、罐、盆、铜带钩和石圭。战国早期，后川墓地随葬陶器的标准组合——鼎豆壶盘匜基本成型，但仍存在少量的晋式鬲。典型墓例如：M2064，出有晋式鬲、壶、盆。M2043，出有鼎、豆、壶、铜带钩、石圭。M2150，出有晋式鬲、鼎、豆、壶、盘。晋南另一处魏国墓地万荣庙前，战国早期的陶器标准组合也已完备，典型墓例如：M27，出有鼎豆壶盘匜等。

魏国河内的墓地如安阳张河固③，春秋晚期的 M6，出土有：晋式鬲、罐、豆等；战国早期的 M7，出有：鼎豆壶盘匜等。

韩国上党地区的陶器墓，如：潞河墓地春秋晚期 M11，出土有

---

① 山西省考古研究所：《上马墓地》，文物出版社 1994 年版，第 198、204 页。
② 山西省考古研究所侯马工作站：《侯马下平望墓地发掘报告》，《三晋考古》（一），第 213—217 页。
③ 河南省文物考古研究所：《河南安阳张河固遗址东周墓葬的发掘》，《华夏考古》2000 年第 2 期。

变体晋式鬲、豆、壶等①；分水岭墓地战国早期的M214，出土鼎豆壶盘匜及石圭等。

赵国东阳的墓地如邢台的南大汪②和东董村③墓地，南大汪春秋晚期的M6，出有：晋式鬲、豆、罐等。东董村战国早期的M50，出有鼎豆壶盘匜等。

晋中西部一带的赵墓大致也保持着相应的变化步骤，以柳林杨家坪墓地为代表。春秋晚期的M7，出有鬲鼎豆壶盘，M8出有鬲罐和石片（可能为残石圭）；战国早期的M9，出有鼎豆壶盘匜④。但杨家坪墓地同时还存在着地域文化特色：春秋晚期的M51，出有铜剑、环首刀、镞、带钩及石圭，陶器组合为晋式鬲、豆罐匜等⑤；战国早期的M19，出有鼎鬲豆罐，其中的鬲略近似晋式鬲，而罐与M51形似，作弧鼓腹、大平底⑥。杨家坪墓地尚未出现鸟柱盘等赵文化特色的典型器物，但却存在着一种地域特色的罐。

晋式鬲是春秋晋国广为流行的陶鬲，几乎已成为晋文化的标志器，其主要特征为：束颈、弧折肩、矮平裆、矮柱足、表饰粗绳纹。从春秋晚期到战国早期，晋式鬲逐渐消失，陶器组合由鬲豆盆罐，发展为鼎鬲豆壶罐，再到鼎豆壶盘匜完整的标准式组合，由此奠定了三晋文化考古学文化的一个共性特征。

（三）晋北及代地的赵国文化

晋北及代地的赵国文化是晋魏文化的一个特殊地域分支。战国早期，赵国文化在晋北及代地一带的分布范围及文化特征，在墓葬

---

① 长治市博物馆：《山西潞城县潞河东周、汉墓》，《考古》1990年第11期。
② 河北省文化局文物工作队：《河北邢台南大汪村战国墓简报》，《考古》1959年第7期。
③ 河北省文化局文物工作队：《邢台战国墓发掘报告》，第9—45页。
④ 山西省考古研究所等：《柳林杨家坪华晋焦煤公司宿舍区墓葬发掘报告》，《三晋考古》（三），第297—312页。
⑤ 山西省考古研究所等：《柳林县看守所墓葬发掘报告》，《三晋考古》（三），第313—327页。
⑥ 吕梁地区文物局等：《1997年柳林县杨家坪战国墓葬清理简报》，《山西省考古学会论文集》（三），第42—50页。

文化方面有着较为清晰的呈现。忻州上社发现的春秋晚期至战国早期陶器墓，M1 出有标准组合陶器鼎豆壶盘匜，属于赵墓文化范畴①。此乃战国早期赵国文化北进此地的反映。定襄发掘的战国早期墓，其中 1 号墓虽然出有铜器鼎豆壶盘匜，但椁外积石并有殉人②，因此该墓文化属性尚难定论。朔州井坪春秋晚期至战国早期墓地，以长方形竖穴土坑墓为主，随葬器物主要有单耳陶罐、长钉形骨器、铜环首刀、铜带钩等，其中的单耳罐、长钉形骨器等或为楼烦等诸胡文化的器物③。以目前的考古资料观察，战国早期赵国文化在晋北的分布已至忻州一带，而再往北则大致属于北方诸胡文化地域。晋北的赵国文化与晋中的晋魏文化基本同步发展，但同时含有更多的北方文化元素，其主要原因当是晋北本地域的文化传统，并非中原的晋文化，而是北方诸胡文化体系。

晋北东邻的桑干河下游一带，本亦属诸胡地域，但因赵襄子灭代而归赵国所据，因此赵国文化在春秋晚期即进入这一区域。阳原的安阳故城遗址、蔚县的代王城遗址和陈家湾城址等三处城址，均位于小五台山西麓，应属于赵国代地控制的范围④。代王城附近的北双涧战国大墓，存有高大的夯土封土，墓室带有东西双墓道，残留器物有陶器罐、瓮、盆、豆以及金泡饰等，墓主可能与赵国代地高级贵族有关⑤。

代地墓葬文化另一代表是浑源李峪铜器群，与赵国兼并代地的史实可互相印证。这批铜器包括成套的铜礼器和车马器，应出自墓

---

① 山西省考古研究所、忻州市文物管理处：《忻州上社战国墓发掘报告》，《三晋考古》（三），第 159—170 页。
② 李有成：《定襄县中霍村东周墓发掘报告》，《文物》1997 年第 5 期；郭艮堂等：《定襄县中霍村出土的一批铜器》，《文物》2004 年第 12 期。
③ 支配勇：《平鲁井坪楼烦墓》，《文物季刊》1992 年第 1 期。
④ 刘建华：《张家口地区战国时期古城址调查发现与研究》，《文物春秋》1993 年第 4 期；蔚县博物馆：《代王城城址调查报告》，《文物春秋》1997 年第 3 期。
⑤ 河北省文物研究所：《蔚县北双涧战国墓》，《中国考古学年鉴 2003》，第 123—124 页。

葬，其礼器组合为鼎、豆、壶、罍、盘、匜等，年代为春秋晚期到战国早期，与金胜村墓葬铜礼器之制基本相同①。关于李峪铜器群的主人，或推测代国贵族②，但多论定其为代地之赵国贵族③，或即代国之后的赵人④。

另外，邻近的怀仁县杨谷庄发现的小型墓葬，椁室内葬有羊头骨和肢骨、牛下颌骨、鸡骨等，随葬有鼎、豆、壶等陶礼器和铜带钩⑤，葬俗明显具有赵国文化与诸胡文化的混合性特点。

综观晋东北代地的墓葬文化遗存，与晋阳等地的赵国文化大致相同，例如：墓室均为长方形竖穴土坑，使用木质棺椁，习见以青铜鼎、豆、壶、盘、甗等器物或陶制仿铜礼器随葬等。但是，代地的墓葬文化还具有浓厚的本地特色：随葬器物中存在一些不见或少见于中原地区的器类，如：椭方形的铜鼎和铜鍑、圜底铜壶、丁字形骨器、北方式马衔和马镳等，个别墓葬中随葬有动物的头骨和肢骨。这些地方特色应即本地域的原本文化，亦即诸胡系统的文化。因此可以说，赵国代地文化属于一种含有浓厚诸胡文化因素的赵国北地文化。

四　战国早期小结

战国早期，三晋之间的互动关系以和平联盟为主，其中以魏为首，魏常自称为晋，是为三晋之代表。此时三晋的疆域互有交错，各自虽均有拓展，但幅度不大，总体上仍大致局限于原晋国的范畴。

---

① 商承祚：《浑源彝器图》，金陵大学中国文化研究所，1936年；山西省考古研究所：《山西浑源县李峪村东周墓》，《考古》1983年第8期。

② 李夏廷：《浑源彝器研究》，《文物》1992年第10期。

③ 高去寻遗著：《李峪出土铜器及其相关之问题》，《史语所集刊》第70本4分，1999年。

④ 李学勤：《东周与秦代文明》，第59—60页；朱凤瀚：《中国青铜器综论》，第1998—2008页。

⑤ 高峰等：《怀仁县杨谷庄战国墓清理简报》，《山西省考古学会论文集》（三），第65—71页。

三晋以联盟为主调的相互关系及疆域格局特征，直接影响到考古学文化的传承与特性。战国早期的三晋文化基本延续了原晋国文化的传统，并且仍具有一定程度的整合性，因此可称之为后晋国文化或晋魏文化。从春秋晋国文化到战国早期后晋国文化的传承延续，在考古学文化的遗址及墓葬等内涵方面显现着清晰的演进轨迹。

都邑城址文化是遗址文化的代表。魏国的安邑、韩国的宜阳、赵国的晋阳与中牟等城址，城市结构及格局基本相似，虽与晋都新田组团式多城制布局有异，但与其中某一城的具体格局近似，因此应传承了晋国城邑格局的主体因素。

墓葬文化方面主要体现在随葬陶器组合的构成，三晋陶器墓的一个突出共性就是流行仿铜陶礼器鼎豆壶盘匜组合，或称之为标准陶礼器组合。这一标准组合孕育萌芽于春秋晋国时期，春秋晚期的晋国陶器墓已经出现较为固定的晋式鬲、鼎、豆、壶、罐组合，这无疑是战国早期鼎豆壶盘匜标准组合的雏形。这套标准组合陶礼器几乎遍及整个三晋地区，但在晋北一带的赵国领域略有地方特色：组合构成多不齐备，或缺盘或少匜，另有少量丁字骨形器及殉牲等，这是赵国北疆地带的原本文化传统特色，也是下一阶段后晋国文化南北分野的缘由之一。

三晋陶器墓的标准组合陶礼器，不仅是晋国文化传承延续的主干文化因素，更是后晋国文化表层整合的物化标志，同时也是中原广布影响于周边燕齐楚等列国文化的重要元素。

第三节　战国中期：后晋国文化的南北二系分流

战国中期，前386—308年，起始于赵迁都邯郸，止于赵胡服骑射变革前夕。这一期间的前369—319年，为魏惠王在位时期，共历51年。虽然赵武灵王于前325年继位，但其主要功绩在前307年之后完成的。这一时期魏国由盛转衰，可称之为魏惠王时代。

一 三晋发展态势

（一）疆域变迁

战国中期，三晋的疆域版图发生了不少的变化，其中有三件重大历史事件对疆域变迁影响巨大：较早阶段的三晋迁都和中山复国，较晚阶段的魏失河西。

前386年，赵由中牟北迁邯郸。前375年，韩由阳翟东北徙新郑。前361年，魏由安邑东迁大梁。三晋之徙都，魏国的幅度最大，由河东徙至中原腹心；韩国与赵国所迁的距离较短，韩之郑是朝向中原腹心更加靠近，而赵之邯郸则远离中原腹心，北至河内的北缘地带。韩魏二都均居中原核心，赵之都比较偏北，但三晋之都皆属中原三河之地。《史记·货殖列传》曾评论三河之地说："昔唐人都河东，殷人都河内，周人都河南。夫三河在天下之中，若鼎足，王者所更居也，建国各数百千岁，土地小狭，民人众，都国诸侯所聚会，故其俗纤俭习事，……好农而重民。"

三晋之都虽宏观皆居三河之地，但各自疆域情况却区别较大。赵国主体疆域偏于北方，国土面积在三晋中属最大。赵魏争战之后，赵国失去中牟及河内之地，退居漳河之北。另外，赵国还失去河东皮牢飞地予魏，但收取了魏之飞地榆次和阳邑。至此，赵国域内整合为一，且南与韩魏交界多顺畅而较少有交错。

魏国失去中山之后，疆域缩减为东西相隔的两部分。西部为河东与西河之地，东部主要在河内及河南之济水上游一带，所挤占的地域大致为卫、宋和郑地。魏赵河内之争，魏收取赵之中牟，河内悉归魏。韩魏易地，魏收取大梁以北的韩国飞地。战国中期晚段，魏国失去西河及上郡，河西之地皆归秦，西部疆域大大缩减。

韩国疆域分南北两部分，北部为上党地区，南部主要是在河南所占据的郑地，南北两部分通过南阳狭窄通道相连，另外核心地带还包裹了东西二周。韩魏易土，收取上党部分魏地而增扩上党，另收取郑北魏之飞地以固郑城。战国中期晚段，韩失宜阳，西部疆域为秦蚕食。

韩魏两国东西相邻，国都相近，正处于天下之中的"中国"。《战国策·秦策三》言："韩魏中国之处而天下枢也。"《战国策·魏策一》："从郑至梁，不过百里。"韩魏之间国土相间交错较多，韩居中又分南北两区，魏处东西两翼又局部伸入中央，两国交界蜿蜒曲折，但各自域内较战国早期较为整合，飞地情况基本消失。

总观战国中期三晋版图，早期常见的飞地情况基本消失，疆域交错情形也大为改观，边界逐渐清晰与顺畅，其中赵与韩魏之间的南北分野最为整齐和凸显。

（二）巩固中原

随着都邑入驻中原，三晋的发展方向开始聚焦中原，拓展并巩固所占领域，由此引起彼此间的矛盾和冲突。

魏赵两国的冲突焦点是为争夺河内及河东岸之地。前383年，赵东跨河侵卫，在河东岸筑刚平城（今清丰）。次年，魏即救卫攻赵，夺刚平城，并毁赵中牟外城。第三年，赵报复伐魏，取魏在河水西岸一带的棘蒲（今魏县南）、黄城（内黄西）二城。魏赵数年争战起自刚平，二者各有胜负，刚平之战成为双方转向交恶的标志性事件。自此，魏赵分裂并愈演愈烈，三晋联盟不复存在。《战国策·齐策五》苏代说齐闵王时评论说："故刚平之残也，中牟之堕也，黄城之坠也，棘蒲之烧也，此皆非赵魏之欲也。"

就在魏赵刚平之战后不久，前378年，中山复国。魏因此失去对滹沱河一带的控制，无疑是一大损失，而赵国则添心腹之患。中山复国初始，赵国即连续伐中山，与中山战于房子（高邑）、中人（唐县），欲对灵寿城形成包围之势。不久后，中山为防御赵而修筑了长城。

魏赵关系的持续恶化最终导致了邯郸围城之战。前362年，魏伐邯郸，取列人、肥二城（肥乡），另在新田东败赵，取皮牢（翼城），赵自此失去此块飞地。魏赵争夺最剧烈的仍属河内地带。前354年，赵攻卫，取漆、富丘（长垣），于是魏围邯郸。次年，魏拔邯郸，齐紧急救赵，败魏于桂陵（长垣）。前351年，魏取泫氏，夺赵之上党南地。前353—351年，魏围邯郸长达三年，最终魏归邯郸，两国盟于漳水上。

三晋之间除战争之外，还有和平方式的易地。魏赵易地：前361年，魏徙都大梁的同时，魏将飞地榆次、阳邑予赵，赵将中牟予魏。赵因之巩固晋阳，魏因此几近完全得到河内之地，所获应大于赵。韩魏易地：前358年，韩取屯留、长子，扩大上党一带的地域。前357年，韩将大梁东北的飞地平丘、户牖（长垣）等予魏，而魏则将上党部分地区、宅阳和鏖（郑州北）等予韩。魏因此巩固了大梁周边，韩则扩大了上党范围及南下通道。

魏围邯郸是魏国发展的顶峰，但自此以后逐渐转衰。黄式三说："魏之攻赵，失计甚矣！"① 前343—342年，齐大败魏于马陵（范县），此乃魏国由盛转衰的节点。早在前362年，秦即开始反击魏所占的西河，伐魏少梁，虏其太子痤。前340年，魏又西败于秦。不久后，秦国进入秦惠文王时代，开始大规模连续东进。前335年，秦攻韩之宜阳，洛水中上游一带归秦，秦开始逼近中原核心。前334年，徐州相王（枣庄），魏始朝齐。此时，西秦东齐日盛，而中原韩魏渐衰。前330年，魏予秦西河郡。前328年，魏予秦上郡，至此魏河西之地全部归秦。秦开始攻进河东，取赵之蔺、离石，又取魏之汾阴、皮氏。

魏韩受秦东进所迫逐渐衰弱时，赵也开始转型。前333年，赵与魏争夺黄（内黄）失败后，筑南长城退居漳河以北，赵魏之间长期以来的河内之争暂告一段。自此赵开始掉头转向北方拓展，逐渐背离中原腹心。

纵观战国中期三晋发展态势，前段时期为韩魏对中原经略的巩固阶段，后段时期由于秦国的大举东进，而逐渐转向退守阶段。赵国南下则因魏的制约，而转向北方发展。三晋之间紧密的联盟关系

---

① 黄式三：《周季编略》，凤凰出版社2008年版，第84页。

业已破裂，但韩魏之间尚存有一定程度的较密切关系。

二 历史背景综合

战国中期三晋发展态势及互动关系所形成的历史背景，主要有以下四个特点。

其一，三晋关系出现分裂，主要是在魏赵之间，韩魏之间虽有一些小摩擦，但总体上比较平和。

三家徙都于中原之后，战国早期以魏为主的三晋联盟分裂并衰落。魏赵关系较为紧张，但韩魏基本延续了一直以来的融洽关系，两国东西相邻、领土交错相间，《战国策》策文中常见韩魏并提。前357年，韩魏易地，《战国策·西周策》评论说："韩魏易地，西周弗利。……易成之日，楚赵皆轻。"韩魏联盟既巩固了中原核心，又对南楚北赵构成威压。魏赵邯郸之战后，韩魏与赵之间虽间有合作，但南北相背的趋向逐渐成为主流，三晋分化为南北二个政治地域集团。这是后晋国文化——晋魏文化开始南北分野的政治基础。

其二，三晋各自版图趋向整合，飞地情况基本消失，边界线趋于清晰和流畅。其中，赵与韩魏之间的南北界线最为整齐和凸显，而韩魏之间尚存较多交错之处。

赵国失河内之地而退居漳河之北，疆域以晋中北和东阳地区为中心，于三晋之中国土面积最大，俨然属于北方大国。韩魏相邻相近，以中原腹地为核心，两国国土互有相间与交错，其西部疆域均受到秦国侵占与蚕食。韩魏联系紧密且收缩聚拢于中原腹地，而赵国则与之相背开始面向辽阔的北方拓展。韩魏与赵之间的南北地域分野愈来愈清晰显现，这是晋魏文化开始南北分野的地理基础。

其三，战国中期后段魏国盛极转衰，逐渐失去国力凸显的强国位置。韩魏开始聚力巩固中原腹地，成为列国极力争取的焦点。

秦强力东进，韩魏东退。魏国失去河西之地，韩国失宜阳。另外，中山复国，魏又失去北方。魏国三面突击向外扩张的势头一去不返，这一局面造成韩魏开始向心巩固中原腹地，一个新时代由此开启。《孟子·梁惠王上》评论梁惠王好战，《吕氏春秋·不屈》则言惠王五十战而二十败。韩魏综合国力虽不如前，但凝聚向心发展更加强了二国的联盟，加之正处于中原核心位置，因此韩魏的地域优势倍受关注。《战国策·韩策二》对韩魏易地评论说，"上害于赵、下害于楚"。这正是韩魏所处核心地理位置的作用，有些类似于春秋时期的郑国，处于晋楚争霸之间。

韩魏由此成列国竞相争夺的焦点，尤其是受制于合纵连横之策。《韩非子·五蠹》："从者，合众弱以攻一强也；而衡者，事一强以攻众弱也。"事实上，合纵虽兼攻秦齐，但实以攻秦为首，连横更是以事秦为主。无论合纵还是连横，韩魏均处于枢纽之位置，前318—317年，五国合纵攻秦至函谷关而返，之后被秦击败于修鱼（原阳），秦军攻入中原腹心，逼近大梁。韩魏东退及合纵失败，导致国土缩减与国力衰弱，但另一方面则迫使韩魏更加向心凝聚。另外，韩魏占据三河之地，地狭人众，以农业为主，韩魏融合并共同继承了本地的郑国文化。这是后晋国文化——晋魏文化开始南北分野，以及南系韩魏文化形成的文化基础。

其四，与韩魏聚力中原核心相反，赵国开始面向遥远的北方。

魏赵冲突之后的前333年，两国以漳水为界，赵依漳水筑南长城。赵国与魏争夺河内之地的争战暂时结束，向南基本止步于漳水之畔，开始面向北方。韩魏正处于华夏族的核心地域，而赵国却面临着北方复杂的诸胡民族。这一点当继承了晋国的传统，也是赵国沿承了晋国北半部疆域的地域环境所致。《战国策·秦策一》言赵国："杂民之所居也，其民轻而难用，号令不治，赏罚不信，地形不便。"《战国策·赵策二》记述赵武灵王感叹说："东有燕、东胡之境，西有楼烦、秦韩之边。……且昔者简主不塞晋阳及上党，而襄主兼戎取代，以攘诸胡。"兼戎攘胡因此成为赵国国政的重要大事。童书业曾说春秋时"攘夷"之功要推晋国为最大，而战国时当以赵国为首。这是后晋国文化——晋魏文化开始南北分野，以及北系赵文化形成的文化基础。

三 后晋国文化——晋魏文化南北二系分流的考古学特征

战国中期,三晋联合文化的表层整合不复存在,原晋国文化的延续走向终结,后晋国文化或称晋魏文化开始南北分野:北系为赵国文化,南系为韩魏联合文化。这一局面的形成是多种历史因素合力作用的结果,并在考古学文化上有着具体的体现。

南系韩魏文化的考古学特征主要表现在两个方面:一是韩国文化与魏国文化面貌相近,基本属于一体一系,因入驻中原腹地而均含有较多中原核心地区的文化元素;二是韩魏文化与赵国文化区别比较明显。韩魏文化的这两个特征,同时也是晋魏文化南北分野的考古学依据和体现。北系赵国文化主要分布在原晋国疆域,延续和保持了浓厚的晋文化传统,而晋北的北疆地带则还兼有北方地区的文化因素。这些特征综合起来与南系韩魏文化形成较大的差异。但总体上观察,南系韩魏文化与北系赵国文化仍保持着一些三晋文化的共性,其中最突出的考古学特征即普遍流行一套基本相同的随葬陶器标准组合。

(一) 南系韩魏文化属于一系的考古学依据

战国中期,韩魏文化属于一体一系在考古学上的表现,即二家文化的具有某种程度的统一性,这一点突出体现在墓葬文化方面。

1. 韩国墓葬文化

战国中期,韩国墓葬主要分布在郑城附近,典型墓地如:郑城东城内兴弘花园 M46[①]、郑城东城东侧的西亚斯 M104、M232[②]、郑州二里冈 M215[③]、岗杜 M40 等[④]。

---

① 河南省文物考古研究所:《郑韩故城兴弘花园与热电厂墓地》,文物出版社2007年版,第78页。
② 河南省文物考古研究所:《郑韩西亚斯东周墓地》,大象出版社2012年版,第23—24页。
③ 河南省文化局文物工作队:《郑州二里冈》,科学出版社1959年版,第47页。
④ 河南文物工作队第一队:《郑州岗杜附近古墓葬发掘简报》,《文物参考资料》1955年第10期。

韩国墓葬的墓室多作口大底小状，深度4—6米，形制多为设龛的长方形竖穴土坑墓，墓主头向以朝北占绝对多数。葬式以仰身直肢葬为主，少量为屈肢葬。随葬陶器组合多为鼎豆壶盘匜，制作稍显粗糙，彩绘比较发达，暗纹较少，多为几何形图案。

战国中期的韩国墓葬文化，以西亚斯墓地、二里冈墓地等为代表。几处墓地基本代表了韩墓的两个类型：郑国类型，含有明显的郑国文化传承因素；韩国类型，属于较典型的韩国文化。

（1）郑国类型

以郑韩故城东侧近郊的西亚斯墓地为代表，是南系韩魏文化形成的一个侧面，从春秋晚期到战国晚期随葬陶器组合的演变，形象地反映了韩国文化取代郑国文化的复杂过程。

春秋晚期的典型墓例如：M32，随葬陶器组合为：郑式鬲、鼎、盘、三足罍、封口匜。M307，陶器组合为：鼎、罍、盘、舟、盏、封口匜。

战国早期的随葬陶器以鬲为核心，大多数墓只随葬一件郑式鬲，一般置于墓主身下。典型墓例如：M96，出有郑式鬲、罐。M211、M295、M313，均出土有郑式鬲、豆、盆。M305，出有鼎、罍、盘、舟、盏、封口匜。

春秋晚期至战国早期的陶器组合中，郑式鬲和兽形四系罍颇具特色，属于郑国文化的特色。郑式鬲的形制特征为：上部为夹细砂红陶、饰有平行凹弦纹，下部夹粗砂红陶、饰有绳纹，弧鼓或弧折肩，斜收腹，矮分裆小袋足。这种鬲春秋以来流行于郑国，是对西周以来周式鬲的一种改造发展，故称郑式鬲，是郑国文化的标志器。

战国中期，西亚斯墓地的随葬陶器组合继续沿用早期，多数墓依旧只随葬一件郑式鬲，极少数墓随葬一件韩式釜、或郑式鬲和韩式釜并存，鬲釜一般置于墓主身下。鼎豆壶盘匜组合出现，但数量很少。另外，铜璜较常见，有少量玉圭，不见带钩和石圭。所谓韩式釜，上部为夹细砂红陶素面，下部为夹粗砂红陶饰粗绳纹，弧鼓或微折肩、弧收腹、圜底、小乳足或无足。这种釜应脱胎于郑式鬲，并逐步取而代之，是韩国文化形成的标志器。

战国中期的典型墓例如：M22，出有郑式鬲、豆壶盆罐，铜镦。M66，出有郑式鬲、韩式釜、铜镦。出有整套鼎豆壶盘匜组合的墓有：M229、M232 和 M104。其中 M104 中还并存有韩式釜，反映了韩国文化的地域特色。

总体来看，西亚斯墓地随葬陶器组合中，郑式鬲的位置一直比较突出，多数墓只随葬一件陶鬲，战国中期以后的标准陶器组合——即鼎豆壶盘匜依然较少，并且由韩式釜逐渐替代郑式鬲的位置。

（2）韩国类型

韩国类型包括兴弘花园、二里冈、岗杜、碧沙岗、白沙等几处墓地。兴弘花园墓地位于郑韩故城东城之内，与东城东墙外的西亚斯墓地隔墙相望，但两处墓地的随葬陶器情况却差异明显，其中最突出的一点即：兴弘花园墓地随葬陶器组合中，郑式鬲的位置远不及西亚斯墓地突出，只随葬一件郑式鬲的墓葬很少见。春秋晚期的典型墓例如 M24、M60，均出有郑式鬲、盆、豆、罐。战国早期典型墓例如 M30，出有郑式鬲、盆、豆、罐。战国中期典型墓例如 M46，出有壶、豆、盆、高领罐。M154，出有壶、钵、铁带钩。

二里冈墓地发掘 200 余座战国墓，多有壁龛，南北向为主。随葬品中铜镦常见，带钩次之，未见石圭。陶器装饰以彩绘为主，暗纹少见。战国早期的墓葬数量很少，随葬陶器的鼎豆壶盘匜组合出现，未发现陶鬲。典型墓例如 M221，出有鼎豆壶盘匜，另有高足小壶、陶鸭。战国中期，鼎豆壶盘匜标准组合陶器非常流行，比例高达约 70%，典型墓例如 M215，出有鼎豆壶盘匜，另有浅盘豆、高足小壶、铜带钩等。（图 10-2）

二里冈墓地未发现战国早期的郑式鬲，但邻近的岗杜①、碧沙岗②墓地却有发现。碧沙岗春秋晚期至战国早期的墓葬出有郑式鬲，

---

① 河南文物工作队第一队：《郑州岗杜附近古墓葬发掘简报》，《文物参考资料》1955 年第 10 期。
② 河南省文化局文物工作队第一队：《郑州碧沙岗发掘简报》，《文物参考资料》1956 年第 3 期。

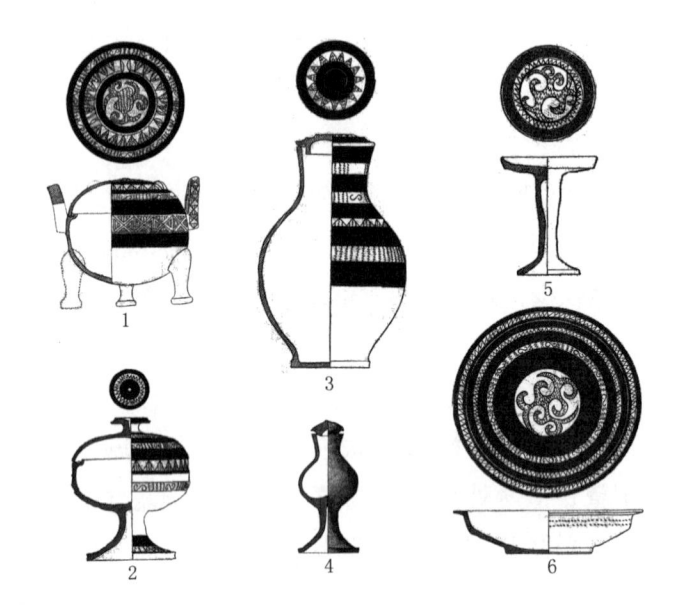

图 10-2　二里岗 M215 陶器组合

1. 鼎（M215：2）2. 盖豆（M215：1）3. 壶（M215：3）4. 高足小壶（M215：5）5. 浅盘豆（M215：7）6. 盘（M215：9）

例如 M123、125，其中 M123 的陶器组合为：鬲豆盆罐。禹县白沙墓地也有类似的发现①。这些均与兴弘花园墓地的情况有些相似，反映了战国早期郑国文化的普及性。

韩国类型墓葬的陶器组合比较完整，单一陶器墓例很少，标准组合鼎豆壶盘匜所占比例较高，战国早期所流行的郑式鬲基本消失，另外韩式釜也几乎未见。

另外，上党地区的韩国陶器墓具有赵国文化的一些特色，如长子孟家庄 M4，除了标准组合鼎豆壶等外，另有赵国特色器鸟柱盘、高足小壶等②。

---

① 陈公柔：《河南禹县白沙的战国墓葬》，《考古学报》1954 年第 1 期。
② 山西省考古研究所晋东南工作站：《长子孟家庄战国墓地发掘简报》，《三晋考古》（一），第 288—303 页。

(3) 韩国墓葬文化小结

韩国类型分布广泛,应是韩国墓葬文化的代表。郑国类型只见于郑韩故城附近,以郑式鬲和韩式釜为特色,可能是郑国文化传统的集中孑遗之地。韩国类型主要上承战国早期的晋魏文化,将标准组合陶器鼎豆壶盘匜推广流行,而将郑国文化因素的代表器物郑式鬲基本淘汰,并且郑式鬲的替代器——韩式釜也未有明确的发现。所有这些表明,战国中期豫中一带的韩国文化,以传承晋魏文化为主体,郑国文化传统因素只见于郑城附近的个别地区。换言之,战国中期入驻中原腹地的韩国文化,基本舍弃了该地域的郑国文化传统,而置换为晋魏文化体系。这是南系韩魏文化成为一系的重要基础。

2. 魏国墓葬文化

战国中期,魏国墓葬分布在晋南和豫北,代表性墓葬如:陕县后川 M2512、M2071、M2503 等[1],辉县琉璃阁 M126、M114,固围村 M1、M3、M5、M6,褚丘 M3、M7[2],新乡李大召 M32、33、35[3],新乡杨岗 M1、M3[4],安阳黄张 M14 等[5]。

晋南魏墓以后川墓地为代表。墓葬形制以长方形竖穴土坑墓为主,墓主头向朝北居多,次为朝东。葬式以仰身直肢为主,屈肢葬较少见。随葬陶器器表装饰由早期盛行的彩绘转为暗纹,其中又有较多的黑亮暗纹陶。战国早期出现的标准组合陶器——鼎豆壶盘匜,此时开始流行,个别墓还另加鸟柱盘、高足小壶。陶器制作较为精良,有较多的黑亮暗纹和瓦棱纹陶。陶器之外的器物常见铜带钩、石圭等,另有少量的石或玉璜。拥有标准组合陶器的典型墓例如:M2512,另有铜带钩和石圭。M2071,另有鸟柱盘、铜带钩。

---

[1] 中国社会科学院考古研究所:《陕县东周秦汉墓》,第 20—41 页。
[2] 中国科学院考古研究所:《辉县发掘报告》,第 32—46 页。
[3] 郑州大学历史学院考古系:《新乡李大召》,科学出版社 2006 年版,第 312 页。
[4] 新乡市博物馆:《河南新乡杨岗战国两汉墓发掘简报》,《考古》1987 年第 4 期。
[5] 中国社会科学院考古研究所黄张发掘队:《河南安阳市黄张遗址两周时期文化遗存发掘简报》,《考古》2009 年第 4 期。

M2503，另有鸟柱盘、铜带钩和石圭。石圭属于晋文化的传承，鸟柱盘应是受赵国文化影响所致。

豫北地区的魏墓规模较大，随葬器物种类繁多，质量上乘，在三晋之中尤为突出。墓室深度一般在 5 米以上，有的大墓达 7 米，形制以长方形竖穴土坑为主。墓主头向以朝北为主，但朝东者数量有所增多。葬式以屈肢葬为主，仰身直肢葬较少见。随葬陶器种类繁多，基本组合为鼎、盖豆、壶、盘、匜、碗、小壶、浅盘豆等，另外还有带禁簠、人形三足鉴、案、斗等形制特殊的器类。陶器一般形体较大，制作精致，器表磨光与暗纹，其次为红白二色的彩绘。陶器之外的随葬品有石圭、铜铁带钩、铜璜等，但带钩和石圭的数量远少于晋南地区，而铜璜较多。豫北魏墓出有标准组合陶器鼎豆壶盘匜的典型墓例如：杨岗 M1 和 M3；李大召 M33，另有铜带钩及铜璜等；李大召 M35，另有鸟柱盘；黄张 M14，另有鸟柱盘和铜带钩等。（图 10 - 3）

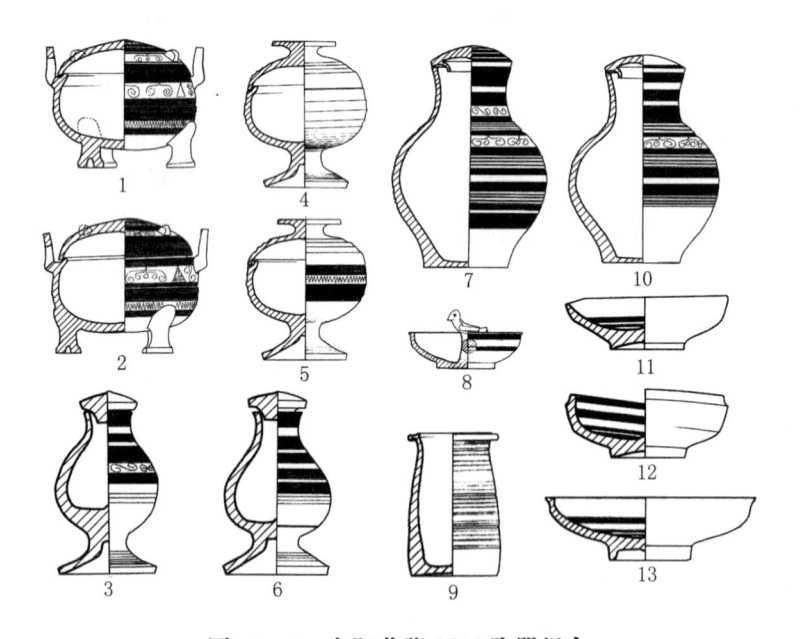

图 10 - 3 安阳黄张 M14 陶器组合

1—2. 鼎（8、9）3、6、7、10. 壶（5、13、10、14）4—5. 豆（6、7）8. 鸟柱盘（12）9. 筒形器（11）11. 匜（2）12—13. 盘（3、4）

战国中期的魏墓文化直接上承于晋魏文化,属于魏国文化传承的主干途径。晋南和豫北两个区域的魏墓文化存在一些明显的差异,晋南魏墓的晋文化传统较浓厚一些,而豫北魏墓与韩墓的共性比较突出,这是南系韩魏文化一系的重要基础。

3. 韩魏墓葬文化的统一性与差异性

韩魏二家墓葬文化的统一共性比较明显和突出。墓室规模均较大,且深度多在4米以上,个别深达6—7米。形制均作长方形竖穴土坑墓,墓向以南北向为主,少量为东西向。随葬陶器的基本组合相同,标准组合均为鼎豆壶盘匜,形制亦相同或相近。二家的暗纹与彩绘陶比例有异,但内容均以几何形图案为主。陶器之外的器物中均含有一定数量的铜带钩、铜璜、玉璜等。共性之外,二家的墓葬文化也存在着一些差异,如:豫北魏墓的屈肢葬数量较多,晋南魏墓则以仰身直肢为主;而韩墓总体以仰身直肢葬为主,另外个别地域已开始出现少量的空心砖墓。这些细部或局部地域的差异,并未影响韩魏二家文化同属一系的大局。

(二) 南系韩魏文化与北系赵国文化的区别

南系韩魏文化与北系赵国文化在考古学层面的区别,亦即晋魏文化南北分野的考古学依据。这种区别体现在遗址文化和墓葬文化两个领域。

1. 遗址文化的区别

遗址文化主要表现在城邑遗址方面,都邑遗址文化基本上可视作该国文化的集中代表。魏国大梁城址深埋于黄河泛滥淤积之下,具体情况不详。韩国文化的城邑遗址以郑故城遗址为代表[1],赵国文

---

[1] 河南省博物馆新郑工作站:《河南新郑郑韩故城的钻探和发掘》,《文物资料丛刊》(三),1980年;河南省文物研究所:《新郑韩国祭祀遗址》,大象出版社2006年版,第1—6页;河南省文物研究所:《郑韩故城制骨遗址的发掘》,《华夏考古》1990年第2期;河南省文物研究所:《郑韩故城内战国时期地下冷藏室遗迹发掘简报》,《华夏考古》1991年第2期;河南省文物研究所:《河南新郑郑韩故城制陶作坊遗迹发掘简报》,《华夏考古》1991年第3期。

化的城邑遗址以邯郸故城遗址为代表①。两座都邑遗址各自的城市布局及功能特性，反映了韩国文化与赵国文化之间的差别。

韩都郑城与赵都邯郸均对原有旧城进行了改造与扩建，但二城改建的方式不同，由此所形成的城邑格局也大相径庭。郑城是在旧城东侧附建或扩建新城，因此形成东西相连的双城制格局；邯郸是在旧城西南另建新城并扩建旧城，旧新二城隔河分离而呈双城布局，新城又由三座相对独立的小城品连而成。因此，邯郸城总体布局属于宏观双城制下的组团多城制之复杂格局②。另外，郑城位于两条河流的交汇处，城垣依随河流天然之势而曲折蜿蜒，因而城区呈不规则状，而邯郸城的城垣虽局部也存在迁就河流的情况，但大多地段为南北及东西顺直，城区俨然规整。

郑城与邯郸最大的区别是城区功能规划方面。郑城的东西二城功能区分大体明确，西城以中北部宫殿群区的宫城为核心，东城内主要是一般居民区及手工作坊区，另外还分布有平民墓地，另外城南近郊及东郊也分布有墓地。邯郸城的城区功能区分远较郑城清晰明确，新城是最单纯的独立宫城，城内既无作坊区，也没有一般居住区。旧城北部建有宫殿区，南部则是居民区和手工作坊区。墓地集中分布于城西近郊，城南近郊还分布有多重防御壕沟系统。尽管以差异性为主，但郑城与邯郸也存在相似之处：两城的王陵区均置于城外远郊，韩王陵位于郑城西南约 10 千米的丘岗地带，赵王陵位于邯郸城西北 10 千米处的岗坡地带。这一点可能是三晋城邑文化的一个共性。另外，邯郸城最具特色的城垣防雨建筑设施，不仅不见于郑城，也不见于其他列国。在出土遗物方面，郑城与邯郸城有不少的相似性，流行盆形釜、盆、豆、罐等器类，形制也具有相似或相近的风格。但郑城的韩式釜不见于赵国，而邯郸城的赵式折腹釜

---

① 河北省文物管理处：《赵都邯郸故城调查报告》，《考古学集刊》第 4 辑，第 162—195 页。

② 段宏振：《赵都邯郸城研究》，第 225—230 页。

也不见于郑城。

2. 墓葬文化的区别

墓葬文化的内容主要包括王陵、贵族墓地和一般墓地等。王陵一般建有规模较大的陵园，主墓建筑元素复杂，另还包括附属的陪葬墓、附葬坑等，是墓葬文化中的核心内容。

（1）王陵

韩国王陵位于郑韩故城西南10千米处的许岗陵区[①]。现存东西并列的4座陵墓，占地范围东西长约250、南北宽约120米。墓上建有夯筑封土，周围散布有板瓦筒瓦等建筑材料，可能存在有建筑基址。墓室为带南北墓道的中字形或长条形，正北侧建有四座车马坑，南侧分布有陪葬墓和附葬坑。

固围村大墓的性质可能是魏国王陵，拥有较完整的陵园建筑系统[②]。陵园建有围墙，坐北向南，中心建筑是长方形的巨大陵台，东西长150、南北宽135、存高2米，其上东西并列三座陵墓。墓室之上残存有夯土台建筑基址，建筑元素包括柱础石、卵石散水及大量板瓦、筒瓦、瓦当。墓室均作带南北斜坡墓道的中字形，墓室口大底小，墓壁经过夯筑及涂敷青灰泥和白灰。墓内有多重棺椁，椁外填充细沙。三墓均遭盗掘，仅有残留随葬品，其中M1出有陶礼器鼎豆壶盘匜组合，另有鸟柱盘等。

赵王陵位于邯郸故城西北10千米处的岗坡地带，共有5座陵园[③]。每座陵园均以坐西向东的长方形陵台为核心，东侧正中建有长斜坡陵道。陵台中央建有一墓或南北并列的二墓，夯筑封土呈方形或长方形，附近有寝殿类建筑基址。墓室为带东西墓道的中字形，墓道旁侧建有车马坑等陪葬坑群，陵台外围建有陪葬墓群。2号陵

---

① 河南省文物研究所新郑工作站等：《新郑县辛店许岗东周墓调查简报》，《中原文物》1987年第4期。
② 中国科学院考古研究所：《辉县发掘报告》，第69—109页。
③ 河北省文管处等：《河北邯郸赵王陵》，《考古》1982年第6期；段宏振：《赵都邯郸城研究》，第142—144页。

园的陵台南北存长90、东西存宽63米，陵台中部南北并列二墓，均为带东西墓道的中字形墓室。东墓道之侧分布有5座陪葬坑，其中5号陪葬坑为一车马坑，埋葬有4车、14马。陵台东面陵道两侧分布有陪葬墓群，已探明有陪葬墓23座，其中少数为带一条墓道的甲字型墓。

韩魏二家王陵的陵园布局及结构大体一致，而与赵王陵园区别较大，主要表现在陵台规制方面。韩魏二家王陵的陵台皆坐北朝南向，而赵王陵则为坐西朝东向，并且在陵台东侧建有长斜坡陵道。

（2）普通墓葬

韩魏二国的典型墓地上文已述，赵国的代表性墓地如：邯郸百家村[①]、邢台东董村等[②]、永年何庄、临城中羊泉、榆次猫儿岭、柳林杨家坪等。韩魏二家与赵国的墓葬文化区别主要体现在墓葬形制、随葬器物等方面。

南系韩魏与北系赵国在墓葬形制方面的区别较小，墓葬规模均较大较深，且均以长方形竖穴土坑为主，总体上墓主头向以朝北者居多，但赵国的大中型墓头向以东为主。但在葬式方面有些差异：总体上魏、赵屈肢葬比例较高，韩则以仰身直肢葬为主，但魏墓又存在地域差异，晋南魏墓又以仰身直肢葬居多。

南北二系墓葬文化的差别主要表现在随葬陶器方面。

陶器器类。三家随葬陶器均以鼎豆壶盘匜为标准组合，这是三晋墓葬文化的共性。但在分布及具体构成方面存在区别：韩魏及赵国的冀南、晋中地区，标准组合所占比较较高，且较为完备规范，但在赵国的晋中西部地区（柳林），标准组合比例下降，且组合搭配多不完整，常常缺少一两件器物，或另搭配其他地域性器物。另外，三家还各自拥有一些独特的器类，但分布范围存在悬殊差异。韩国韩式釜只存在于郑城附近的墓葬，魏国的带禁簋、人形三足鉴、案、

---

① 河北省文化局文物工作队：《河北邯郸百家村战国墓》，《考古》1962年第12期。
② 河北省文化局文物工作队：《邢台战国墓发掘报告》，第9—45页。

斗等仅见于固围村墓地。但是，赵国的鸟柱盘、鸭尊、兽形盉等特色器，几乎遍及赵国疆域，并且还辐射影响到韩魏地区。

陶器装饰。三家的陶器装饰均以暗纹和彩绘为主，但在具体施法及质量方面，呈现出南北二系之别。韩墓的暗纹陶器比例少于魏墓，但韩魏二家的暗纹陶器均质量较高，多施于大型器物，制作精致，纹样繁缛。与此区别的是，赵墓所出的暗纹陶器质地大多较差，光滑细致者为数不多，总体显得粗糙简朴。彩绘陶方面，南系韩魏墓葬所出的彩绘陶数量较多，质量上乘，主施黄白红三色，图案以几何形纹饰为主，尤其是魏墓彩绘陶图案最为繁缛。相较之下，赵墓的彩绘陶质量较差一些，色彩单调，以红色为主，部分红白兼施，但在图案方面比较丰富，除几何形纹饰外，另有一些羽毛、鳞状纹等特色纹样。

其他随葬品。三家随葬器物中皆有铜带钩和石圭等，但此二器在赵墓中的数量更多，更为流行，其中石圭是晋文化的固有传统。另外，铜璜的数量以韩墓之中最多。

总体观察三家的墓葬文化，韩魏二家虽略有差异，但主体内涵及特征基本一致。而韩魏二家与赵国之间，则呈现出较大的落差，例如：赵国墓葬中普遍流行以鸟柱盘、鸭尊等为代表的特色器物，晋中以北的赵国墓葬中，标准组合鼎豆壶盘匜多不完备等等。所有这些因素，成为韩魏与赵国墓葬文化南北分野的考古学基础。

(三) 北系赵国文化的考古学特征

战国中期，赵文化的自身特色更加显著，北系赵国文化正式形成，其主要特征有二：晋中及冀南地区大多是在传承原晋国文化基础上的创新，而晋北地区则还兼具北方地区的文化元素。

北系赵国文化的考古学特征主要表现在遗址文化和墓葬文化两个方面。遗址文化的主要内容是城邑遗址，其中以邯郸城遗址为核心（上文已述）。赵国文化的一般城邑及普通遗址发现很多，但大多未经正式的考古发掘①。这些遗址发现的遗迹主要有灰坑、水井和房

---

① 段宏振：《赵都邯郸城研究》，第183页。

址等，出土遗物主要陶器残片，其中以建筑材料瓦类和日用陶器罐、豆、盆、碗、釜等为主。陶器形制及特征具有三晋文化的共性，但赵国文化的陶器还具有鲜明的个性，一些陶器如盆形釜、罐等，其细部特征具有赵国的自身特点，如：盆形釜作深腹、圜底、另有一些赵国独有的器类，如赵式折腹釜等。

最能反映战国中期赵国文化考古学特征的是墓葬文化。墓室规模较大而深，形制多作长方形竖穴，个别设壁龛。葬具一般棺椁俱备。墓主头向分为两类：约 2/3 的中小型墓头向北，约 1/3 的大中型墓头向东。屈肢葬的比例较高，如东董村墓地，屈肢葬约占三分之二，仰身直肢葬约占三分之一。墓葬分布常见男女并穴合葬：两两并列，葬式多为一直一屈。墓葬随葬器物主要为陶器，标准组合鼎豆壶盘匜非常流行，另外还有：浅盘豆、高足小壶、鸟柱盘、兽形盉、鸭尊等特色器物。象生类陶器仿动物形象，器表多饰彩绘，个别鸟柱盘还施以暗纹，但陶质质量多属一般，光滑细致者为数不多。陶器器表多施有暗纹，但较粗糙，图案以几何形为主，常见的有勾云纹和横竖波折线。器表施彩绘者较上期明显增多，以红彩为主，部分红白兼施，纹样图案多见象生纹，如羽毛、鳞状纹。陶器之外，铜带钩的数量极多，几乎每墓必见。

这一时期典型的赵国墓葬有：冀南地区的邯郸百家村 M01、M29、M31，邢台东董村 M9、M13 等；晋中地区的榆次猫儿岭 M134、M86[①]，忻州奇村 M1[②]，晋西的柳林杨家坪 M5、95M6、97M6、M53[③] 等。

百家村墓地属于邯郸城郊的高等级贵族墓地，东董村墓地南距

[①] 猫儿岭考古队：《1984 年榆次猫儿岭战国墓葬发掘简报》，《三晋考古》（一），第 266—287 页。

[②] 李有成等：《山西省忻州奇村战国墓》，《文物季刊》1995 年第 2 期。

[③] 山西省考古研究所等：《柳林杨家坪华晋焦煤公司宿舍区墓葬发掘报告》，《三晋考古》（三），第 297—312 页；吕梁地区文物局等：《1997 年柳林杨家坪战国墓葬清理简报》，《山西省考古学会论文集》（三），第 42—50 页；山西省考古研究所等：《柳林县看守所墓葬发掘报告》，《三晋考古》（三），第 313—327 页。

第十章 三晋历史进程中的赵国考古学文化 / 269

邯郸仅 50 千米,因而这两处墓地是赵国墓葬文化的典型代表。

百家村墓地的标准组合陶器墓约占 85%,其余的墓为基础组合:鼎豆壶。鸟柱盘比较常见,另有少量的鸭尊、兽形盉和石圭。90%的墓出有铜带钩和石饰片。典型墓例如 M01:出有标准组合陶器,另有鸟柱盘、兽形盉等。

东董村墓地的标准组合陶器墓约占 85%,鸟柱盘比较流行,鸭尊和兽形盉较为常见。陶器之外,铜带钩最普遍,另有少量石圭和铜璜。典型墓例如 M9:出有标准组合陶器,另有鸟柱盘、鸭尊、兽形盉、碗等。(图 10-4)

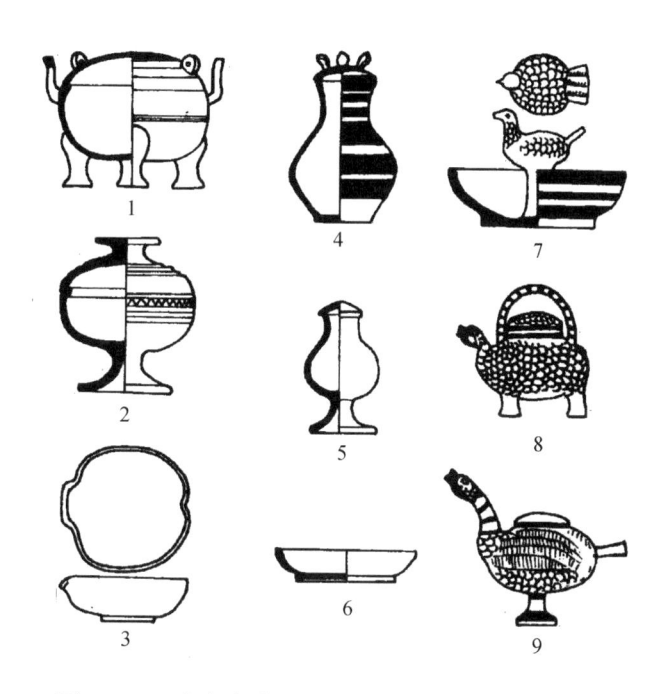

图 10-4 邢台东董村 M9、M13、M68 出土陶器

1. 鼎(M13:1) 2. 盖豆(M9) 3. 匜(M68:7) 4. 壶(M9:24) 5. 高足小壶(M13:3) 6. 盘(M68:5) 7. 鸟柱盘(M13:9) 8. 兽形盉(M9:40) 9. 鸭尊(M9:41)

猫儿岭墓地西北距晋阳城约 70 千米,基本属于赵国源起之地,因此也是赵国墓葬文化的重要地域。奇村墓地位于晋阳以北 110 余千米，属于赵国文化北拓进程中的据点。杨家坪墓地位于晋阳城以西210余千米，应属于赵国的西疆地带。

猫儿岭和奇村两处墓地的墓葬文化与邯郸附近的基本相同，属于较典型的赵国文化。猫儿岭墓地的葬式以仰身直肢葬为主，标准组合陶器墓约占70%，其余的墓为基础组合，即鼎豆壶。鸟柱盘和兽形盉较为常见，约占10%左右。另外还有一些本地特色的常见器物，如：素面罐、甗等。陶器之外，带钩非常流行，约占80%。另外个别墓出有石圭和铜璜。猫儿岭墓地典型墓例如M134：标准组合陶器之外另有甗、高足小壶、鸟柱盘、兽形盉等。

奇村墓地因位置靠北一些而稍微远离晋阳，因此开始出现少量本地域的因素。典型墓例如M1：出有标准组合陶器，另有鸟柱盘、兽形盉、甗、灶、鉴等，其中的甗灶等无疑属于地域特色。

杨家坪墓地大致属于赵国的西疆文化。葬式以仰身屈肢葬为主，标准组合陶器墓比例较晋阳附近有所下降，约占50%左右，余下近一半的墓则组合多不完备，并常用罐或束腰瓶来代替壶。陶器之外，石圭很少见，有一定数量的铜带钩。典型墓例如M5：出有标准组合陶器，另有钵。95M6：标准组合陶器之外，另有钵和石圭。97M6：出有鼎、豆、束颈瓶、匜、石圭和带钩。M53：出有鼎、豆、带盖弧腹大平底罐。标准组合陶器比例的降低和替代器物的出现，反映了这一地域赵国文化的纯度有所下降，而独具特色的本地域文化因素占有一定的比重。

（四）中山国文化中所见的三晋文化元素

战国中期，中山复国。由于中山原为魏国所控制，又因疆域地处赵国腹心，因此中山国文化含有魏赵二家的许多文化元素，另外还有一些韩国文化因素。这一点在城邑遗址文化与墓葬文化中，均有突出的表现。

中山国都灵寿城[①]与韩国郑城存在许多相似之处，两城均为因地

---

① 河北省文物研究所：《战国中山国灵寿城》，第10—17页。

制宜建城的典型。灵寿城坐落在滹沱河北岸的高台地上，东西两翼各有一条由北向南的河道，成为城邑东西两侧的天然护城壕沟，城垣因此依随河流的天然地势而弯曲弧折，少见长距离的直线形城垣，更不见直角形拐角。这一点与郑韩郑城的城垣建筑非常相似。灵寿城的总格局也与郑城一样，分东城和西城两部分，中间有一道南北向隔墙。东城主要为宫殿区和手工作坊区，西城由一道东西隔墙分作南北两部分：北城区是王陵区之一，南城区主要是一般居住区。西城西侧近郊分布着另一处王陵区及普通墓地，城外东北郊也分布有大片墓地。灵寿城与郑城的城区功能布局大致相似，但最大的差异是灵寿城的西城北部为专门的王陵区，而郑城的王陵区设在远郊。

中山王陵园与魏国王陵园有着大体相似的规制。已发掘的中山王陵的1号、6号墓[1]，墓上均有夯筑封土，墓室均为带南北墓道的中字形。1号墓出土的兆域图铜版，为一幅陵园平面规划图，是中山王陵园建筑结构的极好说明。根据复原研究，长方形陵台之上一线并列建有5座陵墓，各墓均有墓上建筑[2]。这种建筑布局及结构与固围村魏王陵园有许多相似之处，中山王陵园或许接受了魏国的影响。另外，中山墓葬的头向以北或东北为主。

墓葬随葬器物方面，中山国文化与三晋的联系更加直观。三晋所流行的标准组合陶器鼎豆壶盘匜，也同样流行于中山，并且常见鸟柱盘、鸭尊等赵国特色器。出有标准组合陶器的典型墓例如：灵寿城M3，另有鸟柱盘、鸭尊等。访驾庄M4，另有石圭。中七汲M8，另有鸟柱盘、鸭尊等[3]。存在较多的黑亮暗纹陶是中山墓葬文化的另一突出特征，如王陵M6，出土的陶器多为黑亮暗纹陶，器形

---

[1] 河北省文物研究所：《䂮墓——战国中山国国王之墓》，第11—100页；河北省文物研究所：《战国中山国灵寿城》，第122—199页。
[2] 傅熹年：《战国中山王䂮墓出土的兆域图及其陵园规制的研究》，《考古学报》1980年第1期；杨鸿勋：《战国中山王陵及兆域图研究》，《考古学报》1980年第1期。
[3] 河北省文物考古研究院：《朔黄铁路平山段古中山国墓葬发掘报告》，科学出版社2020年版，第16—20、51—57页。

有鸟盖壶、鸟柱盘、鸭尊等。

标准组合陶器鼎豆壶盘匜是三晋墓葬文化的典型模式，黑亮暗纹陶应承自于魏国，鸟柱盘、鸭尊等特色器形无疑来自于赵国。最典型的例证是中山王厝墓，不但出土有陶制鸟柱盘，还有青铜制的鸟柱盘；而大量的黑亮暗纹陶器，制作考究，与辉县固围村出土的陶器极为类似①。单从墓葬陶器组合及内容构成方面看，中山国墓葬文化与赵国墓葬文化最为接近。

总的来看，中山国文化所含魏国与赵国的因素大体相当，所含韩国文化的因素较少。魏国曾占据中山，因而是中山国文化形成的一个重要传承渊源。赵国疆域环绕中山，则是中山国文化内涵构成的一个重要影响源。中山国文化内涵复杂而分明的结构，恰恰说明了魏国文化与赵国文化存在着较大差异，因此是南系韩魏文化与北系赵国文化分野的又一考古学依据。

四 战国中期小结

战国中期，三晋集中向中原核心拓展汇聚，大致同步迁都于中原腹地，呈中原逐鹿之势，原有晋国的疆域窠臼被大幅度突破，三晋疆域的新格局基本奠定，其中韩魏二都相邻于河南之地，而赵都偏居于河内北缘，韩魏与赵在地理疆域上呈现出南北分野之局面。另外，三晋联盟瓦解，韩魏之间基本平和且联系密切，但赵魏因河内相争而失和，魏围邯郸之后，魏赵的发展态势呈南北相背而行。因此，无论是地理疆域，还是国政发展方向，三晋均呈南北分流之趋势：南系为中原腹地及太行山南端两翼的韩魏，北系为太行山中北段两翼的赵。另外，本期后段，魏国由盛转衰，失去河西之地予秦。

三晋的南北分野直接造成了考古学文化的分化，原本即表层整合的后晋国文化明显分解为南北二系，并在考古学内涵方面显示出

---

① 河北省文物研究所：《厝墓——战国中山国国王之墓》，第157页。

确切的演进轨迹和南北之别。遗址文化方面，韩都郑城与赵都邯郸的城邑布局存在着明显的差异，郑城直接沿袭郑国之制，而邯郸则继续保持晋国新田城的基本元素。墓葬文化的区别更为突出和明显，韩魏二家王陵布局结构大体一致，而与赵王陵区别悬殊；在普通墓葬的随葬陶器方面，三晋虽继续沿用鼎豆壶盘匜标准组合，但韩魏二家另含有韩式釜等中原腹地因素，而赵国则流行鸟柱盘、鸭尊及兽形盉等颇具本国特色器形，而赵国北疆地区则有更多的本地特色，如标准组合简配而另有甗灶等特殊器形。

总体观察，三晋文化的表层整合性较战国早期又进一步弱化，而文化结构呈现出明显的南北分流局面：南系韩魏文化大体一致，具有一些明显的中原核心文化传统色彩，而与原晋国文化传统渐行渐远；北系赵国文化继续保持较浓厚的晋国文化传统元素，同时兼具不少的北方文化因素。

第四节　战国晚期：作为晋文化分流主脉的北系赵文化

战国晚期，前307—221年，以武灵王胡服改革为起点，也是赵国上升的节点。这一阶段的赵国处于武灵王后期和惠文王时期（前325—299年赵武灵王在位，共计27年；前298—266年赵惠文王在位，共计33年），因此这一时期可称之为武灵王——惠文王时代。但若总观战国列国，前306—251年为秦昭王在位时期，共计56年，故又可称之为秦昭王时代。武灵王将赵国推向顶峰，惠文王见证由盛转衰。秦昭王一代将秦带入鼎盛时期，为秦统一奠定大局。

一　三晋发展态势
（一）疆域变迁

战国晚期，三晋版图变化大致以长平之战为节点，可分早晚两个阶段：早段，赵国大幅度向北方扩张，疆域拓展达到顶峰，而韩魏疆域则在秦蚕食之下大面积收缩；晚段，三晋被秦逐步攻占直至灭亡。

战国晚期早段，赵国灭中山，破林胡、楼烦，拓展北疆，辟地千里。筑长城自代并阴山下，至高阙为塞。置云中、雁门、代郡，完全占据阴山南麓。作为赵国北疆线的赵北长城大部为秦西汉所沿用，建筑年代约在前306—300年左右。此时，三晋之中赵的疆域面积最大，北抵阴山，东西邻大河，南接河东及上党地区，大致涵盖黄土高原东北部，以及太行山以东滹沱河至漳河之间的平原。

与赵国增扩的辽阔疆域相反，韩魏疆域在强秦的蚕食下大幅度缩减。前293年伊阙战前，韩国尚具有上党及河东东北部、南阳及郑城周围的汝颍地区，魏国则有河东、河内及大梁周围的河济地区。伊阙战后，魏失河东及安邑，韩失武遂一带，赵失离石。前273年华阳战后，魏失去河内大片国土，韩失去上党大部，沟通南北的南阳太行之道也被断绝。此时，韩魏国土大幅度缩减，只有赵尚存较大面积的版图。

前260年，长平之战结束，赵国由此始衰，三晋自此开始全面陷落。韩国首先失去郑城以西地区，继而是上党全部，最后退守郑城附近，至前230年亡国，乃三晋之中首先被秦所灭之国。赵国首先失去晋阳，接着为阴山南麓三郡，最终与秦决战于邯郸，至前228年邯郸被拔，赵公子嘉自立为代王，赵国实亡。魏国首先完全失去河内之地，继而为河东岸，最后收缩在大梁附近地区，至前225年灭于秦。赵国北退千里暂守于代。

韩魏赵三晋皆兴起于河东。韩魏盛于中原腹地的河洛颍济水之域，终亡于颍济间。赵盛于东西两河间之北域，北抵阴山，中跨太行，南越漳水，终灭于燕山南麓之代。

（二）从赵拓北疆到中原失守

战国晚期早段，赵国的北疆拓展是此一阶段的重大事件。前307年，赵国开始胡服骑射改革，欲向北拓展，目标所至为林胡、楼烦。前306年，赵西略胡地，至榆中（榆林北，河西），林胡王献马，辟地千里。破原阳（呼市东南），以为骑邑。前302年，邯郸令九原一带的驻军及官吏皆胡服。胡服骑射之策立竿见影，赵国疆域西跨河至陕北榆中之林胡，北至晋北之楼烦。与此同时，又大幅度屡屡攻击中山。前300年，攘地北至燕代，西至云中（呼市西南、托克托东北）、九原（包头西）。赵国胡服变革七年收获巨大，北疆辟地千里，筑长城自代并阴山下，置云中、雁门、代郡。前296年，赵灭中山，北地方从，代道大通。与此相应的是秦北长城的修建。秦昭王时，秦有陇西、北地、上郡，筑长城以拒胡。秦陇西与上地主要是面对西部的诸戎诸胡，上郡之北为赵之云中郡，此乃北赵南秦之格局，赵国在更远的北方抗击诸胡。

赵国疆域增扩的同时，韩魏则面临强秦不断的蚕食，加之二国又处于合纵连横之枢纽位置，但并未多有得益，伊阙战后沦为秦之东藩，失去河东大面积国土。前307年，秦拔宜阳，韩国西大门失守。前298年，齐与韩魏合纵共攻秦，至函谷关。前296年，齐韩魏赵宋五国共攻秦至盐氏而还。前293年，秦攻韩魏于伊阙，斩首24万，拔五城。伊阙乃中原核心之西门，此战之后韩魏朝秦为东藩。前290年，韩国予秦河北岸武遂地二百里，魏国予秦河东地方四百里。前289年，秦攻入魏之南阳及河内一带，取城大小六十余。前288年，秦为西帝，齐为东帝，虽很快放弃，但东齐西秦为二强已然明了。前286年，秦攻河内，魏失安邑，自此魏旧都及河东大部大约已归秦。

秦齐强势，合纵连横之策方兴。合纵抗秦或齐，连横联秦或齐。但随着秦愈来愈强，合纵连横逐渐演变成为：合纵即六国合力抗秦，连横即与秦盟而苟安也。因此方有《史记·李斯列传》之言："散六国之从，使之西面事秦。"

合纵伐齐加剧东方诸国的衰落。前286年，齐灭宋，魏之东境亦受到威胁。前285年，乐毅主持五国秦、燕与三晋合纵伐齐，以秦赵燕为主力，秦意在弱齐而侵韩魏。前284年，齐王败走，燕独深入，取临淄，烧其宫室宗庙，齐城之不下者，唯独莒、即墨。五国伐齐于东方诸国乃愚蠢之举，果然次年前283年，秦军拔魏安城

（原阳西），兵临大梁城下。秦又北击赵，前282年，秦攻兹氏（汾阳南）。前281年，秦拔石城（离石）。至此，秦已逼近赵之晋阳。

华阳战后，三晋面临各个击破。韩国为秦首攻目标，太行之道被秦断绝。前275年，秦攻魏，拔二城，军大梁下，韩来救，予秦温以和。前273年，秦大破魏于华阳（郑州南），斩首十万，取魏之卷（原阳）等数座城邑。此时唯有赵尚能拒秦，前269年，赵大破秦军阏与（和顺）。此后，秦开始重点进攻韩魏之南阳、河内之地。前268—266年，秦持续进攻魏之河内，拔怀（武陟）、取邢丘（温县，应是韩地），将断韩之太行之道。此时上党一带大部属韩，偏东部属赵。前265年，秦进攻韩之南阳太行之道，拔少曲、高平（济源）。前264年，秦攻韩之河东地区，拔汾、陉（新田附近，今曲沃）。前263年，秦攻韩南阳，绝太行之道，韩上党与河南之间的通路已绝。前262年，韩上党郡降赵，为长平大战埋下线索。

以长平大战为节点，三晋开始全面崩塌式的衰落。前261年，秦赵战于长平。前260年，秦使武安君白起破赵于长平，四十余万赵卒尽杀之。前259年，秦占据韩上党大部，东进攻邯郸。前258年，秦围邯郸。前257年，楚魏救赵（信陵君窃符救赵），解邯郸之围。

邯郸战后，秦首先攻韩及赵北。前256年，秦攻韩，取阳城（登封东）、负黍（登封西）。前251—247年，燕赵易土，赵占据燕下都武阳，是为赵最后的辉煌[①]。前249年，秦取韩成皋、荥阳，逼近郑城。前248年，秦取赵之榆次、新城（朔州南）、狼孟（太原北），得三十七城。前247年，秦占韩上党全境，初置太原郡（应含上党和晋阳附近，此时尚未取得晋阳城）。前246年，秦拔晋阳，秦始皇元年，一个新时代开始，当此时，韩之上党、赵之晋阳，悉数归秦。

前242年，秦取魏酸枣（延津西，河东岸）、山阳（焦作）二十城，初置东郡。秦占据河内及河东岸，大梁以北地域属秦，为秦之东郡。前241年，三晋楚共击秦，但效果甚微。秦拔卫，彻底完

---

① 段宏振：《燕下都东城隔墙辨析及城市格局的新认识》，《考古》2023年第5期。

成东郡建置。前238年，秦拔魏之垣、蒲阳、衍（大梁东北），《战国策·秦策四》评论说：断齐赵之要（腰），绝楚魏之脊。前236年，秦开始大举攻赵，拔阏与（和顺）、邺九城，邯郸南大门失守。前234年，秦攻赵平阳（磁县东南），斩首十万。在北方，秦立云中郡，云中一带已归秦。

在三晋的最后时刻，只有赵国在李牧的领军之下，尚能勉强抵抗。前233年，秦攻滹沱河一带赵地，李牧率赵师与秦战于肥（晋州）。前232年，秦分二军，一军至邺，一军至太原，取狼孟（阳曲）。李牧与秦战于漳水北，暂胜秦军。前230年，秦灭韩，设颍川郡，韩成为三晋首灭之国。前229年，秦围邯郸，李牧遭诛。前228年，秦拔邯郸，赵实亡，赵公子嘉自立为代王。前225年，秦拔大梁，魏亡。至此，三晋皆亡。前222年，秦虏燕王喜、代王嘉。赵兴始于代，终灭于代。前221年，齐亡，秦并天下。

二　历史背景综合

战国晚期三晋发展态势，以赵国的强盛为标志性事件，由此形成了独具特色的赵国文化，此时南系韩魏文化日渐衰落，北系赵国文化因此成为三晋文化的代表，并且也是晋国文化传统延续的主脉。这一阶段三晋历史进程的主要特征有以下三点。

其一，晚期早段，前307—266年，为赵国鼎盛时期，突出表现即疆域北拓千里，灭中山，直至阴山南麓，赵国因此成为纵跨中原与北方的大国。赵国对北疆地区高度重视，赵武灵王曾数次亲赴胡地，至榆中会林胡王、楼烦王，经略新地，收编胡兵。尤其是在前299年，赵武灵王亲自由北疆南下入秦探路，以谋划从云中、九原直南袭秦。前296年，赵完灭中山，北地方从，代道大通。但遗憾的是，次年赵武灵王即死于沙丘之变。赵武灵王的北疆拓展政策，是赵国文化向北方大规模迅速而广泛传播的重要基础，由此北系赵国文化的分布范围大幅度扩大。与此相反，韩魏由于秦国蚕食，疆域日渐缩小，南系韩魏文化的分布范围也随之逐渐收缩。

其二，胡服骑射及北疆经营之策，直接影响和变革赵国全域的文化内涵及结构，赵国文化由此纳入许多新的文化元素而趋向丰富而复杂。赵国自前307年开始的胡服骑射变革，袭远方之服，变古之教，易古之道。此策不仅为了攘胡拓疆，同时，革中国之遗俗，变儒教之传统，也是对赵国文化的一种深层转型。前302年，九原大夫将军适子成吏等皆胡服。自孝成王时驻守代与雁门北边的良将李牧，将军市之租用于飨军士，便宜置吏，常习骑射，北逐单于，匈奴不敢近赵边城。此时的赵国，西抑强秦，南支韩魏。这一阶段，北系赵国文化内涵丰富，结构复杂，正处盛时；而南系韩魏二家因强秦蚕食日渐衰弱，南系文化也失去地域及国力支撑，凝聚力及活力远不及前期，文化特性逐渐瓦解。

其三，战国晚期早段，秦东侵日剧，魏失河东，韩失河南西部，韩魏较赵提早势衰。因共同面对西秦压迫，三晋关系趋于平和，尤其是魏赵之间暂时和平。《战国策·赵策一》："三晋和而秦弱，三晋离而秦强。"《战国策·齐策一》："今三晋已合矣，复为兄弟。三晋合，秦必不敢攻梁，必南攻楚。"至战国晚期晚段，三晋普遍转衰，唯有赵尚存一定实力。前251—247年，燕赵之战，燕赵易土，燕下都武阳予赵。这是三晋最后阶段赵国尚存实力的一个证明，但于大局无补。三晋关系平和与赵国实力略强，因此赵国文化凸显，并成为此时三晋文化的代表。

三 北系赵国文化兴盛与南系韩魏文化衰弱

战国晚期早段，三晋联合文化的南北分野更加明朗和凸显。北系赵国文化因赵国大规模拓展北疆而大幅度北扩，文化内涵亦随之丰富多彩，由此成为赵文化的盛期。南系韩魏文化因领土受到秦国日益蚕食而逐渐收缩和衰落，文化内涵渐趋简单。战国晚期晚段，三晋因西秦的侵占挤压而普遍衰落，文化内涵日益单调粗糙。另外，三晋联合文化的基本共性仍旧不同程度地有所保存，其主要考古学特征延续表现为存在着大致近似的随葬陶器标准组合，但出现较多的简配现象且制作趋向粗糙。

（一）北系赵国文化的考古学特征

战国晚期，赵国文化的考古学内容包括长城文化、遗址文化与墓葬文化三大类。依据分布地域及文化特征，大致可分为三个区域：邯郸城附近的冀中南地区，包括被赵所灭的中山故地；晋阳城附近的晋中地区，包括晋阳以西的晋西地区；阴山南麓的北疆地区，包括晋北及冀西北的代地。

1. 邯郸附近地区

战国晚期前段，赵都邯郸城达到发展的顶峰。邯郸城建筑最具特色的是城垣内侧的防雨建筑设施，墙垣内侧修建成台阶状，阶面铺设板瓦及筒瓦，由此形成多级散水形式。另外每隔一段距离再修建一道由墙顶至地面的长斜坡排水槽道，使用陶制排水槽连接铺设。这一套独特的防雨排水系统及其所使用的专门建筑用材，韩魏及其它列国均未发现。陶制排水槽因此成为邯郸城的标志性陶器。

墓葬规模多较上期变小，但仍然非常深，不少超过 6 米。有一部分设壁龛。葬具简单，以单棺为主，一棺一椁者为数很少。墓主头向分两种：大中型墓以朝东为主，而大量的中小型墓以朝北为主。仰身直肢葬较上期稍有增加。随葬陶器出现明显的衰落迹象，器类减少，制作不规整，器表粗糙，暗纹和彩绘呈衰竭之势，壶、高足小壶、匜、鸟柱盘和兽形盉明显趋于没落。

这一时期的代表性墓地有邢台东董村、永年何庄[①]、内邱小驿头[②]与张夺[③]、临城中羊泉[④]等。战国晚期早段，墓葬文化特征基本延续上期，标准组合陶器鼎豆壶盘匜比较完备，少量墓另加鸟柱

[①] 邯郸地区文物保管所：《河北省永年县何庄遗址发掘报告》，《华夏考古》1992 年第 4 期。
[②] 河北省文物研究所：《内邱小驿头遗址发掘报告》，《河北省考古文集》，第 154—178 页。
[③] 河北省文物局：《内丘张夺发掘报告》，第 57—60 页。
[④] 刘龙启等：《河北临城柏畅城发现战国兵器》，《文物》1988 年第 3 期。

盘、兽形盉等。战国晚期晚段，标准组合陶器大幅减少直至基本消失，多简配为两三件，且常用其它器类替代，陶器的质量也明显下降。陶器之外的铜带钩始终保持较多的数量。典型墓例如东董村M49：标准组合陶器之外，另有鸟柱盘。东董村M21，出有鼎、壶、碗。张夺M65，出土标准组合陶器，器表饰有红白黄三色彩绘花纹，另有鸭形尊。小驿头M6，出有鼎、豆、壶、碗、匜。（图10-5）

图10-5 内邱张夺M65陶器组合

1. 鼎（M65：6）2. 壶（M65：3）3. 壶（M65：9）4. 盘（M65：7）5. 浅盘豆（M65：5）6. 壶（M65：10）7. 鸭尊（M65：2）8. 匜（M65：8）9. 鼎（M65：4）（图引自《内邱张夺发掘报告》第60页）

战国中期的中山国墓葬文化,即具有浓厚的赵国文化元素。战国晚期中山入赵,墓葬文化更加趋同于赵国。代表性墓地有平山黄泥村①、正定吴兴②、元氏南白楼③等。随葬陶器的标准组合比较完备而普遍,在此之外少量的墓另加鸭尊、鸟柱盘等,但个别墓陶器组合不完整。器表暗纹与彩绘等装饰继续存在。另外铜带钩比较流行。典型墓例如吴兴M114:标准组合陶器之外,有高足小壶。南白楼M25:出有标准组合,另有碗、高足小壶、鸭尊、鸟柱盘等。另外,南白楼M13虽未见墓圹用石,但于墓底铺有数十块石块,似为中山墓葬文化积石习俗的残留。

2. 晋阳附近地区

墓葬综合情况基本与邯郸一带一样,墓葬随葬陶器的标准组合鼎豆壶盘匜继续沿用,少量墓葬还另加有鸟柱盘等。至战国晚期晚段,标准组合基本消失,陶器种类趋于杂化,纳入一些生活杂器。战国晚期早段墓例,如榆次猫儿岭M140:出有标准组合陶器,另有甑、釜灶、鸟柱扭盖簋,器表施有红白二色彩绘,图案为几何形纹样④。另如M208,标准组合陶器之外,另有鸟柱盘、素面罐。战国晚期晚段墓例,如猫儿岭M150:出有盆、罐、盒等。

3. 北疆地区

战国晚期伊始,赵国开拓北疆,辟地千里至阴山下。由此赵国文化大规模集中北进至阴山——燕山一线。内蒙古的丰镇、卓资、凉城、和林格尔、清水河、托克托及包头等多个地点,发现有丰富的普通聚邑、墓葬、城邑以及长城遗迹,文化内涵与赵国核心地区基本相同,显示出政治事件对考古学文化的强烈影响。

---

① 夏素颖:《河北平山县黄泥村战国墓》,《文物春秋》2002年第4期。
② 辽宁省文物考古研究所:《河北正定县吴兴墓地战国墓葬发掘简报》,《考古》2012年第6期。
③ 武汉大学考古学系等:《河北元氏县南白楼战国秦汉墓地的发掘》,《考古》2018年第2期。
④ 榆次市文物管理所:《榆次市东外环战国墓发掘简报》,《山西省考古学会论文集》(三),第51—60页。

赵北长城不仅是赵国文化大幅北拓的北界，同时也是赵文化鼎盛时期的象征。多年的考古勘察表明，赵北长城遗迹东起兴和县脑包窑村东的冀蒙交界处，西至乌拉特前旗的乌拉山镇，秦汉时期对赵北长城进行了不同程度的沿用和改造①。长城文化不仅包括长城本体及附属建筑，还包含沿线的城堡、烽台等遗迹。赵长城沿线及以南数公里范围内，散布着众多的烽台遗迹，以及带有夯土围墙城障遗址。在河套平原地带，发现许多城邑故城遗址，时代从战国延至汉代，障城遗址内散布着板瓦、筒瓦和盆、碗、罐等中原风格的陶器残片②。经过发掘的城堡遗址如卓资县城卜子遗址，东西两侧连接长城遗迹，城址平面方形，边长180米，城垣夯土筑成，出土陶器有盆碗釜及板瓦筒瓦和瓦当等，另有"兹氏"布币等③。

遗址文化包括城邑及一般聚落遗址，代表性遗址有：托克托古城④、黑水泉⑤，和林格尔土城子⑥、东沟子⑦，清水河城嘴子⑧等。云中故城址及附近地区的考古发现，反映了当时的城邑及普通聚落情况。托克托古城遗址可能即赵国云中故城址，发现战国晚期的瓦

---

① 内蒙古自治区文物考古研究所：《内蒙古自治区长城资源调查报告·战国赵北长城卷》，文物出版社2018年版，第3页。
② 包头市文管处等：《包头境内的战国秦汉长城与古城》，《内蒙古文物考古》2000年第1期。
③ 内蒙古自治区文物考古研究所等：《卓资县城卜子古城遗址调查发掘简报》，《内蒙古文物考古文集》（三），第129—143页。
④ 内蒙古自治区文物考古研究所等：《托克托县古城村古城遗址发掘报告》，《内蒙古文物考古文集》（三），第218—261页。
⑤ 内蒙古自治区文物考古研究所等：《托克托县黑水泉遗址发掘报告》，《内蒙古文物考古文集》（三），第153—217页。
⑥ 内蒙古自治区文物工作队：《和林格尔县土城子试掘纪要》，《文物》1961年9期；内蒙古文物考古研究所：《内蒙古和林格尔县土城子古城发掘报告》，《考古学集刊》第6辑，第175—203页；内蒙古文物考古研究所：《和林格尔县土城子古城考古发掘主要收获》，《内蒙古文物考古》2006年第1期。
⑦ 内蒙古师范大学历史文化学院等：《和林格尔县胜利营东沟子遗址发掘简报》，《草原文物》2013年第1期。
⑧ 内蒙古自治区文物考古研究所：《清水河县城嘴子遗址发掘报告》，《内蒙古文物考古文集》（三），第81—128页。

当、陶釜和铜镞等遗物。云中城周边的聚落遗址也有不少的发现，应属于云中郡范畴。托克托县黑水泉遗址，出土战国晚期陶器釜豆碗等。和林格尔土城子属于战国晚期城邑遗址，出土釜盆豆碗等陶器，城址周围发掘东周墓葬千余座，出土大量铜铁陶器随葬品，年代以战国晚期为主。另外还有和林格尔东沟子遗址，出土遗物有陶片和铜带钩、铁锛等，陶器器形主要是泥质灰陶罐盆碗豆等。清水河城嘴子城址发现战国晚期的房址、陶窑和墓葬，出土陶器有釜盆豆罐碗等。这些战国晚期的文化遗存，陶器形制及特征大多与赵国文化相似，但也存在一些地域特色鲜明的器形，如：尖圜底罐形釜、平行抹断绳纹平底盆等。事实上这两种器物的祖型仍来自于中原，只不过是经过了改造而有所变异。

战国晚期赵北疆地区发现了数量较多的墓地，墓葬文化内涵丰富，代表性墓地有：包头召潭[①]、和林格尔大堡山[②]及土城子[③]、凉城饮牛沟[④]、丰镇十一窑子[⑤]等。

墓葬出土的陶器组合较为简单，标准组合陶器鼎豆壶盘匜罕见，也基本不见其减配的组合，多为单件或两件陶器，器类常见有罐、豆、碗等，其中罐的形制颇具北方本地特征。陶器之外的铜或铁带钩非常流行。此类墓葬以召潭、大堡山墓地为代表，属于赵国墓葬文化的北疆地域类型。

包头召潭墓地，发现长方形竖穴土坑无葬具墓。如 M2 头向北，出有铜带钩、高领鼓腹陶罐；M3 头向北，随葬铜镞与马头骨；发掘者推测墓主为赵国移民。无论墓主是赵人还是当地原住民，葬俗及

[①] 包头市文物管理处：《包头市二零八墓地》，《内蒙古文物考古》1997 年第 2 期。
[②] 内蒙古师范大学历史文化学院等：《和林格尔县大堡山墓地发掘报告》，《草原文物》2013 年第 2 期。
[③] 南开大学历史学院考古学与博物馆学系等：《内蒙古和林格尔县土城子古城两座东周墓葬的发掘》，《考古》2018 年第 5 期。
[④] 内蒙古文物考古研究所等：《饮牛沟墓地 1997 年发掘报告》，《岱海考古》（二），第 278—327 页。
[⑤] 乌兰察布盟博物馆：《内蒙古丰镇市十一窑子战国墓》，《考古》2003 年第 1 期。

随葬器物特点，无疑是赵国文化与当地文化融合的结果。

和林格尔大堡山墓地，墓葬形制均为竖穴土坑墓，墓主头向以朝北为主，东向次之。大多数墓内随葬品只有铜或铁带钩，且多折断钩首。少数墓内随葬陶器，器形有罐豆壶碗等，另有铜璜、铃、镜、镞、印等。这批墓葬的墓主应是北上的赵国居民，随葬器物简单，未见陶礼器，反映了北疆地区赵国文化的简朴风貌。如M16出有浅盘豆、素面鼓腹罐、铜带钩。M12出有抹断绳纹罐、碗、铜带钩。（图10-6）

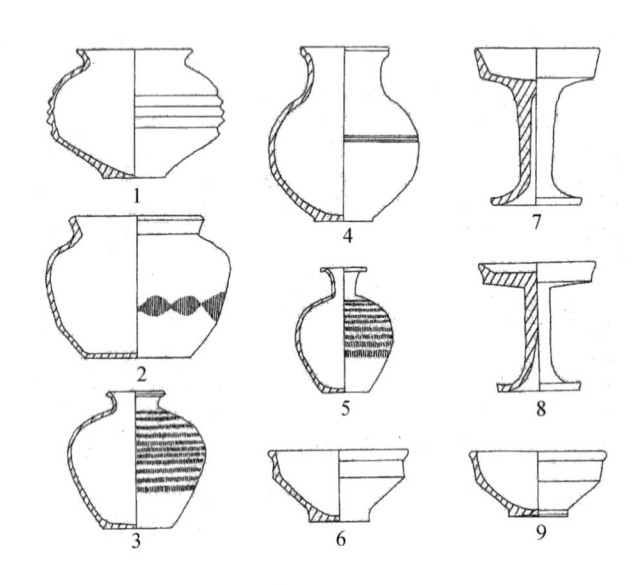

图10-6 和林格尔大堡山墓葬出土陶器

1. 罐（M16:1）2. 罐（M16:2）3. 绳纹罐（M12:1）4. 壶（M29:1）5. 绳纹罐（M18:1）6. 碗（M12:2）7. 豆（M16:3）8. 豆（M16:4）9. 碗（M18:2）

最具赵国墓葬文化典型意义的北疆墓葬，是和林格尔土城子两座陶器墓：M1394、M1388。形制均作东西向的长方形竖穴土坑墓，墓主头向东。其中M1394还带有围沟。两墓出土随葬陶器的形制及特征与晋阳、邯郸等的基本相同，均出有标准组合陶器鼎豆壶盘匜。M1388另有鸟柱盘，陶器施有红白二色的彩绘，图案为直线、圆点、

网纹等几何形纹饰。两墓应属于较高等级的赵国墓葬,标志着典型的赵国文化已完全进驻阴山南麓。(图 10 – 7)

图 10 – 7　和林格尔土城子 M1388 随葬陶器

1. 鼎 M1388∶3　2. 壶 M1388∶6　3. 盘 M1388∶15　4. 盘豆 M1388∶7　5. 盖豆 M1388∶2　6. 鸟柱盘 M1388∶14　7. 筒形器 M1388∶13　8. 匜 M1388∶11

北疆地区在赵国居民及文化到来之前,基本属于北方原住民文化,或可称之为北地文化,大致属于比较单纯的畜牧业民族,或局地某部族含有少量农业。北地文化的墓葬多为东西向墓,一般不用木质棺木,流行殉葬牲畜头骨肢骨等葬俗,而赵国文化墓葬一般使用棺木而不用殉牲。已发现的北地文化典型墓地多分布于岱海附近,如：凉城毛庆沟①、崞县窑子②、水泉③及和林格尔新店子等④。在饮牛沟、水泉等墓地发现两类文化墓葬并存的现象，反映了赵国文化与北地文化的共存与融合。以饮牛沟墓地为例：墓葬形制均为长方形竖穴土坑墓，墓主头向亦分北向、东向两种。北向墓多有木棺，少量墓主侧边随葬羊猪肩胛或肋骨或腿骨。东向墓少量有木棺，墓主身边亦随葬有少量羊猪的肩胛、肋骨等，但未见殉牲头骨。两类墓葬大致同时失去了一些各自的原本属性：东西向墓不再殉牲头骨，两类墓均殉葬少量羊猪肩胛骨或腿骨等。另外，两类墓葬随葬品差别也不大，有铜或铁带钩、铁斧、玉饰件及单耳陶罐等。典型墓例如：97M15，东向，出有铜带钩。另如：97M12，北向，出有单耳罐、双耳罐、铁带钩。类似的例证还见于丰镇十一窑子墓地，北向与东向墓数量相当，但在葬俗和随葬器物上并无明显区别，主要有陶壶、罐、碗及铜镞和带钩等。

（二）南系韩魏文化的考古学特征

南系韩魏文化反映在考古学方面的一个突出特征是：衰落的速度及幅度明显大于赵国文化。另外，韩魏被秦占据的地区，秦文化因素很快介入，文化面貌迅即改观。

1. 魏国墓葬文化

战国晚期的魏国墓葬主要发现于豫北地区。代表性墓地有：辉县琉璃阁、新乡李大召、丁固城⑤、安阳黄张等。墓葬规模普遍变小，个别墓有壁龛。绝大多数墓主头向北，葬式仍以屈肢为主，直肢葬仍较少见。随葬陶器特征延续上期，标准组合鼎豆壶盘匜继续

---

① 内蒙古文物工作队：《毛庆沟墓地》，《鄂尔多斯式青铜器》，第227—315页。
② 内蒙古文物考古研究所：《凉城崞县窑子墓地》，《考古学报》1989年第1期。
③ 内蒙古自治区文物考古研究所：《凉城县水泉东周墓地发掘简报》，《草原文物》2012年第1期。
④ 内蒙古文物考古研究所：《内蒙古和林格尔县新店子墓地发掘简报》，《考古》2009年第3期。
⑤ 河南省文物研究所：《河南省新乡县丁固城古墓地发掘报告》，《中原文物》1985年第2期。

存在，但开始趋于简配与替代，此外另加有浅盘豆、高足小壶等。另外，战国中期以来流行的无钮圆盖兽足鼎、带禁簋等特有器物消失。标准组合陶器以外，出现简配组合，并有器类替代现象，如以盒代豆。陶器制作稍显衰落，彩绘粗简，不及上期的精致。陶器之外，铜带钩多见，另有少量的铜璜。典型墓例如：丁固城 M43，标准组合陶器之外，另有高足小壶，其中匜和小壶制作粗糙。李大召 M38，出有鼎、盒、壶、盘、匜。琉璃阁 M120，出有鼎、豆、壶、匜。琉璃阁 M103，出有豆、盘。黄张 M7，出有鼎、豆、壶、盘、钵、釜。

2. 韩国墓葬文化

韩国墓葬主要分布在郑城附近地区，代表性墓地有：新郑西亚斯、郑州二里岗、岗杜、南阳广场等①。墓室形制趋于正方，墓壁不太规整，深度大多较浅。空心砖墓的数量上升。墓主头向以朝北为主。随葬陶器标准组合鼎豆壶盘匜继续存在，但出现简配组合与替代器类，如多由盒或碗替代豆。常见的简配组合有三：鼎、壶、盒；鼎、盒、合碗；壶、合碗。陶器制作趋向粗糙，器类减少，盘匜形制衰落，彩绘锐减，装饰性部件消失。陶器之外，铜璜及带钩多见。典型墓例如：二里冈 M52，出有鼎、盒、壶、盘、匜，另有铜带钩、铜璜。二里冈 M151，出有鼎、盒、壶、铜带钩。二里冈 M33，出有壶、合碗、铜璜。岗杜 M140，出有合碗、绳纹罐、铜璜。郑州南阳广场 M2，出有鼎、盒、壶、盘、匜，另有碗、铜璜、铁带钩。

郑城东郊西亚斯墓地，最具韩国墓葬文化典型特征。标准组合鼎豆壶盘匜基本消失，鬲也基本不见，个别墓残留一两件壶类，主体器物为韩式釜，另有罐钵等。另外此时出现空心砖墓室。典型墓例如 M197，出有韩式釜、钵、高领绳纹罐、铁带钩。M165，出有韩式釜、壶。

---

① 郑州市文物考古研究所：《郑州市南阳路家世界购物广场战国墓葬发掘简报》，《华夏考古》2006年第2期。

（三）南北二系文化之间的落差

韩魏文化与赵国文化之间的区别与落差，延续保持着战国中期以来的主要内容，重点反映在遗址文化与墓葬文化两个方面。

遗址文化方面。赵都邯郸城与韩都郑城的结构及布局存在着较大的区别，邯郸城拥有独特的城垣防雨设施。三晋遗址出土的陶器群相似度较高，除大量的建筑用材瓦类之外，主要是生活用器，常见的器形有：碗、罐、瓮、盆、豆、釜等。韩魏文化与赵国文化在陶器群方面的差异主要表现在釜形器上，三晋均流行一种深腹盆形釜，但赵国文化同时还使用一种独特的折腹釜。这种釜形制独特，外形作大口、折腹、浅腹、圜底。折腹釜只发现于赵文化分布区，主要流行于邯郸附近的东阳地区，因而成为赵国文化的典型代表性器物。

墓葬文化方面。赵墓的头向为二重结构，包含头北与头东，韩魏则以头向北为普遍主体。在随葬器物方面，三晋文化一直所流行的鼎豆壶盘匜标准组合继续流行，但所占比例存在差异：赵墓的比例最高，约占80%；韩魏二家墓的比例约占50—60%。此时三晋随葬陶器标准组合开始出现简配和替代现象，但韩魏文化的墓葬最为突出：豫北地区魏墓约有二分之一的标准组合属于简配，常见为缺盘；韩墓的标准组合多由盒代替豆，并常见简配组合鼎盒壶。尤需要指出的是，赵文化墓葬存在着明显的南北区别，邯郸东阳地区一带的墓葬为典型赵墓文化，随葬陶器除了标准组合齐备之外，还流行鸟柱盘兽形盉鸭尊等仿生器形，简配现象较少，只有个别墓另加盒。晋中一带的赵墓在标准组合之外，有增加灶等日用器的现象。而北地的赵墓主要随葬日用器罐碗豆壶等。另外，三晋皆存在少量随葬罐、碗组合的墓葬，其中韩魏文化的罐比较相似，均作圜底或凹圜底折肩，而赵墓文化的罐则作凹圜底或平底球腹。很明显，赵墓文化较韩魏文化更多地保持和延续了陶礼器制度，因而具有更浓厚的晋文化传统，而赵墓文化的南北区别正是赵文化特色的一个突出表现，也是与韩魏文化之间落差的一个反映。

（四）秦文化的侵入及影响

侯马乔村墓地最能反映秦文化的侵入情况[①]。乔村墓地位于晋都新田城以东约 10 公里处，该地战国晚期之前大部分时间属于魏国控制，墓葬文化的演变轨迹反映了魏文化与秦文化的交替。魏失河东以前的战国中期，墓葬形制以长方形竖穴土坑墓为主，其次为洞室墓，墓主头向以朝北为主，次为东，西向很少。随葬陶器中的鼎豆壶盘匜标准组合基本齐备，属于典型三晋体系的魏文化。战国晚期，魏失河东予秦，墓葬文化随之一变。长方形竖穴土坑墓与洞室墓几近相等比例，墓主头向以朝东为主。随葬陶器大致分为两种类型：其一，数量较少，为魏文化的遗留，随葬陶器标准组合基本消失，代之以简配组合和替代器的形式，例如 M630：头北，竖穴土坑墓，仰身直肢葬，随葬陶器为豆、壶、盘、箕、量等。其二，数量居多，为秦文化的新介入，随葬陶器绝不见三晋式的标准组合，例如 M4237：头东，竖穴土坑墓，仰身直肢葬，随葬陶器为蒜头壶、罐；另如：M4254：头北，洞室墓，屈肢葬，随葬陶器为夹砂红陶釜和罐。

乔村墓地战国晚期的两类墓葬，形象地反映了魏文化与秦文化的交替，其中鼎豆壶盘匜陶礼器组合的消失是最突出的标志，随葬陶器转向日用生活器形并趋于简单粗糙。秦占据魏之河东是灭六国进程的重要一步，可以说秦文化一统六国文化的步伐自此也随之开始。

四 战国晚期小结

战国晚期，韩魏较赵国提早衰弱，而赵国兼并中山、拓展北疆，发展至顶峰时期。赵国文化的鼎盛是三晋文化南北二系之间最大的区别，其文化繁荣主要反映在三个方面：其一，赵国疆域大幅度拓

[①] 山西省考古研究所：《侯马乔村墓地（1959—1996）》，科学出版社 2004 年版，第 984—988 页。

展,而韩魏疆域日渐收缩,因此赵国文化的分布范围远超韩魏文化。其二,赵国文化新纳入中山文化和北疆胡地文化,文化内涵注入许多新的元素而丰富多彩。其三,赵国文化继续保持着较浓厚的晋文化传统,而韩魏文化则受到中原腹地文化的渗透和影响较大。赵国文化的繁荣及大幅扩张,体现了三晋文化北系的凸显地位,而此时的南系文化则相对趋衰,因此战国晚期的赵文化即成为晋文化分流的主脉。

战国晚期晚段,三晋在秦的蚕食挤压之下,疆域日渐缩小,文化趋向衰落。文化转衰突出表现在墓葬文化的随葬陶器上,鼎豆壶盘匜标准组合变为简配或用杂器替代。这不仅是春秋晚期以来所形成而长期沿用的墓葬规制的瓦解,更反映了以陶礼器代表的礼仪制度的溃散,同时也标志着三晋联合文化表层整合象征的最终消失。

结　　语

　　赵国的立国是三家分晋的结果，赵国考古学文化源自于晋国文化的延续与分流，与韩魏二家文化共生并存，同属于三晋联合文化体系。由于赵国开辟北疆大幅度北拓，因此赵国文化具有更加复杂和丰富的内涵及结构。赵国考古学文化的演进轨迹与赵国历史的发展进程息息相关，具有核心赵系与表层晋系的复杂双重结构，其本质属于晋文化分流的北系，在东周列国文化的框架中占据着特殊的位置。

一　赵国考古学文化的确立

　　赵国考古学文化的确立，实际上即赵国文化在考古学意义上的确立，除了考古学本身的文化体系建构以外，还需要相关历史文献的梳理考证。另外，由于晋与三晋的复杂关系，从某种意义上讲，赵国考古学文化的确立实质上就是将赵国文化从晋及三晋文化体系中分辨出来。

　　赵国与韩魏并立，三晋皆脱胎于晋。晋与三晋、晋文化与三晋文化、三晋文化内部之间，均存在着复杂的纠缠关系。春秋晋文化与战国三晋文化是否属于一体一系？三晋文化是否属于一支类似于秦齐等列国文化的整合性文化？三晋文化的内部结构如何？这些复杂问题的厘清与解决，除了需要传世文献的梳理考证之外，考古学的介入无疑是一种重要而实证的途径。尽管三晋文化同源于晋文化而彼此存在许多相似之处，在某种语境下四者甚至可以共同纳入一个晋系文化范畴，但考古学积累的探索证明，作为晋文化后续的三晋文化，至少在战国中期以后便开始出现南北分野，南北二系文化在特性上的区别愈来愈分明，逐渐发展成为二支不同的考古学文化：南系韩魏文化，北系赵国文化。

赵国文化反映在考古学层面具有凸显的独特性，或者说考古学已将赵国文化从三晋文化之中清晰地分辨出来。这一结论主要体现在两个方面：其一，赵国考古学文化具有独立的分布地域，与韩魏文化之间的分界比较清晰。晋国疆域虽然一分为三，但三晋在文化版图上则呈现为南北二分野：赵国独居北方，韩魏二家则东西交错相邻，聚拢定都于伊洛河地带的中原腹心。其二，赵国考古学文化具有独立的形成与发展轨迹。赵国文化的演进轨迹，具象地反映了赵国向北方积极开拓的发展进程，此与韩魏二晋南下逐鹿中原的发展方向形成区别。考古学探索的这一结果，将赵国文化从三晋文化之中辨析出来，与此相应，韩魏文化的独特性也显现出来，并且这一点与三晋历史发展进程的特点也正好相应。

考古学意义上严格和狭义的赵国文化，主要是指战国时期赵国境内所发现的考古学文化遗存，简称之为赵文化。赵文化不可能与赵之立国同时发生而突然降临，赵文化最早胚胎植根于晋文化的母体之内，春秋晚期晋国境内某些区域实际上属于晋赵氏集团控制，该区域的文化遗存似可纳入到赵文化的范畴之内，即晋文化涵盖之下相对独立的赵文化，可称之为晋赵文化，本质属于赵正式立国之前的文化，实际上即是一种先赵文化。

赵国考古学文化的确立具有丰富的考古学实证。都城遗址是赵文化考古学确立的最好依据，同时也是复杂领域赵文化辨认的清晰标尺。晋阳城址所代表的春秋晚期到战国早期的赵文化，集中反映了赵文化孕育和初生时期的面貌，除了具有浓厚的晋文化传统因素外，已经开始发生自身的若干特色。邯郸城址的考古遗存最为丰富，时间涵盖春秋中晚期和整个战国时期，考古学文化的演进轨迹全面反映了赵氏集团自春秋晚期开拓东阳地区、到战国中期建都邯郸、直至战国晚期兴盛又转至衰落的总历程。另外，邯郸邻近地区的邢台、涉县、林州等地的考古发现，是邯郸城东周考古遗存的重要补充，它们综合集中成为赵文化确立的基准标尺。而在三晋赵韩魏版图存在交错的接壤地带，以及在赵北拓的新疆域地区，考古学文化内涵既延续保持有历史传统，又兼收融合了新的文化因素，并因时因地而呈现出不同的形态。这种复杂地区的赵文化，需要以邯郸城赵文化的标尺将其清晰准确地辨识和确立出来。邯郸城址及百家村墓地、邢台东董村墓地等地的考古资料，是辨别赵文化特色与性质的最佳依据。

赵文化的考古学确立，不仅需要考古资料的积累丰富和细化研究，也需要文献方面的细密考证，两者需要互相印证和补充。赵文化的分布范围及其动态变化，主要来自于文献方面有关赵国疆域的记载。在此基础上的考古学研究，基本印证了赵国版图的变迁历程。反过来，涉县、林州、阴山南麓等地的考古发现，具象地显示了赵国对东阳及北疆地区的开拓和经营，反映了赵国历史的许多新情况，补正了历史文献记载方面的不足。

二　赵国考古学文化的编年与演进轨迹

赵国考古学文化编年体系的建构及演进轨迹的复原，是全面探索赵文化的首要基础。赵文化的编年以考古学分期为基础，以赵国历史发展进程为参照，同时还要照应战国时期考古学文化的总体分期情况。

赵文化考古遗存目前发现的主要是墓葬，系统的遗址类资料比较缺乏。赵文化的考古分期主要建立在墓葬出土陶器和铜器的基础上，大致可分为四个时期。这四个发展阶段的变化进程，不仅体现在考古遗存的纵向演变轨迹上，也反映在赵文化的平面格局变迁方面。

第一期，赵文化的孕育时期，年代为春秋晚期晚段，约前497—

前454年。相应历史进程为赵简子后段、襄子前段时期。这一时期的赵文化主要分布在以晋阳为核心的邻近地区，东阳地区的邯郸是另一个集中的地域。晋阳城及城西北郊墓地、邯郸城及西郊墓地等，属于这一时期的典型赵文化遗存。此时的赵文化尚孕育在晋文化之内，文化特征与晋文化基本一致，但已隐约显示出自身的一些特性，具体反映在考古遗物方面的编年特征主要如下：

铜鼎口部较平直，蹄足较高，铜壶的变化与陶壶相同。陶鼎腹部圆鼓，器耳和足部短小。陶壶分小口与华盖两种，腹部最大径在中下腹。随葬陶器组合与侯马上马等晋文化墓地所见基本相同，延续随葬石圭与石片饰的习俗，但晋墓习见的鬲和高领折肩罐少见，而多见高足小壶。

第二期，赵文化的萌芽初生时期，年代为战国早期，即前453—前387年。相应历史进程为赵襄子后段、献侯、烈侯时期。第二期赵文化的平面分布，前期以晋阳为核心，后期转以中牟为核心，逐渐形成以中牟—邯郸为南北带状区域的赵文化新兴核心地带。与此同时，随着赵国向北方地区的渗入，晋北地区渐趋进入赵文化的范畴。晋阳城及西北郊的金胜村墓地、柳林杨家坪墓地、林州大菜园墓地、涉县凤凰台墓地、邯郸城及西郊的百家村墓地、浑源李峪村墓地以及蔚县代王城遗址等等，属于这一时期的典型赵文化遗存。此时赵文化的中心位于由黄土高原向中原腹地的过渡地带，文化特性也处于由晋文化传统延续向新生赵文化的过渡转变时期，赵文化的独特元素已经显现，但总体上与韩魏二家文化比较接近，同属于晋国文化的惯性延续，可归入后晋国文化范畴。此阶段反映在考古遗物方面的编年特征如下：

铜壶变化同陶壶，但铜鼎蹄足变矮。铜带钩数量增加。陶鼎依然腹部圆鼓，但耳与足略变长。陶壶腹部最大径略有上移。随葬陶器出现鼎豆壶盘匜标准组合，并成为三晋墓葬文化的典型共有特征。赵文化独特新因素出现，典型代表即鸟柱盘、兽头盆、弯颈壶等仿生类陶器，铜器方面另有铜方座豆、提梁虎头匜、敞口圈足匜等。

第三期，赵文化的正式形成时期，年代为战国中期，即前386—前308年。相应历史进程为赵敬侯、成侯、肃侯和赵武灵王前段时期。第三期以建都邯郸城为起始，同时也标志着赵文化以东阳地区为核心的格局正式形成。赵文化自此开始南依中原北缘，向北面向广袤的黄土高原。邯郸城及城郊的墓地与王陵、邢台东董村墓地、榆次猫儿岭墓地、临城中羊泉墓地等，属于这一时期的典型赵文化遗存。此时的赵文化已基本脱离晋文化的窠臼，开始正式形成自己的独特风格，典型代表即是以邯郸城为代表的文化遗存，包括邯郸新城、城郊墓地等，墓葬随葬器物中出现一组以鸟柱盘等为代表的特色器形。第三期反映在考古遗物方面的编年特征如下：

铜鼎口部内敛，深腹矮蹄足。铜带钩非常流行。陶鼎腹部变浅，器耳和器足变高。陶壶和铜壶一样，腹部最大径在中腹部。随葬陶器流行鼎豆壶盘匜标准组合，三晋墓葬文化的这一共有特征辐射影响到周边列国。较大规格的墓葬还常见鸟柱盘、兽形盉和鸭尊等仿生造型陶器，此为赵文化墓葬的独有特色。

第四期早段，赵文化的鼎盛时期，年代为战国晚期早段，即前307—前266年。相应历史进程为赵武灵王后段、惠文王时期。这一时期赵文化的平面布局向北大幅度拓展，直至阴山脚下，赵文化由此地跨中原与北方，成为一支兼容并蓄四方文化的新兴文化。邯郸城以及周边地区的城邑集群、邢台东董村墓地、榆次猫儿岭墓地、中山故地城邑群、赵北长城及沿线城邑、和林格尔土城子城址及城郊墓地等，属于这一时期的典型赵文化遗存。此时的赵文化发展至繁荣阶段，文化内涵鲜明，文化传布广阔，邯郸城邑集群的综合特征、各地墓葬随葬器物中的以鸟柱盘为核心的特色组合等，成为赵文化鼎盛时期的重要标志。第四期早段反映在考古遗物方面的编年特征如下：

铜带钩继续流行。陶鼎腹部呈扁方形，器耳变长。陶壶腹部最大径移至上腹，华盖壶基本消失。随葬陶器鼎豆壶盘匜标准组合继续为主干元素，赵国文化特色器鸟柱盘、兽形盉、鸭尊等持续流行，并北进至新辟的北疆地区。鸟柱盘盘腹变浅，立柱增高。随葬陶器开始明器化。

第四期晚段，赵文化渐趋衰落时期，年代为战国晚期晚段，即前265—前222年。相应历史进程为赵孝成王、悼襄王、迁、代王嘉时期。赵文化第四期后段，因赵国国力日渐衰弱，赵文化的平面分布也逐渐收缩，长平战后十余年晋阳地区失陷于秦。邯郸城邑集群、邢台东董村墓地、中山故地城邑群、凉城饮牛沟墓地等，为这一时期的典型赵文化遗存。此时的赵文化渐趋衰落，邯郸城的城墙维修与保养状况越来越简化，尤其是排水设施中的排水槽道施工简陋而粗糙。墓葬随葬器物组合逐渐缺项而为简配，彩绘陶的质量和数量也逐步下降，愈来愈多的墓葬随葬品变得简单粗糙，只有陶罐和铜带钩等少量器物。这种现象同时也是时代的共性，三晋及其他东方诸国大致亦是如此。第四期晚段反映在考古遗物方面的编年特征如下：

铜鼎足部更矮，铜带钩依然流行。陶鼎器腹变浅，底部由之前的圜底变为平底。陶壶及铜壶腹部最大径上移至肩部。随葬陶器鼎豆壶盘匜标准组合基本消失，多为简配组合或使用替代杂器。器物明器化严重，制作粗劣。

三　赵国考古学文化的内涵结构及总体特征

根据赵文化考古遗存的解剖分析，赵文化的内涵大致由4种文化因素构成：晋文化、赵文化本体、北方文化和其他文化。晋文化和赵文化本体两种因素占据主要地位，其次是北方文化因素，其他文化因素所占比例较小。

晋文化是赵文化的渊源和母体，赵文化在三晋之中又是晋文化的主要继承者。战国中期以前，亦即赵国迁都邯郸以前，赵文化内涵的主要成分仍是晋文化的传承和延续，甚至可以说春秋晚期到战国早期时段的赵文化依旧属于晋文化的一部分。战国中期即赵迁都邯郸以后，赵文化创新形成了自己特色的本体文化，晋文化延续的因素逐渐下降至次要位置，但一直保持到战国末期。赵国境内阴山南麓地区，北方文化因素所占的比例早晚阶段有明显的变化。晋北以北地区的文化内涵中，北方因素的比例要高于南部地区。赵文化结构中的其他文化因素，包括秦燕齐楚等，所占比例很小，并且持续时间也较短。赵文化的考古学内涵结构，与赵国历史进程的轨迹基本相应。

赵文化的考古学特征主要体现在考古发现的遗迹和遗物方面，主要包括有：长城、聚落、墓地和器物群等。

（一）长城

赵长城包括赵北长城和赵南长城两部分。赵武灵王北伐林胡楼烦，筑长城阴山下。赵北长城不仅是赵文化大幅北拓的北界，同时也是赵文化鼎盛时期的重要标志。与此相较，赵南长城则基本上是赵国入驻中原受挫守成的象征。北长城脚下，赵文化与北方文化密切融合，成为农牧交错地带的一种新兴文化类型。南长城两翼，赵魏二兄弟文化于对峙之中，又有着某种程度的交流，成为中原核心文化北缘地带的地域类型。

（二）聚落

赵文化的聚落按照性质及规模等因素大致可分为三种类型：都邑、一般城邑和普通村镇聚落。其中村镇一类的遗址很少有做过专门正式的考古发掘，即使都城和一般城邑的考古发掘工作也很有限。但考古调查资料和文献记载梳理，基本上可以复原赵国城邑群的分布状况。在诸多城邑遗址中，都邑无疑是最重要的。数量庞大的城邑群大多依托一个都邑或大型城邑而形成一个片区性的城邑集群；如晋阳集群、邯郸集群、中山故城集群等。但在阴山南麓地区则大致以长城为依托，形成长城沿线带状城邑群。晋阳和邯郸两座都邑城址最为重要，尤其是邯郸城的城邑文化不仅是赵国城市建设文化的典型，同时更是赵文化诸多方面的集中代表。

邯郸城是赵文化的集中综合代表，是赵文化的最具典型性的考古遗存。邯郸城的建设布局可以作为赵国城邑结构格局的典型标本。

定都邯郸以前，邯郸城已经过相当长的建设历史。目前的考古发现证明，东周邯郸城至少始建于春秋中期，之后不久即成为赵氏集团的重要据点。赵建都邯郸并未完全利用已有城区，而是在紧邻旧城区的西南方另建新城，即考古发现的赵王城遗址。赵王城的建设由平面呈"品"字形的三座相连的小城组合而成，性质属于赵国的王宫和宗庙区。邯郸城的新旧双城大格局、以及新城由三小城组合而成的组团式多重城市结构，成为战国时期城市建设的独有风尚。这种模式虽具有晋都新田的某些传统因素，但究其本质已是另外一种意义的城市建设理念：依附旧城而不作大规模改造，就近另建新城而作国政专用。不仅如此，即使在新城内部也分建三座小城，以作明确分工之用。

  邯郸城的城市总体格局也显示着鲜明的特性。城区内没有集中的墓地，而在城区西侧近郊设有大规模的墓地，墓主包括贵族和一般平民。王陵区则远离城区，设在更远的西北郊高岗一带。这种设计延续了新田城晋文化的传统，但又有新的发展。赵王陵园坐西向东，修建于小山岗顶部，在长方形的陵台上筑有高大的封丘，陵台上还有陵寝之类的建筑基址，东侧设有长坡陵道。邯郸城的赵国王陵基本完好地保存了陵园建设的原本格局，不仅是赵文化的典型遗迹，也是战国王陵的重要实证。邯郸近郊的王陵和墓地，与附近的中小型城邑群共同构成了一个以邯郸城为核心的大型城邑群。不仅如此，邯郸周边地区大致北起泜河南到漳河之间，还分布有密集的城邑组群，它们构成了邯郸城的远郊外围城邑集群。这是邯郸城城邑文化的又一个典型特点。

  邯郸城的独特性还体现在城市建设的细节方面，尤其是城墙建筑上的独特排水设施，是目前东周城邑考古发现中仅见的建筑形式。排水设施修筑于呈高台阶状的城墙内侧，由相间分布的陶制排水槽和连续的多层台阶状铺瓦散水搭配而成，散水台阶和排水槽共同构成了城墙顶部所积雨水的排泄体系。城墙夯土整齐而坚实，在一些保存较好的城墙基础部分，墙体表面存有密集而整齐的蜂窝状夯窝，有的地方还有布纹印痕。城墙的城门建筑也别具特色，西城西墙的城门外两侧，发现有与城墙连为一体的对称双阙基址。这是目前东周城邑考古中唯一经过发掘实证的大型城门阙台遗址。城内的高台宫殿建筑使用大型空心砖修筑台阶，庭院基础采用河卵石全方位覆盖铺垫。这些建筑形式是赵国城市建筑文化的独有特色。

（三）墓地

墓地考古资料所体现的葬制及葬俗，最能形象地反映一个文化的特色。赵文化的考古遗迹中，墓葬资料最为丰富，而大型墓地一般属于城邑的有机组成部分，它们与城邑本身不仅是反映赵文化本质特征的最重要实证，也是辨别赵文化与其它晋系文化的主要参照。

赵国大型墓地位置的选定，一般具有比较严格的规划。将王陵区设置在远离邯郸的西北远郊，而将贵族及平民墓地设于西部近郊，是赵文化墓葬制度的首要特征。赵王陵园与邯郸新城的建设一样，均与原来的旧墓区和旧城区分割开来，择地另立新址。许多城邑的周边附近，分布着贵族及平民的集中墓地。晋阳城郊金胜村墓地、中牟城附近的大菜园墓地、邯郸城郊的百家村墓地、榆次城附近的猫儿岭墓地、邢城附近的东董村墓地、和林格尔土城子城址附近墓地等，是彰显赵文化考古内涵的最集中所在。金胜村墓地集中显示了赵文化孕育时期的风貌，大菜园墓地是赵文化摆脱晋文化窠臼转型时期的典型实证，百家村、东董村等墓地的年代几乎涵盖整个战国时期，几近完整地反映了赵国墓葬制度的内容全貌及演进特征，而阴山脚下的墓地形象地反映出赵文化与当地文化由分离到融合的进程。

赵文化墓葬的平面布局有两大特点：其一，大中型墓的墓向以墓主头朝东为主，其墓主的身份一般属于赵国公族；而占绝对数量的中小型墓，大多墓向朝北，其墓主身份多为中下级贵族和普通国民。其二，夫妇异穴并葬墓较为普遍。在东董村墓地，约三分之二的墓头向朝北，约三分之一的墓头向朝东，近40%的墓为两墓并列形式。

赵文化墓葬的大中型墓内，存在着一定比例的殉人现象，尤其以邯郸百家村墓地的殉人最为突出。战国时期的殉人葬俗多见于秦齐，赵墓殉人现象或许反映了与秦齐墓葬文化的某种联系。

(四) 器物群

遗址及墓葬出土的器物群是赵文化内涵及面貌的最直观实证。

城址出土的器物最具生活化特征，其中又以陶器类为主。最具赵文化特色的陶器有：用作城墙排水设施的陶制排水槽、日常生活用器中的大口折腹绳纹釜等。

赵文化墓葬出土的随葬器物，以铜礼器和陶礼器为主体，而陶礼器鼎豆壶盘匜组合，是三晋文化墓葬文化的典型标志器。但赵文化的随葬器物群中，还存在着一批赵文化创新的独特器类，如：铜器中的高柄方壶、双耳方座豆、鸟尊、蹄足球体敦、圈足匜等，陶器中的鸟柱盘、兽形盉、兽首盆、鸭形尊、高柄小壶等，其中陶礼器上还流行彩绘和暗纹装饰。这些器物不仅是赵文化的实物象征，也常常用于三晋交错地区的墓葬属性的辨识与断定。此外还常见有石圭和石片饰，显然属于晋文化传统的延续。

四 赵国历史进程中的赵文化

赵国考古学文化的演进轨迹与赵国的历史进程紧密相关，考古学文化遗存是相关历史进程某种程度的物质残留，而历史进程对考古学文化的影响更为直接和凸显。

春秋晚期，赵文化孕育时期，晋阳乃赵文化最早的孕育基地。赵氏集团以经略晋阳为核心和据点，北上谋取代地，东进占据东阳，积极在晋国的框架内大力发展自己的势力，被其后人称为简襄之功。晋阳城及西北郊墓地应是晋阳经略时期的文化遗存，桑干河下游一带分布有北拓代地的遗址与墓地，而最为丰富的是邯郸城邑附近的聚邑遗址群。此时的赵文化尚在晋文化母体之内孕育积蓄，文化特征与晋文化基本一致，但已隐约显示出一些自身的文化特性。

三家分晋后的战国早期，赵文化的萌芽初生阶段。赵国迁都河内中牟，与韩魏二家并起积极向中原发展，由此与魏国在河内一带形成对峙与冲突。中牟城附近的林州大菜园墓地，反映了都邑附近的高等级文化遗存。涉县凤凰台墓地及邯郸百家村墓地，显示着邯郸城邑群的继续发展。此时赵文化的中心由黄土高原腹地，东移至太行山东麓南段的山前地带，与韩魏二家齐头并进入驻中原腹地。这一阶段的三晋文化总体近似，均处于由晋文化传统延续向各自独立的文化过渡转变时期，因此归入后晋国文化范畴，又因魏国为三晋联盟之首，故又可称之为晋魏文化。

战国中期，赵文化的正式形成阶段，以迁都邯郸为标志。赵魏二家争夺河内导致邯郸围城之战，赵国受挫而与魏国隔漳河形成南北对峙之势，由此奠定了赵国积极向北拓展的格局。随后韩魏二家迁都郑与大梁，标志着原晋国文化形成南北分野，韩魏紧邻占据中原腹地而形成南系文化，赵国据有中原北缘到广袤北部高原而形成北系文化。邯郸都邑集群遗址为北系赵文化的集中代表，以邯郸城邑建筑、仿生造型的随葬陶器等为代表的文化元素，是赵文化正式形成的重要标志。

战国晚期，赵文化至鼎盛又转衰阶段，以开辟北疆为盛期标志，以长平之战为转衰节点。赵武灵王实行胡服骑射之政，兼并中山，拓展北疆，辟地千里，赵国因此而成为地跨中原与北方的大国。这一时期赵文化的典型遗存除了邯郸都邑集群遗址外，新辟北疆地区以长城沿线为依托的带状聚邑群最为引人瞩目。这一时期前段，赵文化发展至顶峰阶段，邯郸城邑集群的综合特征、各地墓葬随葬器物中的以鸟柱盘为核心的特色组合等，成为赵文化鼎盛时期的重要标志。该时期后段，因西秦的蚕食与挤压，赵国疆域大幅缩减，赵文化亦随之渐趋衰落，邯郸城的城邑建筑保养状况越来越简化粗糙，墓葬随葬器物组合逐渐缺项而为简配等等。

赵国考古学文化的演进轨迹，不仅体现着赵文化的纵向发展脉络和平面格局变化，更反映着赵国历史进程所遗留的物质痕迹，其内容包括长城、城邑及村镇建筑、王陵及墓地、各种质地及类型的器物群等等。这些文化遗迹与遗物既构成了赵文化的内涵,又印证并补充了赵国历史进程的若干脉络。反过来,赵国历史的发展进程对考古学文化的影响更为直接和凸显,直接导致赵国的疆域变迁,而版图的变化则影响着考古学文化的分布与发展方向。

五 赵文化与相关文化的关系

(一) 赵文化与晋文化

晋文化是赵文化的渊源和母体文化。赵韩魏三家分晋,主要是政权与国土三分,但晋文化的传承并未作三等分,依据考古学的资料证据,赵国继承的晋文化比重最高,大约为二分之一,而韩魏文化则联合继承约二分之一。这一结论来自三个方面的历史背景和考古学依据:

其一,赵国国土主要占据原晋国北部和东北部,且版图一直基本统一,发展方向是面向北方。韩魏则占据原晋国南部和东南部,且版图呈分离或分隔状态,发展方向是入驻中原腹地。赵国基本依托晋国原有故地,晋阳和东阳一直以来即是晋国版图内的重要地域,初期的赵国立足于晋阳和东阳,很自然地延续传承了晋文化的主脉,因而成为晋文化的主要继承者。与赵国不同的是,韩魏二家虽占据了原晋国的南部地区,但二家的发展方向均为积极南下中原(魏曾一度占据中山但很短暂),侵占了郑卫宋等国的一些地域,因此深受中原腹地原有文化传统的影响。

其二,春秋时期的晋国连续攻击和驱赶诸狄,并向北方积极开拓占据晋北,同时还与诸狄联姻,因而与北方文化非常密切就成为晋文化的一大传统特色。赵国继续发扬了晋国的这一传统,积极向北方拓展,立国之初即兼并代地,至胡服骑射变革之后,更是大规模北拓至阴山脚下。考古发现证明,晋国时期晋北一带的墓葬葬俗,戎狄文化的成分高于晋文化或两者大致相当,如原平和朔州等地的春秋晚期墓葬;而进入战国以后,赵文化的比重愈来愈高,至战国晚期戎狄文化的因素只有很小的比重,一些地方甚至基本消失,如忻州奇村等地的战国墓葬。

其三，赵文化发展与创新的诸多方面，基本上均是来自于晋文化的基础。赵国初期的版图和文化均基本沿承了原有晋国的框架，在考古学文化层面的反映如墓葬随葬器物群基本上与晋文化的一致。战国中期以后，赵文化进入创新和转型阶段，考古学文化上的突出表现就是：邯郸城新城的建设布局、随葬器物群中以鸟柱盘为核心的一组特色器等。这些无疑属于赵文化的创新，但究其根源仍可寻见晋文化的渊源线索。从邯郸新城的格局中，可以窥见到晋都新田城的影子。不同的是，新田城的组团式布局是经过长期改造后所形成的，而邯郸新城则是经过规划后一步到位完成的整体格局。这种预先通盘设计的城邑建设理念，即是赵文化优于晋文化的创新之处。同样，以鸟柱盘为核心的随葬器物，其中鸟形器造型的原始理念，本来是晋文化的一个特色。从曲村西周晋侯墓 M114 出土的铜鸟尊，到金胜村战国初期 M251 出土的铜鸟尊，可以看出鸟形器造型从晋文化到赵文化的延续一脉相承。但战国早期以后的赵文化在鸟形器基础之上，创新发展出鸟柱盘、鸭形尊等一组鸟兽形器物组合，由此成为赵文化墓葬中标志性器，此不可谓不是赵文化在晋文化渊源基础上的一种跨越式创造。

赵文化与晋文化之间的主脉传承与变革创新，成为赵文化的一个主要特征。与此相较，韩魏文化虽也脱胎于晋文化，但战国中期以后的发展道路是与中原腹地文化的融合，而与晋文化体系愈来愈疏远。因此，赵文化成为晋文化的主要传承者具有各方面的客观条件促使，至于其主观因素方面的原因还待于进一步的考证。

（二）赵文化与三晋文化

在晋系文化研究的语境中，赵文化属于三晋文化的一部分。赵文化与三晋文化的关系应主要涉及两个问题：赵文化在三晋文化中的位置，赵文化分别与韩魏文化之间的关系。关于赵文化在三晋文化中的位置，上文已略作分析，概括起来的结论就是：

赵文化是晋文化的主要继承者，含有晋文化的主脉延续线，文化因素构成主要是中原北缘文化传统，包含不少的北方文化因素。韩魏文化则是晋文化的次要继承者，含有晋文化延续支线，文化构成因素主要是中原核心地区的文化传统。因此，赵文化属于三晋文化中的原晋地系统主支或中原北支系统，而韩魏文化则属于中原核心系统。

赵文化与韩魏文化关系的考古学观察，在赵国与两国交界或交错地带考古遗存中，有着较为明显的线索。豫北一带大致是赵魏两国的交界地带，山彪镇到琉璃阁一带的大范围东周墓地，是探索赵文化和魏文化关系的极好考古依据，另外魏短暂据中山之地也是一个佐证和补充。而长治一带的所谓上党地区，是赵韩魏三国尤其是赵韩二国的交错地带，分水岭墓地则是探索这种复杂关系的极好材料。

琉璃阁大墓基本为春秋时期，性质存在争议：或属于卫国公室，或属于晋国范氏。此种争论正表明这一地域春秋时期的文化范畴，远不如邯郸一带确属晋国的清晰，或者说可能存在交错现象。如此则在承接晋文化的传统方面，魏国在辉县一带的基础远不如赵国在东阳地区的坚实。山彪镇战国大墓，出土有很少量的石圭，反映着与晋文化的某些渊源。固围村大墓出土有赵文化的特色器鸟柱盘等，这种现象或许说明邻近赵国的豫北地区深受赵文化的影响。属于魏文化特色的内容，大概是随葬陶器中的磨光暗纹黑陶器，这类陶器也是中山国的一大特色，并就近影响赵文化的陶器，其缘由或许与魏曾据有中山有关。赵文化与魏文化之间，大概是前者对后者的影响居多。

分水岭墓地所在地一带，战国时期绝大部分时间为韩国所属，唯其最早期和晚期阶段可能属于赵国控制。但墓葬所出器物群中存在鸟柱盘鸭形尊等一组赵文化特色器，说明赵文化有可能占据文化因素主要地位，但国属性质则是另属它国。分水岭墓地这种文化属性与国别属性的分离，可能正反映赵文化与韩文化在交错地带复杂关系的一种模式，至少说明赵文化在上党地区的影响力可能要大于韩文化。

豫北和长治两地区赵与魏韩二文化之间的复杂态势,或许表明在赵与韩魏交界或交错地带的文化构成中,赵文化因素似乎占据优势。究其根源,上述两个地区均邻近赵文化之核心邯郸而偏离韩魏的中心地区,此应是主要原因之一。另外,或许因为作为晋文化主要传承者的赵文化,在与韩魏二文化交流的过程中借助了晋文化延续影响的惯性作用。

三晋文化的有机整合性虽然逊色于秦、燕、齐、楚等列国文化,但若宏观观察战国时期列国文化的总体格局,三晋文化内部南北分野之差异,要小于其与列国文化之间的区别。换言之,三晋联合文化与列国文化基本属于同一层次体系,而赵文化与韩魏文化则属于次一级结构。

(三) 赵文化与北方文化

春秋晋文化积极开拓北方,与北方诸狄文化关系密切。战国赵国继承了这一传统,兼并代与中山,北破林胡与楼烦,辟地千里至阴山脚下,与北方诸胡文化交流融合。

赵文化的北进大致可分为三个阶段。第一阶段是赵襄子时期,赵并代地,赵文化拓至阳原蔚县盆地。浑源李峪村墓地、蔚县代王城遗址等应属于这一时期的考古遗存。第二个阶段是赵献侯到赵武灵王之前,基本属于赵国对晋北地区控制的巩固时期,忻州一带的墓葬葬俗中,还保留有不少的胡文化因素。第三个阶段即赵武灵王及以后时期,胡服骑射变革促使赵文化大幅北进至阴山脚下。赵北长城及沿线的城邑带、和林格尔土城子古城及其附近墓地、凉城饮牛沟墓地等,属于赵文化到达阴山南麓地区的典型考古遗存。许多墓地前后葬俗发生的变化,显示着赵文化与当地文化的融合。如饮牛沟墓地,赵文化与当地文化两种葬俗迥异的墓葬分布在同一墓地,早期阶段两种墓葬分野清晰,至后期两种墓葬的葬俗逐渐融合,各自独有的特性渐渐衰弱。赵文化与当地文化融合的考古学证据,反映了赵国在北方经营的成功和收获。

六 晋文化分流的北系：赵文化在东周列国文化中的位置

战国伊始，晋国一分为三，分解为鼎足三晋，但自战国中期开始，晋文化却分流为南北二系，以韩魏都邑南迁伊洛河一带为标志，韩魏联合为南系，而赵国独占北系。从文化内涵及结构上看，北系赵文化不仅是晋文化的主要传承者，也是晋文化更新与转型的典型代表，由此成为北方文化的主要代言者，并强烈影响燕文化。

（一）晋文化南北分野的历史背景与文化基础

晋文化的分流与晋国历史的发展进程紧密相关，它不只是晋分三家的附带产品，也是春秋以来晋国南北双向经略的一个历史结果。

晋国是周初分封的姬姓重国。春秋时，晋阻三河，雄踞北方，南临中原腹地，拱卫东周王室，属于北方霸主大国。此时列国格局大致为：中原腹地为成周及郑宋，西有秦，东有齐鲁，北有晋燕，南有楚吴。列国大势则为：中原虚弱，周室衰微，郑、宋虽曾短暂强盛，但旋即转衰，所谓春秋五霸，似不及春秋四强更能反映春秋大势①。晋国扶助周王室，北攘戎狄，南与楚争霸中原，最终成为中原霸主。在文化格局层面，齐代表东土文化，秦代表西土文化，楚代表南方文化，而晋不仅为北方文化的代表，并且积极发展成为中原核心文化亦即传统周文化的主要代言者。

赵韩魏三家分晋开启了战国时代。《史记》《战国策》所谓的"战国七"，其中除了燕国之外，某种意义上可以看作是春秋列国格局的延续，或者说春秋四强的局部裂变，即统一的晋增殖转化为魏韩赵三晋。此时的列国大势大致亦延续春秋，唯有晋发生巨变：西有秦，东为齐，南有楚，东北为燕，中原腹地属韩魏，中原北缘及北方归赵。在文化格局层面，韩魏二家因都邑南下入驻中原腹地与中原核心文化融合，晋文化传承发生混合与变异，加之韩魏紧邻又

---

① 《史记·十二诸侯年表》言春秋"政由五伯"，又言"齐晋秦楚，更为伯主。"《索隐》云"五霸者，齐桓公、晋文公、秦穆公、宋襄公、楚庄王。"

相交错，政治关系一直比较密切，因此文化又呈联合之势；而赵都邯郸比较偏北，且赵一家之疆域几乎继承了晋国北部的半壁江山，更重要的是延续保持了与北方诸胡文化密切联系的晋国传统。另外，战国晚期初始，赵国因胡服骑射之策进入鼎盛阶段，而韩魏则面临西秦蚕食日渐衰弱，此时的三晋呈南弱北强的态势，赵文化由此成为晋国传统文化的主要延续与发展者。因此，晋文化并未因晋分三家而相应三分，而是作南北分野态势，而在晋文化传承这一层面，战国中晚期的赵国略强于韩魏二国，总体上看晋文化分流的南北二系呈现为北系稍强的态势。赵文化不仅是晋文化的主要传承者，也是北方文化的主要代言者。

从宏观角度的某种意义上看，春秋晋国与战国三晋不仅具有一贯的主线发展轨迹，而且还基本保持延续着晋文化传承体系。春秋之晋，北攘戎狄，南击荆楚，力图控制中原。战国三晋，韩魏入驻中原腹心，韩灭郑，魏侵占卫宋，而赵北攘诸胡，西抗强秦，南压韩魏。三晋内部虽有矛盾，但在秦齐燕楚之间尚能联合起来纵横捭阖，是合纵与连横运动的枢纽，后期又是抗击秦国的主要力量。可以说，战国三晋最终实现了春秋之晋的愿景蓝图，三晋文化是晋文化的扩大增强版，已成为北方文化与中原文化的双重代表。春秋晋文化上承西周礼制文化的核心内容，三晋文化延续发展了这一传统，其在考古学上的突出表现即墓葬文化中的陶礼器组合。三晋文化不仅由黄土高原腹地扩展覆盖了中原地区，而且还广泛影响到整个黄河流域以及江汉地区。

若从文化内涵及结构观察，三晋文化的有机整合性远不及春秋晋文化，亦不及同时代的其他列国文化。虽说战国早期的三晋文化尚存较强的一致性，但不久以后即开始南北分野，呈现出韩魏南系与赵国北系的分流态势。产生这一局面的原因主要是地理疆域与政治阵营的南北二分，以及由此造成的文化发展基础的南北分野，南系韩魏文化开始融入浓厚的中原基因，并成为中原文化的新代表，而北系赵文化在主体继承晋文化传统的基础上，接受了北疆诸胡文化的影响，是为北方文化的代言者。两者均可代表传统晋文化的延续，但赵文化的浓度比重要稍高一些。因此，从严格意义上讲，三晋与三晋文化可以视作为晋及晋文化的某种程度延续，但三晋并非原本之晋，三晋文化亦非原来整合意义的晋文化。

（二）晋文化分流南北系的主要特征

南系韩魏文化与北系赵文化的区别所在，即是南北二系文化的主要特征。两系文化的区别与落差主要有三个方面。

其一，分布地域南北分野。韩魏文化以伊洛河流域为基础，属于中原核心文化区。赵文化依旧占据原晋文化的传统地域，虽然都邑邯郸位于中原北缘地带，但整体疆域以黄土高原北半部为主体。

其二，晋文化传承比重存在南北落差。南系韩魏文化由于重心南迁，偏离原晋国核心地域，又因中原核心文化的强烈影响，更多地吸取了本地的文化传统，因此与晋系文化传统渐趋疏远。赵文化的重心依旧占据晋国故地，基本上原地延续了春秋晋文化的主脉，因此晋文化的传承比重较高。

其三，文化特性发展趋于南北分流。南系韩魏文化大量接受了郑卫宋等中原核心体系的文化因素，由此形成战国时期的中原核心系文化，不仅替代了春秋晋文化作为中原核心文化代言者的位置，更进一步发展成为中原核心文化的直接发言人。北系赵文化则在吸取北方胡地文化的基础上，创造出兼具中原与北方复杂文化元素的特色文化，形成了以中原北缘为核心的战国晋地文化，或称之为中原北系文化。

（三）赵国与赵文化的特殊位置及意义

赵国的历史位置是赵文化特性形成的基础。赵国历史与文化的意义是丰富和多层次的，不仅是战力与政治等方面的综合国力，还表现在文化的传承及地缘影响、民族的融合等诸多方面。其最主要的核心内容有以下两个层面。

其一，赵国奠定了秦以后中国北方的主体格局

赵国脱胎于晋国，并继承了其半壁疆域，但有了更广阔的的拓

展。《史记》《战国策》等称赵为"四战之国"或"四达之国"。《史记》注疏又作了进一步的解释,《索隐》说:"言赵数距四方之敌",《正义》:"东邻燕齐,西边秦楼烦,南界韩魏,北迫匈奴。"赵国这一地缘位置,奠定了赵文化特性形成与发展的基础。

赵国继承了晋国北攘戎狄的传统,并开创了胡服骑射的新策,不仅北攘诸胡,赵武灵王时还曾谋划西征强秦。梁启超对赵武灵王的变革与攘胡之业大加推崇,将其历史地位置于秦皇汉武之上,并推论说"使主父而永其年,则一统之业,其将不在秦而在赵"①。这一说法,大多基于以我族华夏抗击外族胡翟之思想基础,但东周北方诸胡与战国末期以后的典型匈奴尚有区别,赵国北攘胡翟亦与以后的北击匈奴性质有异。而事实上更为重要的是,赵国在北疆地区实行的主要是民族融合之策,民族与文化的融合始终占据主要位置。疆域拓展使得国土居民的成分愈加复杂化,《战国策》说赵国为杂民之所居,所谓杂民应主要包括原中山国居民、阴山北疆的胡地居民等,另外还有某些边疆邻国地区的边民等。新辟疆域及新居民纳入了许多新文化元素,中山文化及诸胡文化等因此而汇入赵国文化之中,丰富了赵国考古学文化的内涵及面貌。

赵国在北方拓疆辟土,于阴山下建造长城,此功业不仅在于北攘胡翟,更重要的是由此奠定了北方经济与文化的基本框架。赵国所建造的阴山长城不仅是赵国新辟北疆的边界,也是以农业为核心的华夏文明大幅度北延的界线,同时更是中原与北方两大文化体系碰撞融合的最新前沿地带。中原农业文化与北方畜牧或游牧文化的互动由来已久,双方态势此消彼长,或北进或南延,并无固定区域与界限。但自赵北长城建造以后,南北之间的交错便有了一个固定的界线,即阴山——燕山一线。秦统一后以及后世诸代,基本延续保持了这条界线,或击匈奴或抗鲜卑或战突厥等等,大多均以这条东西长线为基础。可以说,秦以后不仅沿用了赵北长城,也基本保

---

① 梁启超:《黄帝以后第一伟人赵武灵王传》,《新民丛报》1903年第40—41合期。

持延续了赵国开创的北方格局。因此，这条长城线几乎贯穿了中国历史的重要章节。从这一角度看，赵国北攘戎狄、建造阴山长城的意义，已不再局限于东周时代之功业，而是由此奠定了北方历史之大格局。因此，赵国的北疆开拓及民族融合无疑是战国时代的重大事件，其历史意义并不逊色于秦灭六国。

其二，赵文化是战国中原文化体系重构进程中的特殊成果

三家分晋既是晋国的分裂与瓦解，也是晋国的重建与新生。晋文化亦是如此，其分流为南北二系即为晋文化的重构与更新，并且这一进程同时也是战国中原文化体系重构的核心内容。

春秋晋文化积极南移，但并未完全覆盖中原腹地。战国时期，晋文化南系的韩魏文化占据并基本覆盖中原核心，接替了原来的郑卫宋等文化；北系赵文化位居中原北缘以及广阔的北方，延续了原来的晋文化主体并纳入了北方文化。这一文化格局的形成是战国时期中原文化体系的巨大变革，晋文化是这一变革中的传统基础文化，新生的韩魏文化和赵文化是变革重构之后的结果文化。赵文化历史意义和价值以及在东周列国文化中的位置，体现在它从晋文化分流之后的时空演进格局和文化特性形成等方面。

赵文化表现在纵向方面的意义，不仅是晋文化的主要继承者，更是晋文化的重要替代者，以及战国晚期三晋文化的主要代言者；而在横向格局方面的意义，不仅是中原文化北支的代表，同时也是北方文化南支的典型。虽然赵文化未能像春秋晋文化那样代言中原核心文化，但由于其位居中原核心的北缘，纵跨中原与北方，横连西秦与东齐，被称为四战之国，因而成为一支兼容晋文化传统与创新内容、兼具中原与北方文化的融合型文化。这一点是同属北方文化体系的燕文化所无法比拟的。

赵文化创新内容主要表现在两个方面：一是以晋文化传统为基底，充分吸取赵国东阳地区的固有文化因素，进而创造一种新兴的中原北支文化，其反映在考古学上的典型代表即邯郸城邑集群和墓葬文化。邯郸城邑群不仅是一种都邑建设的新兴理念，也是赵国文

化的集中综合代表。赵国墓葬文化在墓地布局、葬制及葬俗方面，具有一整套赵式风格，特别是在反映礼制的陶礼器组合上增加了新的元素。二是在大规模的北拓进程中，兼收北方文化的因素，进而融合形成一种北方南支文化，其在考古学上典型代表即阴山沿线的赵北长城。赵北长城不仅是赵国拓展北疆与鼎盛的标志，也是中国北方农牧文化交错地带成型的界标。赵文化的这种丰富特性，使其在东周列国文化体系中显示出鲜明的个性，因而占有重要的历史位置。

参考文献

一 传世文献

班固：《汉书》，中华书局 1962 年版。

范晔：《后汉书》，中华书局 1965 年版。

方诗铭、王修龄：《古本竹书纪年辑证》，上海古籍出版社 1981 年版。

何建章：《战国策注释》，中华书局 1990 年版。

郦道元著，陈桥驿校证：《水经注校证》，中华书局 2007 年版。

刘安等编著，高诱注：《淮南子》，上海古籍出版社 1989 年版。

缪文远：《戰國策新校注》，巴蜀书社 1987 年版。

阮元校刻：《十三经注疏》，中华书局 1980 年版。

司马迁：《史记》，中华书局 1959 年版。

刘熙撰，毕沅疏证，王先谦补：《释名疏证补》，中华书局 1984 年版。

王先慎撰，钟哲点校：《韩非子集解》，中华书局 1998 年版。

徐元诰撰，王树民、沈长云点校：《国语集解》，中华书局 2002 年版。

杨伯峻编著：《春秋左传注》（修订本），中华书局 1990 年版。

二 考古发掘报告

［日］驹井和爱、关野雄：《邯鄲——戰國時代趙都城址の發掘》，

东亚考古学会 1954 年版。

安徽省文物管理委员会、安徽省博物馆编著：《寿县蔡侯墓出土遗物》，科学出版社 1956 年版。

北京大学考古系商周组、山西省考古研究所编著，邹衡主编：《天马—曲村》（1980—1989），科学出版社 2000 年版。

北京市文物研究所编著：《军都山墓地——玉皇庙》，文物出版社 2007 年版。

段宏振主编：《邢台商周遗址》，文物出版社 2011 年版。

郭宝钧：《浚县辛村》，科学出版社 1964 年版。

郭宝钧：《山彪镇与琉璃阁》，科学出版社 1959 年版。

河北省文化局文物工作队编：《邢台战国墓发掘报告》，1959 年油印本。

河南博物院、台北历史博物馆：《辉县琉璃阁甲乙二墓》，大象出版社 2011 年版。

河南省文化局文物工作队编著：《郑州二里岗》，科学出版社 1959 年版。

河南省文物研究所等：《淅川下寺春秋楚墓》，文物出版社 1991 年版。

湖北省文物考古研究所：《江陵望山沙冢楚墓》，文物出版社 1996 年版。

李国梁主编：《屯溪土墩墓发掘报告》，安徽人民出版社 2006 年版。

南水北调中线干线工程建设管理局等编著：《内丘张夺发掘报告》，科学出版社 2011 年版。

内蒙古自治区文物考古研究所等编著，曹建恩主编：《岱海地区东周墓群发掘报告》，科学出版社 2016 年版。

内蒙古自治区文物考古研究所编著：《内蒙古自治区长城资源调查报告·战国赵北长城卷》，文物出版社 2018 年版。

山东省文物考古研究所编著：《临淄齐墓》（一），文物出版社 2007 年版。

山东省兖石铁路文物考古工作队编：《临沂凤凰岭东周墓》，齐鲁书社1988年版。

山西省考古研究所编：《上马墓地》，文物出版社1994年版。

山西省考古研究所、太原市文物管理委员会等：《太原晋国赵卿墓》，文物出版社1996年版。

山西省考古研究所等编著：《屯留后河：战国至西汉墓葬考古发掘报告》，上海古籍出版社2017年版。

山西省考古研究所、山西博物院等编著：《长治分水岭东周墓地》，文物出版社2010年版。

山西省考古研究所侯马工作站编：《晋都新田》，山西人民出版社1996年版。

田广金、郭素新编著：《鄂尔多斯式青铜器》文物出版社1986年版。

武汉大学历史学院考古系等编著：《元氏南白楼墓地》，科学出版社2020年版。

中国科学院考古研究所编著：《辉县发掘报告》，科学出版社1956年版。

中国科学院考古研究所编著：《洛阳中州路》（西工段），科学出版社1959年版。

中国社会科学院考古研究所编著：《临猗程村墓地》，中国大百科全书出版社2003年版。

中国社会科学院考古研究所编著：《陕县东周秦汉墓》，科学出版社1994年版。

三 出土文献

陈伟主编：《秦简牍合集》（肆），武汉大学出版社2016年版。

马王堆汉墓帛书整理小组编：《战国纵横家书》，文物出版社1976年版。

清华大学出土文献研究与保护中心编，李学勤主编：《清华大学藏战国竹简（贰）》，中西书局2011年版。

清华大学出土文献研究与保护中心编，李学勤主编：《清华大学藏战国竹简（柒）》，中西书局2017年版。

山西省文物工作委员会编：《侯马盟书》，文物出版社1976年版。

睡虎地秦墓竹简整理小组编：《睡虎地秦墓竹简》，文物出版社1990年版。

四　研究著作

［日］水野清一、日比野丈夫著，孙安邦等译：《山西古迹志》（汉译本），山西古籍出版社1993年版。

白国红：《春秋晋国赵氏研究》，中华书局2007年版。

蔡鸿江：《晋系青铜器研究》，花木兰文化出版社2011年版。

陈光唐、王昌兰编著：《邯郸历史与考古》，文津出版社1991年版。

段宏振：《赵都邯郸城研究》，文物出版社2009年版。

段宏振：《赵都邯郸城与赵文化》，科学出版社2009年版。

段滋新等：《赵国钱币》，中国经济出版社1998年版。

顾栋高辑，吴树平等点校：《春秋大事表》，中华书局1993年版。

顾祖禹撰，贺次君等点校：《读史方舆纪要》，中华书局2005年版。

郝良真、孙继民：《邯郸历史文化论丛》，中国文史出版社2004年版。

何琳仪：《战国文字通论》，江苏教育出版社2003年版。

后晓荣：《战国政区地理》，文物出版社2013年版。

黄式三：《周季编略》，凤凰出版社2008年版。

黄锡全：《先秦货币研究》，中华书局2001年版。

李晓杰：《中国行政区划通史·先秦卷》，复旦大学出版社2009年版。

李学勤：《东周与秦代文明》，文物出版社1984年版。

李元庆：《三晋古文化源流》，山西古籍出版社1997年版。

梁云：《战国时代的东西差别——考古学的视野》，文物出版社2008年版。

刘绪:《晋文化》,文物出版社2007年版。
路国权:《东周青铜容器谱系研究》,上海古籍出版社2018年版。
马保春:《晋国历史地理研究》,文物出版社2007年版。
孟光耀等:《赵国货币》,河北人民出版社2010年版。
缪文远:《战国制度通考》,巴蜀书社1998年版。
彭裕商:《战国青铜器年代综合研究》,巴蜀书社2018年版。
钱穆:《史记地名考》,商务印书馆2001年版。
钱穆:《先秦诸子系年》,中华书局1985年版。
曲英杰:《先秦都城复原研究》,黑龙江人民出版社1991年版。
沈长云、魏建震等:《赵国史稿》,中华书局2000年版。
宋玲平:《晋系墓葬制度研究》,文物出版社2007年版。
孙继民、郝良真:《先秦两汉赵文化研究》,方志出版社2003年版。
孙继民、杨倩描、郝良真:《邯郸简史》,中国城市经济社会出版社1990年版。
童书业:《春秋史》,山东大学出版社1987年版。
王青:《海岱地区周代墓葬与文化分区研究》,科学出版社2012年版。
汪庆正主编:《中国历代货币大系·先秦货币》,上海人民出版社1988年版。
许宏:《先秦城市考古学研究》,北京燕山出版社2000年版。
杨宽:《战国史》,上海人民出版社2003年版。
杨宽:《战国史料编年辑证》,上海人民出版社2001年版。
杨宽:《中国古代都城制度史》,上海人民出版社2006年版。
印群:《黄河中下游地区的东周墓葬制度》,社会科学文献出版社2001年版。
张昌平:《曾国青铜器研究》,文物出版社2009年版。
张维华:《中国长城建置考》,中华书局1979年版。
张渭莲、段宏振:《中原与北方之间的文化走廊——太行山东麓地区先秦文化的演进格局》,文物出版社2015年版。

张辛：《中原地区东周陶器墓葬研究》，科学出版社2002年版。

赵瑞民、韩炳华：《晋系青铜器研究：类型学与文化因素分析》，山西人民出版社2005年版。

朱凤瀚：《商周家族形态研究》，天津古籍出版社2004年版。

朱凤瀚：《中国青铜器综论》，上海古籍出版社2009年版。

朱华：《三晋货币》，山西人民出版社1994年版。

庄新兴编：《战国玺印分域编》，上海书店出版社2001年版。

五　考古发掘与调查简报

柏乡县文物保管所：《河北柏乡县东小京战国墓》，《文物》1990年第6期。

包头市文物管理处：《包头市二〇八墓地》，《内蒙古文物考古》1997年第2期。

包头市文物管理处等：《包头境内的战国秦汉长城与古城》，《内蒙古文物考古》2000年第1期。

北京大学、河北省文化局邯郸考古发掘队：《1957年邯郸发掘简报》，《考古》1959年第10期。

边成修：《山西长治分水岭126号墓发掘简报》，《文物》1972年第4期。

段宏振：《河北邯郸东周赵王城遗址》，《中国考古新发现年度记录2010年》，《中国文化遗产》2011年增刊。

段宏振：《河北邯郸赵王城》，《黄淮七省考古新发现（2011—2017年）》，大象出版社2019年版。

盖山林、陆思贤：《内蒙古境内战国秦汉长城遗迹》，《中国考古学会第一次年会论文集》（1979），文物出版社1980年版。

盖山林、陆思贤：《阴山南麓的赵长城》，《中国长城遗迹调查报告集》，文物出版社1981年版。

邯郸地区文物保管所：《河北省永年县何庄遗址发掘报告》，《华夏考古》1992年第4期。

邯郸市文物保护研究所：《邯郸市东庄遗址试掘简报》，《文物春秋》2006年第6期。

邯郸市文物管理处：《邯郸市宾馆地下古遗址的调查》，《文物春秋》1990年第4期。

河北省文管处：《磁县下潘汪遗址发掘报告》，《考古学报》1975年第1期。

河北省文管处等：《河北邯郸赵王陵》，《考古》1982年第6期。

河北省文化局文物工作队：《河北邯郸百家村战国墓》，《考古》1962年第12期。

河北省文化局文物工作队：《河北邢台南大汪村战国墓简报》，《考古》1959年第7期。

河北省文物管理处、邯郸市文物保管所：《赵都邯郸故城调查报告》，《考古学集刊》（4），中国社会科学出版社1984年版。

河北省文物管理委员会：《邢台曹演庄遗址发掘报告》，《考古学报》1958年第4期。

河北省文物研究所：《内邱小驿头遗址发掘报告》，《河北省考古文集》，东方出版社1998年版。

河北省文物研究所：《武安念头遗址发掘简报》，《文物春秋》2014年第4期。

河北省文物考古研究院等：《河北蔚县大德庄M1的发掘》，《考古》2022年第9期。

李有成、徐海丽：《山西省忻州奇村战国墓》，《文物季刊》1995年第2期。

吕梁地区文物事业局：《1997年柳林县杨家坪战国墓葬清理简报》，《山西省考古学会论文集》（三），山西古籍出版社2000年版。

猫儿岭考古队：《1984年榆次猫儿岭战国墓发掘简报》，《三晋考古》（一），山西人民出版社1994年版。

南开大学历史学院考古学与博物馆学系等：《内蒙古和林格尔县土城子古城两座东周墓葬的发掘》，《考古》2018年第5期。

内蒙古师范大学历史文化学院等:《和林格尔县大堡山墓地发掘报告》,《草原文物》2013年第2期。

内蒙古文物考古研究所、日本京都中国考古学研究会:《饮牛沟墓地1997年发掘报告》,《岱海考古》(二),科学出版社2001年版。

内蒙古文物考古研究所:《内蒙古和林格尔县土城子古城发掘报告》,《考古学集刊》(6),中国社会科学出版社1989年版。

内蒙古自治区文物工作队:《和林格尔县土城子试掘纪要》,《文物》1961年第9期。

内蒙古自治区文物工作队:《凉城饮牛沟墓地清理简报》,《内蒙古文物考古》1984年第3期。

内蒙古自治区文物考古研究所:《内蒙古凉城县水泉墓地发掘简报》,《草原文物》2012年第1期。

山西省考古研究所,忻州市文物管理处:《忻州上社战国墓发掘报告》,《三晋考古》(三),山西人民出版社2006年版。

山西省考古研究所、左权县文物旅游局:《左权石匣墓地发掘报告》,《三晋考古》(四),上海古籍出版社2012年版。

山西省考古研究所:《山西浑源县李峪村东周墓》,《考古》1983年第3期。

山西省考古研究所:《山西长子县东周墓》,《考古学报》1984年第4期。

山西省考古研究所等:《岢岚窑子坡遗址古墓葬发掘报告》,《三晋考古》(四),上海古籍出版社2012年版。

陶正刚:《山西浑源县李峪村东周墓》,《考古》1983年第8期。

蔚县博物馆:《代王城城址调查报告》,《文物春秋》1997年第3期。

六 研究论文

曹建恩:《内蒙古中南部商周考古研究的新进展》,《内蒙古文物考古》2006年第2期。

常一民:《东周晋阳城建制蠡测》,《文物世界》2014年第5期。

陈秉新：《读金文札记二则》，《东南文化》2000 年第 5 期。

陈昌远：《赵国的疆域与地理特征》，《河北学刊》1989 年第 5 期。

董珊：《五年春平相邦葛得鼎考》，李宗焜主编：《古文字与古代史》（第三辑），中央研究院历史语言研究所 2012 年版。

董珊：《战国题铭与工官制度》，博士学位论文，北京大学，2002 年。

豆海锋、丁利娜：《北方地区东周时期环状青铜带扣研究》，《边疆考古研究》（6），科学出版社 2008 年版。

杜博瑞：《东周赵国青铜礼器组合探析》，《华夏考古》2019 年第 4 期。

段宏振：《晋都新田城与晋文化的消解》，《晋文化论坛论文集》，三晋出版社 2011 年版。

段宏振：《关于赵文化》，河北省文物研究所编：《河北考古文集》（四），科学出版社 2011 年版。

冯峰：《郧县乔家院春秋墓初识》，《南方文物》2009 年第 4 期。

冯时：《侯马盟书与温县盟书》，《考古与文物》1987 年第 2 期。

高鸿宾：《张家口战国赵长城考》，《文物春秋》2003 年第 6 期。

高明：《中原地区东周时期青铜礼器研究》，《考古与文物》1981 年第 4 期。

高去寻：《李峪出土铜器及其相关之问题》，《"中央研究院"历史语言研究所集刊》第 70 本第 4 分，1999 年。

宫本一夫：《鄂尔多斯青铜文化的地域性变迁》，田广金、秋山进午主编《岱海考古》（二），科学出版社 2001 年版。

顾玉才：《和林格尔土城子战国居民人口学及相关问题研究》，《考古学研究》（七），科学出版社 2008 年版。

郭治中：《水泉墓地及相关问题之探索》，《中国考古学跨世纪的回顾与前瞻》，科学出版社 2000 年版。

韩金秋：《论赵北长城的东部端点》，《北方民族考古》（七），科学出版社 2019 年版。

郝良真：《赵国王陵及其出土铜马的若干问题探微》，《文物春秋》2003 年第 3 期。

何琳仪：《赵国方足布三考》，《文物春秋》1992 年第 2 期。

何清谷：《高阙地望考》，《陕西师范大学学报》1986 年第 3 期。

侯仁之：《邯郸城址的演变和城市兴衰的地理背景》，《历史地理学的理论与实践》，上海人民出版社 1979 年版。

侯毅：《试论太原金胜村 251 号墓墓主身份》，《文物》1989 年第 9 期。

胡进驻：《赵都中牟新考》，《文物春秋》2004 年第 3 期。

黄朝伟：《战国时期赵国墓葬研究》，硕士学位论文，吉林大学，2009 年。

黄盛璋：《公朱鼎及相关诸器综考》，《中原文物》1981 年第 4 期。

黄盛璋：《关于壶的形制发展与名称演变考略》，《中原文物》1983 年第 2 期。

黄盛璋：《三晋铜器的国别、年代与相关制度》，《古文字研究》（17），中华书局 1989 年版。

黄盛璋：《试论三晋兵器的国别和年代及其相关问题》，《考古学报》1974 年第 1 期。

黄盛璋：《朔县战国秦汉墓若干文物与墓葬断代问题》，《文物》1994 年第 5 期。

黄盛璋：《新发现之三晋兵器及其相关的问题》，《文博》1998 年第 2 期。

黄盛璋：《关于侯马盟书的主要问题》，《中原文物》1981 年第 2 期。

黄锡全：《赵国方足布七考》，《华夏考古》1995 年第 2 期。

靳健、陈小三：《再论太原金胜 M251 的年代及相关问题》，《文物季刊》2022 年第 2 期。

雷鹄宇：《略论战国时期赵国对代地之经营》，《邯郸学院学报》2010 年第 4 期。

李朝远：《新见秦式青铜镞研究》，《文物》2004 年第 1 期。

李建生：《辉县琉璃阁与太原赵卿墓相关问题》，《中国国家博物馆馆刊》2012年第2期。

李琴：《故宫博物院藏辉县琉璃阁甲乙墓青铜器》，《中原文物》2010年第12期。

李夏廷：《浑源彝器研究》，《文物》1992年第10期。

李夏廷：《太原出土春秋吴国铜器及相关问题》，《上海文博论丛》2010年第3期。

李夏廷等：《也谈长治分水岭东周墓地》，《中国国家博物馆馆刊》2012年第3期。

李晓杰：《战国时期赵国疆域变迁考》，《九州》（3），商务印书馆2003年版。

李学勤：《战国题铭概述》（上、中、下），《文物》1959年第7、8、9期。

李学勤：《赵文化论丛》序，《赵文化论丛》，河北人民出版社2006年版。

李逸友：《高阙考辨》，《内蒙古文物考古》1996年第1期。

李逸友：《中国北方长城考述》，《内蒙古文物考古》2001年第1期。

梁启超：《黄帝以后的第一人——赵武灵王传》，《饮冰室合集·专集》第3册，中华书局2015年版。

林献忠：《战国时期赵国两"番吾"地望探析》，《历史地理》（第三十二辑），上海人民出版社2015年版。

林沄：《关于中国的对匈奴族源的考古学研究》，《内蒙古文物考古》1993年1—2期。

林沄：《商文化青铜器与北方地区青铜器关系之再研究》，《林沄学术文集》，中国大百科全书出版社1998年版。

刘佳君：《东周赵文化研究——兼论考古学文化与族属》，硕士学位论文，北京大学，2012年。

刘建国：《春秋刻纹铜器初论》，《东南文化》1988年第5期。

刘绪：《晋与晋文化的年代问题》，《文物季刊》1993年第4期。

刘长：《战国时期鸟柱盘与筒形器研究》，《华夏考古》2014年第2期。

刘长：《赵氏族源及战国赵文化研究》，博士学位论文，中山大学，2011年。

刘海文等：《战国魏长城研究的几个问题》，《新乡师范高等专科学校学报》2007年第1期。

刘延常：《莒文化探析》，《东南文化》2002年第7期。

路国权：《论太原金胜村1988 M251铜器群的年代及相关问题》，《考古与文物》2016年第1期。

路伟东：《战国上党郡考》，复旦大学历史地理研究中心主编《面向新世纪的中国历史地理学》，齐鲁书社2001年版。

罗平：《对赵王城内外建筑布局的探讨》，《文物春秋》1996年第2期。

穆文军：《晋中北地区东周墓葬研究》，硕士学位论文，山西大学，2013年。

钱林书：《春秋时期晋国向东方的扩展及所得城邑考》，《历史地理研究》（二），复旦大学出版社1990年版。

乔登云、乐庆森：《赵都邯郸故城考古发现与研究》，《邯郸学院学报》2005年第1期。

秦晓华：《东周晋系文字资料研究》，博士学位论文，中山大学，2008年。

裘锡圭：《战国货币考》，《北京大学学报》（哲学社会科学版）1978年第2期。

渠川福：《太原金胜村大墓年代的推定》，《文物》1989年第9期。

沈长云：《赵北长城西段与秦始皇长城》，《历史地理》（第七辑），上海人民出版社1990年版。

沈之杰：《战国三晋文字编》，博士学位论文，北京师范大学，2009年。

申文：《战国时代魏国发展进程的考古学观察》，硕士学位论文，河南大学，2012年。

宋玲平：《山西中北部东周时期青铜器及相关问题》，《山西省考古学会论文集》（三），山西古籍出版社2000年版。

苏辉：《秦、三晋纪年兵器研究》，硕士学位论文，中国社会科学院，2002年。

孙继民、郝良真：《试论战国赵文化构成的二重性》，《赵国历史文化论丛》，河北人民出版社1989年版。

孙继民：《战国赵都迁耿管见》，《先秦两汉赵文化研究》，方志出版社2003年版。

孙继民：《战国赵都中牟琐见》，《河北学刊》1987年第5期。

孙继民：《赵都晋阳杂考》，《先秦两汉赵文化研究》，方志出版社2003年版。

谭德睿、廉海萍等：《东周铜兵器菱形纹饰技术研究》，《考古学报》2000年第1期。

汤志彪：《三晋文字编》，博士学位论文，吉林大学，2009年。

唐嘉弘：《关于晋赵文化的共相和特殊相——兼论中国骑马文化的源流》，《赵国历史文化论丛》，河北人民出版社1989年版。

唐兰：《侯马出土晋国赵嘉之盟载书新释》，《文物》1972年第8期。

唐兰：《赵孟庎壶跋》，《考古社刊》1937年第6期。

陶正刚：《山西出土的吴越地区青铜器及其研究》，《吴越地区青铜器研究论文集》，两木出版社1997年版。

陶宗冶等：《对代国与燕赵两国关系的探讨》，《文物春秋》2013年第6期。

滕铭予、王春斌：《东周时期三晋地区的北方文化因素》，《边疆考古研究》（10），科学出版社2011年版。

滕铭予：《中国北方地区两周时期铜鍑的再探讨》，《边疆考古研究》（1），科学出版社2002年版。

田建文：《新田模式——侯马晋国都城遗址研究》，《山西省考古学会论文集》（二），山西人民出版社1994年版。

王克林：《晋文化研究》，《文物季刊》1989年第1期。

王江：《长治分水岭东周墓地的初步研究》，硕士学位论文，山西大学，2013年。

王学理：《长铍春秋》，《考古与文物》1985年第2期。

王子今：《公元前3世纪至公元前2世纪晋阳城市史料考议》，《晋阳学刊》2010年第1期。

魏坚：《河套地区战国秦汉塞防研究》，《边疆考古研究》（6），科学出版社2008年版。

魏建震：《先秦赵国丧葬文化初探》，《邯郸师专学报》2000年第2期。

吴良宝：《战国时期上党郡新考》，《中国史研究》2008年第1期。

吴镇烽：《六年相室赵鼎考》，《考古与文物》2008年第5期。

谢尧亭：《侯马盟书试析》，《山西省考古学会论文集》（二），山西人民出版社1994年版。

谢元璐、张颔：《晋阳古城勘察记》，《文物》1962年第4、5期。

徐海峰：《东垣故城址初探》，魏坚、吕学明主编《东北亚古代聚落与城市考古国际学术研讨会论文集》，科学出版社2014年版。

徐中舒：《陈侯四器考释》，《史语所集刊》第3本第4分，1933年。

严宾：《高阙考辨》，《历史地理》（第二辑），上海人民出版社1982年。

严宾：《赵武灵王长城考》，《中国历史地理论丛》1989年第2辑。

雁侠：《先秦赵国疆域变化》，《郑州大学学报》（哲学社会科学版）1991年第1期。

杨博：《河北地区所见先秦时期有铭兵器调查与研究》，硕士学位论文，河北师范大学，2011年。

杨建华：《中国北方东周时期两种文化遗存辨析》，《考古学报》2009年第2期。

杨建军：《三晋东周铜器墓初论》，《中原文物》2005年第3期。

杨坤：《战国晋系铜器铭文校释及相关问题初探》，硕士学位论文，吉林大学，2015年。

叶小燕：《中原地区战国墓初探》，《考古》1985年第2期。

叶小燕：《东周刻纹铜器》，《考古》1983年第2期。

印群：《论东周时期的齐殉人陪葬墓》，《管子学刊》2015年第4期。

张崇宁：《太原金胜村251号墓主探讨》，《中国历史文物》2005年第1期。

张颔：《侯马盟书丛考续》，《古文字研究》（一），中华书局1979年版。

张亮：《东周社会结构演变的考古学观察——以三晋两周地区墓葬为视角》，博士学位论文，吉林大学，2014年。

张维华：《赵长城考》，《禹贡半月刊》第7卷第8—9合期，1937年。

张渭莲、段宏振：《东周赵国考古学文化的演进历程》，《中国国家博物馆馆刊》2016年第1期。

张渭莲、段宏振：《论东周赵国青铜器》，《中国国家博物馆馆刊》2020年第6期。

张新斌：《河南鹤壁鹿楼古城为赵都中牟说》，《文物春秋》1993年第4期。

张新斌：《中原古长城若干问题的初步研究》，《中原文物》2005年第2期。

张增午：《赵都中牟林州说的推定》，《中原文物》2005年第6期。

张志忠：《秦汉代郡平邑城址初探》，《文物世界》2009年第1期。

赵化成：《东周燕国青铜容器的初步分析》，《考古与文物》1993年第2期。

钟凤年：《〈战国疆域变迁考〉序例》，《禹贡半月刊》1937年第6卷第10期。

朱安祥：《赵国货币及相关地名整理研究》，硕士学位论文，郑州大学，2014年。

后　　记

　　本书的写作基础是2015年申请的国家社会科学基金项目"东周赵国考古学文化研究"的结项成果。学科分类属于考古学，结项成果的内容与形式均为比较单纯的考古学模式。但在构思与组织本书写作框架的过程中，有一个突出而鲜明的理念：要突破考古学的窠臼与局限，要将赵国考古学文化回归置于其原本的历史背景进程之中去观察和分析。这一设想的形成既是多年从事商周考古学与历史学探索的一个体会，也是东周考古学研究领域的客观实情。东周考古学的发现令人炫目，而东周历史亦具有较丰富的传世文献以及出土文献资料，但考古学与文献资料的融合探索还存在着极大的拓展空间，例如尚缺乏将考古学资料与某诸侯国历史进程有机结合起来的系统探索，许多融合性的研究着重于某一局部或片段，尤其多集中于与王陵大墓及都邑遗址相关的某些历史背景方面。有鉴于此，本书尝试将东周考古学范畴黄河流域的一种地域文化——赵国考古学文化，放置于赵国历史进程之中去观察和分析，并由此得出一个以考古学为基础的历史学结论，即：赵国考古学文化属于晋文化分流的北系。这一探索尝试无疑是初步性的，可能存在不少的薄弱环节甚至谬误，但其探索方向和途径手段应基本无误，即东周考古学探索需要与历史学紧密融合。这一点既是本书构思的出发点，也是本书试图所要达到目标的要点。

　　本书的完成得益于此前的一些探索经验和体会。2009年，《赵都邯郸城研究》出版，与此同时，国家社科基金项目"太行山东麓地区先秦时期文化格局的变迁"得以立项（2015 年以《中原与北方之间的文化走廊》为题出版）。严格说来，这两个项目都属于考古学研究领域，但在组织材料写作的过程中，与史前阶段考古学文化相比，深感东周考古学文化内涵的特殊性：城邑与王陵等与历史背景紧密相连，自然不必细说，即使出土的普通日用陶器和铁器等，其外表及造型亦掩盖不住所蕴藏的某些历史疏影。因此，在写作东周考古学相关章节时，着意加入和排列了相关文献资料，尽管不免粗疏和浅陋，但方向和目标逐渐变得清晰和凸显。这一研究经历之后的重要收获是：考古学与历史学的融合需要基本对等的资料基础奠定，文献史料的使用必须是在全面和系统收集与梳理基础上的举证，而不只是为了附和考古资料而简单地罗列。在这一思路的引导下，本书尝试将赵国历史进程作为背景底色，考古学内容则是背景映衬下的主题，两者有机融合构成一幅赵国历史文化的画卷。因此，从本质上讲，本书的性质依旧是一部考古学著作，但着重基于文献历史框架下的考古学叙述，而并非只是一种传统的考古学文化区域性研究。或者说，本书不仅是东周赵国地域的考古学文化系统探索，更是东周赵国历史进程中的文化演进观察。

本书的完成及出版是国家社科基金项目成果的一种转化，为此要感谢国家社科规划办以及项目成果通讯鉴定专家，还要感谢中国社会科学出版社，特别是宋燕鹏编审的辛苦工作，方能使得这一成果以纸质文字形式面世。

张渭莲　段宏振
2024 年 5 月 21 日